APA GUIDES

Kreation und Leitung Hans Höfer

NordKalifornien

Herausgegeben von John Wilcock
und Martha Ellen Zenfell

ZU DIESEM BUCH

Höfer

Die ersten Siedler in Nordkalifornien waren nicht wie die meisten Amerikaner allein davon geprägt, was sie auf dem Weg zu ihrem Ziel durchmachen mußten, sondern auch von den Bedingungen, die sie bei ihrer Ankunft vorfanden. Harriett Martineau bemerkte in dem Buch *Society in America* (1837), die Amerikaner seien „eher durch die Vorsehung als durch Menschen geprägt", eine Aussage, der selbst heute diejenigen zustimmen würden, für die ein Neuanfang im Westen noch immer eine Pioniertat bedeutet.

Nordkalifornien, wo es immer noch Abenteuerliches zu entdecken gibt, paßt deshalb besonders gut in die Serie der preisgekrönten *Apa Guides*. **Hans Höfer** hat 1970 das Konzept dazu entworfen, der Gründer und (bis heute) Motor von Apa Publications. Alle 190 Titel der Reihe ermutigen den Leser, das Wesentliche eines Ortes zu erfassen, statt ihn seinen Erwartungen anpassen zu wollen. Wir als Herausgeber sind davon überzeugt, daß ohne Kenntnisse der Geschichte, des Charakters und der Kultur eines Volkes das Reisen den Horizont eher verengt als erweitert.

Der *Apa Guide Nordkalifornien* gliedert sich in einen ersten Teil mit Essays über die Geschichte und Kultur des Landes. Der zweite Hauptteil beschreibt Touren und bietet eine umfassende Übersicht über die Sehenswürdigkeiten und dazu ein bißchen Klatsch zur Abrundung und Unterhaltung. In den gelben Seiten der Reisetips am Ende finden Sie umfassende Informationen über das Reisen in Nordkalifornien, über Hotels, Einkaufen, Restaurants und Öffnungszeiten. Parallel zum Text vermitteln die Bilder, darunter viele großformatige, in diesem Reiseführer einen direkten Einblick in das Leben und den Alltag der Menschen.

Zenfell

Seit seinem ersten Erscheinen 1984 ist das Buch fast komplett neu geschrieben worden; die in periodischen Abständen eingeschobenen neuen Texte und Bilder spiegelten den wirtschaftlichen und kulturellen Wandel, dem gerade Kalifornien ständig ausgesetzt ist. Die vorliegende, neu überarbeitete Auflage wurde in Los Angeles von **John Wilcock,** dem Apa-Redakteur der Westküste, und in London von **Martha Ellen Zenfell,** die für die amerikanischen Titel der Serie zuständig ist, betreut – von zwei Publizisten, die über fast 10 000 Kilometer Entfernung seit mehreren Jahren an Reiseführern zusammenarbeiten und u. a. die *Apa Guides* über Los Angeles, Seattle und Vancouver vorgelegt haben.

Wilcock, der in England geboren ist, arbeitete für die Reiseredaktion der *New York Times* und schrieb im folgenden Bücher über mehr als ein Dutzend Länder. Kalifornien kennt er seit der Zeit, als er für die New Yorker *Village Voice* Kolumnen lieferte und schließlich Redakteur der *Los Angeles Free Press* wurde. „Im Vergleich zu den verstopften Freeways rund um LA", schrieb er, „ist eine Fahrt entlang der Küste nördlich von Mendocino das reine Vergnügen. Oft sieht man auf der Fahrbahn weit und breit keine Menschenseele, höchstens ein paar Kühe; und selbst die glotzen den Eindringling nur erstaunt an."

Wilcock erkundete Nordkalifornien, um Beweise für seine Vermutung zu finden, diese freigeistige Region sei „Amerikas letzte Zuflucht der Boheme". Er schrieb zu diesem Thema einen eigenen Beitrag und verfaßte die Kapitel über Herb Caen, Hearst Castle, die Cable Cars, die Golden Gate Bridge und die Hanf-Initiative. Gemeinsam mit **Howard Rabinowitz**

Wilcock

Davis

Carroll

schrieb Wilcock den Essay über die literarische Szene. Der Weinexperte und Drehbuchautor Rabinowitz steuerte auch den Beitrag über das Weinland Kaliforniens bei. Er lebt in der Bucht von San Francisco, hat keinerlei Abwanderungspläne und ist sich mit Rudyard Kipling einig: „San Francisco hat nur einen Nachteil. Man kommt schwer davon los."

Die Berichterstattung und Recherche vor Ort in Nordkalifornien wurde von **Jeffrey Davis** organisiert, einem in Silicon Valley geborenen Autor, der u. a. für das *New York Times Magazine* schreibt. Er erinnerte sich dabei lebhaft an die Zeit, als er Redakteur bei der *Mother Jones* in San Francisco war. Seine Erfahrungen, „Nachtschichten beim örtlichen Supermarkt zu machen, tagsüber Reporter für *California Aggie* (eine Studentenzeitung) zu spielen und zwischendurch Seminare an der Uni" zu besuchen, waren die ideale Voraussetzung für diese Aufgabe. Dabei unterstützten ihn vier Autoren: **Laura Jamison, Peter** und **Virginia Maloney** sowie **Philip Thayer.**

Hauptverantwortlich für das ursprüngliche Buch, dessen Konzept im wesentlichen erhalten blieb, waren die Redakteure **Jon Carroll** und **Tracey Johnston** sowie der Projektkoordinator und Fotograf **Bret Reed Lundberg.** Viele von Lundbergs Bildern wurden auch in der Neuausgabe verwendet, neben Aufnahmen von Kollegen wie **Catherine Karnow, Bodo Bondzlo, Kerrick James, Lee Foster** und **Jan Whiting**.

Kalifornien fasziniert die Besucher vor allem durch seine Menschen. „Neulich nahm ich an einem Dinner für alteingesessene kalifornische Siedler teil", schrieb Will Rogers 1924. „Nur wer schon zweieinhalb Jahre hier ansässig ist, durfte teilnehmen." Die Kalifornier und ihre Kultur – ein mitunter frustrierendes, aber immer faszinierendes Thema – werden in dieser Ausgabe von **Karen Klabin** beschrieben. Eine weitere Mitarbeiterin der *Mother Jones*, **Julie Petersen,** schrieb über die High-Tech-Entwicklung in Silicon Valley, einer Region, die sie genauestens kennt, da sie derzeit dort lebt.

Der Beitrag über den Aktivurlaub stammt von dem Supersportler **Sean Wagstaff;** wenn er nicht gerade angelt, Kajak fährt oder per Windsurfbrett und Snowboard unterwegs ist, holt er den Laptop aus dem Rucksack. **Dennis Pottenger,** ein ehemaliger Mitarbeiter des Magazins *Sacramento,* schrieb das Kapitel über seine Heimatstadt. Seit zehn Jahren ist er Fachmann zum Thema Politik in der Landeshauptstadt und hat auch schon ein Buch über die 49ers, das Footballteam von San Francisco, geschrieben.

„Stärker als jeder andere Teil der Union ist Kalifornien ein ganz eigenes Land", sagte James Bryce 1888. Daher gebührt den vielen Helfern Dank, die an diesem Buch mitwirkten. Trotz gründlicher Überarbeitung stammen Teile des *Apa Guide Nordkalifornien* noch aus der ersten Ausgabe, zu deren Mitarbeitern **Steve Rubenstein, Klef Hillsberry, Paul Cohen, Phil Garlington, Paul Ciotti, Frank Robertson, Tom Chaffin** und **Tom De Vries** gehörten. Den umfassenden geschichtlichen Teil gestalteten **Tom Cole, Joan Talmage Weiss** und **Matthew Parfitt,** Koordinator war John Wilcock.

Die Übersetzungen der Texte für die deutsche Neuausgabe lieferten **Anette Grube, Martina Moersberger** sowie **Katja Riegger.**

Für das Lektorat zeichnet die Amerikanistin **Jette Böckem** in München verantwortlich.

Johnston

Pottenger

INHALT

Einführung

Der kalifornische Traum 19

Geschichte

Die Anfänge 23

Der Goldrausch 31

Saloons, Silber, Steuern 39

Aufstieg und Fall im
19. Jahrhundert 47

Das neue Jahrhundert 55

Moderne Zeiten 61

Menschen und Kultur

Kulturelle Vielfalt 73

Aussteiger und
Weltverbesserer 83

Die Literaturszene 91

Mr. San Francisco 94

Neue Horizonte im
Silicon Valley 101

Erdbeben und
Thermalquellen 109

Aktivurlaub 117

Orte und Plätze

Nordkalifornien erleben 133

San Francisco 137

Maritimer Spaziergang 143

Golden Gate Bridge 153

Die Innenstadt von
San Francisco 157

Von North Beach nach
Chinatown 169

Cable Cars	174
Oakland, Berkeley und die Peninsula	185
Big Sur und Monterey-Halbinsel	195
Hearst Castle	203
Marin County	207
Weinanbaugebiete	217
Sacramento	231
Erinnerungen an Sacramento	235
San Joaquin Valley	239
Auf den Spuren der Goldgräber	247
Yosemite und die High Sierra	257
Lake Tahoe	271
Die Nordküste	281
Naturprodukt Hanf	291
Der hohe Norden	295

Karten

Nordkalifornien	130
San Francisco	136
Innenstadt von San Francisco	158
Großraum San Francisco	186
Monterey und Big Sur	196
Weinanbaugebiete	218
Sacramento	231
Yosemite-Region	258
Lake-Tahoe-Region	272
BART Map	312

REISETIPS

Landeskunde

Geographie 306
Wirtschaft 306
Regierung 306
Bevölkerung 306
Klima 306
Zeitzone 306

Reiseplanung

Anreise 306
Reiseinformation 307

Wissenswertes

Geld & Zahlungsmittel 308
Kleidung 308
Feiertage 308
Elektrizität 308
Für Behinderte 308
Für Senioren 308
Für Homosexuelle 309
Notfälle 309
Maße & Gewichte 310
Öffnungszeiten 310
Trinkgeld 310
Medien 310
Kommunikation 311
Nützliche Adressen 311

Unterwegs

Karten 313
Öffentlicher Verkehr 313
Mit dem Auto 313
Trampen 314
Unterkunft
Hotels 314
Motels 318
B&B Landgasthäuser 318
Jugendherbergen 318
Zeltplätze 319

Essen & Trinken

Restaurants 319

Unternehmungen

Museen & Attraktionen 322
Kulturelles 327
Ausflüge 328
Nachtleben 330
Festivals 330
Einkaufen 332
Sport 333

Literaturhinweise

Deutsch 338
Englisch 338

Visuelle Beiträge 339
Register 340

DER KALIFORNISCHE TRAUM

Nordkalifornien ist das Produkt des Mythos von einem Land des Goldes, der für ein knappes Jahrhundert eine bunt zusammengewürfelte Schar von Männern und Frauen beherrschte. Ein Mann namens James Marshall fand im Januar 1848 ein paar Klümpchen glänzenden Metalls in einem Fluß in der Sierra Nevada. Er hatte jenes Eldorado entdeckt, von dem schon die Spanier geträumt hatten. Die Nachricht setzte Kräfte frei, die die Welt veränderten. Kalifornien, ein neuer Bundesstaat, bildete sich, und aus dem verschlafenen Provinznest San Francisco wurde über Nacht die weltberühmte Traumstadt.

Nordkalifornien ist ein niederschlagsreiches Land. In der Sierra fallen zwischen elf und 16 Meter Schnee im Jahr; das Schmelzwasser speist die ausgedehnten, landwirtschaftlich genutzten Flächen des Central Valley. Auf dem 400 km langen Weg von der Quelle in der Nähe des Vulkans Mount Shasta an der Grenze zu Oregon bis zu seiner Mündung in den Pazifik sammelt der Sacramento große Mengen dieses Wassers auf. Die Coast Range, ebenfalls ein monumentaler, wenn auch niedrigerer Gebirgszug, bildet ein Bollwerk gegen das Abfließen des Wassers ins Meer.

Das Central Valley wäre ein enormer See, gäbe es nicht einen Durchbruch durch die Coast Range: das grandiose Golden Gate in der Bucht von San Francisco. Die Aufmerksamkeit an dieser Stelle auf die berühmte Brücke und eine der schönsten Städte der Welt zu lenken, erübrigt sich.

Die Wüste des Great Basin, das durch die die Feuchtigkeit abhaltenden Berge geschaffen wurde, behinderte die frühe Besiedlung dieser Region. Erst mit der Fertigstellung der transkontinentalen Eisenbahn 1869 wurde die Sierra Nevada teilweise gezähmt. „Gebt mir Männer, die es mit meinen Bergen aufnehmen können", lautet eine Inschrift im Kapitol von Sacramento, und die Helden kamen und erschlossen eine Region, die eines Tages ein eigener Bundesstaat werden sollte. Es waren rauhe Gesellen, die am treffendsten der Knittelvers charakterisiert, den John Steinbeck 1962 in seinem Buch *Meine Reise mit Charley* zitiert:

> *Der Schürfer, der kam neunundvierzig,*
> *zwei Jahre drauf die Hurenherde,*
> *und als sie sich zusammentaten,*
> *da machten sie den Sohn der Heimaterde.*

Noch immer kommen die Menschen, manche aus dem wärmeren und dichter besiedelten Süden Kaliforniens. Nicht länger das Gold zieht sie an, sondern die landschaftliche Großartigkeit eines relativ unerschlossenen Landes. Wenn der viktorianische Weltverbesserer Horace Greeley noch leben würde, könnte sein Ratschlag auch heute noch lauten: „Zieh nach Norden, junger Mann."

Vorherige Seiten: Schönheit der Natur – Stamm einer Borstenkiefer. Geisterstadt Bodie. Leben im Schoße der Natur. Treuer Beifahrer. Warten auf Kundschaft. Diese Welle ist unter seinem Niveau. Mr. Cool genießt die Aussicht. **Links**: Yosemite Valley National Park.

par Franquelin d'après Choris.

Danse des habitans de Califo

Lith. de Langlumé r. de l'Abbaye N. 4.

à la mission de S.ᵗ Francisco.

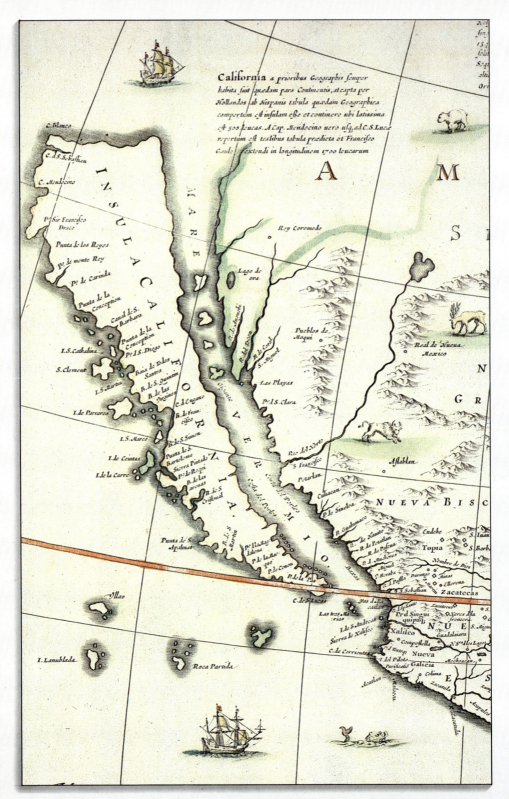

DIE ANFÄNGE

Die Ureinwohner des Landes, das später Kalifornien heißen sollte, kamen aus Asien über die Beringstraße auf den amerikanischen Kontinent und breiteten sich von Alaska aus in Nordamerika aus. Kaum waren die Europäer ins Land gekommen, starben so viele Ureinwohner an den eingeschleppten Krankheiten, daß ihre ursprüngliche Anzahl im Rückblick nur schwer festzustellen ist. Wir sind auf Schätzungen angewiesen. Folgt man den lückenhaften Missionsakten, besiedelten wohl etwa 230 000 Ureinwohner die nördliche Region Kaliforniens, als die Europäer das Land entdeckten.

Der fruchtbare Boden um die Bucht von San Francisco ernährte vermutlich mehr Menschen als jede andere kalifornische Region. Eine Ausnahme bildete die Halbinsel, auf der heute San Francisco steht; beständiger Wind und der Sandboden gaben der Gegend ein unwirtliches Gesicht.

Bräuche und Fähigkeiten, Identität und Sprache variierten von Stamm zu Stamm. Die Miwoks und Ohlones aus der Bucht von San Francisco waren seßhafte Stämme, die jedoch bisweilen von den Grabhügeln ihrer Ahnen zu den üppigen Eichenwäldern der jetzigen Berkeley Hills zogen, wo sie aus Eicheln nahrhafte Mahlzeiten zubereiteten und argwöhnisch miteinander Umgang pflegten. Ihre Streifzüge führten sie auch zu den Weidegründen der Ebene im Süden, wo sie reichlich Wild und Elche erbeuteten.

Die kalifornischen Stämme führten ein einfaches Leben. Ihre igluförmigen Hütten aus Schilfrohr boten im Sommer ein luftiges Obdach, während der Regenzeit wurden sie mit Tierhäuten verstärkt. Bei Kälte wurde ein Feuer entfacht, ein Loch im Dach diente als Rauchabzug. War es warm, liefen Männer und Kinder nackt herum. Bei Bedarf schützten sie sich mit Gewändern aus gelber Zedernrinde oder gefärbten Tierhäuten. Die Frauen trugen zweiteilige Schürzen aus Tierhaut oder Schilf. Ihren Körper schmückten viele Ureinwohner mit Ohrringen, Halsketten oder Arm- oder Fußreifen, zuweilen auch mit Tätowierungen. Die Miwok-, Ohlone- und Wituk-Indianer besiedelten den größten Teil Nordkaliforniens. Ihr Umgang mit der Natur, der heutzutage oft romantisch verklärt wird, entsprach dem Stand ihrer Zivilisation, aber auch ihrer Religion, in der Naturerscheinungen verehrt wurden.

Über 10 000 Jahre hinweg war das Leben der Indianer nur von wenigen Veränderungen betroffen.

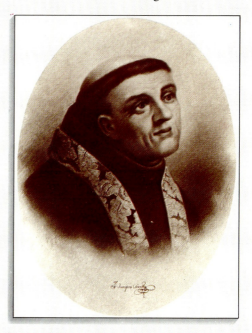

Die radikale Wende trat mit der Ankunft der Weißen ein: geblendet und eingeschüchtert von deren selbstherrlichem Auftreten ließen sich die Ureinwohner auf die neue Kultur ein, mit Neugier erwarben sie Gewehre, Äxte, Messer, Decken, Stoffe und Gegenstände aus Metall. Die Möglichkeit, solche Dinge im Tausch gegen Nahrungsmittel und Felle zu erwerben, führte letztlich zu einer Veränderung der Bedürfnisse der Indianer und zu einem Niedergang ihrer handwerklichen und künstlerischen Fähigkeiten.

Die Bedrohung, die von den Weißen und ihren sich ausbreitenden Siedlungen aus-

Vorherige Seiten: Tanz der Ureinwohner vor der Mission San Francisco. **Links:** Der Holländer Joannes Jansson erstellte diese Karte nach dem Wissensstand von 1638. **Oben:** Pater Junípero Serra.

ging, gab den Indianern schließlich den Anlaß, ihre Fehden zu beenden und gemeinsam gegen die Eindringlinge in den Krieg zu ziehen. Gegen die Gewehre und Kanonen, eingeschleppten Krankheiten und die Verschlagenheit der Weißen hatten die Indianer jedoch keine Chance, ihr Untergang war unabwendbar. Innerhalb eines Jahrhunderts zerstörten die habgierigen Neuankömmlinge, die Indianer als Tiere und sich selbst als Volk der Vernunft bezeichneten, die Kultur und den Lebensraum der ursprünglichen Bevölkerung.

Erste Entdecker: Was genau Sir Francis Drake 1579 während seiner Reise um die Welt mit der *Golden Hind* entdeckte, wurde

nie mit Sicherheit festgestellt. Drake war von Elizabeth I. beauftragt, die spanischen Provinzen unsicher zu machen, und verursachte gehorsam Chaos entlang der Westküste Mexikos. (Da er trotz allem ein Gentleman war, kam jedoch niemand zu Tode.) Drake fuhr offensichtlich an der Bucht von San Francisco vorbei, ohne hineinzusegeln oder ihren Eingang zu bemerken. Seinem Logbuch ist jedoch zu entnehmen, daß er nördlich der Bucht ankerte und mehrere Spähtrupps an Land schickte. Bei dieser Gelegenheit wurde wohl die Messingplakette zurückgelassen, die erst 1936 nahe der heutigen Drake Bay gefunden wurde.

Die Entdeckungsfahrten wurden von Herrschern und Kaufleuten organisiert, die ihre Macht und ihren Reichtum durch die zu erwartenden Kostbarkeiten der fernen Länder vermehren wollten. Gerüchte über angebliche Reichtümer hatten zunächst die Spanier nach Lateinamerika geführt. Die ersten Entdecker suchten nach einer Nordwestpassage, die ihnen den Weg in den Orient und damit zum lukrativen Gewürzhandel verkürzen sollte. Hernando Cortés, der Eroberer Mexikos, hatte eine Reihe von Expeditionen entlang der Küste von Baja California befohlen – damals glaubte man, es sei eine Insel –, aber erst 1542 entdeckte Juan Rodriguez Cabrillo das Land nördlich davon. Cabrillo fuhr die Küste entlang, ohne das riesige natürliche Hafenbecken zu bemerken, das jetzt San Francisco Bay genannt wird.

Später entging Gaspar de Portolá auf seiner Suche nach einem geeigneten Hafen die Bedeutung der Bucht. Er hielt sie für einen offenen Golf. José Francisco Ortega beschrieb sie als „einen großen Meeresarm, der sich, weiter als das Auge reicht, nach Südosten erstreckt". Erst sechs Jahre später, anläßlich eines Besuchs von Captain Juan Bautista de Anza, fiel die Entscheidung, eine Mission bei Yerba Buena zu errichten.

Die Mission, eine kleine Kapelle mit einem Strohdach, wurde am 9. Oktober 1776 von Pater Palóu gegründet. Nach dem nahen Bach wurde die Kapelle Mission Dolores genannt. Palóu handelte im Auftrag des berühmten Apostels Kaliforniens, Pater Junípero Serra, der neun der 21 kalifornischen Missionen gründete und selbst allein Tausende von Indianern taufte. *Presidios* (Garnisonen) wurden an strategisch wichtigen Stellen errichtet, um die Missionen vor feindlichen Stämmen oder fremden Kolonisten zu schützen.

Ferner Außenposten: Bis zum Ende des 18. Jahrhunderts bot die Garnison weniger als 1000 Bewohnern Schutz. Sie war ausreichend befestigt, um Angriffe von Indianern abzuwehren, bei einem Angriff von See aus hingegen wäre sie sofort gefallen. Dazu kam es jedoch nicht: Nordkalifornien war damals noch ein ferner Außenposten und zog keine fremdländischen Abenteurer mit Kanonenbooten an.

Der Goldrausch, der der Isolation der Region ein Ende setzte, hätte sich hundert

Jahre früher ereignen können, wenn auf den ersten Goldfund der Indianer eine entsprechende Reaktion erfolgt wäre. Aber die spanischen Mönche, denen sie das wertvolle Metall zeigten, rieten zu Stillschweigen aus der berechtigten Furcht, daß eine Bekanntgabe zu einem unkontrollierbaren Zustrom von Eindringlingen führen würde.

Nach den Entdeckungen von Cortés, Cabrillo und Sebastian Vizcaíno im 16. Jahrhundert vergingen noch einmal eineinhalb Jahrhunderte, bis 1769 Gaspar de Portolá auf dem Landweg von Baja her eintraf. Portolás Gruppe überquerte den Santa Ana River und tauschte Geschenke mit freundlich gesinnten Indianerstämmen aus. Die tums befriedet. So auch in Kalifornien, wo zwischen 1769 und dem Beginn des nächsten Jahrhunderts zwischen San Diego und Sonoma 21 franziskanische Missionen gegründet wurden. Ihre Aufgabe war es, Hunderte von Indianern in einer endlosen Tretmühle von Arbeit und Gebeten zu versklaven. Pater Junípero Serra, ein nur 1,60 Meter großer unermüdlicher Eiferer, gründete selbst die ersten sieben Missionen (San Diego, San Carlos, San Antonio, San Gabriel, San Luis Obispo, San Francisco und San Juan Capistrano).

Die Mißstände wurden von den Indianern nicht widerstandslos hingenommen. Bereits 1775 rebellierten sie, bei einem Aufstand in

Gruppe kam an den brodelnden Teergruben von La Brea vorbei, zog über den Sepulveda Paß zum Lake Encino und fand eine Route nach Norden und Monterey.

Missionsarbeit: Über die Jahrhunderte hatten die Spanier eine Standardmethode entwickelt, um sich neues Terrain untertan zu machen. Der Widerstand der Ureinwohner wurde mit dem Schwert gebrochen und die Gegend durch die Einführung des Christen- der Mission von San Diego wurde ein Franziskanermönch getötet. Die systematische Unterwerfung konnte aber letztlich nicht abgewendet werden, die Abschaffung uralter Stammesbräuche und die Einführung einer komplexen religiösen Struktur, deren Mittelpunkt unermüdliches Arbeiten war, machte aus den Indianern schließlich doch gehorsame Diener. Ziel jeder Mission war es, sich selbst zu versorgen, und zu diesem Zweck wurden ihre Untertanen als Köche, Schmiede, Bauern, Gerber, Weinbauern oder unterbezahlte Arbeiter verdingt. Es ist die Meinung vieler, daß das Missionssystem trotz etlicher Verbesserungen des Le-

<u>Links</u>: Im Auftrag von Königin Elizabeth I. von England fuhr Sir Francis Drake 1579 um die Welt und ankerte auch nördlich von San Francisco. <u>Oben</u>: Kalifornische Ureinwohner.

bensstandards der Indianer letztlich die Sklaverei unter dem Deckmantel der Frömmigkeit gefördert hat und zumindest mitverantwortlich für die Ausrottung von Kaliforniens Urbevölkerung war.

Tausende fielen den Krankheiten der Weißen wie Masern und Windpocken zum Opfer. Unzählige andere erkrankten an Geschlechtskrankheiten, und die Indianer entwickelten eine Todesangst vor dem Missionsleben. Der wohltätige Despotismus hielt sie jedoch in den Missionen, und nur dank ihrer Arbeit wirtschaftete das System erfolgreich. Erst durch die Säkularisierungsverordnungen der mexikanischen Regierung von 1834 wurden die Indianer befreit – nur um dann ihr Leben als unterbezahlte Tagelöhner auf Rinderfarmen fortzuführen. Die Missionen selbst wurden von der mexikanischen Regierung an politische Günstlinge verteilt, 3,2 Mio. ha Land in 800 private Ranches aufgeteilt und für einen Spottpreis von 23 Cent pro Morgen verkauft. Die Orangenhaine und Gärten der Missionen wurden gerodet und umgepflügt, und die Ländereien der Missionen in einen Flickenteppich aus Ranches verwandelt. Noch heute sind die Ruinen dieser einst das Land beherrschenden, vermeintlich christlichen Gemeinden zu sehen.

Theoretisch gestand das Säkularisierungsgesetz von 1834 ehrenamtlichen Politikern und Indianern das Recht auf Landbesitz in den Missionen zu; ein potentieller Ranchero konnte bis zu 20 000 Hektar erwerben. Aber de facto hielt sich niemand an die Gesetze: die Indianer wurden fortgejagt und in Armut und Hilflosigkeit getrieben, denn sie waren für den Umgang mit den Gesetzen des weißen Mannes schlecht ausgerüstet. Die einen kehrten in die Berge zurück, andere verdingten sich als Arbeiter auf den Ranches, wieder andere versuchten, bei Alkohol und Glücksspiel ihr Elend zu vergessen.

Gegen Ende des 18. Jahrhunderts begannen ausländische Mächte, ein erstes diskretes Interesse an der Gegend zu zeigen. 1792 kundschaftete der englische Segler George Vancouver die Küste aus und brachte den ersten Angelsachsen, John Green, nach Kalifornien. Auch die russische Handelsniederlassung und Garnison, nur 80 km nördlich von San Francisco gelegen, versetzte die Kalifornier in Spannung; die Russen zogen sich jedoch 1841 endgültig zurück. Mexiko hatte sich mittlerweile von Spanien unabhängig erklärt und die Säkularisierung der Missionen eingeleitet. Das Leben verlief weiterhin überwiegend ereignisarm.

Als ein gewisser Captain Beecher 1826, fünf Jahre nach der Unabhängigkeitserklärung Mexikos, Nordkalifornien besuchte, konnte er beobachten, daß sich die Bewohner vor allem langweilten. „Einige von ihnen waren einst bestimmt geniale und kluge Männer, aber sie leben so ausgeschlossen von der zivilisierten Welt, daß ihre Ideen und ihre Politik wie die Landkarten an den Wänden den Stempel von 1772 tragen, soweit das unter den toten Fliegen überhaupt zu erkennen war."

Zunehmend sorgte jedoch das wachsende Interesse Frankreichs und Englands am amerikanischen Westen für Unruhe. Vor allem der Wert der San Francisco Bay, die der amerikanische Diplomat Waddy Thompson als „groß genug, um alle Flotten der Welt aufzunehmen" beschrieb, war nicht zu unterschätzen.

Das dringlichere Problem lag jedoch direkt vor der Haustür. Als Präsident James K. Polk 1845 sein Amt antrat, gelobte er, Kalifornien um jeden Preis zu erwerben. Die Küste sollte für die USA gesichert werden. Er stand unter Druck, denn britische Gläubiger forderten Kalifornien im Tausch gegen ungedeckte mexikanische Obligationen im Wert von 26 Millionen Dollar. Da Polk diese Summe nicht aufbringen konnte, um Kalifornien käuflich zu erwerben, war abzusehen, was am 13. Mai 1846 eintrat: Polk erklärte Mexiko den Krieg.

Bevor die Nachricht davon Kalifornien erreichte, riefen Siedler in Sonoma die unabhängige Republik Kalifornien aus. Doch schnell wurden die Aufständischen von der Geschichte eingeholt (was die Kalifornier nicht davon abhält, auf diese kurze Phase der Unabhängigkeit besonders stolz zu sein und die Flagge der Revolte als Staatsflagge zu führen): die Armee der USA eroberte Kalifornien – im Norden war der Krieg schon im Juli 1846 beendet –, und das Land wurde am 4. Juli 1848 durch den Vertrag von Guadalupe Hidalgo als Territorium in die USA eingegliedert.

Alltagsszene, festgehalten von Louis Storey im frühen 18. Jahrhundert.

de Californie.

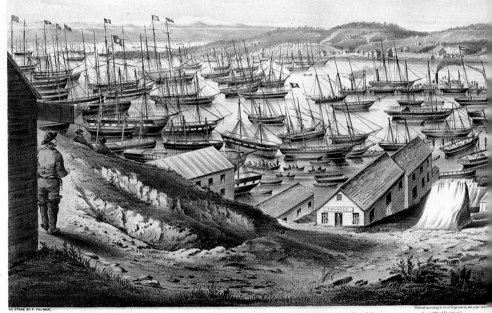

Capt Sutter's account of the first discovery of the Gold.

"I was sitting one afternoon," said the Captain, "just after my siesta, engaged, by-the-bye, in writing a letter to a relation of mine at Lucern, when I was interrupted by Mr Marshal, a gentleman with whom I had frequent business transactions — bursting hurriedly into the room. From the unusual agitation in his manner I imagined that something serious had occurred, and, as we involuntarily do in this part of the world, I at once glanced to see if my rifle was in its proper place. You should know that the mere appearance of Mr Marshal at that moment in the Fort, was quite enough to surprise me, as he had but two days before left the place to make some alterations in a mill for sawing pine planks, which he had just run up for me, some miles higher up the Americanos. When he had recovered himself a little, he told me that, however great my surprise might be at his unexpected reappearance, it would be much greater when I heard the intelligence he had come to bring me. 'Intelligence,' he added, 'which if properly profited by, would put both of us in possession of unheard-of-wealth — millions and millions of dollars, in fact.' I frankly own, when I heard this that I thought something had touched Marshall's brain, when suddenly all my misgivings were put at an end to by his flinging on the table a handful of scales of pure virgin gold. I was fairly thunderstruck and asked him to explain what all this meant, when he went on to say, that according to my instructions, he had thrown the mill-wheel out of gear, to let the whole body of the water in the dam find a passage through the tail race, which was previously too narrow to allow the water to run off in sufficient quantity, whereby the wheel was prevented from efficiently performing its work. By this alteration the narrow channel was considerably enlarged, and a mass of sand & gravel carried off by the force of the torrent. Early in the morning after this took place, Mr Marshal was walking along the left Bank of the stream when he perceived something which he at first took for a piece of opal — a clear transparent stone, very common here — glittering on one of the spots laid bare by the sudden crumbling away of the bank. He paid no attention to this; but while he was giving directions to the workmen, having observed several similar glittering fragments, his curiosity was so far excited, that he stooped down & picked one of them up. 'Do you know,' said Mr Marshal to me, 'I positively debated within myself two or three times whether I should take the trouble to bend my back to pick up one of the pieces and had decided on not doing so when further on, another glittering morsel caught my eye — the largest of the pieces now before you. I condescended to pick it up, and to my astonishment found that it was a thin scale of what appears to be pure gold.' He then gathered some twenty or thirty pieces which on examination convinced him that his suppositions were right. His first impression was, that this gold had been lost or buried there, by some early Indian tribe — perhaps one of those mysterious inhabitants of the west, of whom we have no account, but who dwelt on this continent centuries ago, and built those cities and temples, the ruins of which are scattered about this solitary wilds. On proceeding, however, to examine the neighbouring soil, he discovered that it was more or less auriferous. This at once decided him. He mounted his horse, and rode down to me as fast as it could carry him with the news.

At the conclusion of Mr Marshals account, and when I had convinced myself, from the specimens he had brought with him, that it was not exagerated, I felt as much excited as himself. I eagerly inquired if he had shown the Gold to the workpeople at the mill and was glad to hear that he had not spoken to a single person about it. We agreed not to mention the circumstance to any one and arranged to set off early the next day for the mill. On our arrival, just before sundown, we poked the sand about in various places, and before long succeeded in collecting between us more than an ounce of gold, mixed up with a good deal of sand. I stayed at Mr Marshall's that night, and the next day we proceeded some little distance up the south Fork, and found that gold existed along the whole course, not only in the bed of the main stream, where the had subsided but in every little dried-up creek and ravine. Indeed I think it is more plentiful in these latter places, for I myself, with nothing more than a small knife, picked out from dry gorge, a little way up the mountain, a solid lump of gold which weighed nearly an ounce and a half.

Notwithstanding our precaution not to be observed, as soon we came back to the mill we noticed by the excitement of the working people that we had been dogged about, an to complet our disappointment, one of the indians who had worked at the gold mine in the neighbourhood of La Paz cried out in showing to us some specimens picked up by himself, — Oro! — Oro — Oro!!! —

DER GOLDRAUSCH

Der Name John Sutter ist zum Synonym für den Goldrausch in Kalifornien und für das wechselnde Glück der Goldsucher geworden. Sutter war es, der den Goldrausch auslöste, der jedoch am Ende als der große Verlierer dastand.

Sutter wurde 1803 in Deutschland geboren und traf 1839 in San Francisco ein. Trotz einer unehrenhaft beendeten Karriere als Offizier in der Schweizer Armee und des Bankrotts seines Textilhandels beeindruckte er die Behörden von Alta California so sehr, daß sie ihm die größtmögliche an einen Siedler vergebene Fläche (20 000 ha) im Central Valley überließen. Dort, am Zusammenfluß des Sacramento und American River, errichtete er 1841 eine Befestigung (Sutter's Fort), innerhalb von deren Grenzen er eine unabhängige Baronie schuf.

Sutters Fort war oft die erste Anlaufstelle für die erschöpften Überlandreisenden, die die anstrengende Überquerung der Sierra Nevada hinter sich gebracht hatten. Mit der Verpflegung der Siedler verdiente Sutter sein erstes Geld, dazu kam der Getreide- und Obstanbau. 1847 beschloß er, eine Sägemühle zu bauen; sie sollte ihm zum Verhängnis werden.

Am 24. Januar 1848 schaute James Marshall, der den Bau der Mühle überwachte, in die Wasserrinne und entdeckte ein Stück glänzendes Metall, eins der wohl Millionen Klümpchen Gold, die seit Urzeiten die Flüsse der Sierra hinuntertrieben.

Er brachte Sutter das Nugget, und die beiden nahmen ihren ganzen Scharfsinn und die Amerikanische Enzyklopädie zu Hilfe, um es zu prüfen. Sie kamen zu dem Schluß daß es tatsächlich Gold war. Sutter und Marshall wollten ihren Fund geheimhalten, aber die Neuigkeit drang an die Öffentlichkeit, und der Goldrausch entbrannte. Der Charakter dieser abgeschiedenen Gegend änderte sich grundlegend. Aus Sutter's Fort entwickelte sich die Hauptstadt Kaliforniens, Sacramento.

Vorherige Seiten: Stadtansicht von San Francisco, 1850. **Links**: John Sutters Bericht vom ersten Goldfund. **Oben**: Karikatur eines Goldsuchers: Vom Teesalon direkt auf das Goldfeld.

Ende Mai war das Wort „Gold" bis in den letzten Winkel Kaliforniens vorgedrungen. Im ganzen Land, von San Francisco bis Los Angeles, von der Küste bis zum Fuß der Sierra Nevada, ertönte es lauthals: „GOLD! GOLD! GOLD am American River! – während die Felder brachliegen und alles vernachlässigt wird, außer der Produktion von Schaufeln und Hacken ... ", wie es in einem zeitgenössischen Bericht hieß.

Jahrhunderte hatte die westliche Welt darauf gewartet, daß der Mythos endlich

Wirklichkeit wurde. Die Spanier hatten auf der Suche nach dem Land des Goldes mehr als nur eine Zivilisation zerstört. Die angestaute Spannung entlud sich in einem Sturm auf die Goldfelder. Bald lag San Francisco verlassen an der Bucht. Hacken, Siebe, Zelte, Bohnen, haltbare Lebensmittel, Äxte und alles, was sonst noch von Nutzen sein konnte, waren rasch ausverkauft. Monterey, San Jose, alle nordkalifornischen Missionsstädte entließen ihre Bewohner in den Wettlauf um das größte Nugget. Das Goldfieber breitete sich bis nach Utah und Oregon aus, wo sich zwei Drittel der gesunden Männer zu den Schürfplätzen aufmachten.

Über den pazifischen Schiffsverkehr verbreitete sich die Nachricht in der ganzen Welt. In Washington, D.C., wurden Goldklumpen im Wert von 3000 Dollar ausgestellt, die die Gier an der Ostküste entflammten. Am 2. Dezember bestätigte Präsident Polk vor dem Kongreß, daß die Berichte wahr seien. Später faßte der *New York Herald* zusammen: „Endlich wurde das El Dorado der alten Spanier entdeckt."

Die Träume Hunderttausender richteten sich auf die berühmte Hauptader *(Mother Lode)*, die sich über 190 Kilometer von Sutters Mühle im Norden bis nach Mariposa im Süden erstreckte. Die „Forty-niners" (wie die dem Goldrausch Verfallenen nach dem Jahr ihrer Ankunft genannt wurden) versuchten ihr Glück zuerst in den Flüssen der Klamath Mountains im Norden; später wichen sie auf die Wüsten im Süden aus. Das Zentrum der rauhen, kurzlebigen Goldgräbergesellschaft lag jedoch in den Hügeln und Tälern entlang der Hauptader.

Begrenzte Claims: Das Goldschürfen, besonders in den frühen Tagen, als das Wasser durchgesiebt wurde, war eine simple Angelegenheit. Die Hauptader gehörte der Bundesregierung, und ein Claim war auf das Stück Land beschränkt, das ein Mann tatsächlich bearbeiten konnte. So war es unmöglich, Claims anzuhäufen; die Verteilung des Reichtums verlief unter diesen Umständen relativ ausgeglichen.

Die Flüsse der Sierra nahmen den Schürfern viel Arbeit ab. Sie erodierten die Hügel und schwemmten Seifengold (vom Goldstaub bis zu Nuggetgröße) flußabwärts. Ein Goldsucher stellte sich ins Wasser, schöpfte ein Sieb voll Kies und schwenkte es hin und her, bis sich das Gold aussortieren ließ. Später wurden Waschrinnen errichtet und Löcher gegraben. Schließlich wollte man ganze Berge auswaschen; diese Methode wurde 1884 verboten, nachdem schwere ökologische Schäden entstanden waren.

Die noch heute geführten endlosen Diskussionen über die Wasserrechte reichen

bis in die Zeit des Goldrauschs zurück. Da nur derjenige in der Lage war, Gold zu schürfen, der Zugang zum Wasser hatte, zogen die Besitzer mancher abgelegenen Claims Gräben, die das Gold zu ihrem Claim ableiten sollten. Die Rechtsansprüche dieser Goldgräber kollidierten mit den Rechten derer, die sich Claims direkt am Ufer gesichert hatten.

Die Einführung der hydraulischen Methode, bei der Wasser über die Berghänge geleitet wurde, verschärfte das Problem. Das verzweigte Netzwerk von Kanälen war schließlich mehr wert als die Claims, die es bediente. Die Frage, wem von Rechts wegen der erste Zugriff auf das Wasser gestattet war, blieb unbeantwortet.

Vom Gewinner zum Verlierer: 1849 wurde Gold im Wert von zehn Millionen Dollar geschürft, 1850, als sich 50 000 Schürfer in Kalifornien aufhielten, viermal so viel. Im Jahr 1852, dem Höhepunkt des Goldrausches, wurde Gold im Wert von 80 Millionen Dollar aus den Bergen gewaschen. So leicht, wie das Gold den Goldschürfern anfänglich in die Hände fiel, bzw. in das Schürfsieb gespült wurde, so leicht konnten es die naiven jungen Männer jedoch auch wieder verlieren. In den Kassen der Händler, die Wucherpreise für die begehrten Waren verlangten, in Spielhöllen und Freudenhäusern blieb ein Großteil des Goldes zurück. Für die wenigsten erfüllte sich die Hoffnung auf den großen Reichtum. Ernüchtert kehrten die meisten in die bürgerliche Welt zurück. Zumindest konnten sie zu Hause ihre Abenteuergeschichten erzählen.

Die Forty-niners hatten ihren Spaß in Spielhöllen und billigen Bordellen. Allzu gierige Händler mußten sie in die Schranken weisen. Eier kosteten ein Dollar das Stück. Die Grundstücksspekulation war weit verbreitet, die Bodenpreise lagen oft über dem realen Wert. Jede Bootsladung Forty-niners brachte neue Verbraucher in die Stadt; die Nachfrage nach allem stieg und stieg und mit ihr die Preise. Als die Stadt die Grenzen von Yerba Buena Cove sprengte, wurden unter Wasser stehende Grundstücke zu irrsinnigen Preisen verkauft, weil man damit rechnete, daß sie aufgefüllt und bebaubar würden. Und so kam es auch: ein Großteil des heutigen Zentrums von San Francisco steht auf neugewonnenem Land.

Langfristige Investitionen lohnen: Die meisten der neuen, auf ihre goldenen Träume fixierten Bewohner Kaliforniens verspürten nicht den Wunsch, den Grundstein für eine normale bürgerliche Gesellschaft zu legen, die mit Sicherheit nach dem Goldrausch entstehen würde. Viele glaubten, daß die Hügel bis oben hin voll Gold steckten, daß der Vorrat an Gold noch in Jahrhunderten nicht erschöpft sein würde. Letztlich waren diejenigen die Gewinner in dieser großen Lotterie, die schlau genug waren, Geschäfte aufzubauen, Land zu kaufen und auf die Zukunft zu setzen. Es galt, das schnelle Geld in langfristige Investionen anzulegen.

Die zuerst kamen, machten ein Vermögen, indem sie die im Überfluß vorhandenen

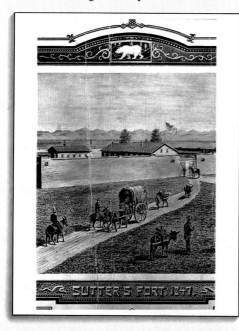

Links: Die Goldsucher arbeiteten meist in kleinen Teams. **Oben links**: Ruhig ging es zu in Sutter's Fort, bevor auf dem Anwesen Gold entdeckt wurde. **Oben rechts**: Waschpfannen waren für die Goldsuche unentbehrlich.

Nuggets aus den Flüssen wuschen oder den Goldstaub aus leicht zugänglichen Adern kratzten. Es wird geschätzt, daß Tag für Tag Gold im Wert von 50 000 Dollar gefunden wurde. Der Aufwand und die Risiken für die Schürfer wurden immer größer, die leicht zugänglichen Goldvorräte gingen zur Neige, und die Preise schossen in die Höhe. Lebensnotwendig waren Eimer, Schaufeln, Schöpfer und Siebe. Die meisten Goldsucher lebten in Zelten, schliefen in Decken gehüllt auf Kiefernnadeln. Wer ein richtiges Dach über dem Kopf haben wollte, mußte in der Stadt 3000 Dollar für eine Hütte zahlen.

Bald wurden die, die Dienstleistungen für die Goldsucher anboten, reicher als die hart

arbeitenden Männer selbst. Ein gewisser Levi Strauss kam aus Deutschland, um Zelte zu verkaufen, doch dann verarbeitete er seinen Stoffvorrat lieber zu strapazierfähigen Hosen. Ein Goldgräber schrieb 1850 nach Hause: „Man kann sich gar nicht vorstellen, was für ein schmutziges Geschäft diese Goldschürferei ist ... Ein Stückchen fettes Schweinefleisch, eine Tasse Tee oder Kaffee und ein, zwei Scheiben miserables Brot sind die Mahlzeit eines Goldsuchers."

San Francisco boomt: Auch wenn die harten Männer genügsam waren, die Gesellschaft von Frauen mußten sie vermissen. Hunderte von Prostituierten bestiegen in Mexiko und Südamerika Schiffe, wohl wissend, daß die Überfahrt bezahlt war, sobald der Kapitän sie meistbietend versteigert hatte. In seinem Buch *Madams of San Francisco* weist Curt Gentry darauf hin, daß Spekulanten alles Mögliche in großen Mengen liefern ließen, der Markt jedoch bisweilen gesättigt war und die Spekulanten große Verluste machten. „Der Import von Frauen bot Sicherheit. Sie mochten verderben, aber niemand empfand es als notwendig, sie wegzuwerfen."

Huren, Goldsucher, Kaufleute und Abenteurer – für sie alle schien San Francisco das neue Mekka. Es war zu einer Stadt geworden, in der Menschen aus aller Welt ihre Zukunft zu sehen glaubten.

San Francisco hatte 1848 weniger als 1000 Einwohner. 1850, als der Rausch in vollem Gang war, lebten mehr als 30 000 Menschen dort. Allein 1849 zogen 80 000 Glücksritter durch die Stadt. Es war ein ständiges Kommen und Gehen, und auch das Stadtbild veränderte sich in kürzester Zeit. Kam ein Goldsucher nach einem mehrmonatigem Ausflug aus den Bergen zurück, fand er nicht selten solide Bauwerke, protzige Hotels und erlesene Restaurants vor, wo früher nur Zelte und offene Kochstellen gestanden hatten. Der Goldrausch sorgte dafür, daß in Kalifornien aus kleinen Siedlungen Großstädte wurden.

1853 begann der Goldrausch abzuebben. Die Grundstückswerte fielen um bis zu 30 Prozent, Zuwanderer kamen spärlicher, und die Händler saßen auf den Vorräten, die sie während des Booms bestellt hatten.

Die Männer, die den Goldrausch in Gang gesetzt hatten, John Sutter und James Marshall, waren nur zwei der vielen Verlierer. Marshall starb 1885 in der Nähe der Stelle, an der er sein erstes Gold gefunden hatte, als ein gebrochener Mann. Sutter mußte mitansehen, wie sein Land von Goldsuchern überrannt wurde und sich seine Arbeiter davonmachten. Sein Bankrott erfolgte 1852, als das Bundesgericht ihm die Landrechte absprach, die er von Mexiko erhalten hatte. Sutter starb 1880 in Washington, D.C., nachdem er jahrelang vergeblich um seine Wiedergutmachung gekämpft hatte.

Oben: Sam Brannan, der in den Anfängen viel für San Francisco tat. **Rechts:** Romantische Darstellung des Goldsucherlebens.

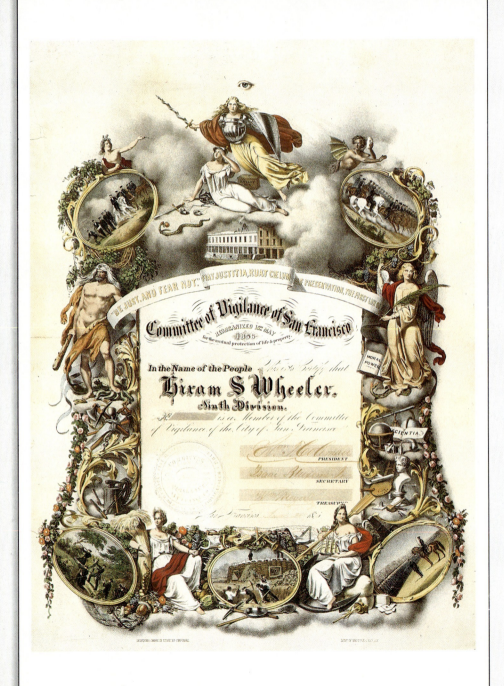

SALOONS, SILBER, STEUERN

Die neuen Städte Kaliforniens wurden nicht sehr sorgfältig und planvoll angelegt, San Francisco schon gar nicht. In der Zeit nach dem Goldrausch entwarf man, ausgehend von der flachen Yerba Buena Cove, mit Reißbrett und Feder netzförmige, schematische Straßenpläne, ohne auf das hügelige Gelände zu achten. Deshalb verlaufen heute die Straßen San Franciscos bergauf und bergab. Zunächst entstanden eilig hingestellte Holzhäuser, und so wüteten bereits von 1849 bis 1851 in San Francisco sechs Großbrände. Auch das kleinere, etwas ruhigere Sacramento blieb von Bränden nicht verschont.

In San Francisco hatten sich Rowdies in Banden organisiert. Nicht nur einige der Großfeuer, sondern auch Raubzüge und Schlägereien gingen wahrscheinlich auf ihr Konto. 1851 machten verantwortungsbewußte Bürger von ihrem verfassungsmäßigen Recht Gebrauch, „Eigentum zu erwerben, zu besitzen und zu schützen", und erklärten den kriminellen Elementen den Krieg. Als Anfang 1851 ein Kaufmann beraubt und zusammengeschlagen wurde, gerieten die Aufrechten in Zorn, darunter der Mormone Sam Brannan. Rufe nach Lynchjustiz wurden laut, und wenn auch Zeitungen wie die *Alta* davor warnten, meinten Bürger wie Brannan, es sei an der Zeit, „die Spitzfindigkeiten der Gesetze, die unsicheren Gefängnisse und die Laxheit der Gesetzeshüter" zu umgehen.

Eine Bürgerwehr wurde gegründet und bald darauf ein Bandenmitglied namens John Jenkins gehängt – „wegen versuchter Entwendung eines Tresors". Keine zwei Wochen später hatte auch Sacramento seine Bürgerwehr, und andere kalifornische Städte folgten nach. Die *Vigilantes* genannten Komitees konnten jedoch nur anfänglich die Kriminalität eindämmen.

Vergnügungssteuer: Verschuldet und ohne die nötigen Mittel, um Recht und Ordnung

Vorherige Seiten: Aus aller Welt kamen Glücksritter nach San Francisco. **Links:** In der unkontrolliert wachsenden Stadt übernahmen Bürgerwehren Schutzfunktionen. **Oben:** Die Todesstrafe sollte Kriminelle abschrecken.

aufrechterhalten oder den Neuankömmlingen Obdach und medizinische Versorgung bieten zu können, suchte San Francisco nach Möglichkeiten, an Geld zu kommen. Die Stadt verfiel auf die Idee, das Glücksspiel hoch zu besteuern, denn an Spielern gab es keinen Mangel. „Spielsalons, die glitzerten wie Märchenpaläste ..., schossen auf der Plaza und in den umgebenden Straßen wie Pilze aus dem Boden", berichtet ein Historiker. „Es herrschte eine wilde, fiebrige Ausgelassenheit, und auf dem grünen

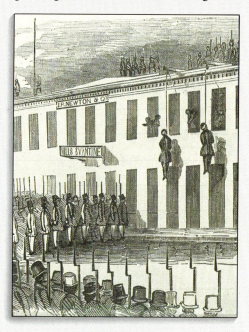

Tuch wurden im Nu Vermögen gewonnen und verloren." Auf eine Karte wurden bis zu 60 000 Dollar gesetzt. Mit den Einnahmen wurden die Polizei und die Instandhaltung eines Gefängnisschiffes finanziert.

Beitritt zur Union: Am 9. September 1850 wurde Kalifornien Bundesstaat der USA. Seit 1849 gab es bereits eine Regierung und eine Verfassung, die das Recht garantierte, „das Leben und die Freiheit zu genießen und zu verteidigen, Eigentum zu erwerben, zu besitzen und zu schützen, und nach Glück zu streben" – eine typisch kalifornische Mischung aus Praktischem und Erhabenem wurde zum Gesetz erhoben.

Die Träume der meisten zerstoben in der rauhen Wirklichkeit. Schon bald sollten die Chinesen unter rassistischer Diskriminierung leiden. Tausende von ihnen strömten nach Nordkalifornien, nachdem sie für den Bau der transkontinentalen Eisenbahnstrecke ins Land geholt worden waren. 1870, nach Fertigstellung der Strecke, entließ allein die Central Pacific 12 000 Arbeiter. Sofern sie nicht zurück nach China gingen, ließen sie sich in den chinesischen Gettos der großen Städte nieder und bestritten ihren Lebensunterhalt als Tagelöhner.

Eine große Gefahr im hastig erbauten San Francisco waren Feuersbrünste. Da die meisten Häuser aus Holz und Tuch waren, hat-

Stadt der Banditen: Unter den wenigen, denen es noch glänzend ging, waren die Besitzer der Spielsalons, die die Stadtverwaltung bestochen hatten. Als James King, der Herausgeber des *Evening Bulletins*, niedergeschossen wurde, weil er mit seiner Kritik an der Polizei und den Gerichten nicht hinterm Berg gehalten hatte, lebten die umstrittenen Bürgerwehren wieder auf. Es gelang ihnen, die meisten unerwünschten Elemente aus der Stadt zu vertreiben und für Ordnung zu sorgen. Nach ein paar Monaten wurden sie erneut aufgelöst, und eine neue Stadtverwaltung trat ihr Amt an.

Kalifornien sollte jedoch auch jetzt noch nicht zur Ruhe kommen, denn 1859 ström-

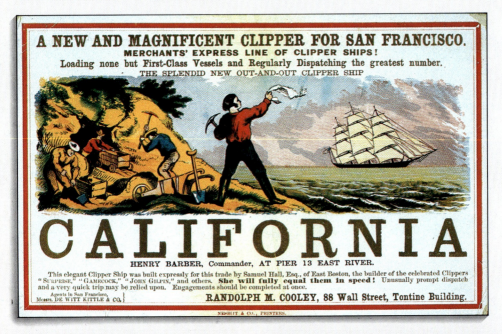

ten Flammen leichtes Spiel. Die in den zahlreichen Bränden zerstörten Häuserblocks wurden jedesmal stabiler und schließlich aus Stein wiederaufgebaut.

Im Jahr 1854, als eine Bibliothek, Kirchen, Schulen und Theater zu den vielen aus Ziegeln erbauten Häusern gehörten, als Straßenbahnen die jetzt sauberen Straßen entlangfuhren, war endgültig klar, daß der Goldrausch zu Ende ging. Es trafen noch immer Zuwanderer und Schiffsladungen von Vorräten ein, die schon nicht mehr bezahlt werden konnten. Viele Geschäfte und Firmen gingen bankrott, mittellose Ex-Goldgräber bevölkerten die Straßen.

ten erneut Reichtümer die Flüsse der Sierra hinunter. Diesmal war es Silber, nicht Gold, das die Menschen in einen Rausch versetzte.

Der Silberrausch: Einer der unwirtlichsten Außenposten des Goldrauschs war die Gegend um den Sun Mountain an den östlichen Abhängen der Sierra in der Nähe des Lake Tahoe auf der Nevada-Seite gewesen. In der Virginia Range gab es etwas Gold, aber das bläuliche Lehmgestein danach abzusuchen, war harte Arbeit. Im Juni 1859 fand eine Gesteinsprobe den Weg zu Melville Atwood, einem Gesteinsprüfer. Er fand in dem Erzklumpen Silber im erstaunlichen Wert von 3876 Dollar.

Zunächst schien es, als würde der Silberrausch ähnlich verlaufen wie der Goldrausch ein Jahrzehnt zuvor. „Unsere Städte sind nahezu verlassen", schrieb ein Beobachter. „Sie wirken so matt wie ein schwindsüchtiges Mädchen. Was ist aus unseren kräftigen Mitbürgern geworden? Sie stürmen durch Schluchten und über Berge – auf der Suche nach Silber."

Einer der jungen Männer, der zur Virginia Range eilte, war Mark Twain. In seinen Memoiren beschreibt er, wie viele Beinahe-Millionäre „erwarteten, massenhaft Silber auf dem Erdboden herumliegen zu sehen." Doch das Silber lagerte unter Tage, in den steilen, zerklüfteten Bergen.

Mackay, erfahrene Goldgräber, deren Consolidated Virginia Company jeden Monat Silber im Wert von sechs Millionen Dollar zutage förderte.

Die Comstock-Ader: Die Hauptader des Silbervorkommens verlief von Virginia City die Berge hinab nach San Francisco. Bis 1863 wurden dem Sun Mountain 40 Millionen Dollar in Silber abgerungen. 2000 Firmen waren mit Aktien an die Börse gegangen. Wenn Gerüchte die Stadt erreichten, wurden in Sekundenschnelle Vermögen gemacht oder verloren.

Die Comstock-Ader wurde bis um 1880 ausgebeutet. Insgesamt führte der Silberabbau Kaliforniens Wirtschaft 400 Millionen

Wie sich herausstellte, war der Silberrausch etwas für Kapitalisten, für Männer, die genug Geld hatten, um Claims kaufen zu können, Schächte zu graben, die teuren Geräte und Mühlen aufstellen zu lassen, die das blaue Gestein in Bargeld verwandelten. Es waren Männer wie William Ralston von der Bank of California in San Francisco und die vier legendären „Bonanza Kings": James Flood und William O'Brien, ehemalige Saloonbesitzer, und James Fair und John W.

Dollar zu. In San Francisco hatte William Ralston, der größte Minenbesitzer, Sam Brannan als reichsten Förderer der Stadt abgelöst. (Sam war pleite und versuchte, seinen Zufluchtsort Calistoga zu einem Kurort zu machen. Er starb mittellos 1889.)

Ralston investierte sein Geld in unzählige große Projekte: er baute das Palace, Amerikas größtes Stadthotel; er kaufte Zuckerraffinerien, Holz- und Gerüstfirmen und Wasserkraftwerke; und als sich die sechziger Jahre ihrem Ende näherten, bereitete er das vor, wovon der Geldadel glaubte, daß es den Staat zu neuer Größe führen würde – die transkontinentale Eisenbahn.

Links: Bis um 1860 wurde San Francisco per Schiff versorgt. **Oben:** Die Market Street in San Francsico in den 1860er Jahren.

Bis dahin war San Francisco auf Schiffe angewiesen, die die Stadt mit dem Nötigsten versorgten. Während die normalen Schiffe für die Passage Boston-San Francisco acht bis zehn Monate gebraucht hatten, umrundeten die eleganten Klipper (Schnellsegler) den Kontinent in einem Drittel der Zeit. 1849 waren an der Ostküste 800 Schiffe zur langen Reise aufgebrochen. Der Schiffstransport war ein lukratives Geschäft.

Der Schriftsteller Richard Henry Dana hatte bei einem früheren Besuch die Einwohner Kaliforniens ein „müßiges, verschwenderisches Volk" genannt. Besonderes Gewicht verlieh dieser Beobachtung der Lebensstil neureicher Rancheros. Während

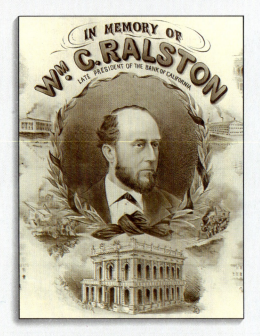

des Goldrauschs herrschte eine immense Nachfrage nach Rindfleisch, die ihnen und Hochseehändlern aus anderen Gegenden zu beträchtlichem Reichtum verhalf.

Als lukratives Nebenprodukt erwiesen sich die Häute, die zu Bodenbelägen, Decken, Vorhängen, Sandalen und Sätteln verarbeitet wurden. Rohe Häute wurden zu Seilen gedreht und überschüssiges Fleisch haltbar gemacht. Der Rindertalg bildete den Grundstoff für Kerzen und Seife.

Die Handelsschiffe der Yankees (der Ostküstler) fuhren die Küste entlang und fungierten als schwimmende Kaufhäuser, die Mahagonimöbel, Utensilien aus glänzendem Kupfer, gerahmte Spiegel, irisches Leinen, Seidenstrümpfe, silberne Kerzenständer und Kaschmirschals feilboten. Für viele Ureinwohner waren dies die ersten Annehmlichkeiten der zivilisierten Welt, die sie zu Gesicht bekamen. Manche Schiffe, die die gefährliche Magellanstraße hinter sich gebracht hatten, blieben ein ganzes Jahr lang im Schutz der Stadt vor Anker.

Auf hoher See: Mit einer raffinierten Methode versuchten die Händler, den Zoll zu umgehen. Um die Einfuhrzölle niedrig zu halten, schlossen sich jeweils zwei Schiffe zusammen, um auf offener See einen Teil der Ladung des einen auf das andere Schiff zu verfrachten. Das leerere Schiff fuhr dann in den Hafen ein und verzollte die restliche Ladung. Anschließend wurde der Spieß umgedreht, und das zweite Schiff durchlief die gleiche Prozedur. Viele Schiffsladungen landeten auch in einsamen Buchten und wurden von dort an Land geschmuggelt. Für Händler und Käufer lohnte sich dieser Deal.

Ein gut in Schuß gehaltener, schneller Klipper konnte 1851 die Reise um das Kap Horn in 90 Tagen schaffen – das Schiff machte sich schon durch die Transportgebühren für die Ladung einer einzigen Fahrt bezahlt. Zehn Jahre später waren von San Francisco aus ungefähr 50 Schiffe unterwegs, die Passagiere und Güter die Küste entlang und bis nach China und Australien brachten.

Parallel zur Entwicklung der Klipper – deren Zeit um 1860 vorbei war – verbesserte sich auch der Überlandverkehr. Angespornt von der Notwendigkeit, Post zu befördern, wurde er anfänglich von regionalen Postmeistern finanziert. Kurzfristig beflügelte der Mut und die Verwegenheit des Pony Express (Stafette von jungen Burschen, die Indianer nicht fürchteten) die Phantasie der Öffentlichkeit, dann aber förderte der Bürgerkrieg das Telegrafenwesen, wodurch die Nachrichtenübermittlung billiger und schneller wurde. Ein halbes Jahrhundert später, am 25. Januar 1915, erhielt Thomas Watson in San Francisco den ersten Telefonanruf von einem Teilnehmer an der Ostküste – Alexander Graham Bell meldete sich höchstpersönlich bei ihm.

Links: William Ralston, umtriebiger Geschäftsmann und Spekulant. **Rechts:** Kalifornien lockt mit dem Versprechen auf Arbeit und Reichtum.

EMIGRATION TO CALIFORNIA!

Do you want to go to California? If so, go and join the Company who intend going out the middle of March, or 1st of April next, under the charge of the California Emigration Society, in a first-rate Clipper Ship. The Society agreeing to find places for all those who wish it upon their arrival in San Francisco. The voyage will probably be made in a few months.— Price of passage will be in the vicinity of

ONE HUNDRED DOLLARS!
CHILDREN IN PROPORTION.

A number of families have already engaged passage. A suitable Female Nurse has been provided, who will take charge of Young Ladies and Children. Good Physicians, both male and female go in the Ship. It is hoped a large number of females will go, as Females are getting almost as good wages as males.

FEMALE NURSES get 25 dollars per week and board. **SCHOOL TEACHERS** 100 dollars per month. **GARDNERS** 60 dollars per month and board. **LABORERS** 4 to 5 dollars per day. **BRICKLAYERS** 6 dollars per day. **HOUSEKEEPERS** 40 dollars per month. **FARMERS** 5 dollars per day. **SHOEMAKERS** 4 dollars per day. Men and Women **COOKS** 40 to 60 dollars per month and board. **MINERS** are making from 3 to 12 dollars per day. **FEMALE SERVANTS** 30 to 50 dollars per month and board. Washing 3 dollars per dozen. **MASONS** 6 dollars per day. **CARPENTERS** 5 dollars per day. **ENGINEERS** 100 dollars per month, and as the quartz Crushing Mills are getting into operation all through the country, Engineers are very scarce. **BLACKSMITHS** 90 and 100 dollars per month and board.

The above prices are copied from late papers printed in San Francisco, which can be seen at my office. Having views of some 30 Cities throughout the State of California, I shall be happy to see all who will call at the office of the Society, 28 JOY'S BUILDING, WASHINGTON ST., BOSTON, and examine them. Parties residing out of the City, by enclosing a stamp and sending to the office, will receive a circular giving all the particulars of the voyage.

As Agents are wanted in every town and city of the New England States, Postmasters or Merchants acting as such will be allowed a certain commission on every person they get to join the Company. Good reference required. For further particulars correspond or call at the

SOCIETY'S OFFICE,
28 Joy's Building, Washington St., Boston, Mass.

AUFSTIEG UND FALL IM 19. JAHRHUNDERT

Der Goldrausch stellte die Verbindung zwischen der Ost- und Westküste auf Dringlichkeitsstufe Eins. Nicht nur Goldsucher, auch Investoren hatten sich San Francisco als Ziel auserkoren. Obwohl regionale Eisenbahnstrecken existierten, war das Netz doch lückenhaft und bot keine transkontinentale Verbindung. Erst 1853 stellte die Bundesregierung Geld zur Verfügung, um eine geeignete Streckenführung erforschen zu lassen. Dank des Goldbooms war jetzt Kalifornien und nicht Oregon der Favorit für die Endstation.

Seit vielen Jahren gab es Pläne für eine Eisenbahnverbindung zwischen den Küsten. Als der Bürgerkrieg ausbrach, geriet der Kongreß, der Kaliforniens Position in der Union festigen wollte, endlich in Bewegung. Im Winter 1862 wurde die Förderung zweier Eisenbahngesellschaften beschlossen – der Central Pacific, die von Sacramento aus baute, und der Union Pacific, die vom Mittelwesten, genauer von Omaha, Nebraska, aus vorstieß. Landschenkungen und Subventionen sollten den Bau beschleunigen. Das Kalkül der Nordstaaten und der durch den Goldrausch gegebene Handlungsbedarf bescherten Kalifornien endlich die erforderliche Verkehrsanbindung.

Auf dem richtigen Gleis: In seinem viel beachteten Buch *Fortschritt und Armut* warnte Henry George davor, daß sich die Eisenbahnen nicht nur als Segen erweisen würden. Er sagte voraus, daß die jungen Fabriken Kaliforniens von den Großbetrieben im Osten unterboten und die Preise für begehrtes Farmland hochgetrieben würden. Letzteres läge im Interesse der Bahngesellschaft Central Pacific, der entlang des Streckenverlaufs riesige Landparzellen gehörten.

George wies auch auf die rassistischen Spannungen hin, die sich aus dem Zustrom Tausender billiger chinesischer Arbeiter ergeben würden. In den siebziger Jahren überschwemmten „Crockers Lieblinge", wie sie nach einem der großen Arbeitgeber genannt wurden, den kalifornischen Arbeitsmarkt und zogen den oft rassistisch motivierten Haß unzufriedener Weißer auf sich.

Georges skeptische Voraussagen erfüllten sich mit der Ankunft des ersten Zuges. In San Francisco gingen innerhalb eines Jahres die Grundstücksgeschäfte von 3,5 Millionen auf 1,5 Millionen Dollar im Monat zurück. „Kaliforniens anfängliche Begeisterung machte bald Mißtrauen und Widerwillen Platz... Es war ein Echo der landesweiten Überzeugung, daß die Eisenbahn für die

meisten ökonomischen Übel im Land verantwortlich war", schreibt der Historiker John W. Caughey in seinem Buch *California*. „Die Eisenbahn wurde zum Monster, zum Kraken. Gegen sie richtete sich die Kritik derer, die die harten siebziger Jahre unzufrieden gemacht und verbittert hatten."

Der geniale Kopf der Central Pacific war ein junger Ingenieur namens Theodore Dehone Judah, der 1856 Kaliforniens erste, 35 Kilometer lange Eisenbahnstrecke durch das Sacramento Valley gebaut hatte. Er verbrachte Jahre damit, die entscheidende Streckenführung über den Donner-Paß in der Sierra Nevada zu planen. Judahs Pech

Vorherige Seiten: Die Central Pacific Railroad (Gemälde von 1867). **Links:** Die Arbeitslosigkeit schürte den Rassismus. **Oben:** Das Eisenbahnmonopol bedrohte das Staatswesen.

Aufstieg und Fall im 19. Jahrhundert 47

war, daß seine Partner bei der Central Pacific gerissene und habgierige Männer waren.

Das Gold hatte Charles Crocker, Mark Hopkins, Collis Huntington und Leland Stanford, die als „The Big Four" bekannt wurden, nach Westen gelockt. Sie waren Händler in Sacramento, als sie in Judahs Vorhaben investierten. Kurz nachdem der Kongreß ihnen großzügige Subventionen gewährte, zwangen sie Judah zum Ausstieg aus der Central Pacific. Judahs vorzeitiger Tod verhinderte, daß die Großen Vier jemals für ihre Machenschaften zur Rechenschaft gezogen wurden.

Mit der Central Pacific kamen die Großen Vier zu unglaublichem Reichtum. Dank des Drucks der Regierung, die die Bahnlinie fertig sehen wollte, und Stanfords politischen Manövern konnte die Central Pacific über Jahre die Politik Kaliforniens diktieren. Die Eisenbahnbarone schanzten sich untereinander Investoren und Subventionen zu, kauften Land zu Spottpreisen, importierten billige Arbeiter aus China und wurden dank ihrer ausbeuterischen und monopolistischen Praktiken zu Multimillionären.

Gekaufte Politiker: Als die größten Landbesitzer und Arbeitgeber waren die reichen Eisenbahnbarone in der Lage, Frachttarife zu manipulieren, Wasservorräte zu kontrollieren, riesige Ländereien zu erwerben und unliebsame Politiker und Staatsbeamte kaltzustellen. Es sollte noch Jahre dauern, bis der Staat die Regeln für den Schienenverkehr festlegte und nicht die Eisenbahngesellschaften die Politik bestimmten. Als 1901 Frank Norris' Buch *The Octopus* erschien, bezweifelte keiner, wer gemeint war: die Southern Pacific streckte ihre gierigen Tentakeln in jede Ecke des Staates aus.

Zumindest anfänglich nörgelten nur Sozialisten daran herum, daß die Großen Vier die Gewinne der Eisenbahn als ihre private Geldreserve betrachteten. In den mahagonigetäfelten Vorstandsetagen der Banken von San Francisco, auf den Meinungsseiten der Zeitungen und an der Börse lautete das Ur-

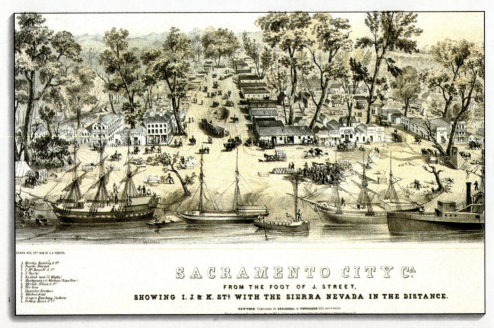

teil einhellig, daß die Eisenbahn Kalifornien Wohlstand bescheren würde.

Im April 1868, fünf Jahre nach Baubeginn in Sacramento, fuhr der erste Zug der Central Pacific über den Donner-Paß. Am 12. Mai 1869 wurden in Promontory, Utah, die Strecken und Küsten mit dem Goldenen Schienennagel verbunden. „San Francisco annektiert die Union", lautete eine Schlagzeile in San Francisco. Aber auf den immensen Wohlstand, den man sich vom Anschluß an den nationalen Markt versprochen hatte, warteten alle vergeblich.

Die hohe Erwartung, die die Wirtschaft in den 1860er Jahren angeheizt hatte, wurde in den 1870er Jahren nicht bestätigt. Schon im Winter 1869/70 brachte eine Dürre den Landwirten und Händlern erhebliche Einkommensverluste. Auf nationaler Ebene setzte eine Konsolidierungswelle ein, und die Arbeitslosen machten sich auf die Suche nach Arbeit. Zwischen 1873 und 1875 kamen mehr als 250 000 Einwanderer nach Kalifornien. Viele von ihnen waren Fabrikarbeiter, und nur wenige fanden Arbeit. Die Rezession der siebziger Jahre führte auch William Ralston in den Ruin. Als Direktor der Bank of California in San Francisco hatte er der Boommentalität Vorschub geleistet. Am „Schwarzen Freitag" jedoch, dem 26. April 1875, hatten die Anleger ihr

meisten betroffen. Zu Zeiten des Gold- und Silberrausches war ihnen die Freiheit zuteil geworden, problemlos von einem Job zum anderen wechseln und die Arbeitsbedingungen diktieren zu können. Nun aber hatte sich das Blatt gewendet, und sie suchten Beistand bei den Gewerkschaften.

Als sich Gold- und Silberboom ihrem Ende zuneigten, zogen immer mehr Latinos von den Minen der Sierra Nevada in die Großstädte. Diese Landflucht sorgte zusammen mit den Streitereien um Goldrechte und Ranches für eine „Hispanophobie", einen um sich greifenden Rassismus, der noch schlimmer wurde, als sich mexikanische Banditen in der Unterwelt hervortaten.

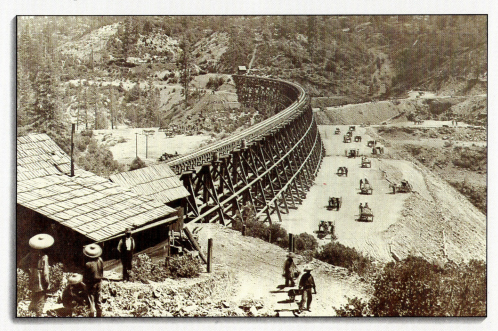

Vertrauen in die Bankgeschäfte verloren und forderten ihre Einlagen zurück. Ralston hatte jedoch durch seine Spekulationen das Kapital der Bank stark geschröpft. Sie ging bankrott, und Ralston wurde am nächsten Tag tot in der Bucht gefunden.

Ende des Booms: Ralstons Tod signalisierte das Ende des boomenden Wohlstands in Kalifornien. Arbeiter warem vom Kapitalschwund während der siebziger Jahre am

Links: Sacramento war Kaliforniens Hauptstadt, blieb aber hinter der großstädtischen Aura San Franciscos zurück. **Oben:** Chinesen bauten weite Strecken der Eisenbahn.

Zu den berühmtesten *banditos* zählte Tiburcio Vasquez. Seine mexikanischen Landsleute betrachteten ihn als Volkshelden à la Robin Hood, was bezeichnender ist für die Beziehungen zwischen Mexikanern und Amerikanern, als daß es Vasquez Tribut zollt. Hinter ihm lag eine lange Karriere als Viehdieb und Postkutschenräuber. Schließlich ging er 1876 in Los Angeles den Vertretern des Gesetzes ins Netz und wurde zum Tod verurteilt.

Die Wirtschaft erholte sich nur langsam von der Rezession, aber Kalifornien war zu reich, um dauerhaft Schaden zu nehmen. Die nächsten Jahrzehnte sahen den Ausbau der Industrie, die bald mit dem Osten konkurrieren konnte. Der Staat verließ sich nicht mehr auf Reichtümer in Form von Gold und Silber, sondern investierte in eine beispiellose Entwicklung der Landwirtschaft. Im Central Valley wurden überwiegend Getreide, Reis und Baumwolle geerntet, und Kaliforniens Viehbestände wuchsen um das Zehnfache. In Städten wie Stockton, San Jose und Monterey schlugen Forty-niners Wurzeln. Ende der siebziger Jahre begann man im Napa Valley ernsthaft mit dem Weinanbau.

Trotz der Rezession vermehrte sich die Bevölkerung Nordkaliforniens zwischen 1860 und 1880 rapide, in den sechs Counties

um die Bucht von San Francisco vervierfachte sie sich. Den meisten Zulauf erhielt natürlich San Francisco, aber die Nachbarstädte Oakland, Berkeley und San Jose hielten Schritt.

Die Bevölkerung des Central Valley verdoppelte sich in diesem Zeitraum ebenso wie in Napa und Sonoma County. Die Expansion der Landwirtschaft sorgte im Landesinneren für die Gründung von Städten wie Redding und Modesto. Die wachsende Bevölkerung und die Ansprüche der entstehenden Mittelklasse erforderten den Bau neuer Häuser. Dieser Expansionsphase verdankt San Francisco die gediegenen Villen im viktorianischen Stil. Neue Vororte entstanden, und die Ausdehnung der Stadt führte zur Planung eines öffentlichen Verkehrsnetzes.

1873 enthüllte ein Engländer namens Andrew Hallidie den ersten seiner genialen Cable Cars. Mittels einer Zange wurden die Wagen an Drahtseile geklinkt, die in der Mitte der Straße verliefen und durch Motoren an den Endhaltestellen in Bewegung gebracht wurden und so die Wagen mit sich zogen. Die elektrischen Straßenbahnen verdrängten die Cable Cars, die heute nur noch eingeschränkt verkehren.

Zu den erfolgreicheren Minenbesitzern hatte George Hearst gehört, der einige Millionen in die Zeitung *San Francisco Chronicle* steckte. 1887 übergab er die Zeitung seinem Sohn William Randolph, der das bis heute weltgrößte Verlagsimperium aufbauen sollte. Als W. R. Hearst 1951 starb, besaß er mehr als 20 Tageszeitungen (davon jeweils zwei in New York und Chicago), 14 amerikanische und zwei britische Magazine, elf Radiosender und fünf Nachrichtendienste. Insgesamt arbeiteten 38 000 Menschen für ihn. In seinem Besitz war ein herrliches Anwesen in San Simeon (siehe Seite 203); seine politischen Erfolge beschränkten sich jedoch auf einen Sitz im Repräsentantenhaus. Noch heute erinnert man sich an ihn als den Prototypen von Orson Welles' *Citizen Kane*.

Die heimliche Hauptstadt: Seit 1854 war Sacramento Kaliforniens Hauptstadt, aber San Francisco war die wahre Metropole des Staates. San Franciscos Boomtown-Mentalität mochte einen Dämpfer erfahren haben, aber gegen Ende des Jahrhunderts war die Vorliebe der Einwohner für das gute Leben ungebrochen. Der Schriftsteller Rudyard Kipling nannte sie „eine verrückte Stadt, bewohnt überwiegend von vollkommen wahnsinnigen Männern, deren Frauen bemerkenswert schön sind." Ihre Gesellschaft war „mitreißend stürmisch und sprudelnd. Unbekümmertheit liegt in der Luft."

Dieser gesellschaftliche Zustand mit all seiner Extravaganz und Korruption dauerte bis zu einem Morgen im April 1906. Danach sollte nichts mehr so sein wie zuvor.

Oben: Stadtsiegel von San Francisco. Rechts: Theaterstücke mit Musik fanden in San Francisco ein begeistertes Publikum.

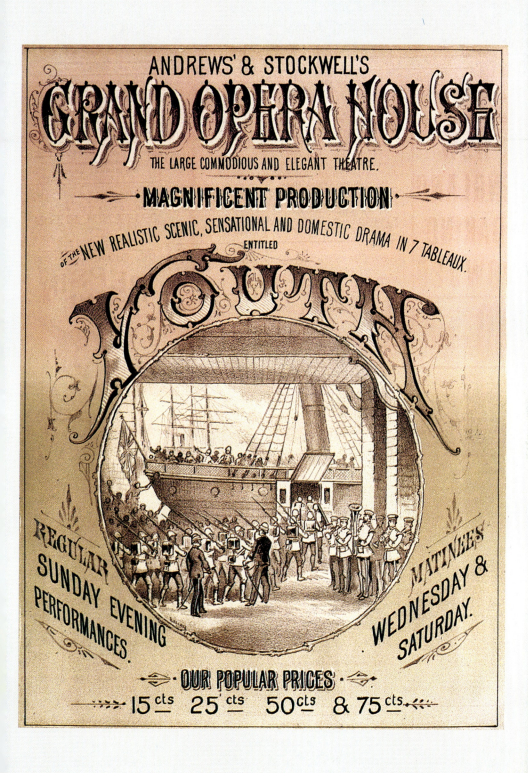

DAS NEUE JAHRHUNDERT

Lange vor der Jahrhundertwende war San Francisco zum wohlhabendsten Zentrum Kaliforniens geworden. Der Reichtum der Mittelklasse schlug sich in der Architektur nieder. Um ihren wirtschaftlichen Status zur Schau stellen zu können, brauchten die Bürger repräsentative Häuser. Dank dieser Nachfrage waren zahllose Architekten damit beschäftigt, für die enge Stadt auf der Halbinsel das perfekte Reihenhaus zu entwerfen: hoch, schmal, mit vertikalen Linien und einer falschen Fassade, um es imposanter aussehen zu lassen. Diese viktorianischen Holzhäuser dominieren auch heute noch das Erscheinungsbild vieler Viertel.

Der Geologe Andrew Lawson hatte 1888 den San-Andreas-Graben entdeckt und benannt, aber trotz zweier Erdbeben in den neunziger Jahren schenkte man Lawson kaum Beachtung. Als 1906 das große Erdbeben stattfand, war die seltsame Nervosität der Tiere am Vorabend die einzige Vorwarnung, hätte man sie nur richtig gedeutet.

Das Erdbeben von der Stärke 8.25 auf der Richterskala weckte die Menschen am Mittwoch den 18. April 1906 um 5.26 Uhr. Als die Kontinentalplatten am San-Andreas-Graben aneinandergerieten, sandten sie auf einer Länge von 338 km und auf einer Breite von 48 km bedrohliche Stöße von San Juan Bautista im Süden bis nach Fort Bragg im Norden. Städte wie San Jose oder Point Reyes Station litten stärker unter dem Beben als San Francisco. Es hinterließ eine breite Spur der Verwüstung: Geschirr, Fenster und ganze Häuser gingen zu Bruch, Kirchenglocken läuteten, Hunde bellten, und San Franciscos neues Rathaus fiel in sich zusammen. In 48 Sekunden war alles vorbei. Die Stadt lag in Trümmern.

Keine Vorwarnung: Das anschließende Feuer zerstörte 28 000 Häuser auf einer sieben Quadratkilometer großen Fläche. 315 Personen starben; die Leichen von 352 weiteren Menschen wurden nie gefunden. Auch früher schon hatten Erdbeben die Stadt heimgesucht, aber keines von dieser Größenordnung. Weil 40 Prozent der Bevölkerung Kaliforniens in dieser Stadt lebten (heute sind es vier Prozent), war die Wirkung auf Gesellschaft und Wirtschaft katastrophal.

Nach dem Beben versank die Stadt im Chaos, denn für den Ernstfall war keinerlei Vorsorge getroffen worden. Aufgrund des zerstörten Alarmsystems mangelte es der Feuerwehr an Koordination, und als sie schließlich eintraf, fand sie nur geborstene Wasserleitungen vor. Am schlimmsten war die Lage südlich der Market Street, wo Fachleute das Ausbreiten des Feuers hätten verhindern können. Weil diese nicht erschienen, übernahm Brigadegeneral Frederick Funston, der Kommandant des Presidios, den Kampf gegen das Feuer. In seinem Eifer zerstörten er und seine unerfahrene Miliz etliche der schönen viktorianischen Häuser entlang der Van Ness Avenue und töteten eine Handvoll Menschen, um die Ordnung aufrechtzuerhalten und Plünderungen zu verhindern. Funston richtete ähnlich viel Schaden an wie das Feuer, das er bekämpfte. Im Golden Gate Park schlugen über 300 000 Obdachlose ihre Zelte auf und lebten dort unter katastrophalen Bedingungen – die Beulenpest drohte.

Gegenmaßnahmen: Trotz der offensichtlich großen Erdbebengefahr hielten die Bürger und Investoren an ihrer Stadt fest. Ein Wiederaufbaukomitee wurde gegründet, und Banken, allen voran die kleine Bank of Italy, die sich später zur Bank of America entwickelte, gewährten Geschäftsleuten günstige Aufbaukredite.

Aus aller Welt traf innerhalb weniger Wochen Hilfe im Wert von acht Millionen Dollar ein. Auch die viel geschmähte Southern Pacific Railroad zeigte sich großzügig, bot ihre Züge zum Transport der Hilfsgüter an und stellte schwere Gerätschaften und Kräne zur Beseitigung der Trümmer zur Verfügung.

Die Aufräumarbeiten kamen sofort in Gang. Kaum war der Schutt beseitigt, verkündeten Bauschilder den Bau von Bürohäusern, die in einem halben Jahr bezugsfertig seien. So eifrig war man bei der Sache,

Vorherige Seiten: Am Morgen nach dem Erdbeben (1906). **Links**: Mit der Panama-Pazifik-Weltausstellung feierte San Francisco 1915 den Fortschritt.

daß der Entwurf eines Stadtplaners mißachtet wurde und die Stadt auf den alten Fundamenten wiedererstand.

Die neuen, solideren Gebäude in der Montgomery Street, der Wall Street des Westens, waren notwendig, um das Geld zu verwalten, das Industrie, Landwirtschaft und Banken des Landes erwirtschafteten. Der Hafen von San Francisco war noch immer einer der geschäftigsten der Welt.

In den folgenden Jahren prägten zwei Ereignisse die Stadt. Die Eröffnung des Panamakanals 1914, der die Fahrt um den Kontinent um etliche Tage verkürzte, erhöhte die wirtschaftliche Bedeutung des Hafens. Die Panama-Pazifik-Weltausstellung von

Die Zeit der Depression und die Jahre danach waren von schweren Beschäftigungsproblemen gekennzeichnet, die im Generalstreik von 1934 gipfelten, als die Hafenarbeitergewerkschaft den Hafenbetrieb lahmlegte. Während einer Demonstration wurden zwei Streikposten getötet und 100 Personen – Polizisten und Arbeiter – verletzt. Dieser Vorfall besiegelte den Niedergang des Hafens.

1933, in dem Jahr, als auf der Insel Alcatraz das Gefängnis eingeweiht wurde, das 30 Jahre lang Amerikas berühmtestes bleiben sollte, begann man mit dem Bau der Golden Gate Bridge. Erst vier Jahre später und ein halbes Jahr nach der Eröffnung der

1915, die 240 ha dem Meer abgewonnenen Landes umfaßte (das heutige Marina), gilt nach wie vor als eine der größten Ausstellungen der Welt. Nur ein Bauwerk ist erhalten geblieben: der Palace of Fine Arts.

Die Ausstellung dauerte ein Jahr und wurde von 19 Millionen Menschen besucht, die die neuesten Modekreationen und Erfindungen bestaunten. Vom Krieg im fernen Europa war kaum etwas zu spüren, außer daß er Industrie, Produktion und Bergbau in der Stadt förderte. Doch nach dem Ersten Weltkrieg konsolidierte sich die Wirtschaft wieder, und die Arbeitslosenquote stieg enorm an.

noch längeren (sieben Kilometer) Bay Bridge, die San Francisco mit Oakland verbindet, wurde sie der Öffentlichkeit übergeben. 1939 feierte die Stadt dieses Ereignis mit der Golden-Gate-Ausstellung, die 17 Millionen Menschen besuchten.

Mehr als jedes andere Bauwerk hat die Brücke das Bild geprägt, das sich die Welt von San Francisco macht. Begeisterte Besucher schwärmten: „Wer das Portal der Brücke durchschreitet, tritt über die Schwelle ins Abenteuer." Und: „Jedem Menschen sollte es gestattet sein, zwei Städte zu lieben: seine Heimatstadt und San Francisco." Die Gründer der Vereinten Nationen hielten nach dem Zweiten Weltkriegs ihre erste Konferenz hier ab.

Trotz der Tausende von Arbeitern, die in der Rüstungsindustrie tätig waren, trotz des geschäftigen Hafens und der vielen Soldaten, die nach Kriegsende blieben, betrug die Bevölkerung der Stadt nur 700 000 – weniger als die Hälfte der Rivalin 730 Kilometer weiter südlich.

Im Sommer 1920 überholte Los Angeles das 508 000 Einwohner zählende San Francisco zum erstenmal, was bis heute Anlaß zu erbitterter Eifersucht gibt. Der südliche Teil Kaliforniens „kommt einem Tollhaus und dem Sündenbabel am nächsten", höhnte der Publizist George Creel, wofür ihn der Kolumnist Westbrook Pegler für unzurechnungsfähig erklären lassen wollte.

Während der dreißiger Jahre kam es in den großen Tälern des Landes, die sich mit ihren riesigen Wasservorräten und den neu entwickelten landwirtschaftlichen Techniken anboten, die Welt zu ernähren, zu Schwierigkeiten. Die Arbeiter, überwiegend Mexikaner und Filipinos, die von den brutalen Agrarbossen seit langem ausgebeutet wurden, riefen spontan Streiks aus, die jedoch nicht zu einer Verbesserung ihrer Lage, sondern zu Verhaftungen wegen Landfriedensbruch führten. Die Schikanen bestätigten die Arbeiter in ihrem Mißmut, und weitere Streiks waren die Folge.

Dank des Einsatzes von Schriftstellern wie Carey McWilliams, der die Ereignisse in *Factories in the Field* dokumentierte, und John Steinbeck, dessen Bestseller *Früchte des Zorns* verfilmt wurde, wuchs der öffentliche Unmut und die Unterstützung der Arbeiter. Doch mußte eine nicht unerhebliche Antipathie, wenn nicht sogar Rassismus, in der Bevölkerung überwunden werden, um die Forderungen der Hilfsarbeiter als legitim zu betrachten. Dabei galt die Ablehnung nicht nur den ausländischen Arbeitern, sondern auch vielen Amerikanern. Über diese schrieb Steinbeck, sie seien „kleine Farmer, die ihre Farmen verloren hatten, und Hilfsarbeiter, die auf die traditionelle amerikanische Art mit der Familie gelebt hatten ... Sie sind einfallsreiche, intelligente Amerikaner, die die Dürre erlebt hatten, die mitansehen mußten, wie ihr Land verwelkte und starb und die Erde weggeweht wurde. Für den Mann, dem das Land gehört, ist das ein schrecklicher Schmerz."

400 000 Zuwanderer waren keine Ausländer, sondern Farmer aus Oklahoma (Okies) und aus benachbarten Präriestaaten. Der engagierte Carey McWilliams wurde zum Leiter des Amtes für Zuwanderung und Wohnungsbau ernannt. Die vorgeschriebenen Verbesserungen in den Arbeitersiedlungen kosteten die Großfarmer nahezu eine Million Dollar; kein Wunder, daß sie mit einer Kampagne reagierten, die beide Schriftsteller diskreditierte.

Auch Upton Sinclair, der sich als Schriftsteller sozialkritischer Themen annahm, geriet in die Schußlinie der Rassisten und Agrarinteressen. 1934 wurde seine Kampagne gegen Armut in Kalifornien (EPIC: End Poverty in California) von einem rechten Bündnis in den Schmutz gezogen, dem Harry Chandler von der *Los Angeles Times*, sein Konkurrent Hearst, Ölbarone aus Texas und Filmgrößen Hollywoods angehörten. Letztere lieferten gefälschte Wochenschauberichte, die den „Agenten Moskaus" attackierten. Angesichts dieser Opposition unterlag Sinclair bei der Wahl zum Gouverneur Kaliforniens.

Links: Die Golden Gate Bridge wurde 1937 für den Verkehr freigegeben. Oben: Ein Karikaturist zerbricht sich den Kopf über das nächste Erdbeben.

Das neue Jahrhundert 57

MODERNE ZEITEN

Der Zweite Weltkrieg verschaffte der kalifornischen Flugzeugindustrie einen ungeahnten Auftrieb. Die Zahl der Beschäftigten stieg von 10 000 auf 300 000. Nach Kriegsende verlagerte sich das Gewicht langsam von der Fertigung hin zu wissenschaftlich-technischer Entwicklung und vom militärischen Bereich zur Raumfahrt.

Der Krieg hatte in Kalifornien ungeheure Aktivitäten ausgelöst. Während der 46 Kriegsmonate wurden 23 Millionen Tonnen Kriegsmaterial und 1,5 Millionen Männer und Frauen durch das Golden Gate transportiert, denn San Francisco war der Hauptstützpunkt der Aktivitäten im pazifischen Raum. In den Häfen von San Francisco, Sausalito, Oakland, Vallejo und Alameda wurden rund um die Uhr Schiffe gebaut und repariert und Güter für die Kriegsmaschinerie verladen.

Allein in der Bay Area investierte die Bundesregierung drei Milliarden Dollar in den Schiffsbau. Eine neue Immigrationswelle überschwemmte die Region, da die Fabriken Arbeiter brauchten – 100 000 bei den Kaiser Yards in Richmond, 90 000 in Sausalito. Zwei Jahre nach Amerikas Kriegseintritt hatte sich die Beschäftigtenzahl in San Francisco nahezu verdreifacht. Die Bundesregierung vergab Aufträge im Wert von 83 Millionen Dollar allein an das California Institute of Technology.

Kriegswirtschaft: Obwohl 750 000 Kalifornier in den Militärdienst eintraten, vermehrte sich die Beschäftigtenzahl während der ersten fünf Kriegsjahre um eine Million. Nach dem Krieg wucherten die Vororte, als sich die ehemaligen Kriegsbeschäftigten und ihre Familien niederließen, um den Nachkriegswohlstand zu genießen. Der Krieg hatte einen nicht zu überschätzenden Einfluß auf die Wirtschaft der Region.

Aber auch schon vor dem Krieg hatte San Francisco mit seinen offensichtlichen Verbindungen zu den Häfen Asiens eine immense Menge Einwanderer aufgenommen. Mindestens 110 000 *Nisei* (Japaner der zweiten Generation) wurden nach dem Angriff der Japaner auf den amerikanischen Flottenstützpunkt Pearl Harbor im Dezember 1941 zu Staatsfeinden erklärt und in Internierungslagern im Landesinneren in militärischen Gewahrsam genommen. Ihren gesamten Besitz mußten sie zurücklassen, Verkäufe konnten meist nur weit unter Wert abgeschlossen werden. Es wird ge-

schätzt, daß Amerikaner japanischer Herkunft ungefähr 365 Millionen Dollar an Eigentum verloren.

Aber es gab nicht nur japanische Einwanderer. Zwischen 1900 und 1930 verließen zehn Prozent der Bevölkerung Mexikos ihr Land und emigrierten in den Südwesten der USA, vor allem nach Texas und Kalifornien. In Kalifornien stieg ihre Zahl von 8000 auf 370 000. Die meisten arbeiteten bei der Baumwoll-, Melonen- und Salaternte. Nach der Ernte kehrten sie über die Grenze zurück zu ihren Familien, so daß die Wanderarbeiter eine mehr oder weniger heimatlose Gemeinschaft bildeten.

In Kalifornien hat sich eine regelrechte Protestkultur entwickelt. Vorherige Seiten: Gegen die Holzindustrie in den neunziger Jahren. Links: „Berufsprotestler". Oben: Gewerkschaftler César Chavez führte den Arbeitskampf der Feldarbeiter in den 60er und 70er Jahren.

Wenn sie sich in *barrios* (den hispanischen Gettos) niederließen, die über so gut wie keine Infrastruktur – keine Abwasserkanäle, keine gepflasterten Straßen, keine Straßenbeleuchtung – verfügten, litten sie häufig an Krankheiten wie Tuberkulose. In den vierziger Jahren wurde vorgeschlagen, die Wanderarbeiter auf den Feldern turnusmäßig auszuwechseln und die arbeitslosen Ausländer zu deportieren. Solche Pläne schreckten die Immigranten nicht ab.

Nonkonformistisch leben: Die junge Gesellschaft Kaliforniens wollte im Hier und Jetzt leben und neue Lebensformen finden. Viele der Neuankömmlinge, angefangen von den „angelsächsischen Horden" und den Abenteurern während des Goldrausches bis zu den Genies des Silicon Valley (siehe Seite 101), kamen, um der belastenden Konformität anderswo zu entfliehen. Auch wenn die Mehrheit der Kalifornier ein bürgerliches und gottesfürchtiges Leben führte, fanden die Anti-Konformisten hier ihr Paradies. Ihnen – der bunten, bisweilen verrückten Minderheit – verdankt Kalifornien seinen Schwung und seine Dynamik.

In der Nachkriegszeit lebte die Jugend in Los Angeles unbekümmert und sportbegeistert in den Tag hinein und machte die Stadt zur Hauptstadt der Jugend. In San Francisco hingegen wuchs eine Generation heran, die den Materialismus und die Konformität der Zeit kritisierte. Während die Nation in satter Apathie vor sich hin dämmerte, wurde das italienisch geprägte Viertel North Beach zum Treffpunkt einer lockeren Gruppe von Dichtern, Schriftstellern, Rednern und Kaffeehausphilosophen, die als Beatniks bekannt wurden.

Angeführt von den Schriftstellern Allen Ginsberg und Jack Kerouac und unterstützt von Lawrence Ferlinghetti, dem Besitzer des City Lights Bookstore in North Beach, exemplifizierten die Beats einen Lebensstil, in dessen Mittelpunkt Dichterlesungen, Marihuanarauchen und Außenseitertum standen. Es war ein attraktiver Lebensstil,

der bald einen Strom von jugendlichen Bewunderern in die Cafés und Kneipen von North Beach und im nächsten Jahrzehnt in das Stadtviertel Haight-Ashbury lockte.

In den fünfziger Jahren wirkten die Beats provokativ und irgendwie bedeutend, eine verführerische Kombination für die Medienleute, die den ausufernden Dichterlesungen lauschen wollten und an der Marihuanabrise schnüffelten, die aus den Cafés in North Beach wehte, und die sich fragten, ob die Zivilisation eine so friedliche Attacke überstehen würde. Die Beatniks waren ihrer Heimat überdrüssig. Amerika aber ließ sich nicht vertreiben, und schon sehr bald wurde

„Beat" zu einer Mode und North Beach zu einer Touristenattraktion.

Die Beats hatten jedoch einen Nerv der Unzufriedenheit und Entfremdung getroffen. Sie formten keine einheitliche Bewegung, brachten aber so aufrüttelnde Werke wie Allen Ginsbergs *Howl* (Das Geheul) und Jack Kerouacs *On the Road* (Unterwegs) hervor. Die phantasievolle Abkehr vom bürgerlichen Leben führte zu zwei parallelen, unterschiedlichen und doch seltsam kongruenten Bewegungen: der zornigen Politik der Neuen Linken und den benebelten Liebesfesten der Hippies.

Demos und Wasserwerfer: Die erste große Protestveranstaltung der sechziger Jahre fand 1961 in San Francisco statt. Als das Komitee zur Untersuchung unamerikanischer Aktivitäten in San Franciscos Rathaus die Kommunistenhatz begann, sah es sich Hunderten von Demonstranten gegenüber. Auf diese ging die Polizei brutal mit Wasserwerfern und Schlagstöcken los und löste schließlich die friedliche Menge auf.

Auf dem Campus der Universität von Kalifornien in Berkeley verschaffte sich der Unmut im Free Speech Movement Luft. Diese Studentenbewegung zog gegen Rassismus, Materialismus, die Bürokratie und Massenabfertigung an ihrer Uni und in der Gesellschaft sowie gegen den Vietnamkrieg zu Felde.

Die Proteste gegen den Krieg, die auf die ganze Welt übergriffen, nahmen hier ihren Ausgang, initiiert von den Schriftstellern und Aktivisten, die sich um Max Scherr und seine *Berkeley Barb* scharten, eine der fünf ersten Untergrundzeitungen Amerikas. Scherr, ein bärtiger Radikaler, verkaufte seine Zeitung eigenhändig auf der Straße. Auf dem Höhepunkt der Aktivitäten kam die Zeitung auf eine Auflage von 100 000

Exemplaren, eine erstaunlich hohe Zahl für eine Zeitung chaotischer Amateure.

Stimuliert von der aufkeimenden Rockmusik und gelenkt von Untergrundzeitungen versammelten sich am 1. Januar 1966 Tausende schrill angezogener Hippies im Golden Gate Park, um ein sogenanntes Be-In zu feiern. Zu den 100 000 Versammelten sprachen unter anderem Ginsberg, der Guru der psychedelischen Drogen Timothy Leary („Turn On, Tune In, Drop Out"), Mario Savo und andere Repräsentanten des Free Speech Movement aus Berkeley.

Dank der Publicity, die das Viertel Haight-Ashbury infolge dieses Happenings

Beats spiegelten das Lebensgefühl der Intellektuellen der 50er Jahre wider. Ganz links: Jack Kerouac. Links: Allen Ginsberg. Oben: Janis Joplin 1969, im „Sommer der Liebe".

Moderne Zeiten 63

zuteil wurde, avancierte es zum Traumziel für unzufriedene Jugendliche aus aller Welt. Eine nicht unerhebliche Schar von ihnen begann, San Franciscos Straßen zu verstopfen – mit den vorhersehbaren Folgen. Die Euphorie war kurzlebig, und nach einem Jahr war alles vorbei. Zu den negativen Nebeneffekten gehörten Bettelei, das Dealen mit Drogen und überhöhte Mieten geldgieriger Hausbesitzer.

Die Bewegung erreichte ihren Höhepunkt 1967 mit dem „Summer of Love", als Tag und Nacht eine Marihuana geschwängerte Brise wehte und es um nichts anderes ging als um Sex und Drogen. Für die Musik sorgten Janis Joplin, Jimi Hendrix, Jefferson Airplane und Grateful Dead, die damals alle in Haight-Ashbury lebten.

Zuerst amüsierte sich San Francisco über die Hippies. Aber als zu viele Söhne und Töchter respektabler Bürger Marihuana rauchten, verpuffte die Sympathie schnell.

Dennoch veränderten die Hippies und die Neue Linke, der politisch aktive Teil der Bewegung, den amerikanischen Lebensstil. Besonders in San Francisco wurde dies deutlich, aber hier fielen die neuen Ideen auch auf fruchtbaren Boden. In der multikulturellen Atmosphäre der Stadt hatten sich San Franciscos Einwohner schon lange in Toleranz geübt. Nirgendwo ist das offensichtlicher als im Umgang mit den selbstbewußten Homosexuellen.

Lebenslust: Niemand kennt die genaue Zahl der Homosexuellen, die in San Francisco leben. Schätzungen gehen von 100 000 aus, das heißt nahezu jeder siebte Einwohner ist homosexuell. Der ständig wachsende Bezirk Castro beherbergt viele betuchte Berufstätige; Bohemiens ziehen SoMa (South of Market) vor; Männer auf der Durchreise trifft man in der Polk Street und im Tenderloin Distrikt, wo enge Jeans getragen werden und große Betriebsamkeit herrscht, während Homosexuelle in dreiteiligen Anzügen aus den Führungsetagen im schicken Pacific Heights zu Hause sind.

Seit Jahren gibt es in San Francisco schwule und lesbische Stadträte, Polizisten, Verwaltungsbeamte, Bürokraten und Richter, die sich offen zu ihrer Lebensweise bekennen und mit diesem Aspekt auch im Wahlkampf angetreten sind. Dem gingen schwere Kämpfe voraus. 1978 schoß der ehemalige Stadtrat Dan White, ein besonders militanter Homosexuellengegner, Stadtrat Harvey Milk und Bürgermeister George Moscone im Rathaus nieder. Das moderate Urteil, das über White verhängt wurde (lediglich fünf Jahre Gefängnis), hatte massive Unruhen zur Folge, über die in aller Welt berichtet wurde und die nicht unwesentlich zu San Franciscos Image als Bastion des Liberalismus beitrugen.

Die tolerante Atmosphäre, der relative Wohlstand und die hinreißende Lage machen San Francisco zu einem attraktiven Wohnort. Als Alice Kahn, eine Kolumnistin des *San Francisco Chronicle*, in den frühen achtziger Jahren die „Young Urban Professionals" kommentierte und für sie das Akronym „Yuppies" prägte, hatte sie die Einwohner San Franciscos vor Augen.

Zentrum der ökologischen Bewegung: Auch die Kalifornier sind sich der Ausbeutung der Natur bewußt geworden, und gegen die Umweltschutzverbände ist heute kein Projekt mehr durchzusetzen. Die Ökofreaks können

Der Norden Kaliforniens ist das Zentrum der ökologischen Bewegung. Etliche Umweltgruppen sind hier aktiv. Städte wie Petaluma haben verordnet, daß der Ausbreitung des Stadtgebietes Einhalt geboten werden soll, und die Einwohner San Franciscos haben lange und hart dagegen gekämpft, daß die Stadt zu einem zweiten Manhattan wird. In den nördlichen Counties Mendocino, Sonoma, Humboldt und Del Norte eskalieren die Kämpfe, um die Redwood-Bäume zu retten. Umweltschützern wird der Rücken von etlichen Zuwanderern gestärkt. Sie alle suchen einen Zufluchtsort in einer Gegend, die jahrhundertelang eine friedliche Wildnis war.

auf eine feste Wählerschaft zählen. Der Sierra Club nimmt sich der Wildnis an; ein Ausschuß prüft jedes Bauvorhaben in Küstennähe; und alle größeren Bauprojekten werden auf ihre Umweltverträglichkeit hin begutachtet. Die Atomkraftwerke in San Onofre und Mount Diablo unterliegen strengen gesetzlichen Kontrollen. Bürger finden für ihre ökologischen Bedenken immer einen Ansprechpartner an offizieller Stelle.

Links: Homosexuelle demonstrieren für Anerkennung und Respekt. **Oben:** Ökologie und das einfache, bewußte Leben sind vielen Nordkaliforniern wichtig.

Kalifornien war immer ein Vorreiter, was zukunftsweisende Entwicklungen anbetrifft. Obwohl sich das Machtzentrum in Kalifornien nach Los Angeles verschoben hat, sind San Francisco und das nahe Silicon Valley führend in Innovationen wie der der virtuellen Realität. Und wie der Süden ist auch der Norden fasziniert von östlichen Philosophien und neuen Lebensstilen.

New Yorker behaupten manchmal verächtlich, daß sie zu sehr damit beschäftigt seien, ihr Leben zu leben, als daß sie noch Zeit hätten, darüber nachzudenken, wie es zu verbessern sei. Es scheint, daß sich viele Kalifornier gerade dazu die Zeit nehmen.

Moderne Zeiten

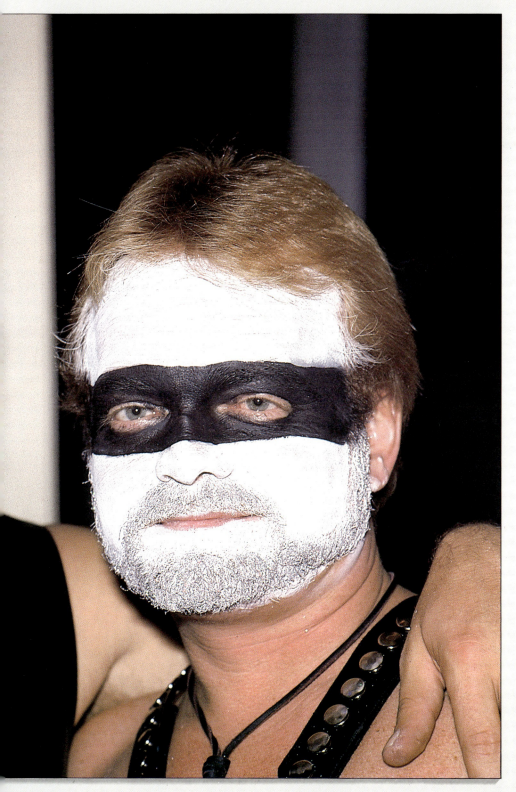

Kulturelle Vielfalt

Als ein Staat, in dem Gold und Freiheit für jedermann greifbar schienen und der mit großem Arbeitsangebot und ausgezeichneter Lebensqualität aufwarten konnte, wirkte Kalifornien wie ein Magnet auf Menschen aus aller Welt. Die Lage des Küstenstaates, der sowohl dem lateinamerikanischen als auch dem pazifischen Raum zugewandt ist, trug zu seiner Anziehungskraft bei.

Von Beginn der Industrialisierung an veränderte sich die Bevölkerung durch zyklisch boomende Einwanderungswellen: Mexikaner, Angelsachsen aus dem Mittelwesten, Chinesen und Japaner, Afroamerikaner aus den Südstaaten, Russen, Armenier, Inder, Koreaner, Salvadorianer, Iraner, Filipinos, Samoaner, Vietnamesen. Bereits vor dem Zweiten Weltkrieg zeichnete sich ab, wie sich ihr Zusammenleben gestalten sollte. Durch das Arbeitsleben verbunden, blieben die verschiedenen Bevölkerungsgruppen ethnisch-kulturell jedoch weitgehend voneinander unabhängig.

Als Kalifornien 1850 der Union beitrat, galt es als die letzte Herausforderung, als ein Land, das spirituelle und soziale Reichtümer versprach. Pioniere, die oftmals nichts anderes besaßen als ihren Glauben, kamen auf der Suche nach fruchtbarem Boden und Freiheit von Unterdrückung. Wie die Weintrauben und Zitrusbäume gediehen die Menschen unter der Sonne.

Spekulanten verkauften dem Rest Amerikas enthusiastisch die Fabel vom Goldenen Staat. Heute rangiert San Francisco an 13. Stelle in der Reihe der größten Städte der USA. Auf 120 km² leben 725 000 Einwohner. Nach der Volkszählung von 1990 verteilen sich die Einwohner prozentual wie folgt: Weiße 46, Asiaten 29 (mehr als die Hälfte davon Chinesen), Latinos 14 und Schwarze 11 Prozent.

Frühe Vielfalt: Die Vermischung der Kulturen begann vor 200 Jahren, als spanische Franziskanermönche eine Reihe von Missionen entlang der Küste errichteten und die Seelen der heidnischen Urbevölkerung in ihre katholischen Hände nahmen. 1834, als Kalifornien nicht mehr unter spanischer, sondern unter mexikanischer Herrschaft stand, wurden die Missionen säkularisiert.

Noch vor der Jahrhundertwende war die indianische Bevölkerung dezimiert, und ihre Nachkommen wurden von den Goldgräbern nach Süden gedrängt. Entwicklung und Wachstum der kalifornischen Industrie während des 19. Jahrhunderts lösten eine

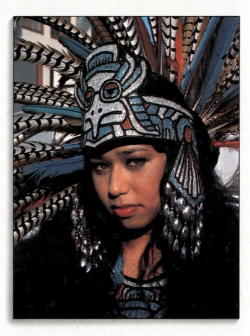

Einwanderungswelle nach der anderen aus. Die Chinesen kamen ursprünglich, um für die Central Pacific die Eisenbahn zu bauen, bevor sie sich der Landwirtschaft und der Fischerei zuwandten. Auch Afroamerikaner kamen zunächst als Eisenbahnarbeiter, wenn auch in geringeren Zahlen, später, während des Zweiten Weltkriegs, um in Rüstungsbetrieben zu arbeiten und Militärdienst zu leisten. Um die Jahrhundertwende trafen japanische Immigranten ein und suchten Arbeit in der Landwirtschaft, die sie schließlich dominierten.

1851 arbeiteten 25 000 Chinesen im kalifornischen Bergbau, die Mehrheit ließ sich

Vorherige Seiten: Damenruderverein, Oakland. Schwule an Halloween – schrecklich schön. Stadtporträt. **Links:** Beim Lachsfestival der Yurok-Indianer. **Oben:** Mexikanische Tänzerin mit Aztekenkopfschmuck.

später in San Francisco nieder. Diese chinesischen Glückssucher hatten den Traum, daß *Gum San,* der Goldberg, ihnen ein Vermögen bescheren würde, mit dem sie nach Hause zu ihren Familien zurückkehren könnten. Die ersten Chinesen, die während des Goldrausches nach San Francisco und Nordkalifornien kamen, wurden „Kulis" genannt – ungelernte Arbeiter, die gewillt waren, harte Arbeit für bedeutend weniger Lohn als Weiße zu leisten. Der Begriff leitet sich vom chinesischen *ku li* ab, was „unerschöpfliche Kraft" bedeutet.

In jeder Goldgräberstadt bildeten die Chinesen ihre eigenen Viertel. In San Francisco lebten sie in schäbigen Baracken in einem

Stadtteil namens Chinatown, wo sie Waren und Dienstleistungen oft zu wesentlich günstigeren Preisen als die weiße Konkurrenz anboten. Die Verhältnisse waren beengt, an baufällige Holzhäuser wurden noch Veranden und Hinterzimmer angebaut.

In den sechziger Jahren bestand die Belegschaft der Central-Pacific-Bahngesellschaft zu fast 90 Prozent aus Chinesen. Damals berichtete eine Zeitung, daß 9000 Kilogramm Knochen aus Gräbern entlang der Gleise, wo die chinesischen Arbeiter gestorben waren, geborgen wurden. Die Knochen wurden nach China überführt, um sie dort traditionsgemäß zu bestatten.

Chinesische Arbeitskräfte übernahmen so gut wie alle Jobs, bis die anti-chinesische Stimmung in den 80er Jahren zu Berufsverboten und Einwanderungsstopp führte. Von 1890 bis 1940 wurden die Chinesen in ganz Amerika diskriminiert. Es war ihnen verboten, Nicht-Asiaten zu heiraten, amerikanische Staatsbürger zu werden, Facharbeiterjobs anzunehmen und Grundbesitz zu erwerben. Als 1910 die Einwanderungsinsel Angel Island ihre Pforten öffnete, wurden die Asiaten gesondert untergebracht. Die Bedingungen dort ähnelten denen in Gefängnissen, Neuankömmlinge mußten sich demütigenden Untersuchungen unterziehen und lange Monate warten, bis über ihr Schicksal entschieden wurde. Vielen Asiaten, vor allem Chinesen und Japaner, wurde die Immigration verweigert.

Die Lücken, die die Chinesen am Arbeitsmarkt hinterließen, wurden bereitwillig von anderen Gruppen eingenommen, zunächst von Japanern. Zwischen 1900 und 1910 vervierfachte sich ihre Zahl in den USA auf 25 000. Viele der japanischen Einwanderer ließen sich in und um San Francisco nieder. Während einige im Zweiten Weltkrieg mit den Amerikanern gegen ihr Vaterland kämpften, wurden Tausende von ihnen in Lagern interniert. Reparationszahlungen seitens der US-Regierung 40 Jahre später konnten die bitteren Erinnerungen nicht auslöschen, aber sie halfen beträchtlich, den Japanern einen festen Platz in der amerikanischen Kultur zu sichern. Heute leben ungefähr 12 000 Japaner in San Francisco, die meisten in Japantown.

Seit Beendigung des Krieges gegen Spanien wehte auf den Philippinen die amerikanische Flagge, und viele Filipinos kamen während der zwanziger Jahre ungehindert nach Amerika und nahmen Arbeit in der kalifornischen Landwirtschaft an. Eine Revision der Immigrationsgesetze 1952 brachte eine weitere Welle philippinischer Einwanderung, und neueste Daten belegen, daß die Filipinos die am schnellsten anwachsende Gruppe der asiatisch-pazifischen Einwanderer darstellen.

Nach Koreanern – viele mit Kapital, um ein Geschäft aufzumachen – ließen sich auch Flüchtlinge aus Kambodscha, Vietnam und Laos in San Francisco nieder.

Die Okies kommen: Nichts läßt sich jedoch mit der Masse von Amerikanern vergleichen, die zwischen 1880 und 1890 und in den 1920er Jahren von den Präriestaaten aus Kalifornien förmlich überrollte. Dürre vertrieb die Farmer von ihren Feldern, und auf der Suche nach Arbeit drängte Jung und Alt an die Westküste. Zuerst ließen sie sich in der Gegend von San Francisco nieder, anschließend wandten sie sich nach Süden.

In den letzten Jahren zeichnete sich eine Entwicklung ab, die die Bevölkerungszusammensetzung wieder an die Ursprünge heranführt. Während der achtziger Jahre flohen Hunderttausende von Mexikanern und Mittelamerikanern vor Bürgerkrieg und politischer Verfolgung nach Kalifornien. Im Jahr 2020 – manche sagen früher – soll die Zahl der Latinos die der Weißen in Kalifornien übertreffen, womit sie wieder zur stärksten ethnischen Gruppe würden.

Selbstverständlich hatte die ethnische Vielfalt politische Folgen. Deutlicher als je zuvor in der Geschichte des Staates spiegelt sich die multikulturelle Vielfalt in der Ämterbesetzung wider: bei Bürgermeistern und Kongreßabgeordneten, bei Stadträten und Polizeichefs. Infolge der Prozesse, die Gruppen wie der Mexican American Legal Defense and Education Fund und die American Civil Liberties Union im letzten Jahrzehnt angestrengt haben, wurden Wahlbezirke neu aufgeteilt, um Schwarzen und Latinos die Möglichkeit zu geben, Vertreter ihrer Gemeinden zu wählen. (Amerikaner asiatischer Herkunft und die meisten anderen ethnischen Gruppen leben so weit verstreut, daß die Bildung von Wählerblöcken schwierig ist.)

Das politische Engagement der Latinos in Kalifornien führt nicht zu der politischen Repräsentanz, die der zahlenmäßigen Stärke dieser Bevölkerungsgruppe angemessen wäre. Der Grund dafür: Die Zahl der Latinos, die Staatsbürger und wahlberechtigt sind, ist weitaus geringer als ihr tatsächlicher Bevölkerungsanteil.

Black Power: Afroamerikanern war eher als anderen ethnischen Gruppen bewußt, daß sie Schutz und Stärke aus ihrer Gemeinde und aus politischen Organisationen ziehen konnten. Gruppen wie die Black Panther (die in Oakland gegründet wurden) oder Recycling Black Dollars haben große Fortschritte im Kampf um Gleichstellung erzielt. Aber Kaliforniens afroamerikanische Bevölkerung ging während der letzten Jahre anteilig zurück, und dies führte zu einer Stagnation des politischen Fort-

Links: Akrobatik auf asiatisch. **Oben:** Der Balanceakt zwischen chinesischer Tradition und amerikanischer Moderne ist besonders für junge Frauen schwierig.

Kulturelle Vielfalt

schritts. Abgesehen von ein paar Ausnahmen wurden die meisten einflußreichen afroamerikanischen Politiker im Zuge der Bürgerrechtsbewegung der sechziger und siebziger Jahre gewählt.

Auch Angehörige von Minderheiten wurden in Kalifornien zu Polizeipräsidenten gewählt. Eines ihrer Ziele ist, Polizisten gegenüber benachteiligten Gruppen zu sensibilisieren und die lange Geschichte der Repression und des unverhohlenen Rassismus auf den Revieren zu beenden. Sie versuchen, das Verhältnis zwischen Gesetzeshütern und Öffentlichkeit zu verbessern, indem sie auf die Stadtteile zugeschnittene Programme initiieren – zum Beispiel pa-

Die Arbeitsplätze auf den Werften und in der Rüstungsindustrie zogen auch Schwarze während des Zweiten Weltkriegs vermehrt in die Bay Area. Heute leben jedoch nur noch 76 000 Schwarze in der Stadt.

Rassistische Vergangenheit: Obwohl Kalifornien traditionell ein fortschrittlicher Staat ist, gab es auch Zeiten des offenen Rassismus. Seit den 1870er Jahren führte die Suche nach einem Sündenbock für die Arbeitslosigkeit dazu, daß Ressentiments gegen Chinesen geschürt wurden. Rassismus und Angst vor Überfremdung äußerten sich sogar in Selbstjustiz. Die Kriegshysterie und der Angriff der Japaner waren der Hintergrund für den Erlaß 9066, der die

trouillieren Polizisten nicht mehr in Autos, sondern zu Fuß, so daß sie besser mit den Menschen Kontakte knüpfen können.

Tausende freier Schwarzer waren unter den Forty-ninern, die der Goldrausch nach Kalifornien lockte. Einer dieser schwarzen Pioniere wurde berühmt, weil er in San Francisco Schulen für arme asiatische, schwarze und indianische Kinder gründete, denen der Besuch öffentlicher Schulen untersagt war. In der Stadt wurden schwarze Siedler aktiv im Kampf um ihre Bürgerrechte. Sie gründeten eine Bürgerrechtsliga und kämpften erfolgreich für die Rücknahme rassistischer Gesetze.

Internierung aller Amerikaner japanischer Abstammung anordnete. Zur gleichen Zeit mußten Afroamerikaner, die vor Rassismus in den Südstaaten geflohen waren, feststellen, daß auch in Kalifornien Rassentrennung ihr Leben bestimmte.

Infolgedessen entstanden Gettos, die zwar primär Folge der Ausgrenzung waren, aber von Bewohnern auch als Chance umgedeutet wurden, ihre Kultur im Kreis der ethnischen Gemeinde zu bewahren. San Franciscos Chinatown ist ein Beispiel dafür. Heute ist sie eine Touristenattraktion; sie entstand jedoch als notwendiger Zufluchtsort vor ständiger Mißhandlung.

In Kaliforniens riesigen Ballungsregionen, von denen viele kein erkennbares Zentrum haben, waren es oft die Kirchen und die Tempel, die eine Gemeinde spirituell, sozial und politisch zusammenhielten. Vielleicht lag es an der Notwendigkeit, sich in dieser kulturellen Vielfalt permanent der eigenen Identität versichern zu müssen, daß in Kalifornien so viele Trends und neue Stilrichtungen der Kunst ihren Ausgang nahmen. An der Ostküste spottete man lange über den Mangel an Kultur in Kalifornien. Gewiß, es ist eine Kultur ohne Gesicht – zumindest ohne ein einheitliches Gesicht. Eine Facette davon ist die Aufführung von *Schwanensee* in der Oper von San Francisco, eine andere wird mit dem Notstand, der auf die Rebellion von Watts (einem schwarzen Vorort von Los Angeles) 1965 folgte, in Verbindung gebracht. Aus den Trümmern des Aufstands erhob sich eine Kulturrenaissance, die Visionäre für kulturelle und sozioökonomische Selbstbehauptung hervorbrachte. Die Watts-Propheten führten Gedichte als Rap auf. Ihre Poesie verkündete Frustration, das Beharren auf Bürgerrechte und – im Gegensatz zum zeitgenössischen Rap – Hoffnung. Heute ist der Einfluß von Rap auf die Medien und die Werbung überall spürbar. Und die weißen Kinder aus konservativen Gegenden, die in das Bild des zornigen jungen Mannes vernarrt sind, tragen bisweilen die

die von jungen Graffiti-Künstlern besprühte Wand in einem *barrio*.

Das multikulturelle Kalifornien ist eine Tatsache und nichts, was Theoretiker in Zweifel ziehen könnten. Ideen, Sprache, Kunst – sie entstehen auf der Straße, wo sich die Bedürfnisse und Wünsche der Menschen vermischen. Rapmusik zum Beispiel

Kleidung des „Gangsta-Rap", die übergroßen Klamotten von Gangmitgliedern oder Rappern. Auch mit Graffiti fand sich ein Ausdrucksmittel entrechteter Minderheiten; *murals* (Wandgemälde) sind besonders häufig in Vierteln der spanischsprachigen Bevölkerung zu finden.

Natürlich hat Kalifornien auch Gewohnheiten seiner asiatischen Einwanderer übernommen. Gesundheitsbewußte Kalifornier halten viel von Yoga und Meditation. Die Autoren der Beat-Generation, die während der fünfziger Jahre durch San Francisco zogen, ließen sich von buddhistischer, japanischer und chinesischer Poesie inspirieren.

Ganz links: Immigranten ohne qualifizierte Ausbildung können ihr erstes Geld noch immer bei der Feldarbeit verdienen. **Links**: In San Franciscos Chinatown. **Oben links**: Multikulturelle Familie: Vater mit Adoptivsohn. **Oben rechts**: Selbstbewußter Junge.

Die kalifornische Erfahrung, Gesellschaft von der Außenseiterposition her zu erleben, hat einige von Amerikas besten Schriftstellern und Künstlern während der letzten 50 Jahre hervorgebracht. Darunter ist der Dramatiker William Saroyan, der in einer Enklave armenischer Weinbauern und Farmer in Fresno aufwuchs; die Dichterin und Romanautorin Alice Walker, am bekanntesten für ihr Buch *Die Farbe Lila;* der Essayist Richard Rodriguez, der über die Probleme von Homosexuellen und Latinos und über multikulturelle Politik schreibt; der Maler philippinischen Ursprungs Manuel Ocampo, dessen Bilder oft Symbole des Rassismus und eines brutalen Imperia-

lismus aufweisen; die Performancekünstlerin Anna Deavere Smith, deren Stück *Twilight: Los Angeles, 1992* die Unruhen darstellte, die die Stadt teilweise verwüsteten, erzählt mit den Stimmen der Menschen, die sie erlebten; und die Schriftstellerin Amy Tan, die die Figuren ihres berühmten Buches *Töchter des Himmels* im Chinatown ihrer Kindheit fand.

Kommunikation über Musik: Musik war oft die beste Gelegenheit für Minderheiten, ihr Talent einer breiten Öffentlichkeit bekanntzumachen. Dies gilt insbesondere für Afroamerikaner, angefangen beim Jazzmusiker Charles Mingus, der seinen Baß in den Bars der Central Avenue von Los Angeles spielte, bis zu Michael Jacksons ausverkauften Konzerten in Arenen mit 100 000 Plätzen. Eine bemerkenswerte Entwicklung der letzten Jahre nicht nur in der Musik, sondern auch in einem größeren kulturellen Kontext sind die hohen Einschaltquoten der Radiostationen, die zeitgenössische *Ranchera*- und *Banda*-Musik spielen, die spanische Variante der Country- und Westernmusik.

Durch nichts wurde Kalifornien bekannter als durch die Film- und Fernsehindustrie. Sie spiegelt vor allem weiße Kultur wider, denn gerade in diesem Medium war Rassismus stark ausgeprägt und wurden vom Status quo abweichende Meinungen unterdrückt. Daß auch Angehörige von Minderheiten Filme herausbringen können, ist eine Entwicklung der letzten Jahre. Vielleicht ebnen Filmemacher wie John Singleton, Drehbuchautor und Regisseur von *Boyz N the Hood,* anderen Künstlern den Weg.

In den letzten Jahren stürzten sich Kalifornier auf das multikulturelle Konzept wie ein Pitbull auf das Hosenbein des Briefträgers und stritten über seine Bedeutung für die Wirtschaft, Lehranstalten und Politik. Für jedermann greifbar versucht man, das Konzept in Straßenfesten umzusetzen. Auf Oaklands multikulturelles Festival at the Lake im Juni folgt San Franciscos Ethnic Dance Festival, bei dem 40 Nationen mit Tänzen, Musik, Kostümen und Bräuchen vertreten sind. In der jährlichen Aufführung des Historienspiels *Ramona* in Hemet, die auf dem Bestseller von Helen Hunt Jackson aus dem Jahr 1884 beruht, bieten 350 Schauspieler eine etwas romantisierte Version von Kaliforniens Missionszeit. Es handelt von einem indianischen Schafhirten, Alessandro, und seiner Frau Ramona, einem Halbblut, deren Leben von Grausamkeit und Gier der Weißen zerstört wird.

Stilgemisch: Es wird immer offensichtlicher, daß die Menschen in Kalifornien voneinander Sitten und Stile, Vorlieben und Manierismen übernehmen. Zugleich bleibt die Einwohnerschaft der meisten Städte und Vororte relativ homogen, es sind kulturelle Flecken, die durch Religion und Bräuche miteinander verwoben sind. Kalifornien ist Hip-hop und Cha-Cha-Cha, eingehüllt in einen golddurchwirkten Sari.

Kalifornien verkörpert das Beste und das Schlechteste, was eine multikulturelle Gesellschaft sein kann. Shelby Steele, Professor an der San Jose State University zum Beispiel glaubt, daß die zwanghafte Beschäftigung mit den Wurzeln der eigenen Identität eine wesentliche Ursache für die bisweilen erbitterte Uneinigkeit ist; die anderen immer durch das Prisma der eigenen Kultur zu sehen, vertiefe die Gräben und verhindere Fortschritt. Das sei der Kult des „anderen", durch den man sich in eine Opferrolle fügt, die den Dialog zwischen den Menschen belastet.

Kritiker Steeles behaupten, daß die Anerkennung der vielen ethnischen Gruppen Kaliforniens der erste Schritt zu einer friedlichen Koexistenz ist. Das Thema werde

ralen San Francisco, wo es den Polizisten verboten ist, Personen ohne Aufenthalts- und Arbeitsgenehmigung der Einwanderungsbehörde zu melden, gibt es Aufregung wegen der vielen Mittelamerikaner, die an den Straßenecken stehen und versuchen, sich für schlecht bezahlte Arbeiten anheuern zu lassen.

In den Medien wurde vor einer Balkanisierung, vor der Zersplitterung Kaliforniens in die ethnischen Interessengruppen gewarnt. Unterdessen ist aber offensichtlich, daß, wenn auch die Vorstellung des Schmelztiegels verfehlt war, das kulturelle Nebeneinander, der Multikulturalismus, überall gelebt wird.

schließlich an Brisanz verlieren, wenn Minderheiten wichtige Positionen im öffentlichen Leben besetzen. Ob der Weg dahin mit Quotenprogrammen oder politischer Korrektheit, d.h. mit sensibilisiertem Verhalten, bewältigt werden kann, bleibt abzuwarten.

Mittlerweile haben Politiker und Wirtschaftsexperten das Thema Einwanderung wieder ausgegraben und geben illegal Eingereisten die Schuld an der wachsenden Verschuldung Kaliforniens. Sogar im libe-

Links: Afroamerikaner folgten der Rüstungsindustrie nach Kalifornien. **Oben**: Der Musikzug vereint die ethnischen Gruppen.

Ergänzend zu wirtschaftlichen Faktoren schlagen führende Städteplaner wie Mike Davis *(City of Quartz: Excavating the Future in Los Angeles)* vor, Stadtteilräte einzurichten. So soll den Minderheiten, die nicht adäquat vertreten sind, die Möglichkeit gegeben werden, Verantwortung zu übernehmen. Jedes Viertel wählt Vertreter, die Themen wie öffentliche Ordnung und Sicherheit, wirtschaftliche Entwicklung, Erziehung und Gesundheitswesen diskutieren. Anschließend tragen sie ihr Anliegen dem für sie zuständigen Stadtrat vor. So könnte also, zumindest in Kalifornien, die Zukunft der Demokratie aussehen.

AUSSTEIGER UND WELTVERBESSERER

Viele Nordkalifornier pflegen einen Lebensstil, der sich von der genormten materialistischen Lebensgestaltung der Mehrzahl der Amerikaner abhebt. Diese Menschen als Bohemiens, als unbekümmerte und unkonventionelle Lebenskünstler abzutun, täte ihnen unrecht. Vielmehr sind sie Aussteiger, die nach eigenem Gusto leben wollen, dabei aber auch für das Gemeinwohl eintreten. Mann könnte sie mit einer Reihe von Mottos charakterisieren: Respekt für Mensch und Tier – Laß mich in Ruhe – Je weniger Staat, um so besser – Rettet den Wald – Schützt die Wale – Unterstützt die Hanfinitiative.

Die Lokalzeitungen sind das Forum für die Schlachtrufe, mit denen dazu aufgerufen wird, Marihuana für medizinische Zwecke zu legalisieren, den Anbau von Hanf (aus dem Marihuana gewonnen wird) zu fördern, Papier und Kleidung selbst herzustellen oder zum Beispiel das Wildpferdereservat zu unterstützen, das geschaffen wurde, um die Dezimierung der gefährdeten Tiere durch Rancher zu verhindern.

Woher kommt diese aufmüpfige Geisteshaltung, mit der jeder und alles verbessert werden soll? In *Cash Crop,* einem der vielen Bücher über die Region, erläutert Ray Raphael, „daß die geographische Isolation einen erheblichen Einfluß auf den Lebensstil hatte und daß für die Siedler das Konzept einer staatlichen Autorität wenig Bedeutung zu haben schien. Illegale Aktivitäten wurden in diesem Kontext nicht als große Sünden betrachtet, solange niemand dabei zu Schaden kam. Dieses Rechtsempfinden läßt sich direkt von der Logik des Überlebens ableiten und nicht von willkürlichen Bestimmungen, die irgendwo weit weg erlassen wurden. Darin liegt der Kern ländlicher Anarchie, der schroffe Individualismus und der Pioniergeist, der mitten ins Herz des mythischen amerikanischen Westens führt."

Ökologie ist selbstverständlich von größter Bedeutung für die Aktivisten, die politischen bewußten Menschen Nordkaliforniens, und entsprechendes Engagement ist weit verbreitet: allein in der Gegend von Mount Diablo im Nordosten der Bucht von San Francisco gibt es 70 Umweltgruppen, und jeder dritte Leserbrief an die Lokalzeitungen betrifft die Umwelt.

Die Einheimischen sind sich bewußt, daß sie mit ihrem Optimismus, etwas für das Gemeinwohl tun zu können, kleine Inseln inmitten nationaler Politikverdrossenheit und politischer Apathie bilden. Zehntausen-

de machen mit bei den örtlichen Earth-Day-Feiern, deren Koordinator, Harvey Green, die Betroffenen dazu bringen will, zusammenzuarbeiten. „Unser Ziel ist es, daß Wirtschaft und Umweltschützer miteinander reden und verstehen, daß sie ein gemeinsames Interesse an einer intakten Umwelt haben."

Je weiter man nach Norden kommt, um so problematischer wird das. In Humboldt County, das ungefähr 240 Kilometer nördlich von San Francisco beginnt und fast bis nach Oregon reicht, arbeiten Tausende in der Holzindustrie, deren Gier, nach Ansicht ihrer Kritiker, unersättlich ist und der die alten Redwood-Bäume nichts bedeuten.

Vorherige Seiten: Hoch die Tassen auf das Aussteigerleben. **Links**: Nahe Garberville. **Oben**: Sie freut sich des Lebens.

Rücksichtslos abholzen: Die Redwood-Bäume sind so alt wie das Christentum und um 90 Meter hoch. Der Staat hat viele der Redwood-Wälder erworben; der Rest ist in Privatbesitz. Allein der Pacific Lumber Company (Palco) gehören fast 80 000 Hektar. Der Firma wird vorgeworfen, daß sie die Wälder nicht nach forstwirtschaftlichen Erkenntnissen bewirtschaftet, sondern ausschließlich nach Gewinn strebt und deshalb die Bäume hemmungslos fällt. Ursprünglich gab es zwischen Monterey und Oregon 800 000 ha Redwood-Wald; nur vier Prozent dieses Ökosystems blieb erhalten.

Palco war der Hauptgegner der Umweltschützer, die vor Gericht um das Ende des

Abholzens kämpften. Zumindest kurzfristig konnten sie die Sägen stoppen. Die Geschäftsleitung von Palco gibt zu, daß sie die Macht und die öffentlicher Unterstützung der Umweltschützer unterschätzt hat. Die Erfahrung bestätigt die Naturschützer in ihrem Anliegen. Sie wollen das schützen, was viele Menschen als Gottes Werk ehren.

Bedrohte Art: Aber nicht nur Bäume sind in Gefahr. Außer dem Fleckenkauz, der Anfang der neunziger Jahre in die Schlagzeilen kam, hat die zuständige Behörde den Marmelalk (einen schwarz-braun-weiß gefleckten Küstenvogel) als gefährdete Art aufgelistet. Vor einem Jahrhundert gab es noch 60 000 Vögel dieser Art, heute weniger als 9000. Der kleine Kisutch-Lachs wurde während der letzten 50 Jahre um mindestens 90 Prozent reduziert, und die 3000 Mitglieder des Yurok-Stammes, die entlang des Klamath River leben, sind besorgt über die Verunreinigung mit Herbiziden. Es gibt immer mehr Krebserkrankungen, und die Schuldigen werden von den Betroffenen in der Holzindustrie vermutet.

Ein Wissenschaftler schrieb vor 80 Jahren als Einleitung zu einem Buch: „Mit jedem Tag schritt die unermüdliche Unterjochung des Glaubens, der Werte, Sitten und Traditionen der alten Yurok-Gesellschaft voran. Die Alten sahen zu, wie die Erde von den weißen Männern auf ihrer hemmungslosen Suche nach Gold buchstäblich in den Fluß geschwemmt wurde. Über die Wirkung auf ihre Psyche kann man nur spekulieren."

Kampfansage: Die Umweltgruppe EPIC (Environmental Protection Information Center), deren ehrenamtliche Mitarbeiter 18 Prozesse gegen Holzfirmen und die Regierung wegen Vernachlässigung der Aufsichtspflicht angestrengt haben, setzt sich für eine landesweite forstwirtschaftliche Reform ein und hat einen Gesetzentwurf vorgelegt, der den staatlichen Erwerb der Redwood-Wälder regelt. Ihr Hauptquartier hat die Gruppe im Städtchen Garberville, das man ein Treibhaus des Umweltaktivismus nennen könnte.

Garberville (gut 1000 Einwohner) verfügt über zwei Wochenzeitungen und innovative Unternehmen wie Alternative Energy Engineering („Wir gewinnen Elektrizität aus Sonne, Wind und Wasser"), das seine Produkte – Solarzellen, Windturbinen, Biotoiletten – in die ganze Welt verschifft.

Garberville ist an einer Ecke des „smaragdenen Dreiecks" (der Süden von Humboldt und Trinity County und der Norden des Mendocino County) gelegen, dem bevorzugten Anbaugebiet von Sinsemilla, dem besten Marihuana. Für den Staatsanwalt ist Garberville ein Alptraum, eine Stadt wie im Wilden Westen. In einem Jahr setzten die Behörden mehr als zwei Millionen Dollar und 600 Leute dafür ein, 150 000 Marihuana-Pflanzen in Kalifornien zu vernichten, zwei Drittel davon in Humboldt County. Bevor es geändert wurde, gestattete ein Gesetz, Land zu konfiszieren, auf dem Marihuana angebaut wurde. Die Menschen aus der Gegend durchkreuzten diese Maßnahme jedoch, indem sie sich weigerten, bei der Versteigerung des Besitzes zu bieten.

Am Rand des Redwood-Waldes bei Leggett gründete John Stahl, ein Drucker und Papierhersteller, der vermutlich der einzige Amerikaner seit dem Zweiten Weltkrieg ist, der legal Hanf anbauen darf, die Church of the Living Tree (siehe Seite 291). „Die Holzfirmen wollen, daß wir denken, sie würden die Bäume fällen, um Häuser zu bauen und schöne Möbel herzustellen", sagt er, „aber die traurige Wahrheit ist, daß ein immer höherer Prozentsatz des Holzes in die Papierherstellung geht, damit unsere Briefkästen immer schön voller nutzloser die örtliche Wirtschaft pumpt. Ein Dorn im Auge jeder Behörde ist dort Bruce Anderson, der energiegeladene Herausgeber des *Anderson Valley Advertiser*. „Die Flammen der Unzufriedenheit anfachen ... Friede den Hütten, Krieg den Palästen!" steht unter der Namenszeile der Zeitung. Und ein Zitat von Joseph Pulitzer unterstreicht ihre Unabhängigkeit: „Eine Zeitung sollte keine Freunde haben."

Ukiah ist der Schauplatz des jährlichen Großreinemachens im Russian River (auf einer Länge von 35 km zwischen Ukiah und Hopland), an der sich Hunderte von Freiwilligen beteiligen. Beim erstenmal wurden 200 alte Reifen aus dem Fluß gezogen.

Prospekte sind. Die Bäume halten mit ihren Wurzeln die Erde, während ihr Blätterdach Tieren und kleinen Pflanzen einen geschützten Lebensraum bietet. Nordkalifornien wird austrocknen. Wenn die Bäume verschwunden sind, kann die Erde das Wasser nicht mehr speichern."

Aktivisten: Zwei Stunden südlich von Scotia, Palcos Firmensitz, liegt am Highway 101 Ukiah, wo die Sägemühle 110 Arbeiter beschäftigt und täglich 100 000 Dollar in

Links: Soldat im Einsatz gegen illegalen Hanfanbau. **Oben:** Garberville liegt idyllisch im südlichen Humboldt County.

Mendocino, das County südlich von Humboldt, ist, was die Umwelt anbelangt, genauso aktiv wie sein nördlicher Nachbar. Der Wald wird geschützt – auch wenn Demonstranten die Verhaftung droht. In erster Linie jedoch soll verhindert werden, daß aus dem malerischen Mendocino ein zweites Carmel wird. Der Touristenort Carmel wirkt mit seinen kostspielig renovierten Läden und Cafés nicht mehr echt, sondern schicki-micki-mäßig.

Juan Rodriguez Cabrillo sichtete das Kap von Mendocino 1542 als erster. Er benannte es nach seinem Patron, dem mexikanischen Vizekönig Antonio des Mendoza.

Mendocino begann als Holzfällerstadt. Von hier wurden die Redwood-Bäume während des Goldrausch-Baubooms nach San Francisco verschifft. Lange bevor der Highway gebaut war, besaß die kleine Hafenstadt drei noble Hotels, 21 Saloons und diverse Freudenhäuser. Nachdem die Sägemühle 1931 geschlossen wurde, wanderte die Bevölkerung ab. In den sechziger Jahre erlebte Mendocino erneut einen Boom, als Aussteiger nach Norden strebten.

Die meisten der alten Gebäude standen noch, und die Bewohner fragten sich, wie sie ihre Abneigung gegen Touristen mit den offensichtlichen Vorteilen des Fremdenverkehrs in Einklang bringen könnten.

mal sogar einen Stadtplan für Touristen, in dem Bridgeway (die Straße mit den Souvenirläden, T-Shirt-Ständen und Kunstgalerien) hervorgehoben und die Parallelstraße, Caldonia, in der sich Geschäfte für die Ortsansässigen befinden, ausgelassen werden sollte. Die Medien mokierten sich augenblicklich über die Straße ohne Namen und nannten den Einfall elitär.

Der Journalist Mark Dowie zog vor Jahren nach Inverness im Norden, wo auch er den Anti-Tourismus-Kampf ausficht. Dowie, der auch Vorsitzender der örtlichen Umweltgruppe ist, beschreibt den idealen Touristen als jemanden, der „die Ökologie und Ästhetik der Gegend" zu schätzen weiß.

Touristen oder Idyll: Dies ist ein Dilemma, das vielen Gemeinden in Nordkalifornien nur allzu bekannt ist. Zum einen freut man sich über Besucher, deren Geld die Wirtschaft ankurbelt, zum anderen verheißt der Massentourismus einen Verlust an Lebensqualität für die Einheimischen. In Mill Valley, Marin County, geben Touristen jährlich 250 Mio. Dollar aus, genug um 4000 Arbeitsplätze zu schaffen. Städte wie Sausalito und Tiburon versuchen, Touristen zu vergraulen, während abgelegene Orte wie San Rafael mit Hochglanzbroschüren locken

Sausalito, wo 60 Prozent der Einnahmen aus dem Tourismus stammen, entwarf ein-

„Wir wollen keine Infrastruktur für Leute, die nur herkommen und einkaufen wollen. Wenn das arrogant ist, dann bin ich eben arrogant. Sausalito wurde dadurch ruiniert."

Zusammen ziehen die Golden Gate National Recreation Area und der Point Reyes National Seashore jährlich 4,5 Mio. Besucher an. Bis zum Ende des Jahrzehnts soll sich diese Zahl noch einmal um 50 Prozent steigern. Dowie und seine 12 000 Nachbarn im West Marin County fühlen sich überrannt. Ins winzige Stinson Beach allein kommen jährlich 800 000 Besucher. Der Stau auf der schmalen Straße über die Berge ist manchmal bis zu 16 Kilometer lang.

Gestohlene Ortsschilder: Bolinas, ein Dorf etwas nördlich von Stinson Beach, ist berüchtigt für seine verächtliche Haltung gegenüber Fremden. 38 mal wurden die Schilder auf dem Highway gestohlen, die auf den Ort hinwiesen, vermutlich von der „heimlichen Bolinas-Grenzpatrouille", wie sie eine Lokalzeitung nennt. Wahrscheinlich waren es auch die militanteren Mitglieder der Patrouille, die einen Touristen mit Eiern bewarfen, ein Vorfall, der prompt eine Entschuldigung der Handelskammer zur Folge hatte. Die Nerven liegen blank. Vielleicht liegt die Lösung in einem pragmatischem Ansatz, den der Bäcker des Ortes vertritt: „Ich bin der Meinung, daß man das Paradies

Nicht das Ozonloch über den Wolken, sondern der Schutz der unmittelbaren Umgebung ist Ziel ihrer Aktivitäten. Ob sie sich nun als Koordinator von Maßnahmen der städtebaulichen Entwicklung betätigen oder gemeinsam gegen chemische Unkrautbekämpfung entlang den Highways angehen – sie sind politisch aktive Bürger, die ihre Verantwortung ernstnehmen.

Marin, das erste County nördlich der Golden Gate Bridge, steckt voll unabhängig gesinnter Aktivisten, deren Ansichten bisweilen aufeinanderprallen. So verwickeln sie sich in Diskussionen und verwirken die Möglichkeit, gemeinsame Sache gegen das Bauamt zu machen. Denn dies ist der Sitz

teilen muß, wenn man es retten will. Wenn die Menschen für Naturschutz stimmen sollen, dann müssen sie sich willkommen fühlen. Und es muß deutlich werden, daß ein kleiner, wenn auch entscheidender Unterschied zwischen Tourismusförderung und der bloßen Versorgung mit Dienstleistungen besteht."

Unterdessen schicken sich viele besorgte Bürger an, ihre Probleme selbst zu lösen, Umweltschutz also von unten zu betreiben.

Links: Engagierte Eltern dürfen ihre Kinder zu Hause unterrichten. **Oben:** Der Holzindustrie wird Raubbau an der Natur vorgeworfen.

der Macht, hier wird über die Erschließung und Bebauung der Gegend entschieden. Der Leiter des Bauamtes von Mill Valley, Don Dickenson, fühlt sich sicher. Er stuft die Aussteiger als zu weltfremd ein, als daß sie ihm wirklich Probleme bereiten könnten. Der Schutz der Umwelt liegt auch ihm am Herzen. Immerhin sind Neonlichter und übergroße Werbetafeln verboten.

In Bolinas geht es um Wichtigeres. Ein Leser der *Coastal Post* rief „alle Patrioten auf, ein Amtsenthebungsverfahren einzuleiten, um alle unfähigen Kongreßabgeordneten aus ihren Ämtern zu werfen."

So ist's recht.

Die Literaturszene

Als der Goldrausch unzählige Abenteurer nach Nordkalifornien lockte, waren viele unerschrockene Schriftsteller darunter. Nicht nur die Nachrichtenjäger, die immer auf der Suche nach einer guten Geschichte (und persönlichem Fortkommen) sind, sondern auch die Stars des literarischen Gewerbes wie Oscar Wilde, Hans Christian Andersen, Robert Louis Stevenson und Bret Harte fanden sich ein.

Manchen wie Mark Twain gefiel es so gut, daß sie sich Arbeit suchten und eine Weile blieben; andere – Jack London ist der berühmteste von ihnen – waren hier geboren, brachen auf in die Welt und kehrten immer wieder zurück. Alle hinterließen unauslöschliche Spuren, indem sie die Kunde von dem Goldenen Staat in die Welt hinaustrugen.

Das Zentrum: San Francisco wurde zum Mekka der Literaten. Auch heute noch kann man in den Cafés des Mission District und in North Beach Dichter ihre rhythmischen Verse vor jungen Trendsettern herunterrasseln hören. Dank der vielen ethnischen Viertel quillt die Stadt über vor Sprachen und Kulturen. Es ist ein toleranter und romantischer literarischer Nährboden, der vom Mythos vergangener Tage profitiert.

Auf einer bronzenen Plakette in San Franciscos Burritt Alley gleich neben dem Union Square steht: „Ungefähr an dieser Stelle wurde Miles Archer, Sam Spades Partner, von Brigid O'Shaughnessy um die Ecke gebracht." Die Gedenktafel erwähnt die klassische Detektivgeschichte *Der Malteser Falke* oder ihren Autor nicht. Wenn man jedoch die Burritt Alley Richtung Powell Street verläßt, kommt man rechts an der Dashiell Hammett Street vorbei, und das Rätsel ist gelöst. Es ist eine der Straßen, die 1988 auf Anregung des City Lights Bookstore umbenannt wurden nach prominenten Schriftstellern und Künstlern, die in der Stadt gelebt haben. Es hätten noch Dutzende mehr sein können.

Vorherige Seiten: Kaffee, Qualm und Zeitung: die richtige Mischung im Cafe Vesuvio, San Francisco. **Links:** Der City Lights Bookstore. **Oben:** Frühe Ausgabe des Klassikers.

Dashiell Hammett wurde 1894 in der Nähe von Baltimore geboren, verließ die High School mit 14, um zum Unterhalt seiner Familie beisteuern zu können, und trat kurz darauf einer Detektivagentur bei. Dort blieb er fünf Jahre, und die zwielichtigen Charaktere seiner Bücher beruhen auf dieser Erfahrung. 1921 zog Hammett nach San Francisco und heiratete Josephine Dolan, die sich um ihn gekümmert hatte, als er an Tuberkulose – eine Spätfolge seiner Militärzeit – erkrankt war. Das Paar wollte ei-

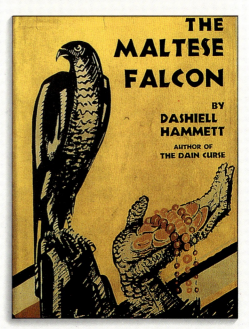

gentlich zurück nach Osten, aber schließlich blieben sie. Hammett schrieb tagsüber Werbetexte für Samuels Jewelers in 865 Market Street und nachts die Detektivgeschichten, die den amerikanischen Kriminalroman neu definieren sollten.

In den Romanen *Rote Ernte* und *Der Fluch des Hauses Dain* schuf er die unvergeßliche Figur des Sam Spade, den zynischen Privatdetektiv, der stets in der nebligen Nacht von San Francisco verschwindet. Liebhaber des *Malteser Falken* können immer noch John's Grill in 63 Ellis Street (zwischen Powell und Stockton Street) aufsuchen, der auch ein Anlaufpunkt der Führungen ist, die der Historiker Don Herrold zu Hammett-Schauplätzen unternimmt. Der Grill wurde 1908 eröffnet, und im ersten Stock befindet sich der mit Hammett-Memorabilia ausgestattete Maltese Falcon Dining Room.

Mark Twains Traum: „San Francisco ist eine wahrhaft faszinierende Stadt zum Leben ... Es ist angenehmer, über das Klima zu lesen, als es am eigenen Leib zu erfahren", schrieb Mark Twain 1871 in seinen Memoiren. Twain (geboren als Samuel Clemens in Missouri) folgte 1861 seinem Bruder Orion, der als Sekretär des Gouverneurs in das Nevada-Territorium zog. Samuel träumte davon, in den Goldminen reich zu werden, sen eines Frosches vor einem Wettbewerb mit Vogelschrot anreichert. Jedes Frühjahr wird die Geschichte in Angels Camp, wo sie vermutlich stattfand, aufgeführt.

Weitere literarische Figuren der Goldrauschära waren Ambrose Bierce, Autor des durch und durch zynischen *Aus dem Wörterbuch des Teufels*, und Bret Harte, ein Freund Twains. Beide schrieben für die *Golden Era*, aber Harte war der beliebteste und bestbezahlte Schriftsteller seiner Zeit im Westen. 1870 verdiente Harte 10 000 Dollar im Jahr mit Geschichten, die im *Atlantic Monthly* erschienen.

Bierce, der berühmt ist für seine brillanten Kurzgeschichten über den Bürgerkrieg, war

schrieb dann jedoch humoristische Artikel und Reiseberichte für Virginia Citys *Territorial Enterprise* und wurde im Westen schnell zu einer Berühmtheit.

Von 1864 an berichtete er für San Franciscos *Morning Call* über Polizeieinsätze, Brände und Theateraufführungen. Dann schrieb er Satiren und Kommentare für die *Golden Era*, den *Chronicle* und die *Sacramento Union*. Hier änderte Clemens seinen Namen und wurde als Mark Twain für seine erste Kurzgeschichte gefeiert. Die Geschichte *Der berühmte Springfrosch der Provinz Calaveras* basiert auf den Erlebnissen eines Minenarbeiters, der das Mittagesvermutlich Amerikas erster Kolumnist. In seiner sonntäglichen Kolumne „Prattles" (Geplapper) für William Randolph Hearsts *Examiner* nahm er jede Form von Aufgeblasenheit mit einer Verve aufs Korn, die ihm den Spitznamen der „bittere Bierce" eintrug. Unablässig zog er über korrupte Politiker her und traute ihnen zu, daß sie sich zweifellos nach einem größeren Erdbeben bereichern würden. 1913 wurde der ikonoklastische Philosoph Bierce Kriegskorrespondent und ging nach Mexiko, um über den Banditen Pancho Villa zu schreiben. Man hörte nie wieder von ihm; vermutlich wurde er erschossen.

Dem Andenken an den schottischen Romancier Robert Louis Stevenson ist das Silverado Museum in der Nähe von Calistoga im Napa Valley gewidmet, wo er 1880 seine Flitterwochen verbrachte und sich von seiner Tuberkulose erholte. Ihm zu Ehren gibt es auch mehrere Denkmäler in San Francisco, wohin er reiste, um der Frau (Fanny Osbourne, leider schon verheiratet) nahe zu sein, in die er sich in Frankreich verliebt hatte. Er versuchte vergeblich, von der Schriftstellerei zu leben; verarmt wartete er auf Mrs. Osbournes Scheidung. Stevenson schrieb seine großen Werke erst nach seiner Rückkehr nach Schottland; trotzdem würdigt ihn die Stadt auf dem Portsmouth

London reiste viel und kehrte nach jedem Abenteuer nach Oakland zurück. Als er vom Klondike mit Skorbut zurückkam, begann er über seine Erfahrungen im rauhen Alaska zu schreiben. Nachdem er damit sofort Erfolg hatte, schrieb er weiter und schuf eine Reihe von Bestsellern wie *Der Ruf der Wildnis* (1903) und *Der Seewolf* (1904).

Jack London Square, Oaklands Platz am Wasser, wurde 1951 nach ihm benannt. Dort steht auch Heinhold's First and Last Chance Saloon, ein echter Treffpunkt aus der Zeit des Autors, wo er vermutlich den Kauf seiner ersten Schaluppe besiegelte. London und seine Frau Charmain zogen schließlich nach Norden auf eine Ranch in

Square mit einem Denkmal, das das Schiff *Hispaniola* aus dem Roman *Die Schatzinsel* darstellt.

Der 1876 unehelich geborene Jack London wuchs in Oakland auf. Mit 14 kaufte er sich eine Schaluppe und wurde ein Austernpirat in den seichten Gewässern der San Francisco Bay. „Ich trieb von einem Job zum nächsten", schrieb er, „betrachtete die Welt und nannte sie gut, jedes noch so kleine Stück von ihr."

Links: Geistige Nahrung. Oben: Eine Kneipe in Oakland bewahrt das Andenken an Stammgast Jack London.

Glen Ellen, Sonoma. Für damals unglaubliche 70 000 Dollar baute er Wolf House, das am Vorabend des Einzugs abbrannte. Seit 1959 ist die Ranch als Jack London State Historic Park der Öffentlichkeit zugänglich.

Nahezu ebenso beliebt wie London war zu Beginn des Jahrhunderts der in Chicago geborene Frank Norris. Er nutzte ein Studienjahr in Paris, um eine Geschichte, die im mittelalterlichen Frankreich spielt, zu verfassen und verkaufte diese an den *Overland Monthly,* als er noch in Berkeley studierte. In seinem kurzen Leben – er starb 1902 mit 42 Jahren – schrieb er sechs Romane, von denen der bekannteste *The Octopus* ist. Dar-

MR. SAN FRANCISCO

Der Journalist Walter Winchell vom New Yorker *Daily Mirror* bereicherte die Zunft um eine neue Dimension, indem er seine Gesellschaftskolumne mit Wortschöpfungen und Andeutungen würzte, die in vorher unbekannter Weise Slang und Klatsch, also das wirkliche Leben, in die Zeitung brachten. Nach dem Zweiten Weltkrieg brillierte Herb Caen eine Generation lang als berühmtester Vertreter dieser Stilrichtung. Er definierte das Lebensgefühl einer Stadt, gab den Schönen und Reichen eine Bühne (und oft ungewollte Auftritte) und allen anderen die

Chance, dazuzugehören. Tausende lasen am Morgen als erstes seine Kolumne, und als er vom *San Francisco Chronicle* zum Konkurrenten *Examiner* (und 1958 wieder zurück) ging, sollen Zehntausende seiner Fans mit ihm gegangen sein.

Obwohl Caen behauptet, noch immer nicht zu wissen, was ein gutes Thema ist, weisen andere auf seine Fähigkeit hin, einen Nebelschwaden, einen Satz, den er zufällig in einem Aufzug gehört hat, oder ein fröhliches Kind in einem Cable Car als wesentliche Zutaten für ein Stadtporträt oder eine allgemein-philosophische Betrachtung zu verwenden. Caen gibt zu, daß er seinen Stil einem früheren Kollegen verdanke, der ihm riet, „unterhaltsam zu sein", weil er sich schnell langweilte und nur eine „sehr kleine Aufmerksamkeitsspanne" hatte.

Er definiert eine gute Kolumne als „vierundzwanzig kurze, griffige Themen", die von einem berühmten Gebäude der Stadt, dessen Aufzug plötzlich von seichter Musik infiltriert wird, bis zu jemandem reichen, der sich daran erinnert, wie eine Frau auf einer Party T.S. Eliot vorschwärmte, wie wunderbar die Party sei, und der Dichter entgegnete: „Ja, wenn man das Grauen des Ganzen sieht."

Einem Kritiker, der ihm vorwarf, jeden Tag dieselbe Kolumne zu schreiben, antwortete Caen: „Das ist korrekt. Aber ich bin gefangen in diesem Charakter, den ich geschaffen habe ... er macht einfach immer weiter."

Caen wurde 1916 in Sacramento geboren und schrieb seine erste Kolumne für die Schülerzeitung. Abgesehen von seiner Armeezeit hat er über ein halbes Jahrhundert lang fünf Kolumnen pro Woche verfaßt. Er schreibt noch immer auf einer mittlerweile sehr betagten Schreibmaschine und geht selbst ans Telefon, während ein Assistent die zahllosen Themenvorschläge sichtet, die jede Woche von treuen Fans geschickt werden.

Jeden Tag produziert er ungefähr 1000 Worte, die unter Überschriften wie „Bay City Beat" oder „Caenfetti" erscheinen. Die 50 Jahre, die er damit verbracht hat, die Nebensächlichkeiten des „Bagdads an der Bucht" (Caen selbst prägte den Spitznamen) zu dokumentieren, machen ihn nicht nur zu San Franciscos kompetentestem Chronisten, sondern verleihen seinen Ansichten auch eine Art zeitloser Glaubwürdigkeit.

Das Geheimnis seines Erfolgs liegt darin begründet, daß er bei allen Dingen hinter die Fassade schaut, dahin, wo es menschelt, und so seiner Kolumne Seele einhaucht. Im Gegensatz zu Hochglanzprodukten im peppigen Designerkleid verlor Caen nie eine gewisse Bodenständigkeit. Und seine Leser wissen das zu schätzen.

Caen meint, daß man erst Notiz von ihm nahm, als er begann, „diese Art Liebesgedichte an San Francisco zu schreiben. Mir war das Ausmaß des Narzißmus in dieser Stadt nicht klar gewesen ... Die Leute reagierten unglaublich auf meine schlechten Gedichte über den Nebel, der durch die Golden Gate Brücke hereinzieht, oder die Stadtgeschichten, die ich in alten Büchern und Zeitungen ausgrub ... Bis zum heutigen Tag mögen die Leute die sentimentalen Geschichten am liebsten ... vor allem über San Francisco. Manchmal sind sie etwas konstruiert. Die Nostalgie ist ein schlechter Berichterstatter." ∎

in prangert er die schikanösen Geschäftspraktiken der Southern Pacific Railroad im San Joaquin Valley an.

Gertrude Stein wurde 1874 in Allegheny, New York, geboren. 1880 zogen die Steins nach Oakland, wo sie eine Zeitlang auf einer Farm lebten, an die sie sich in ihrem 1925 erschienenen Buch *The Making of Americans* erinnert. Nachdem sie in Radcliffe und Harvard studiert hatte, zog sie nach Paris.

Stein lebte jahrelang im Ausland, stattete San Francisco jedoch 1934 auf einer Lesetour durch die USA einen Besuch ab. In Oakland hat man ihr keinesfalls verziehen, daß sie 1937 in ihren Memoiren *Jedermanns Autobiografie* ihre Heimatstadt ver-

32 Kilometer nördlich, in Martinez, befindet sich das Haus von John Muir, in dem der in Schottland geborene Naturschützer gegen Ende des letzten Jahrhunderts die meisten seiner bahnbrechenden Arbeiten verfaßte. Muir, der allgemein als der erste Umweltschützer betrachtet wird, war ein reicher Obstfarmer, bevor er sich entschied, die Amerikaner an die Bedeutung der Erhaltung der Natur zu erinnern.

In Monterey machte John Steinbeck, Pulitzerpreisträger und Autor von *Früchte des Zorns*, in den vierziger Jahren die Arbeiter der Fischindustrie mit *Die Straße der Ölsardinen* berühmt. Den Highway 1 etwas weiter südlich in Big Sur hatte sich Henry Mil-

unglimpfte. Trotzdem feiert die Stadt am 3. Februar ihren Geburtstag.

In den dreißiger Jahren, kurz nachdem er den Nobelpreis gewonnen hatte, baute sich der Autor Eugene O'Neill ein Haus in Danville im San Ramona Valley und lebte dort zusammen mit seiner Frau, der Schauspielerin Carlotta Monterey. Hier schrieb O'Neill seine berühmtesten Stücke, unter anderem *Der Eismann kommt* und *Eines langen Tages Reise in die Nacht*. Er starb 1953 in Boston, aber sein Haus steht noch heute.

Links: Kolumnist Herb Caen. Oben: Jack London und John Steinbeck (rechts).

ler niedergelassen, nachdem er in Paris all diese schmutzigen Bücher geschrieben hatte: die Olympic-Press-Romane im grünen Schutzumschlag, die die Amerikaner bis in die sechziger Jahre über Mexiko ins Land schmuggeln mußten. Miller starb 1980, und sein Freund Emil White gründete in der Nähe seines Hauses die Henry Miller Memorial Library, um einen der einflußreichsten Schriftsteller seiner Zeit zu ehren.

Mitte der fünfziger Jahre erregten die Schriften aus den Cafés in North Beach weltweit Aufmerksamkeit als Vorboten einer kulturellen Revolution. Die „Beat Generation" hatte sich zehn Jahre zuvor an der

Ostküste formiert, als Jack Kerouac, Allen Ginsberg und John Clellon Holmes damit experimentierten, spontane Texte zum Rhythmus von Jazzmusik zu verfassen. Aber erst als Kerouac und Ginsberg 1954 und 1955 in den Westen kamen und dort Schriftstellern wie Lawrence Ferlinghetti, Gary Snyder, Michael McClure und anderen begegneten, formierten sich die Beats zu einer literarischen Bewegung.

Ihre Gründung kann man auf den 7. Oktober 1955 datieren, als sie sich in der Six Gallery, einer Künstlerkooperative in San Francisco, versammelten. Sechs Dichter lasen aus ihren Werken: Kenneth Rexroth, Snyder, McClure, Ginsberg, Philip Whalen

und Philip Lamantia. Zum erstenmal wurde dort Ginsbergs berühmtes Gedicht *Howl* vorgetragen. Kerouac schildert dieses Ereignis in seinem Roman *Gammler, Zen und hohe Berge.*

Das Gedicht wurde 1956, als es publiziert wurde, zu einer Sensation und von den Behörden sofort als „obszöne" Literatur konfisziert. Ferlinghettis City Lights Bookstore, Amerikas erster Taschenbuchladen und Verleger von *Howl & Other Poems* drohte Strafanzeige. Der Prozeß (den City Lights gewann) machte die Beats landesweit bekannt. Gleiches gilt für Kerouacs Buch *Unterwegs*, das 1957 erschien.

Viele Treffpunkte der Beats wie der Co-Existence Bagel Shop und The Place sind längst verschwunden, aber der City Lights Bookstore im Herzen von North Beach bietet noch immer eine breite Palette von Beat-Publikationen. Im nahen Café Vesuvio herrscht noch heute eine bohemienhafte Atmosphäre. Der walisische Dichter Dylan Thomas favorisierte diese Bar bei seinen Besuchen in der Stadt. Auch das Caffe Trieste in der Vallejo Street war (und ist) ein bevorzugtes Café der Schriftsteller.

1960 und danach: Wie die Hippies die Beatniks als politische Vordenker ablösten, folgten in der Literatur *The Merry Pranksters* (Die Witzbolde) auf die Beats. Geführt von Ken Kesey, Autor von *Einer flog über das Kuckucksnest,* experimentierten sie früh mit Halluzinogenen und organisierten mehrere Treffen, bei denen massiv dem LSD zugesprochen wurde. Bei einem dieser „Acid Tests" im Januar 1966 nahmen 20 000 Abenteuerlustige teil. Tom Wolfe schildert das Ereignis in *The Electric Kool-Aid Acid Test* in allen Einzelheiten.

In den siebziger Jahren produzierte der Autor (und jetzige Filmstar) Sam Shepard seine Stücke *Angel City* und *Curse of the Starving Class* am Magic Theater, das im Augenblick in Fort Mason residiert. Armistead Maupin, seit 1971 als Zugereister in San Francisco, bot Anfang 1976 dem *San Francisco Chronicle* eine Serie mit dem Titel „Stadtgeschichten" an. Die Leser begeisterten sich an den Geschichten über homo- und heterosexuelle Menschen in ihrer Stadt, deren Irrungen und Wirrungen in ein liebevolles Porträt der siebziger und achtziger Jahre eingebettet sind. In Buchform wurden sie zu Bestsellern; der erste Band wurde 1993 verfilmt und erwies sich als Straßenfeger.

Auch mehrere berühmte Schriftstellerinnen haben in San Francisco gelebt und gearbeitet – und eines Tages werden zweifellos Straßen nach ihnen benannt werden. Zu den Kandidatinnen zählen Alice Walker *(Die Farbe Lila)* und Amy Tan *(Töchter des Himmels).* Die experimentelle Autorin Joan Didion wurde in Sacramento geboren und ist dort aufgewachsen (siehe Seite 235).

Links: Ambrose Bierce. **Rechts:** Umweltschützer und Schriftsteller John Muir (re.) und Theodore Roosevelt im Yosemite National Park.

NEUE HORIZONTE IM SILICON VALLEY

Obwohl man den Namen auf keiner Landkarte finden kann – und seine genaue Lage umstritten ist –, existiert das Silicon Valley zweifelsohne. In diesem Tal, das sich südlich von San Francisco über eine Länge von 32 Kilometer bis nach San Jose erstreckt, wurden viele der technologischen Entwicklungen erdacht, die die Welt ins elektronische Zeitalter katapultierten. Nachdem der Westen besiedelt war, gingen erfinderische Geister dazu über, sich neue Horizonte zu schaffen.

Silicon Valley verkörpert das High-Tech-Amerika, kombiniert mit einem kalifornischen Bewußtsein. Ausgestattet mit dem unternehmerischen Geist der Pioniere, so will es die Legende, gelang hier den internationalen Giganten der Elektronik- und Computerindustrie der Durchbruch.

Palo Alto, Heimat der Stanford University, ist sowohl das geographische Zentrum der Region als auch Anziehungspunkt für die Elite der Hochtechnologie. Die östliche Grenze des Tals bildet die Bucht von San Francisco, die westliche die Berge, die sich entlang dem San-Andreas-Graben auftürmen. Begrenzt von den Gebirgsausläufern bei San Jose im Süden erstreckt sich Silicon Valley im Norden bis an die Stadtgrenze San Franciscos.

High-Tech: Ungefähr 7000 Firmen, die eine umfassende Produktpalette von Mikrotransistoren bis zu Computernetzwerken abdecken, haben sich hier niedergelassen. Im Tal liegen 15 Städte, darunter Mountain View, Standort des NASA/Ames Research Center, eines Forschungszentrums der Bundesraumfahrtbehörde, das nun wieder florierende San Jose (heute die elftgrößte Stadt der USA) und viele kleinere Gemeinden wie Cupertino und Sunnyvale, die so dicht bevölkert sind, daß man nicht mehr sagen kann, wo der eine Ort aufhört und der andere anfängt. Heute stehen riesige Bürogebäude und Fabrikationshallen dort, wo einst Obst-

plantagen das Land überzogen. Zwischen den gleichförmigen Reihenhäusern sieht man auch heute noch ab und zu kleine Obstgärten – eine Erinnerung an die ländliche Vergangenheit der Region. Doch kaum jemand ergeht sich hier in nostalgischer Wehmut; zu groß ist der Ruhm, den die High-Tech-Industrie brachte.

Bevor der Silikonchip entwickelt wurde, hieß das Tal Santa Clara Valley. Es wurde in der Mitte des 19. Jahrhunderts besiedelt, nicht von Goldsuchern, sondern von Farmern, die der fruchtbare Boden wohlhabend machte. 1851 wurde der erste Schritt in die Zukunft getan, als der Eisenbahntycoon Leland Stanford in der Nähe von Palo Alto die Stanford University gründete. Eine erste Stufe zum Zentrum der Hochtechnologie war überwunden, als der in Palo Alto geborene Lee DeForest 1906 eine aus drei Elementen bestehende Vakuumröhre erfand, die die Entwicklung der Elektronik in Gang setzte. Eine Gedenktafel in 913 Emerson Street bezeichnet sein damaliges Haus als den „Geburtsort" dieser Industrie.

In den frühen Jahren dieser Entwicklung zog Amerikas technische Elite nach Stan-

Vorherige Seiten: Auf dem Gelände der Stanford University, der Kaderschmiede der High-Tech-Revolutionäre. **Links:** Powerdrinks sind in. **Oben:** Das Silicon Valley ist die geistige Heimat des Mikrochips.

ford, um Radiotechnik zu studieren, die erste High-Tech-Industrie des Tales. Nach Beendigung des Studiums blieben sie – und eine florierende Radio-, Telefon- und Telegrafenindustrie entstand. 1938 gründeten zwei Stanfordstudenten – David Packard und William Hewlett –, die in 367 Addison Street wohnten, einen der heute weltgrößten High-Tech-Giganten: Hewlett-Packard. Das Haus wurde von Kalifornien zum Denkmal erklärt.

Im Zweiten Weltkrieg wurde San Francisco auch das Zentrum der militärischen Aktivitäten im Pazifik. Vom Highway 101 in der Nähe von Mountain View aus kann man den leeren Hangar der Moffett Naval um aufbauen, aber die Ingenieure, die er angestellt hatte, verließen ihn und gründeten die Fairchild Semiconductor Company. Hier entwickelte Bob Noyce 1959 eine winzige Halbleiterschaltung, die in Silikon gebettet war und den Charakter des ländlichen Santa Clara Valley grundlegend ändern sollte. Noyce, bekannt als der Vater des Silicon Valley, gründete 1968 Intel und beschritt mit dieser Firma den Weg zur Personal-Computer-Revolution.

Eine Entdeckung jagte die andere. Neben Intel und Fairchild wurden Firmen wie Advanced Micro Devices und National Semiconductor zu internationalen High-Tech-Größen.

Air Station sehen. 1940 mietete sich die NASA (National Aeronautics and Space Administration) in Moffett ein. Das NASA/Ames Research Center war viele Jahre lang das Zentrum der astrophysikalischen Forschung des Landes, und noch immer steht dort der größte Windkanal der Welt. Ames wurde nicht nur zum Prüfstein für die Elektronik- und Technikindustrie von Silicon Valley, sondern auch zum Testgebiet für die Erforschung der neuesten Entwicklung – „virtuelle Realität".

1956 erhielt der im Tal geborene William Shockley den Nobelpreis für die Entwicklung des Transistors. Er wollte ein Imperi-

Die siebziger Jahre waren die Blütezeit des Silicon Valley. Die Elektronikindustrie florierte, und die Zeit war reif für die kommerzielle Anwendung der neuen Technologie. 1972 gründete Nolan Bushnell in einer Garage (3572 Gibson Avenue in Santa Clara) die Firma Atari. Er erfand das erste Videospiel der Welt namens Pong, ein elektronisches Tischtennisspiel. So schlicht es war, so war es doch der Beginn des Videospielbooms. Und noch wichtiger: Die neue Technologie hatte damit spielerisch den Weg in die Wohnzimmer gefunden.

Atari und andere Firmen aus dem Tal ermöglichten der amerikanischen Durchschnittsfamilie die erste Begegnung mit Hochtechnologie. Innerhalb eines Jahrzehnts wurde aus Atari eine bekannte Marke; die Firma ging schließlich in den Besitz von Warner, einem von Amerikas größten Unterhaltungsgiganten, über.

In den Händen einer neuen Generation nahm High-Tech ab den späten siebziger Jahren neue Formen an. Techno-Freaks, süchtig nach Videospielen, begannen mit Chipkarten und Mikroprozessoren zu experimentieren. In der letzten der berühmten Garagen des Tals (2066 Christ Drive in Cupertino) entwickelten Steve Jobs und Steve Wozniak ihren ersten Mikrocomputer. 1982 gründeten sie Apple. Eine Legende war geboren und die PC-Revolution nicht mehr aufzuhalten. Das Hauptquartier von Apple, ein langgestreckter Komplex aus grünem Glas und Stuck (20525 Mariani Ave. in Cupertino), steht Besuchern offen.

Spielerisch in die Postmoderne: In den achtziger Jahren lösten PCs Videospiele als Unterhaltungsmedium ab. Atari wurde wie viele Giganten des Silicon Valley zuvor aufgelöst, aber nicht ohne die Karriere einer neuen Generation von Forschern gefördert zu haben. Wie sollte die Entwicklung weitergehen? In den Forschungslabors von Atari in Sunnyvale näherten sich die Ingenieure der nächsten High-Tech-Grenze. Die Forscher arbeiteten an einem Computerspiel mit einer neuen Dimension, in der Mensch und Computer interagieren sollten. Manche nannten es „elektronisches LSD", aber mittlerweile hat sich der Name „virtuelle Realität" durchgesetzt.

Man stelle sich vor, mit dem Finger zu fliegen. Zeigt man nach oben, erhebt man sich über Bäume, Wolken, über eine hoch aufragende weiße Marmorsäule, in der ein großer roter Rubin blinkt. Deutet man mit

dem Finger auf den Rubin, taucht man in sein rotes Licht hinein. Man zeigt nach unten und erreicht den Boden der Säule, man deutet nach links und schreitet ungehindert durch die Marmorwand, um sich auf einem Orientteppich stehend wiederzufinden, der sich bewegt wie ein motorisiertes Kaleidoskop. Willkommen in der fantastischen Welt der virtuellen Realität.

Hierbei handelt es sich um eine relativ junge Entwicklung auf dem Gebiet computergenerierter Grafiken. Statt die Grafiken auf einem flachen Bildschirm zu sehen, taucht man in eine dreidimensionale künstliche Umgebung ein.

Ganz links: Steve Wozniak, der Mitbegründer von Apple. **Links:** Computer als spielerische Lernhilfe. **Oben:** Computermessen erfreuen sich großer Beliebtheit.

Für diese Erfahrung muß man sich allerdings ausrüsten. Eine wesentliche Voraussetzung ist eine Art Helm mit einer Videobrille, in der sich zwei winzige Bildschirme aus flüssigem Kristall befinden. Die Bilder auf den zwei Schirmen sind nicht ganz identisch, und so entsteht der 3-D-Effekt. Der Helm registriert zudem die Kopfbewegungen und leitet die Informationen an den Computer weiter. Der wiederum liefert bewegliche Bilder an die Bildschirme, die den wechselnden Blickwinkeln entsprechen. Um sich einen Weg durch diese Welt zu bahnen, braucht man außerdem einen „Datenhandschuh", in dem Sensoren die Fingerbewegungen messen.

co schlendern – natürlich nur im Geiste, mit Hilfe der Bilder der Computersimulation. Die amerikanischen Medien tauften diesen unerschöpflichen Vorrat an computergenerierten Halluzinationen „elektronisches LSD" – auf gewisse Weise ein passender Name für eine Entwicklung, die in der San Francisco Bay Area mit ihrer Tradition der alternativen Lebensstile ihren Anfang nahm. Die Werbung plaziert die virtuelle Realität in die Popkultur, obwohl dieser technischen Entwicklung durch die Breite der Anwendungen mehr zugestanden werden sollte als ein Randgruppendasein.

Wissenschaftler, Programmierer und Theoretiker im ganzen Land entwickelten

Der Handschuh weist den Computer an, wie im richtigen Leben anzuhalten oder sich zu bewegen, ein Objekt aufzuheben, eine Tür zu öffnen oder einen Ball zu werfen. Ganzkörperanzüge, die ebenso empfindlich auf Bewegungen reagieren wie die Datenhandschuhe, sind der nächste Schritt.

Innenansichten: Ein guter Programmierer kann jede nur erdenkliche Welt, gleichgültig wie fantastisch, unwirklich, exotisch oder alltäglich, schaffen. Ungeahnte Möglichkeiten tun sich auf. Man kann in einem vielstöckigen herrschaftlichen Haus leben, über den Mars spazieren, in einem Molekül umherfliegen oder durch ganz San Francis-

und perfektionierten spezifische Komponenten der virtuellen Realität, aber im Silicon Valley trafen Ende der achtziger Jahre alle zusammen. Das NASA/Ames Research Center in Mountain View war der Schauplatz des ersten erfolgreichen Tests der virtuellen Realität. Es konzentrierte sich darauf, nutzbringende Anwendungsarten für die neue Technologie zu entwickeln, vor allem im Bereich der Erforschung des Weltraums. Unter anderem hofften die Forscher, Telepresence zu entwickeln, ein Gerät, das es einer Person auf der Erde gestattet, einen Roboter im Weltraum oder auf einem anderen Planeten zu kontrollieren.

Das NASA/Ames Research Center brachte noch weitere Projekte, darunter VPL Research in Redwood City, auf den Weg. Jede Legende braucht einen Helden, und der Held der virtuellen Realität heißt Jaron Lanier. Als Chef von VPL verkörperte Lanier den Geist von Silicon Valley auf seine exzentrischste Art. Der Enthusiast mit den Dreadlocks nahm sich sowohl der Nützlichkeit als auch des hohen Unterhaltungswerts der virtuellen Realität an. Seine Firma engagierte sich für die Erforschung privater Nutzungsmöglichkeiten virtueller Welten. In der Folge wurde VPL zum weltgrößten Hersteller von Helmen und Handschuhen für die Nutzung der virtuellen Realität. Die Kosten für ein VPL-System können leicht 300 000 Dollar betragen, aber im Moment geht es darum, erschwingliche Geräte für jeden Haushalt zu entwickeln.

Weltweite Anwendungsmöglichkeiten: Die Erforschung der virtuellen Realität, die in Silicon Valley ihren Anfang nahm, hat weltweit zu florierenden Industrien geführt. In Tokio nutzt Matsushita Electric Works die virtuelle Realität, um Kunden dabei zu helfen, ihre Traumküche einzurichten. Sie können verschiedene Bodenbeläge ausprobieren, Geräte nach Laune arrangieren und die Schrankgröße variieren. In London dient die virtuelle Realität dazu, Fahrer des öffentlichen Transportsystems zu schulen. Virtuelle Realität kann dabei helfen, Dinge zu entwerfen, angefangen von Schuhen über Häuser bis zu ganzen Städten. Designer können ihre Produkte begutachten, bevor sie sie in die Produktion geben und so kostenintensive Fehler vermeiden.

In der Medizin wird daran gedacht, virtuelle Realität zur Vorbereitung auf Operationen und zur Ausbildung von Medizinern zu nutzen. Und in der Pharmaindustrie wird die neue Technologie benutzt, um bessere Medikamente zu entwickeln und die Effizienz des Entwicklungsprozesses zu erhöhen. Aber letzlich wird wohl der Unterhaltungswert der virtuellen Realität die weitere Entwicklung durch private Firmen vorantreiben. In der internationalen Unterhaltungsindustrie ist das Geld zu machen, das für weitere wichtige Forschungsarbeit gebraucht wird.

Silicon Valley wandelt sich. Es wird darüber spekuliert, ob seine besten Zeiten vorüber sind. Was immer die Zukunft bringt, fest steht, daß dieses Sammelbecken technischer Intelligenz und Visionen den Alltag aller Menschen für immer verändert hat.

Links: Die Zentrale von Apple in Cupertino steht Besuchern offen. Oben: Computerfreaks – Die Neue Generation.

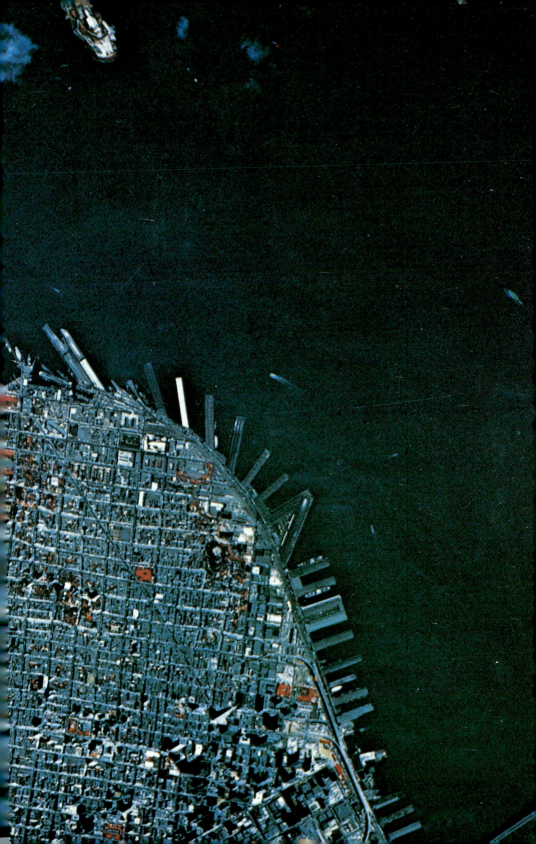

Erdbeben und Thermalquellen

Seit Jahren sagen Untergangspropheten das große Erdbeben voraus, das Kalifornien ein für alle Mal im Pazifik versenken wird. Mit dieser Schreckensvision müssen die Kalifornier leben, und sie versuchen, die Bedrohung mit Witzen zu überspielen. So investieren Kalifornier gerne in Grundstücke am Meer – vorsichtshalber in Nevada.

Erdbeben haben eine wichtige Rolle bei der Entstehung dieses Staates gespielt. Die Erde bebt, weil die Region auf zwei Landplatten sitzt, die aneinander reiben. Die Kluft zwischen der pazifischen und nordamerikanischen Kontinentalplatte ist der San-Andreas-Graben, eine 1050 Kilometer lange Zone. Das Land westlich des Grabens schiebt sich nach Norden, während das Land östlich davon nach Süden zieht. Weil San Francisco östlich des Grabens liegt und Los Angeles westlich, nähern sich die beiden Städte mit jeder Bewegung der Platten einander an – durchschnittlich fünf Zentimeter pro Jahr.

Bebenforschung: Kalifornische Wissenschaftler verkündeten vor kurzem die Absicht, ein viele Meilen tiefes Loch in den San-Andreas-Graben zu bohren, um mehr über Erdbeben zu erfahren. Kritikern, die meinten, daß diese Unternehmung das große Erdbeben beschleunigt herbeiführen könnte, halten sie entgegen, daß es ein ähnliches Projekt im deutsch-tschechischen Grenzgebiet gibt, an dem über 100 Wissenschaftler beteiligt sind. Bohrungen wurden ohne nachteilige Wirkungen auch in Kaliforniens Imperial Valley durchgeführt, wenn auch nicht in so großer Tiefe. Sollte das Projekt genehmigt werden, wird bei Point Arena gebohrt.

Das Erdbeben von 1906, das 8,25 Punkte auf der Richterskala maß, war das schwerste seit 1857; das Beben von 1994 weiter südlich im San Fernando Valley (6,6) war das schwerste seitdem.

In Erdbebengebieten gibt es oft Thermalquellen. So auch in Kalifornien, wo unzählige brodelnde Mineralquellen müde Kör-

per erfrischten, lange bevor die Europäer eintrafen. Kohlensäurehaltige Quellen wirken so entspannend, daß Johannes Brahms eine ganze Sinfonie komponiert haben soll, während er im deutschen Baden-Baden in der Wanne lag.

Lange vor der Jahrhundertwende verfügte Kalifornien über ungefähr 80 Kurbäder mit mineralhaltigem Wasser, die meisten davon bei Calistoga im Napa Valley. 1860 zapfte der Verleger und Unternehmer Sam Brannan das 100°C heiße Wasser an und gründe-

te Indian Springs Spa an einer Stelle, an der die Wapoo-Indianer seit Jahrhunderten gebadet hatten. Brannan, der erste Millionär des Staates, prahlte damit, daß dieser Ort das „Caligosta von Sarafornien" werden würde, ein Wortspiel mit dem schicken Kurort Saratoga Springs im Osten. Brannans Hütte ist in der Wapoo Avenue zu besichtigen.

In Calistoga besteht eine kuriose Verbindung zwischen Erdbeben und Thermalquellen. Die Fontänen des berühmten Geysirs Old Faithful (einem von drei regelmäßig aktiven Geysiren in den USA) sagen angeblich bevorstehende Erdbeben voraus, wenn sie häufiger als alle 40 Minuten auftreten.

Vorherige Seiten: Blick auf die Piers von San Francisco. **Links:** Lassen Volcanic National Park. **Oben:** Geysir, Calistoga.

Eine Behandlung in einem der vielen Bäder in der Gegend von Calistoga umfasst normalerweise zehn Minuten in einem Schlammbad, das aus Vulkanasche, Torf und heißem, mineralhaltigem Quellwasser besteht. Nach einer Dusche folgt ein 20-minütiges Bad in Wannen mit sprudelndem Wasser. Nach einer beruhigenden Massage fühlt man sich dann wie neu.

Klinische Studien beweisen, daß die Kohlensäure im Wasser die Kapillaren unterhalb der Hautoberfläche erweitert und so Wärmegefühl und Wohlbefinden erzeugt. Das mineralhaltige Wasser hilft angeblich bei Rheumatismus, Magengeschwüren und Gicht.

Bilder, die sie bis zu ihrem Tod 1937 von den Pomo-Indianern malte, hat die Szenerie auf die Leinwand gebannt. (Ihre Arbeiten sind in einem Museum in Ukiah zu sehen.)

Knapp 250 Liter Wasser sprudeln pro Minute in Vichy Springs aus bis zu 7600 Meter Tiefe in eine natürliche Felsgrotte und werden dann in hölzernen Leitungen zu 14 Wannen im Freien und in Häusern geleitet. Gäste können das gesunde, 32°C warme Wasser trinken, das „Champagner" genannt wird, weil die natürliche Kohlensäure ihm einen süßen Geschmack verleiht. Es enthält Mineralien wie Natrium, Kalium, Kalzium, Magnesium, Eisensulfat, Chlorid, Bicarbonat und Kieselerde.

Vielleicht das bekannteste Kurbad im Norden ist das 280 Hektar große Vichy Springs Resort in Ukiah (benannt nach den natürlichen Mineralquellen in Frankreich, die Julius Cäsar als erster entdeckte). Zu den Besuchern zählten Präsidenten (Ulysses S. Grant und Theodore Roosevelt) und Schriftsteller wie Mark Twain und Robert Louis Stevenson. Jack London nannte es „meine bevorzugte Sommerresidenz."

Auch die Pomo-Indianer kannten die Quellen und nutzten sie als heiligen Ort für medizinische Behandlungen. Grace Hudson, eine Künstlerin aus der Gegend, die weltberühmt wurde aufgrund der zahllosen

1884 warb Vichy Springs mit den größten Badewannen und dem meisten Wasser aller Kurbäder. Ein einwöchiger Aufenthalt kostete zehn Dollar. Die beiden 1854 gebauten Hütten, in denen auch heute noch Besucher übernachten, sind die ältesten erhaltenen Gebäude in Mendocino County. Während des Ersten Weltkriegs wurden noch eine Bowlingbahn, ein Schönheitssalon und Sportanlagen für Tennis, Krocket und andere Vergnügungen hinzugefügt.

Tassajara in Monterey County besitzt die heißesten und mineralreichsten Quellen des Landes. Das Wasser erreicht eine Temperatur von bis zu 60°C. Zu den ersten Besuchern nach Eröffnung des Bades 1884 gehörten General Sherman und der Geiger Ignace Paderewski. 1967 erwarben die Anhänger des Zenmeisters Shunryu Suzuki das 65 Hektar große Bad und machten daraus ein Zenkloster. Von Mai bis September wird es als öffentliches Bad betrieben. Musik ist verboten, und so bilden das Geplätscher des Tassajara Creek, das Vogelgezwitscher und das Glockenläuten in der Meditationshalle einen harmonischen Gleichklang.

In Kaliforniens einzigartiger Geographie liegen hohe Berge und tiefe Wüstentäler ungewöhnlich nah beieinander. So ist der Mount Whitney in der Sierra Nevada mit 4418 m der höchste Berg der USA (mit Ausnahme von Alaska und Hawaii), und er ist nur 100 km entfernt vom tiefsten Punkt in Nordamerika, dem Death Valley, das 86 m unter dem Meeresspiegel liegt.

Von der Warte der Geologen ist Kalifornien ein sehr junges Land. Die Entwicklung der Küste, wo noch vor 15 bis 20 Millionen Jahren Vulkane Rauch und Lava ausspien, ist noch nicht beendet. Weil sich das Land noch immer hebt, gibt es im Gegensatz zur Ostküste nur wenige navigierbare Flüsse

Links: Thermalquellen bei Bumpass Hell im Lassen National Park. **Oben:** Erdbeben von 1906: Diese Familie hat Stil.

und ins Landesinnere reichende Buchten. (Abgesehen von San Diego sind San Francisco und Humboldt im Norden die einzigen natürlichen Häfen.) Aus demselben Grund ist die Küste zum Teil stark zerklüftet. Bartolomeo Ferrelo, der mit Juan Cabrillos Expedition von 1542/43 nach Kalifornien kam, sah die Berge, „die bis zum Himmel aufragen und die aussehen, als wollten sie auf die Schiffe stürzen".

Die Bucht von San Francisco entstand im Zusammenspiel mehrer Faktoren. Zunächst erwirkten die Stöße der Kontinentalplatten, daß sich die Coast Range, die entlang der Küste verlaufende Bergkette, teilte und einen Durchlaß zum Meer freigab. In dem

dahinterliegenden Tal suchte sich der Sacramento River sein Bett; heute mündet er bei Antioch in einen östlichen Ausläufer der Bucht. Schließlich setzte eine Entwicklung ein, mit der der Durchlaß zur Bucht wurde. Vor ungefähr 25 000 Jahren begannen die Polarkappen des Nordpols zu schmelzen, und der Meeresspiegel stieg langsam an. Nach Jahrzehnten hatte der Ozean den Durchlaß und das Tal überflutet.

Ring aus Feuer: Vor ungefähr 130 Millionen Jahren lag das Land, das jetzt Kalifornien ist, unter Wasser und war Teil des vulkanischen „Rings aus Feuer", der das pazifische Becken schuf. 80 Prozent aller Erdbeben auf der Welt finden in diesem Ring statt. Im Osten des Ozeans lag Nordamerika, im Westen Kaskadien. Schutt wurde von den Küsten ins Meer gespült, bildete dort Schicht über Schicht von sedimentärem Gestein und formte so Land. Aber es gab auch Schwachstellen – Gräben – in dieser neuen Erdkruste, an denen sich das entstehende Land entlang schiebt.

Erdbeben und Vulkanausbrüche türmten das Gestein zu zwei großen Gebirgszügen auf – die längere Coast Range, die sich über die gesamte Länge des Staates erstreckt, und die höhere Sierra Nevada weiter östlich.

Gletscher spielten eine wichtige Rolle bei der Bildung der Sierra Nevada vor drei Mil-

lionen Jahren. Noch bis vor 10 000 Jahren existierten die immensen Eisplatten, und auf den höchsten Bergen gibt es noch immer kleine Flecken mit ewigem Eis.

Als am Nordpol die Eiskappen schmolzen und den Meeresspiegel ansteigen ließen, strömte Salzwasser durch die Coast Range und grub tiefe Täler. Vor Millionen Jahren bestand die Mojave-Wüste aus grünen Wiesen und lebensspendenden Flüssen. Ein 180 Meter tiefer See existierte einst im heutigen Death Valley, und die Gipfel der heutigen Berge waren noch Inseln. Als sich die Luft erwärmte, begann das Wasser zu verdunsten. Die Erhebungen der Coast Range und der Sierra Nevada bildeten eine Barriere zwischen dem Ozean und dem Hinterland. So konnte das Salzwasser die ausgetrockneten Becken nicht auffüllen.

Feuer und Eis: Nördlich von Kalifornien überziehen Gletscher die Berge der Cascade Range, die sich nach Norden bis British Columbia in Kanada erstreckt. In Kalifornien weisen jedoch nur die höchsten Berge Relikte der Eiszeit auf. Die schneebedeckten Cascade-Gipfel sind junge Vulkane. Die Cascades sind wie Feuer und Eis. Die vulkanischen Aktivitäten werden duch das Absinken tektonischer Platten unter den Kontinent gefördert. Es ist jedoch der Zustand des Basalts, wenn er auf die Erdoberfläche zurückkehrt, der die Form, Stärke und Dauer von Ausbrüchen bestimmt.

Es gibt drei Arten von Lava und vier Vulkanformen in den Cascade-Bergen. Je nach Art der Eruption entstehen Fließlava, Lavabrocken oder, wenn das geschmolzene Material explodiert und noch in der Luft erhärtet, pyroklastische Lava.

Vulkane, die pyroklastisch entstehen, nennt man Aschenkegel (cinder cones). Für gewöhnlich sind sie steile Kegel, deren Spitzen durch einen Krater gekappt sind. Der Cinder Cone im Lassen Volcanic National Park ist ein Musterbeispiel dieser Variante. Schildvulkane wie den Prospect Peak im selben Park findet man vor allem an Küsten und auf Inseln. Sie sind das Gegenteil von Kegelvulkanen: sie wurden von extrem dünnflüssigen Lavamassen gebildet, so daß ihre Hänge sanft und langsam abfallen.

In der Cascade Range kommen hauptsächlich Stratovulkane (Schichtvulkane) wie Mount Shasta und Mount St Helens vor. Durch die Aufeinanderschichtung von Fließlava und Eruptivgesteinsbrocken bildeten sich äußerst spektakuläre Formationen. Anders als die Stratovulkane werden die Quellkuppenvulkane von zähflüssiger Lava geformt, die am Stück aus einem Eruptivkanal gepreßt wird. Wenn die Lava nicht abfließen kann, bildet sich eine hohe Kuppe über dem ursprünglichen Kegel. So spricht man zum Beispiel beim Lassen Peak von einem Pfropfen: hier füllt eine Quellkuppe den Krater aus.

<u>Oben</u>: Ein Vermarktungsgenie dachte sich diesen Gag aus. <u>Rechts</u>: Grüße aus der Tiefe.

AKTIVURLAUB

Ein Kalifornier in der Natur ist gleichbedeutend mit einem Kalifornier, der in irgendeiner Weise aktiv ist. Kalifornien ist ein großer Staat mit vielfältigen Landschaften und Naturwundern. Deshalb lautet die Devise, daß man sich in Bewegung setzen muß, um den Goldenen Staat kennenzulernen. Überall in Kalifornien ist die Landschaft atemberaubend, gewaltig oder heiter; das wahre Naturerlebnis stellt sich aber erst ein, wenn man sich die kalifornische Philosophie zu Herzen nimmt: Geh, wohin du willst, aber tu etwas, wenn du dort bist. Der Naturschützer John Muir saß einst völlig hingerissen „am Fenster zum Himmel", das er in der hohen Sierra gefunden hatte – um dort hinzugelangen, mußte er zunächst die Mühen des Aufstiegs auf sich nehmen. Heute bewundern Millionen Touristen, die in der staubigen Julihitze hierherkommen, die ehrfurchteinflößende Schönheit von Muirs Yosemite Valley durch das schmierige Fenster eines Tourbusses – eine langweilige, wenig lohnende Erfahrung.

Ein hoher Gebirgszug – die Sierra Nevada – durchzieht Kalifornien von Süden nach Norden wie ein Rückgrat, das den Wald im Westen von der Wüste im Osten trennt. Dicht bewaldet die Schulter, kahl wie eine Billardkugel die Gipfel, glatt poliert von den Gletschern der letzten Eiszeit, nennt die Sierra eine wunderschöne Bergwelt ihr eigen: riesige Kuppeln aus Batholitgranit im Yosemite National Park, Kings Canyon und in Desolation Wilderness. Sie tragen Namen wie El Capitan und Half Dome; (erloschene) Vulkane heißen trefflich Devil's Postpile oder Valley of the Moon.

Im Norden fällt die Sierra sacht ab und in diesem Vorgebirge sorgt Gold bisweilen noch für einen Rausch. Der harsche Bergwald aus Gelbkiefern, Erdbeerbäumen und Bärentraube geht über in das üppige, künstlich bewässerte San Joaquin Valley. Westlich davon erstreckt sich der sanfte Anstieg der Coast Range und dann der Pazifik. Im Valley bilden der Sacramento und seine unzähligen Zuflüsse ein verzweigtes Netz, das in die Bucht von San Francisco mündet.

Es gibt viele Möglichkeiten, in Kalifornien die Freizeit zu genießen: die Fahrt auf dem kurvenreichen Küstenhighway 1 ist an jedem Streckenabschnitt ein echtes Erlebnis. Aber wieder wird man es nicht bereuen, wenn man seinen Kreislauf in Schwung bringt, indem man wandert, Rollschuh oder Fahrrad fährt, in einem Kajak paddelt, einen Granitfelsen erklimmt oder auf Wellen reitet. In Kalifornien herrscht kein Mangel an Ausstattern, Sportschulen und -clubs, Verleihgeschäften, Führern, Kurorten und auch an Tourbussen, die sich auf Freizeitabenteuer spezialisiert haben.

Folgendes ist nur eine Auswahl von Aktivitäten, für die man sich die Ausrüstung leihen kann: Wandern, Wildwasserfahrten, Langlauf und Abfahrtsski, Bergwandern, Kajakfahrten auf dem Meer, Snowboardfahren, jede Art von Radtouren, Tiefseefischen, Angeln, Surfen, Windsurfen, Segeln, Ballonfahrten und Vogelbeobachtung. Wer Aufregenderes sucht, kann es mit Bungeespringen, Felsklettern, Drachenfliegen, Fallschirmspringen oder Kajakfahrten auf einem Fluß versuchen.

Hoch im Norden: Der hohe Norden Kaliforniens ist nicht nur die Heimat einiger Indianerstämme, sondern auch die des legendären Sasquatch – auch Bigfoot genannt. Er ist ein riesiges, scheues affenähnliches Geschöpf, dessen rotes Fell zwischen den hohen Redwoodbäumen und in den Flußtälern kaum auszumachen ist. Sasquatch ist nur ein Beispiel für die Mythologie der Indianer und die Legenden der Goldsucher, die die Vorstellung der Menschen in dieser einsamen Gegend geprägt haben. Auch die Namen vieler Bäche und Flüsse bezeugen diese Vergangenheit: Klamath, Ukunom, Trinity, Salmon, Smith.

In den heißen Sommern verschaffen die kühlen Gewässer eine angenehme Erfrischung; geführte Ausflugs- und Angelfahrten auf den schönsten Flußtälern werden angeboten. Diejenigen, die Adrenalinschocks suchen, bevorzugen die tosenden Stromschnellen der Burnt Ranch Falls im Trinity, die Wasserfälle von Hells Corner

Vorherige Seiten: Spröde Schönheit der Mokelumne-Region. **Links:** Die Würde des Mammutbaums ist unantastbar.

Gorge oder Ikes Falls im Klamath. Die im Wald gelegenen Fälle des Californian Salmon sind ein hinreißender Anblick. Andererseits kann man tagelang geruhsam auf dem Unterlauf des Klamath und Teilen des Trinity River dahintreiben.

Lachse laichen noch immer in diesen Flüssen, wenn auch nicht mehr so zahlreich wie vor hundert Jahren. Die Hoopa- und Klamath-Indianer besitzen angestammte Fischereirechte und legen nach wie vor ihre Fallen und Netze am Fuß der Ishi Pishi Falls aus. Angelfans werden ihre Freude an der Herbstwanderung der Lachse haben.

Hier wie überall auf dem Gebirgszug an der Küste bilden die Redwoodbäume *(se-*

quoia sempervirens) das Herz des Waldes. Manche dieser majestätischen Giganten sind älter als tausend Jahre und bis zu 120 Meter hoch. Die durch die Krone der Redwoodbäume wie durch Bleiglas gefilterte Sonne, der kühle Schatten und das ehrwürdige Alter der Bäume legen den Vergleich mit europäischen Kathedralen nahe. Viele Redwoodwälder Kaliforniens sind der Säge zum Opfer gefallen, aber in den Parks an der Küste wurden uralte Haine vor dem Abholzen bewahrt.

Waldgesäumte Strände: Die Nordwestküste strahlt eine schwermütige, aber auf ihre Art ganz eigene Schönheit aus. Lange, leere Strände, Treibholz, zerklüftete Felsen, Sägemühlen und Fischerdörfer und Wälder, die bis ans Ufer reichen, tragen dazu bei. Baden und Schwimmen ist nicht unbedingt angeraten – der Himmel ist meist grau, und das Wasser hat beständig 17° –, aber mit einem Taucheranzug kann man es durchaus versuchen. Das Wellenreiten hat hier eine treue Anhängerschaft, vor allem vor Flußmündungen und Häfen.

Mit einer Taucherausrüstung kann man auf die Suche nach Abalone-Muscheln gehen. Diese Riesenmolluske ist eine Köstlichkeit, aber sie in der Tiefe von den Felsen zu lösen, ist nicht einfach. Bei Ebbe findet man sie zuweilen in den zurückbleibenden Tümpeln.

Angeln und Fischen ist an der Küste jederzeit möglich. Man kann an Felsen oder Piers angeln oder mit einem Boot aufs Meer hinausfahren. Ein ungewöhnliches, kaltes Unternehmen kann der Fang von Stinten in der Brandung sein. Der Fischer benutzt ein großes dreieckiges Netz, das auf einen Rahmen aufgezogen ist. Er taucht das Netz in die sich brechenden Wellen und wird dabei von oben bis unten naß. Die Netze kann man mieten; die Stinte, die manchmal eimerweise ins Netz gehen, werden fritiert und ganz gegessen.

Die nordöstliche Ecke: Die bei weitem abgelegenste Region Kaliforniens ist die nordöstliche Ecke des Staates. Hier entledigte sich der Mount Lassen 1914 seiner Kuppe (der letzte Vulkanausbruch Kaliforniens), und so kann man heute einen Blick über den Kraterrand riskieren. Im Lassen National Park laden aber auch die blubbernden Schlammlöcher von Bumpass Hell und zahlreiche heiße Quellen und Geysire zur Besichtigung ein.

In der Nähe der Stadt Redding steht am Eingang zum Sacramento Valley ein uralter Vulkan einsam Wache: Mount Shasta bildet das südliche Ende der Cascade Range, einer Kette von Vulkanen, die sich bis nach Alaska erstreckt. Mit 4317 Meter ist er nur etwas niedriger als der höchste Berg des Staates. Im Sommer kann man den von einem Gletscher bedeckten Gipfel in einem Tag ohne große Schwierigkeiten erwandern. Oben erwartet den Wanderer eine spektakuläre Aussicht. Im Winter und bis in den Frühsommer versinkt der Berg im Schnee und eignet sich hervorragend zum Skifahren.

Freunde des Fliegenfischens finden reich bevölkerte Fischgründe (und genügend Eintagsfliegen und Larven der Köcherfliege) im McCloud, Pitt und Fall River, und an den Windungen des Hat Creek, Hot Creek, Battle Creek und der vielen anderen bekannten Flüsse der Region. Eagle Lake, ein ungewöhnlich hochalkalischer See, ist die Heimat einer übergroßen Regenbogenforelle, die es nur hier gibt. Wie der Name des Sees impliziert, fliegen häufig Fischadler, Steinadler und Weißkopfadler – das Wappentier der USA – auf der Suche nach einer reichhaltigen Fischmahlzeit über den See.

Am nahen Lake Almanor, einem ausgedehnten, künstlichen Wasserreservoir, bietet sich die Möglichkeit zum Wasserskifahren, Segeln und Rudern. Die Berge in dieser Gegend sind berühmt für ihre großen Rotwildherden, den seltenen Puma, Schwarzbären und Nordamerikas einzige Antilopenart, die Gabelantilopen. Von den Ausläufern bis zu den Gipfeln gibt es hier vor allem unberührte Natur. Radfahrern und Wanderern stehen jede Menge Pfade, Wege und abgelegene Straßen zur Verfügung.

Die Central Coast: Dieser Küstenabschnitt beginnt ungefähr bei Point Arena, 160 Kilometer nördlich von San Francisco, umfaßt den großen natürlichen Hafen der San Francisco Bay und das Küstengebirge, Half Moon Bay und Santa Cruz, Monterey und Carmel, und folgt der zerklüfteten Felsenküste entlang bis Big Sur. Dann macht er eine scharfe Biegung nach Osten Richtung Santa Barbara und Los Angeles.

In diesem Landstrich gibt es Redwoodwälder, Seen, Flüsse, Buchten (allen voran natürlich die Bucht von San Francisco), sanfte, grasbedeckte Hügel, Hunderte von Kilometern an Wegen zum Wandern, Reiten, Fahrradfahren, riesige Herden von Wassersäugetieren, Kelpbetten, in denen es von Fischen, Seeottern und Vögeln wim-

melt, Zypressengärten und Unterwasserschutzgebiete.

Der natürliche Hafen San Franciscos, den die Bucht darstellt, ist nicht nur eine sichere Heimat für Schiffe, sondern auch für Vögel, deren Artenreichtum hier besonders augenfällig wird. Die Fisherman's Wharf ist das Zuhause einer lautstarken Kolonie von Seelöwen, auf Inseln wurden Naturschutzgebiete eingerichtet, und von den Gezeiten geschaffene Marschen faszinieren als Lebensraum, der nicht ganz zum Festland, aber auch nicht zum Meer gehört. In den Parks und auf den grünen Hügeln nahe der Stadt wachsen Eichen und Büsche auf der

Links: Achtung – liebestolle Enten. **Oben:** Tierische Heckflosse.

einen Seite, Redwoodwälder auf der anderen, dem Meer zugewandten Seite. Zur Zeit der Segelschiffe bot die Bucht eine bitter nötige Erholung von den starken Nordwestwinden, die den ganzen Sommer über wehen. Am Wochenende bevölkern Segelboote jeden Typs die riesige Bucht. Surfer reiten auf den Wellen unterhalb der Golden Gate Bridge und fliegen wie Schmetterlinge über die Brandung beim Strand Crissy Field.

Marin Headlands und Mount Tamalpais, gleich nördlich der Golden Gate Bridge, gelten als Geburtsorte des Mountainbiking. Kilometerlange, landschaftlich malerische Wege sind ideal für diese knochenbrecherische Art des Radfahrens geeignet. Man trifft

Der Russian River und der Cache Creek sind beliebte Flüsse für Boots- und Kanufahrten.

Um nach Monterey zu gelangen, folgt man von San Francisco aus am besten Highway 1 südwärts. Bis nach Santa Cruz ziehen sich rauhe Cliffs und lange, neblige Strände die Küste entlang. Fischen in der Brandung, Drachenfliegen und Wellenreiten sind beliebt. Auf dieser Strecke kann man Hunderte von Windsurfern antreffen, die den riesigen Wellen trotzen. Waddell Creek gilt als einer der besten Orte zum Windsurfen.

Ein paar Kilometer gegen den Wind liegt Año Nuevo State Park, ein geschützter Brutplatz für die behäbigen Seelöwen. Besonders auffällig ist die Fähigkeit des Männ-

hier jedoch nicht nur Radfahrer, sondern auch Wanderer und Reiter.

Land des Weins: Ungefähr 50 Kilometer nördlich vom Nordende der Bucht liegen, im Herzen von Kaliforniens Weinanbaugebiet, die Täler Napa und Sonoma. Radfahrer unternehmen lange Touren über hügelige Wege, die sich an unzähligen Weingärten vorbeischlängeln. Auf den Waldwegen oberhalb von Sonoma kann man an regnerischen Frühlingstagen eine von Kaliforniens seltsamsten Wanderungen beobachten: Tausende von rotbäuchigen Salamandern kriechen aus dem Unterholz und zu den Bächen und Flüssen, in denen sie laichen.

chens, seine vorstehende, fleischige Nase aufzublähen. Es ist häufig fünfmal so groß wie die Weibchen in seinem Harem.

Die Seelöwen stellen keine Gefahr für die Surfer dar; sie sind aber selbst in Gefahr, dem Weißen Hai zum Opfer zu fallen. Angriffe auf Menschen sind selten (einer pro Jahr ist die Regel), aber nur sehr wenige enden tödlich. Tatsächlich stehen die Haie unter wesentlich größerem Druck als die Surfer und Windsurfer; Biologen fürchten, daß die Art aus falscher Angst und Unwissen so lange gejagt wird, bis sie ausgestorben ist. Das hätte katastrophale Folgen für das ökologische Gleichgewicht des Meeres.

Ein beliebtes Freizeitvergnügen in Monterey ist es, offene, leicht zu manovrierende Kajaks, sogenannte „Scuppers", zu mieten und zu den Kelpbetten hinauszupaddeln. Der Kelp, eine großblättrige Algenart, die entlang der ganzen Küste verbreitet ist, bildet fantastische Unterwasserwälder. Sporttauchen ist in Monterey und an der Küste Richtung Süden überaus populär. Der Kelp ist in der Nähe des Meeresbodens lang und dünn und bildet an der Wasseroberfläche dicke Matten. Taucher schwimmen durch diese glitschigen und dunklen Wälder auf der Suche nach Kaliforniens Meeresgoldfisch, dem Garibaldi, nach Lengfischen und vielen anderen Fischarten.

auf dem Rücken treiben, während ein Junges auf ihrem Bauch schläft, oder die sich mit Wonne im Wasser rekeln.

Weiter Richtung Süden steigt die Straße an und führt oben an der steilen, atemberaubend schönen Felsküste entlang. In diesem Abschnitt gibt es kaum Zugänge zum Meer, dafür kann man die schroffe Schönheit von Big Sur genießen.

Das Sacramento Valley: Östlich von San Francisco liegt ein großes Delta, das durch den Zusammenfluß des Sacramento River und des San Joaquin River entsteht. Wie viele Flußmündungen wurde auch das Sacramento-Delta in eine landwirtschaftliche Goldgrube umgewandelt. Der Fluß

Sowohl Taucher als auch Kajakfahrer werden wahrscheinlich Kaliforniens beliebtestem Tier begegnen, dem Seeotter. Früher wurden die Otter wegen ihres Fells gejagt, und man glaubte schon, sie seien ausgerottet. Aber die Tiere, die sich von Ohrmuscheln und Seeigeln ernähren, sind zu putzig und intelligent, als daß sie der Sympathie von Tierschützern hätten entgehen können. Oft sieht man erwachsene Tiere

<u>Links</u>: Nicht jeder kann vom gesundheitlichen Aspekt eines Bades in Meeresalgen überzeugt werden. <u>Oben</u>: Den Elementen trotzen: Skilangläufer in den Mammoth Mountains.

führt zwar Süßwasser, wird jedoch von den Gezeiten stark beeinflußt. In Tausenden von winzigen Rinnsalen windet er sich durch das Delta. Jede Insel in diesem Netz wird von Dämmen geschützt und als Farmland genutzt. Viele Farmer gelangen nur über kleine Brücken und schmale Straßen nach Hause; andere müssen in Fährbooten durch einen oder mehrere Kanäle fahren.

Das gesamte Delta war einst Marschland. Aber jetzt, da es unter Kontrolle gebracht ist, wimmelt es nur noch in abgelegenen Ecken von Wasservögeln. Eines der schönsten kalifornischen Abenteuer ist eine Fahrt durch das Delta in einem Hausboot.

Der Sacramento ist bei weitem Kaliforniens längster Fluß. Nahezu alle Flüsse auf der Westseite der Sierras münden in ihn, und während er durch die Gebirgsausläufer, das Farmland und schließlich in die Bucht von San Francisco fließt, wird er laufend angezapft. Ein großer Damm, Shasta, an der Nordgrenze des Staates, ist die erste Blockade, die den Fluß aufhält. Auch alle Flüsse, die letztlich in den Sacramento fließen, werden gestaut. Seine wilde Schönheit konnte dem Fluß aber nicht genommen werden.

Hoch hinaus: Die Sierra Nevada ist 640 km lang und bis zu 160 km breit. Ihre höchste Erhebung ist der Gipfel des Mount Whitney (4418 m), der nur einen Katzensprung entfernt ist vom niedrigsten Punkt Death Valley (86 m unter dem Meeresspiegel). Dies gibt eine Vorstellung davon, wie groß die Gegensätze sind. Die Sierra Nevada bildet einen imposanten Wall nach Osten. Die westliche Seite ist eine andere Geschichte. Hier gibt es die langen sanften Abhänge der Sierraausläufer, den Bergwald, Hochgebirgswiesen und Dome aus Granit.

Der Naturkundler John Muir, Vater der Nationalparks und Mitbegründer des Naturschutzvereins Sierra Club, schrieb einst: „Wohl soll die Sierra nicht Verschneites Gebirge genannt werden, sondern Gebirge des Lichts." Ein mehrere hundert Kilometer langer Pfad durch die Wildnis wurde nach Muir benannt ebenso wie ein Stück Wüste und ein College der Universität von Kalifornien. Jeder Besucher wird sofort Muirs tiefe spirituelle Verbundenheit mit der Landschaft verstehen, die in seinen Schriften zum Ausdruck kommt.

Yosemite, jetzt ein Nationalpark, war Muirs hauptsächliche Inspirationsquelle. Er ist eine wundersame Ansammlung von granitenen Kuppeln und Türmen, die Hunderte Meter steil aufragen. Es waren die Gletscher, die das Yosemite-Tal, Tuolumne und die anderen spektakulären Canyons der Region gegraben haben. Der polierte Granit und die dünne Luft verleihen der Gegend eine seltene Frische und Klarheit.

Im Sommer, der Hochsaison, sollte man die Menschen- und Busmengen im Yosemite Valley jedoch meiden und sich vielmehr die abgelegeneren Ecken des Parks ansehen, die vielleicht nicht so spektakulär, dafür aber malerischer und vom Autoverkehr unbelasteter sind.

Es ist nur zu verständlich, daß so viele Menschen gerade diesen Nationalpark besuchen wollen; andererseits leidet die Natur erheblich unter dem Ansturm der Massen. Ein früher Kommissar des Parks, der Landschaftsarchitekt Frederick L. Olmstead, erkannte 1865 als einer der ersten „den Wert des Distrikts ... als ein naturwissenschaftliches Museum und die drohende oder vielmehr sichere Gefahr, daß ohne Umsicht viele der Pflanzenarten, die jetzt hier gedeihen, verloren gehen und viele interessante Objekte verunstaltet, wenn nicht gar zerstört werden."

Saphir der Sierra: Ein ganzes Stück nördlich von Yosemite und direkt im Osten von San Francisco und Sacramento liegt der Saphir der Sierra, Lake Tahoe. Der große und landschaftlich schöne See liegt auf dem Gebiet zweier Staaten (die Grenze zwischen Kalifornien und Nevada verläuft in der Mitte des Sees), in einem Kessel, der von hohen Berggipfeln und Redwood- und Kiefernwäldern umgeben ist. Tahoe ist ein beliebtes Sportparadies und lockt mit Boutiquen, Spielcasinos (auf der Nevada-Seite) und billigen Hotels.

In Tahoe ist zweimal im Jahr Sportsaison: im Sommer, wenn Wasserski auf dem See Trumpf ist, und im Winter (in guten Jahren von November bis Anfang Mai), wenn sowohl Langlaufski- als auch Abfahrsskilaufen möglich ist. Die Jugend bevorzugt Snowboards; Après-Ski genießen alle gleichermaßen.

Die Skigebiete ziehen die meisten Touristen an: Squaw Valley am nördlichen Ufer und Heavenly Valley im Süden sind riesige, perfekt ausgestattete Wintersportorte. Squaw verfügt über ein gigantisches Hotel, eine Eislaufbahn oben auf dem Berg, einen Turm zum Bungeespringen und einen Golfplatz. Heavenly steht dem in nichts nach.

Viele kleinere Orte mit Namen wie Kirkwood, Homewood, Sugar Bowl, North Star und Donner Ridge sind angenehmer zum Skilaufen, obwohl die Pisten nicht so steil sind. Im Sommer kann man in vielen Skigebieten Mountainbikes mit dem Lift hinauftransportieren und das ausgedehnte Netzwerk an alpinen Wegen abfahren, wobei man bisweilen einen hinreißenden Blick auf Lake Tahoe werfen kann.

Drachenflieger.

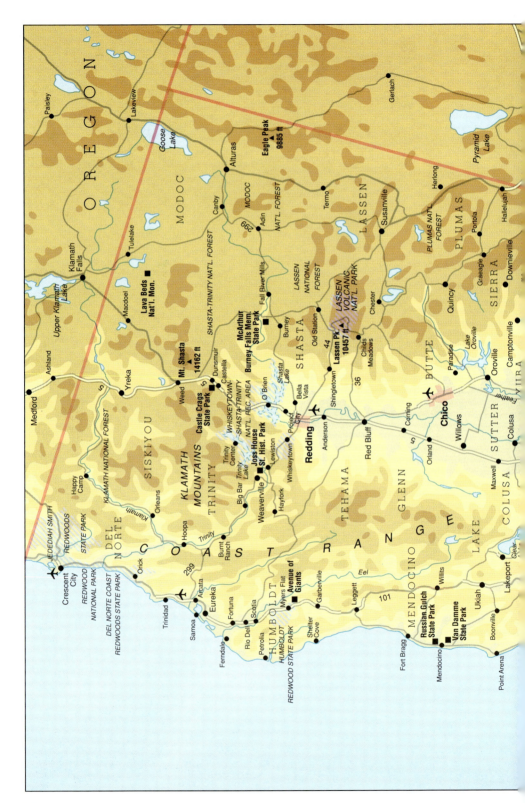

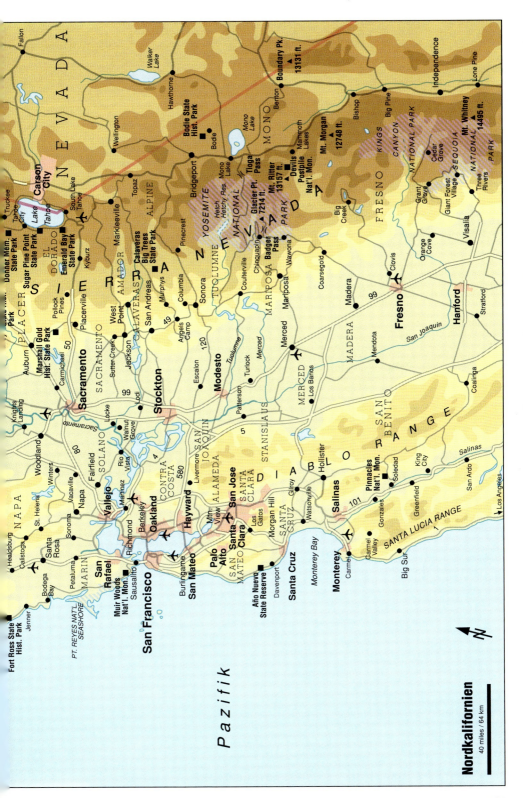

NORDKALIFORNIEN ERLEBEN

Überwältigende Panoramen, zerklüftete Küsten, riesige Redwood-Bäume als Zeugen der Vergangenheit, moderner Lebensstil, die stille und imponierende Schönheit des Yosemite-Nationalparks und das bunte Treiben der Metropole San Francisco – so präsentiert sich Nordkalifornien dem Besucher. Dieser mag sich ob dieser Vielfalt ruhig als Entdecker fühlen und sich von einer Spur zur nächsten treiben lassen.

Besuchern ist selten bewußt, daß sich der Teil Kaliforniens nördlich von San Francisco mindestens so weit ausdehnt wie der Rest des Staates südlich der Stadt und daß sich in Nordkalifornien einige der schönsten Sehenswürdigkeiten verbergen. Dabei führt die Grenze zwischen Nord- und Südkalifornien (eine völlig imaginäre Linie, die zuweilen auch als politische Möglichkeit diskutiert wird) von San Luis Obispo über die Berge nach Nordosten, durch das Central Valley südlich von Fresno bis zur Grenze zu Nevada.

Die interessanten Orte in Kaliforniens Nordhälfte sind ebenso ungezählt wie die Zahl der Trauben, die durch die Presse des Wein-Giganten Gallo wandern. Böse Zungen behaupten, der Süden beute nicht nur Nordkaliforniens Wasserversorgung, seine Landwirtschaft und das Holz seiner Wälder aus, sondern die Südkalifornier würden darüber hinaus die Gegend durch ihre Besuche verschandeln. Damit ist nicht nur viel über das Verhältnis zwischen Süd- und Nordkaliforniern gesagt, sondern auch über das Verhältnis letzterer zum Tourismus. Nimmt er überhand, empfinden ihn die Aussteiger und Selbstverwirklicher Nordkaliforniens als Bedrohung der Natur und ihres Lebensstils.

Teilweise ist diese Ansicht verständlich, denn es kommen Millionen Touristen aus aller Welt. Die Golden Gate Bridge und Fisherman's Wharf in San Francisco sind beliebte Postkartenmotive. Doch die kargen Gletscherformationen rund ums Desolation Valley oder die Küste der Monterey-Halbinsel eignen sich hervorragend für Ausflüge, auf denen sich, besonders je weiter man den Dunstkreis der Metropole verläßt, noch immer ein einsames Fleckchen finden läßt. Die grüne, windgepeitschte Küste von Mendocino County, das geschäftige Treiben in San Franciscos Chinatown und die wilde Schönheit des Yosemite-Nationalparks verbinden sich zu einem vielfarbigen und kontrastreichen Gesamtbild.

Besucher können die Hauptattraktionen ansteuern oder auf eigene Faust abgelegenere Regionen erkunden. Sie erwarten die besten Weine Amerikas, die köstlichsten Fischgerichte der Westküste, ja sogar die besten Schlammbäder. In diesem Wettstreit der Rekorde gilt es außerdem, den gepflegtesten Golfplatz zu bespielen, den höchsten Berg zu erklimmen, den ältesten Baum zu besuchen und auf der gewaltigsten Welle zu surfen.

In jedem Fall ist der Norden Kaliforniens eine Gegend, die es zu entdecken lohnt. Lassen auch Sie sich vom Charme dieser Region verführen.

Vorherige Seiten: Die malerische Küste von Big Sur. Sierra Nevada. Typischer Anblick im Napa Valley. Links: Ein Sagenheld in Klamath: der Holzfäller Paul Bunyan.

Einleitung 133

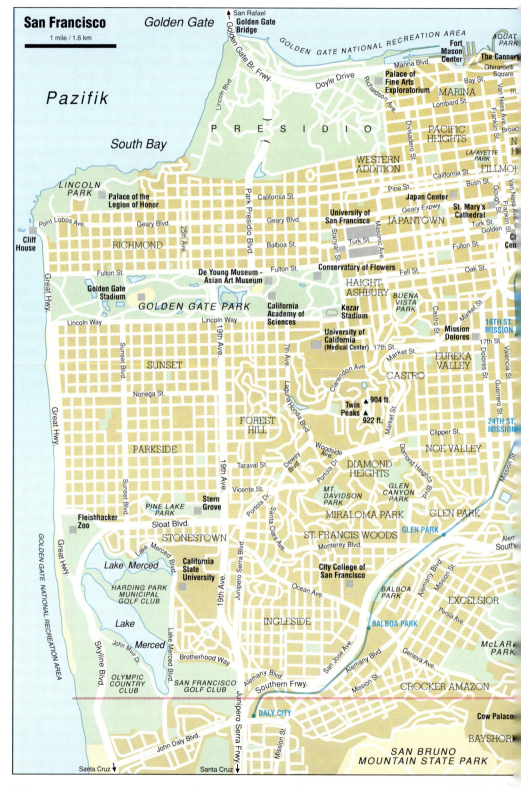

SAN FRANCISCO

San Francisco erobert die Herzen seiner Besucher im Sturm. Die Stadt hat ein südländisches Flair – es ist ein Ort für Verliebte und lebensfrohe Menschen. Man bewahrt sorgfältig die Zeugnisse der Vergangenheit auf, gefällt sich in Anachronismen und schwimmt immer auch auf der neuesten Modewelle mit – ob in der *haute couture,* im Bereich schwuler und lesbischer Subkultur oder bei der Entwicklung von Computerchips.

„Bagdad an der Bucht", wie der einheimische Kolumnist Herb Caen San Francisco taufte, sitzt am Ende einer 50 Kilometer langen Halbinsel *(peninsula),* ist an drei Seiten vom Wasser umgeben und hat einen weltweit einzigartigen großen Naturhafen. Zwei Meisterwerke der Brückenbaukunst verbinden die Stadt mit dem Festland und glitzern nachts wie juwelenbestückte Ketten. Tagsüber verheißt die Stadtsilhouette mit ihren Hügeln, Türmen und Wolkenkratzern ein aufregend fremdes Land; verglichen mit anderen Weltstädten scheint diese wie eine grazile Kurtisane – blendend schön, stolz und narzißtisch.

Jedermanns Traum: In Umfragen wird San Francisco regelmäßig auf Platz Eins der beliebtesten Reiseziele der Amerikaner gehoben, und neun von zehn ausländischen Besuchern planen einen Abstecher in diese Stadt ein. So kommen über drei Millionen Besucher im Jahr, die zusammen mehr als eine Milliarde Dollar ausgeben und den Tourismus zum profitabelsten Wirtschaftszweig machen.

San Francisco hat mehr als ein Dutzend Viertel unterschiedlichen Gepräges. Klassengrenzen sind hier weniger scharf als in anderen amerikanischen Städten; die sozialen Unterschiede spielen keine große Rolle für das Zusammenleben der Menschen, vielleicht

Vorherige Seiten: Golden Gate Bridge und Oakland Bay Bridge (rechts) verbinden San Francisco mit dem Festland.

San Francisco 137

auch deshalb, weil den Ärmeren der Aufstieg in dieser Stadt noch möglich scheint. Die Mehrzahl der Einwohner gehört der Mittelklasse an, angefangen bei ehrgeizigen Yuppies, die sich in den In-Vierteln niederlassen, bis hin zu den Immigrantenfamilien, die kleine Geschäfte betreiben. Mehr als anderswo nehmen sie alle – von den Reichsten bis zu den Ärmsten, von den Bewohnern des schicken Presidio Terrace bis zu den Sozialhilfeempfängern von Hunter's Point – aktiv am öffentlichen Leben San Franciscos teil, das nach Einwohnern die dreizehnte Stelle unter den Städten Amerikas einnimmt.

Demographisch bilden die Bewohner von San Francisco eine bunte Mischung. Die Nachkommen der ersten italienischen, deutschen und irischen Einwanderer leben noch in den gemütlichen Enklaven ihrer angestammten Viertel. Niedrigere Grundstückspreise und großzügigeres Wohnen locken sie jedoch zunehmend in die Vororte. Ihren Platz füllt schnell ein Zustrom von Asiaten, Lateinamerikanern und zu-

letzt vieler Filipinos, der am stärksten wachsenden Minderheit. Flüchtlinge wandern aus Südostasien zu, und aus Hongkong kommen sowohl Menschen als auch Kapital. Die 23 engen Wohnblocks des alten Chinatown können all diese Neuankömmlinge nicht mehr aufnehmen, und so hat sich asiatische Kultur die Avenues entlang nach Westen in die ehemals weißen Gegenden der Districts Richmond und Sunset hinein verbreitet.

San Francisco ist (besonders) eine Stadt für junge Singles. In nur zehn Jahren stieg die Zahl der Singles zwischen 25 und 34 Jahren um 40 Prozent auf über 150 000. Gleichzeitig wanderten Familien ab, und so verringerte sich die Zahl der Kinder unter 18 um gut ein Viertel.

Viele der zuziehenden Singles waren Homosexuelle, die vor gesellschaftlicher Ablehnung in ihren Heimatstädten flohen und wegen der toleranten und aufgeschlossenen Haltung kamen, für die San Francisco berühmt ist. Dem sozialen Schattendasein entkommen, spielen die *Gays* heute eine wichtige Rolle im politischen, kulturellen und wirtschaftlichen Leben der Stadt. Einige ihrer Vertreter wurden in den elfköpfigen Stadtrat gewählt, und auch im öffentlichen Dienst, z. B. bei der Polizei, sind Homosexuelle prozentual angemessen vertreten.

Das nächste Erdbeben: Niemand kann sagen, wann wieder ein Erdbeben die Stadt verwüstet, wie es 1906 und 1989 geschah. Das letzte Beben forderte mehr als 60 Menschenleben und verursachte einen Schaden in Milliardenhöhe (das Zentrum war kaum betroffen).

Im Gegensatz zu den geologischen lassen die geographischen Bedingungen kaum etwas zu wünschen übrig. Wo man geht und steht, San Francisco ist interessant und abwechslungsreich.

Die Stadt läßt sich vorzüglich zu Fuß erkunden. Ein 15-minütiger Spaziergang führt Sie vom Nadelstreifen-Flair des Financial District bis nach Chinatown. Sie erleben dabei so scharfe kulturelle Kontraste, daß Sie fast erwarten, irgendwo einen Einreisestempel in den Paß gedrückt zu bekommen.

Links: Sax Appeal.
Rechts: Berg- und Talfahrt im Cable Car.

MARITIMER SPAZIERGANG

Das schwere Erdbeben im Oktober 1989 beschädigte hauptsächlich den Embarcadero Freeway – eine Hauptverkehrsader, die das Nordostufer der Stadt verschandelte. Wären nicht etliche Passanten ums Leben gekommen, müßte man dieses Vorkommnis als Glücksfall für die Stadt bezeichnen. Als man die erhöht angelegte Fahrbahn abriß, eröffnete dies ganz neue Aussichten auf die Gebäude am Wasser – die Attraktivität des Hafens an San Franciscos historischer Nordseite war optisch wiederhergestellt.

In der Mitte des Embarcadero, etwas nördlich der Bay Bridge (der Brücke nach Oakland), liegt das **Ferry Building.** Um 1900 errichtet, überstand es das große Beben von 1906 unbeschadet; der 72 m hohe, im maurischen Stil gehaltene Turm (1903) ist eine Nachbildung des La Giralda in Sevilla. Obwohl nun Brücken die Bay überspannen, bringen Fähren noch immer Pendler nach Sausalito und Tiburon; für Touristen lohnt sich die Fahrt wegen der Aussicht.

Nachdem man die Stadt schon vom Wasser aus betrachtet hat, wird es nun Zeit, ihre Straßen zu durchstreifen. Thematisch ist die Uferzone San Franciscos zweigeteilt: Im Norden, entlang der Bay, bestimmen die Bootsanlegestellen und die Betriebsamkeit der Bay mit den zahlreichen Fähren und Souvenirgeschäften das Bild, während im Westen der Strand der Pazifikküste und die großen Parks für eine gelassenere Stimmung sorgen. Der Ausgangspunkt für die Bay- und die Pazifiktour ist jeweils die Golden Gate Bridge im Nordwesten der Stadt.

Tor zum Abenteuer: Die **Golden Gate Bridge** (s. Seite 153) ist das Wahrzeichen der Stadt; ihre roten Pylonen erkennt man in aller Welt, ob sie nun in nächtlicher Beleuchtung funkeln oder

Vorherige Seiten: Architektonischer Gegensatz. **Links**: Alcatraz Island mit der Ruine des Hochsicherheitsgefängnisses.

tagsüber vom Nebel umhüllt sind. Dabei deutete anfänglich wenig auf die Bedeutung der Brücke hin: Die Verwirklichung des Entwurfs von Joseph Strauss verzögerte sich wegen politischer Querelen und der Weltwirtschaftskrise um 15 Jahre. Die fertiggestellte Version entsprach nicht der Konstruktion von Strauss, sie basierte auf Korrekturen eines seiner Angestellten, die den Bau eleganter machten.

Zum 50. Geburtstag der Brücke 1986 machten sich rund eine dreiviertel Million Menschen auf zu einem Gang über die Hängekonstruktion – eine beeindruckende Zahl, wenn man bedenkt, daß sie in etwa der Gesamtbevölkerung San Franciscos entspricht.

Über 100 000 Autos fahren täglich über die Brücke. Kenner legen die Distanz (2,3 km) lieber zu Fuß zurück und genießen bei gemächlichem Tempo die Seeluft und den Ausblick. Von Norden kommend, kann man den Anblick der Skyline nach Herzenslust auskosten.

Am Ufer der Bay: Die Wellen umspülen die Kaimauer am Anfang der sechs Kilometer langen **Golden Gate Promenade.** Die Jogger schätzen diesen Weg, der ein umfassendes Panorama von San Francisco, Alcatraz, Angel Island, der Küste von Marin County und der East Bay eröffnet. Ein Teil der Promenade durchquert **Crissy Field,** den Landeplatz des 567 Hektar großen **Presidio.** Die Befestigungsanlage wurde 1776 von Spanien errichtet. Heute gehört sie der U.S. Army, die die militärische Anlage als exklusiven Büroraum vermietet. Auf seinem sorgsam gepflegten Parkareal liegen zwischen Pinien- und Eukalyptusbäumen ein Museum, ein Krankenhaus, ein Golfplatz und sogar ein See.

Der Promenade folgend gelangt man zum **Marina Green** – einem beliebten Grünstreifen zum Joggen, Sonnenbaden oder Drachen-Steigenlassen. Die im Hafen vor Anker liegenden Yachten gehören den betuchten Mitgliedern des **San Francisco Yacht Club.** Das Vereinshaus prangt im spanischen Stil.

Südlich des Hafens, jenseits des Marina Boulevard, steht die klassizisti-

<u>Links</u>: Palace of Fine Arts. <u>Unten</u>: Viktorianischer Prunk.

sche Rokoko-Rotunde des **Palace of Fine Arts.** Sie spiegelt sich im dahinterliegenden Teich, den Enten und Schwäne bevölkern. 1915 wurde der Palace nach einem Entwurf von Bernhard Maybeck aus Gips errichtet, ursprünglich nur für die Weltausstellung. Obwohl nicht für die Ewigkeit geplant, blieb er dennoch stehen. Erst 1967 wurde er, dank eines reichen Liebhabers, in eine dauerhafte Konstruktion umgewandelt. Im Inneren befindet sich das **Exploratorium,** ein naturwissenschaftliches Museum, das durch seine Ausstellungskonzeption auch interessierte Laien begeistert. Nicht nur Kindern macht es Spaß, die Exponate per Knopfdruck zu aktivieren.

Die Promenade verläuft vorbei am **Gas House Cove,** einem weiteren Yachtclub, zum **Fort Mason,** einer Anlage der U.S. Army, die jetzt dem Innenministerium untersteht. Die Bundesregierung verwaltet die Befestigung als Teil der großflächigen **Golden Gate National Recreation Area** – 32 km Strände, bewaldete Höhenzüge und Lichtungen, die sich nördlich entlang der Küste von Marin County erstrecken. Fort Mason besitzt viele interessante Ecken, u.a. ein hervorragendes, von Zen-Buddhisten geführtes vegetarisches Restaurant, Museen, die mexikanische sowie italo- und afroamerikanische Kunst und Kunsthandwerk zeigen, Galerien und die *SS Jeremiah O'Brien,* ein perfekt restauriertes Schiff aus dem Zweiten Weltkrieg. Einmal im Jahr werden seine Kessel für eine festliche Fahrt über die Bay geheizt, an Wochenenden kann man sie auch vor Ort besichtigen.

Weiter östlich hinter Fort Mason liegt der **Aquatic Park,** eine terrassenförmige Grünanlage, die zu einem Stück Strand und dem halbkreisförmig geschwungenen öffentlichen Pier hinüberführt, der meist von Anglern bevölkert wird. Hier findet man das **National Maritime Museum.** Am angrenzenden Hyde Street Pier werden die schwimmenden Exponate des Museums vertäut – u.a. ein Raddampfer und drei Schoner.

Kaum ein Tourist läßt sich die quirlige Atmosphäre von Fisherman's Wharf entgehen.

Maritimer Spaziergang

Am Kai ragen Masten und Takelage des in Schottland gebauten Klippers *Balclutha* empor. Auch dieses 81 Meter lange Schmuckstück kann besichtigt werden. Es wurde 1886 zur See gelassen und hat viele Fahrten ums Kap Horn hinter sich. Gleich bei der *Balclutha* steigen in regelmäßigem Abstand gelbe Helikopter zu einem Rundflug über Alcatraz auf. Über die Bay zu fliegen ist ein Erlebnis, aber über ihre Wellen zu schippern ist noch besser. Ob unter eigener Regie in einem gemieteten Segelboot oder an Bord eines größeren Ausflugsschiffes, die an den Piers 41 und 45 ablegen – es ist ein unvergeßliches Erlebnis. Die reguläre Strecke führt bei Marina Green die Küste entlang, unter der Golden Gate Bridge hindurch und auf dem Rückweg vorbei an Angel Island und Alcatraz zur Bay Bridge.

Ghirardelli Square auf der anderen Seite der Beach Street ist ein hervorragendes Beispiel dafür, wie man Reste der Vergangenheit in der Gegenwart sinnvoll nutzen kann. Während des Bürgerkrieges als Wollspinnerei errichtet, wurde Ghirardelli Square zur Schokoladenfabrik umfunktioniert. Als die Schokoladenfirma wegzog, hätte man die Anlage beinahe abgerissen. Doch William M. Roth, ein reicher Mann mit Sinn für Ästhetik, erkannte die Chance, den Komplex neu zu gestalten. Von 1962–1967 wurde er in eine Zone mit Boutiquen, Restaurants, Buchläden und Bars umgewandelt. Häufig sind hier auch Straßenkünstler oder Musiker zu sehen. Ein Stück weiter stellt das **Buena Vista Cafe** eine Dauerattraktion dar. Hier drängen sich Einheimische und Touristen an der Bar und konsumieren soviel Irish Coffee, daß das Café allein damit Umsatzrekorde erzielen dürfte.

Die beliebteste Sehenswürdigkeit San Franciscos ist die **Fisherman's Wharf;** die einmalige Mischung aus hart arbeitenden Fischern, pittoresk renovierten Landungsbrücken und der Herde Seelöwen, die sich zwischen den Besuchern zu Hause fühlt, sorgt immer für Kurzweil. Die Fischerboote im Ha-

Aus dem Meer frisch auf den Tisch.

fen wirken wie die Kulisse in einem Walt-Disney-Streifen, doch sie werden tatsächlich benutzt und werfen jeweils vor dem Morgengrauen ihre Netze aus. Oft bestimmt der Tagesfang, was als *Special of the Day* auf der Speisekarte der zahlreichen Fischrestaurants rund um die Wharf erscheint. Traditionell waren Kapitäne und Besatzung der Boote und die Betreiber der Restaurants italienischer Herkunft. Namen wie *Sabella's, Tarantino's* oder *Alioto's* verraten, daß dies heute noch so ist. Wahrscheinlich werden Sie als Besucher hier auch das knusprige Sauerteigbrot kosten – eine Spezialität der Stadt, die in den USA ihresgleichen sucht. Einheimische behaupten, daß der Nebel geheime Zutaten in die Stadt bringt und bei den Bakterien der Sauerteigmischung einen geheimnisvollen Effekt auslöst. Am besten genießt man das Brot mit Butter, frischem Krebsfleisch und einem trockenen Chablis aus dem nahen Napa Valley.

Wer leicht seekrank wird, tröstet sich mit einer Kutschfahrt.

Auf der Wharf weiß man, was Generationen von Besuchern von jeher schätzen. An Straßenständen werden fangfrische Taschenkrebse gekocht und Shrimp- und Krebsfleischcocktails angeboten. Daneben beherrschen Läden mit nicht immer geschmackvollen Mitbringseln das Bild. In der Jefferson Street erinnern zwei Museen an Varieté- und Schaustellerzeiten: **Ripley's Believe It Or Not! Museum** und das **Guinness Museum.** Beide sind auf Kuriositäten spezialisiert.

Nach Osten gelangt man zum beliebten Anziehungspunkt **Pier 39,** einem breiten Holzpier, der mit seinen 18 Hektar voller Andenkenläden, Spielsalons, Fastfood-Restaurants und anderem Zeitvertreib die etwas verkitschte, aber nostalgische Atmosphäre einer längst vergangenen Epoche heraufbeschwört. Das Authentischste auf dem Pier ist das **Eagle Cafe,** eine jahrzehntelang von Hafenarbeitern und Fischern frequentierte Kneipe, die man vom Hafen einige Blocks weit entfernt auf den Pier übersiedelte. Was die Straßenkünstler des Ghirardelli Square sind, das ist auf dem Pier 39 die Horde

Maritimer Spaziergang

der „Wasserkünstler". Angelockt von den reichhaltigen Heringsschwärmen der Bucht, machten in den letzten Jahren rund 400 Seelöwen den Pier zu ihrer Heimat. Daß Touristen sie vom Geländer des Piers aus knipsen und bestaunen, läßt die stimmgewaltigen Seelöwen völlig kalt. Sie verbringen ihren Arbeitstag schlafend oder schwimmend und bellen und spielen auf den Flößen, die ihnen die Hafenverwaltung großmütig überließ.

Falls sich bei all dieser Fischerei Ihr Anglerinstinkt meldet, können Sie ein Boot chartern oder an einem der Tagesangelausflüge teilnehmen. Wer weniger Aktivität bevorzugt, besteigt einfach eine Fähre in Richtung Angel Island, Alcatraz oder Tiburon, die gleich beim Pier 43 ablegt.

Hier liegt auch die *Pampanito,* eine weitere vielbesuchte Attraktion. Die engen Gänge dieses U-Bootes aus dem Zweiten Weltkrieg lösen bei Besuchern oft Klaustrophobie aus.

Die Veranstalter der Piers 39 und 41 liegen im Wettstreit darüber, wer seine Boote näher an **Alcatraz Island** vorbeimanövrieren kann. Jede Gesellschaft will ihren Passagieren einen besseren Blick auf die Insel bieten. Dort zeichnet zunehmender Verfall das berühmte Gefängnis. Die feuchte, salzhaltige Luft zerfrißt die Eisengitter, an den Gebäuden nagt der Zahn der Zeit. Warum wirken Ruinen nur so anziehend? Im Falle von Alcatraz ist sicher die Lage ausschlaggebend. Die windgepeitschte und von starker Strömung umspülte Insel liegt nur etwas mehr als eine Meile vom Festland entfernt. Der Spanier Juan Manuel de Ayala, der sie 1775 als erster sichtete, nannte sie *Isla de los Alcatraces,* nach ihren einzigen Bewohnern, den Pelikanen. Wegen der strategisch günstigen Lage wurden 1850 Soldaten auf der Insel stationiert, und da sie nahezu keine Möglichkeit zur Flucht bot, hielt man dort auch Deserteure gefangen. Während der Indianerkriege in den siebziger Jahren des 19. Jahrhunderts brachte man Apachen dorthin und anschließend Gefangene aus dem Spanisch-Amerikani-

Zu Besuch in Alcatraz.

schen Krieg. Alcatraz wurde 1934 Bundesgefängnis und beherbergte Kriminelle wie den Mafiosi Al Capone. Die wenigen Todesmutigen, die die Flucht wagten, kamen in der kalten Strömung der Bay um. 1963 wurde Alcatraz geschlossen, weil die Reparaturkosten überhand nahmen. Seither gibt es immer wieder Vorschläge, die Insel alternativ zu nutzen, doch keiner davon wurde bisher umgesetzt. 1970 besetzte eine Gruppe von Indianern 18 Monate lang aus Protest gegen die Indianerpolitik der Bundesregierung die Insel. Zuletzt waren aber auch sie froh, wieder abziehen zu dürfen. Zunehmend setzt sich die Meinung durch, man solle die Insel einfach dem Verfall überlassen – als Mahnmal gegen die Inhumanität der Menschen untereinander. Parkranger bieten einstündige Führungen durch den Komplex an.

Parks am Pazifik: Nach den lärmenden Vergnügungen der Piers kann man in den Parks, die die Pazifikküste im Stadtgebiet säumen, Erholung suchen. Da hier die Entfernungen größer sind als in der Innenstadt, bietet sich der **Scenic Drive** an: diese insgesamt 79 km lange Autostrecke verbindet die wichtigsten Sehenswürdigkeiten und die schönsten Aussichtspunkte der Stadt. Die Teilstrecke am Pazifik führt vom Presidio zum Lincoln Park, die Küste entlang, um Lake Merced herum und zurück zum Golden Gate Park.

Nach Fahrtbeginn im Presidio streift man den **Richmond District,** eine Gegend mit ordentlichen Straßen, herausgeputzten Häusern und gepflegten Rasenflächen, die den Sommer über meist nebelverhangen ist. Am Ende der Seacliff Avenue liegt **China Beach;** wenn auch das Wasser zu kalt zum Baden ist, kann man doch die Aussicht auf die Golden Gate Bridge genießen.

Im **Lincoln Park,** einem 109 Hektar großen Gelände mit Golfplatz, versteckt sich das Museum **California Palace of the Legion of Honor.** Am Eingang steht einer der fünf Abgüsse von Rodins Statue „Der Denker." Im Museum kann man außerdem Gemälde und Wandteppiche aus dem 18. Jahr-

Hinter der Gefängnisinsel erstreckt sich das malerische Marin County.

Maritimer Spaziergang 149

hundert und Werke französischer Impressionisten, z.B. von Monet, Renoir und Degas, besichtigen. Das Museum beherbergt auch die **Achenbach Foundation for Graphic Arts,** die größte Sammlung von Druckgraphik und Zeichnungen im Westen der USA.

Nach einem kurzen Abstecher über den Geary Boulevard windet sich der Scenic Drive zum **Cliff House** hinab. Hier lohnt sich ein Blick auf die gischtumbrandeten Felsen, auf denen sich Seelöwen und Robben rekeln.

Südlich des Cliff House sieht man vom Scenic Drive die wilde Brandung am **Ocean Beach** (schwimmen ist hier wegen der starken Strömung gefährlich), der dann in den legendären **Golden Gate Park** führt. Auf der langgestreckten Anlage gedeihen nicht nur Bäume und Pflanzen aus aller Welt; auch die von der Hektik der Stadt gestreßte Einwohner und Besucher blühen beim Anblick der Seen und Wiesen wieder auf. Auch wenn viele tausend Menschen im Golden Gate Park unterwegs sind, findet sich dank seiner Größe (412 Hektar) immer ein ruhiges Fleckchen.

1868 begann der schottische Landschaftsarchitekt John McLaren in Zusammenarbeit mit dem Ingenieur William H. Hall, das ehemalige Dünenareal in eine Parklandschaft zu verwandeln. In seiner 55 Jahre währenden Funktion als oberster Parkverwalter verabscheute McLaren so hartnäckig alle Arten von Skulpturen, daß er jede menschliche Gestalt aus Stein mit dichter Vegetation umgab. Noch heute sind deshalb die meisten Statuen im Park „verschwunden". Der Golden Gate Park bietet zahlreiche Freizeitmöglichkeiten. Es gibt Baseball- und Fußballfelder, Reitwege, Tennisplätze, Sandbahnen für Bowling oder Hufeisenwerfen, sogar ein Polo-Feld. In der Umgebung des Parks kann man Fahrräder oder Rollerblades mieten und damit eine Tour unternehmen. Ein Teil des John F. Kennedy Drive, der den Park durchquert, ist sonntags für Skater abgesperrt, die dort ihr oft spektakuläres Können zeigen.

Links: Conservatoray of Flowers.
Unten: Er genießt seinen Lebensabend im Park.

Der Park ist nicht nur etwas fürs Auge – auch intellektuellen Ansprüchen wird er gerecht. Die **California Academy of Sciences** ist ein naturwissenschaftlicher Museenkomplex. Das **Natural History Museum** zeigt Wissenswertes zur Anthropologie, Ethnologie und Fauna in Nordamerika und Afrika. Lebendiger geht es im **Steinhart Aquarium** zu, wo sich in 190 Aquarienbecken über 14 000 Exemplare unterschiedlicher Küsten- und Meerestiere tummeln. Daneben interpretiert das **Morrison Planetarium** in seiner 20-m-Kuppel die Himmelsphänomene mit einer die Sinne berauschenden Laser-Show.

Auf der anderen Seite des **Music Concourse,** wo sonntags Konzerte stattfinden, liegt das **M.H. De Young Memorial Museum.** Hier werden große Wanderausstellungen gezeigt, aber auch ohne Sonderschau ist das 1921 eröffnete De Young eines der besten Museen der Stadt. Es besitzt Gemälde und Wandteppiche aus dem Mittelalter und der Renaissance, Skulpturen und Rüstungen sowie Galerien mit afrikanischer und polynesischer Kunst. Angrenzend an das De Young befindet sich das vom Multimillionär Avery Brundage gestiftete **Asian Art Museum.** Der willensstarke Brundage dominierte über fünfzig Jahre die internationale Bewegung zur Wiedereinführung der Olympischen Spiele. Die Sammlung umfaßt über 10 000 Exponate und ist die größte ihrer Art außerhalb des Fernen Ostens. Zu sehen sind Jadeschmuck, Keramik, Skulpturen, Vasen und zahllose andere Fundstücke asiatischer Kunst. Auf seinen Weltreisen bezahlte Brundage dafür Spitzenpreise, obwohl zu seiner Zeit im Westen kaum Interesse an asiatischer Kunst bestand. Gegen Ende dieses Jahrhunderts soll das Museum in die Innenstadt, auf das attraktive Gelände der jetzigen Hauptbücherei, umziehen.

Westlich des Museums liegt **Stow Lake,** auf dem sich Sportliche mit gemietenden Ruder- oder Tretbooten verausgaben können, um sich anschließend in der Snack Bar ein kühles Bier

Unten: Paradies der Hippies.
Rechts: Auf der Haight Street werden heute kaufkräftige Studenten umworben.

Maritimer Spaziergang 151

zu gönnen. Die Insel inmitten des Sees heißt **Strawberry Hill.** Am Ufer finden im Sommer Konzerte statt.

Einen Kilometer weiter östlich steht das 1878 errichtete **Conservatory of Flowers,** das einem Palmenhaus in den Londoner Kew Gardens nachempfunden ist. Viele Pflanzen sind das ganze Jahr über zu bewundern, zusätzlich gibt es saisonal wechselnde, spektakuläre Blumenarrangements.

Als harmonische Kombination aus Architektur und Gartenkultur wurde der **Japanese Tea Garden** (1894) konzipiert. Hier wurden Glückskekse erfunden: bricht man das luftige Gebäck auf, fällt ein Zettel heraus, auf dem eine Weisheit oder Prophezeiung steht. Der Gag wurde zum Brauch, und die chinesische Lebensmittelindustrie verbreitete die *fortune cookies* in der westlichen Welt. Im Zweiten Weltkrieg wurde der Tea Garden weitgehend abgebaut. Erst als die kriegsbedingte Asiatenfeindlichkeit und so die Gefahr des Vandalismus vorüber war, stellte man die anmutige Gesamtkonzeption wieder her.

An der Ostseite des Parks endet die **Haight Street,** die in den sechziger Jahren weltweite Bekanntheit erlangte, als lange Haare, bunte Batik-Stoffe und der Glaube an Love und Peace noch authentischer Ausdruck für den alternativen Lebensstil der damaligen Generation waren. Hier rauchten die Hippies zuerst öffentlich Marihuana, beschäftigten sich mit Mystik und östlicher Philosophie, verweigerten den Kriegsdienst in Vietnam und waren ihren Eltern in jeder Hinsicht ein Dorn im Auge. Häufig wurden Sonderkommandos der Polizei in den **Haight-Ashbury District** geschickt, um dort aufzuräumen. Haight Street wirkte zeitweise so bunt und bizarr, daß die Touristen in ihren Ausflugsbussen ungläubig hinausstarrten. Doch auch das Hippie-Experiment wurde ein Opfer der Zeit und kommerzieller Trends. Außer den verbleibenden, gemäßigt exzentrischen Hippieläden kehrte Haight-Ashbury zur Normalität zurück und ist heute ein eher ruhiges, nur ab und zu noch schräges Viertel.

Ghirardelli Square.

GOLDEN GATE BRIDGE

Wer mit dem Boot das Goldene Tor passiert, versteht vielleicht am besten, daß viele Ingenieure es lange nicht für möglich hielten, über die Meerenge eine Brücke zu spannen. Das Wasser schien zu tief (bis zu 97 m) und die Strömung zu stark. Zwar ließ die Stadt bereits 1918 den Baugrund ausloten, aber erst 1933, unter der Regie des Brückenbauers Joseph B. Strauss, tat man den ersten Spatenstich. Vier Jahre später war die Brücke vollendet. Sie hatte 35 Mio. Dollar und das Leben von elf Arbeitern gekostet.

Die Bewohner der Stadt betrachten die Brücke als ihr Eigentum, doch strenggenommen waltet ein 19-köpfiges Gremium über die Belange des Bauwerks und seiner Nutznießer. Die Mitglieder des Gremiums rekrutieren sich nicht nur aus dem Stadtgebiet, sondern auch aus den weit entfernten Counties Humboldt bzw. Mendocino. Hauptargument für die Beteiligung dieser Counties ist ihre direktere Anbindung durch die Brücke an den Süden, da der lange Umweg um die Bay entfällt. Doch es gibt noch einen wichtigen Grund. Neben den vier anderen im Gremium vertretenen Bezirken San Francisco, Marin, Sonoma und Napa waren auch Mendocino und Humboldt County an der ursprünglichen Finanzierung beteiligt und bürgten für die ausgegebenen Wertpapiere. Ihre Investitionen zahlten sich um ein Vielfaches aus. Marin und Sonoma allein erhalten jährlich 27 Mio. Dollar Anteil vom Brückenzoll. Dieser beträgt inzwischen ganze drei Dollar pro Fahrzeug. Über 17 Mio. Autos überqueren im Jahr die Golden Gate Bridge stadteinwärts – in umgekehrter Richtung fehlen genaue Zahlen, denn da werden keine Gebühren erhoben.

Das Gremium, das auch für den Verkehr im Großraum San Francisco zuständig ist, rechtfertigt seine eigenmächtigen Entscheidungen den Brückenzoll betreffend mit den Verpflichtungen, die ihm in den letzten 50 Jahren entstanden sind. Es betreibt ein weiträumiges öffentliches Verkehrsnetz, das mit vier Fähr- und 281 Buslinien die Stadt mit den Counties im Norden verbindet. Der Kauf eines Katamarans für den Verkehr zwischen San Francisco und Larkspur und der 165 Mio. Dollar teure Erdbebenschutz der Brücke wollten finanziert werden. Abgesehen davon haben die Mitglieder des Gremiums äußerst hochdotierte Stellen: Der Vorsitzende verdient mit einem Jahresgehalt von 116 000 Dollar erheblich mehr als der kalifornische Verkehrsminister, dem im Vergleich dazu neun Brücken und weit mehr Angestellte unterstehen.

Statistiker sind fasziniert von den Zahlen, mit denen sie die Brücke charakterisieren. Einschließlich der Autobahnauffahrten ist die Brücke 11 km lang – allein der freischwebende Teil macht dabei 2320 m aus. Die Brückenpfeiler ragen 228 m übers Wasser, und bei Ebbe liegt die Fahrbahn 67 m über der Wasseroberfläche. Beim Bau wurden 297 500 m^3 Beton und mehr als 75 200 t Stahl verwendet; 128 700 km Kabel dienen der zusätzlichen Stabilisierung. Die Konstruktion der Brücke ist so solide, daß sie nur dreimal – bei starkem Sturm – gesperrt werden mußte. Ein Trupp Arbeiter ist ständig damit beschäftigt, mit Sandstrahlgeräten den Rost zu entfernen und die Brücke neu zu streichen. Pro Jahr werden dabei 38 000 Liter der berühmten roten Farbe verbraucht. ∎

Festbeleuchtung.

DIE INNENSTADT VON SAN FRANCISCO

Union Square erinnert noch an die Rolle, die öffentlichen Plätzen ehemals in Kleinstädten zukam, auch wenn San Francisco natürlich nicht mehr mit einem Dorf aus früherer Zeit zu vergleichen ist. Doch die unterschiedlichsten Lebenswege kreuzen sich hier: Mitglieder der besseren Gesellschaft kommen auf der Suche nach einem Kleid für den Debütantinnenball, Geschäftsleute schmieden Expansionspläne für ihre Firmen, Touristen besteigen Cable Cars zu einer Fahrt über den Nob Hill, und eine bunte Mischung von Leuten besucht die Theater und Geschäfte. Daneben kommen eine beträchtliche Zahl Obdachloser, Straßenmusiker und Wanderprediger zusammen. Die Lokalpresse ergeht sich in anhaltender Diskussion darüber, was man gegen die zunehmende Verelendung des Platzes unternehmen und wie man seinen einstigen Glanz wiederherstellen könne. Der glorreichen Vergangenheit (der Platz war einst Versammlungsort der Unionisten, die im Bürgerkrieg die Nordstaaten unterstützten) können auch die noblen Geschäfte nichts entgegensetzen.

Das Kommen und Gehen kontrastiert auf reizvolle Weise mit dem weiblichen Bronze-Akt, der das Denkmal für Präsident McKinley ziert. Modell stand Alma de Bretteville, die nicht zuletzt durch die Heirat mit Adolph Spreckels zur reichsten Frau im Westen der USA wurde und sich als großzügige Kunstmäzenin und lebenslustiges Original hervortat.

An der Westseite des Platzes im Herzen des Einkaufs- und Hotelviertels liegt das **Westin St Francis Hotel.** Es kann auf eine 90jährige Tradition zurückblicken, die ihm immer wieder berühmte Persönlichkeiten als Gäste bescherte. Den Hof des modernen **Hyatt on Union Square** ziert ein Brunnen von Ruth Asawa. Er ist wirklich ein Abbild San Franciscos, denn sein Bronzefries mit typischen Stadtszenen entstand aus einer Form, die 250 Schulkinder und andere Bewohner aus Brotteig kneteten. Zum Platz hin liegen auch die großen Kaufhäuser der Stadt – **Macy's, Saks Fifth Avenue** und **Neimann-Marcus.** Letzteres besitzt eine kunstvolle Glaskuppel, die vom ursprünglich an dieser Stelle erbauten City of Paris, dem ersten Kaufhaus der Stadt, erhalten ist.

Obwohl die Gegend heute den Charakter eines Geschäftszentrums besitzt, ist noch etwas von der Aura Alt-San-Franciscos spürbar. Um die **Montgomery Street** zum Beispiel ranken sich viele Legenden. Gesetzlose, Schauspieler und Schriftsteller harrten einst zwischen diesen Straßenblocks auf ihre Chance oder suchten das Vergessen im Rausch. Mit Beginn des Goldrausches wurde die Gegend von Forty-ninern überrannt, von jenen harten Burschen, die 1849 in dem Jahr herbeiströmten, als sich die Nachricht vom Goldfund in der ganzen Welt verbreitete. (Nach diesen Glücksrittern benannte sich später das legendäre Footballteam San Franciscos – The 49ers.)

Vorherige Seiten: Festumzug im Mission District. **Links**: Sheration Palace Hotel. **Rechts**: St Mary's Cathedral.

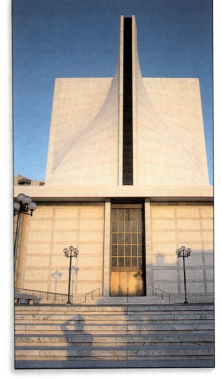

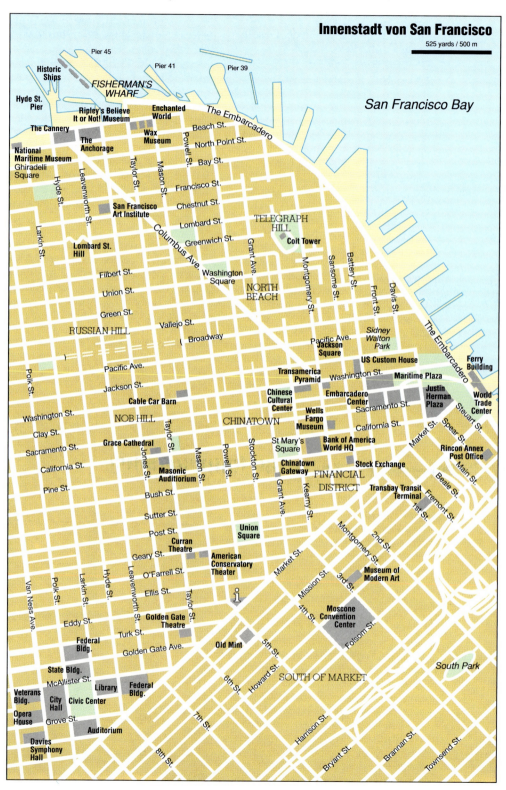

In kürzester Zeit entwickelte sich die Hafengegend am östlichen Ende der Market Street zum **Financial District;** um die Montgomery Street, auch „Wall Street des Westens" genannt, konzentriert sich der Handel und das Kapital. Heute sind vor allem Börsenmakler, Bankleute und Versicherungsagenten die Hauptakteure im Streben nach Reichtum.

Kapitalismus hautnah: Wissenswertes über die Finanzwelt kann man in der **Federal Reserve Bank** (101 Market Street) erfahren. In ihrer *World of Economics Gallery* vermittelt die Bank mit Hilfe von Videoanimation, Wandbildern und Cartoons deren grundlegende Mechanismen. Besucher können in die Rolle eines Vorstandsvorsitzenden schlüpfen und ihr Management-Gespür testen, indem sie einen Börsenkrach oder die Staatsverschuldung durchspielen. Im **Museum of American Money from the West** steht dagegen der ästhetische und historische Aspekt des schnöden Mammon im Mittelpunkt (400 California Street). Das Museum ist in der **Bank of California** – dem ältesten Bankhaus der Gegend – untergebracht und zeigt historische Münzen, Geldscheine sowie Silber- und Goldbarren. Einen Eindruck von San Franciscos turbulenter Vergangenheit vermitteln auch die Goldklumpen im Ausstellungsraum der **Wells Fargo Bank** (420 Montgomery Street). Auch Bank-Dokumente, Goldgräberwerkzeuge und Schaubilder aus der Zeit des Goldrauschs sind hier zu sehen. Prunkstück des Museums ist ein farbenprächtiger Wells-Fargo-Kutschwagen, wie er einst auf den Reiserouten des Westens verkehrte und noch heute das Emblem der Bank ziert.

Im Innenstadtbereich sind viele historische Gebäude des Art-déco, im romanischen Stil und aus der Epoche der Chicago School, den Pionieren der Wolkenkratzer, erhalten. Sehenswert für einen Architekturspaziergang sind das neugotische **Hallidie Building** mit seiner Glasfront (130 Sutter Street), das mit Terracotta-Plastiken von Ochsen, Adlern und Nymphen geschmückte **Hunter-Dulin Building** (111 Sutter Street), der **Pacific Stock Exchange,** dessen Front die beiden 6,5 m hohen, klassisch-modernen Skulpturen „Mutter Erde" und „Der Mensch und seine Erfindungen" flankieren (Ecke Pine und Sansome Street), die geometrischen Formen des **Shell Building** (100 Bush Street) oder das **Kohl Building** (400 Montgomery Street), dessen Porticus geflügelte Wasserspeier krönen.

Die **Transamerica Pyramid** (600 Montgomery Street) sticht durch ihre Größe und ungewöhnliche Form aus ihrer Umgebung hervor. Mit 260 Metern ist sie das höchste Gebäude der Stadt und aufgrund ihres ausgeklügelten Fundaments extrem erdbebensicher. Von jeher scheiden sich jedoch an ihrem Äußeren die Geister. Allseits beliebt ist jedoch die Gruppe der Redwood-Bäume, die neben dem Gebäude, mitten in der Stadt, ihr Dasein fristet.

Aus der Vogelperspektive kann man San Francisco vom 51. Stock des **Bank of America**-Hauptsitzes betrachten, wo täglich ab 15 Uhr ein Restaurant und eine Cocktail-Lounge geöffnet ha-

Die Transamerica Pyramid (im Hintergrund) ist das höchste Gebäude der Stadt.

Innenstadt San Francisco

ben. Die Fassade des Gebäudes ist mit rotem Granit verkleidet, und den vorgelagerten Platz schmückt eine Skulptur, die hintersinnig *Herz eines Bankiers* heißt – ein polierter Granitblock.

Verheißende Fassaden: Bei vielen Gebäuden setzt sich im Inneren fort, was ihre prachtvolle Fassade verheißt. Einige sind auch öffentlich zugänglich. Der *Garden Court* des **Sheraton Palace Hotels** an der Ecke New Montgomery und Market Street ist ein typischer Prunk-Speisesaal der Jahrhundertwende, den 16 Marmorsäulen umgeben. Eine schmuckvolle Eisenkonstruktion trägt die 15 Meter hohe, bleiverglaste Hallendecke mit zehn Kronleuchtern. Das **Hyatt Regency Hotel** ist eine Art moderner Version des *Garden Court*. Sein Innenhof schließt 20 Stockwerke ein und ist mit über 100 Bäumen und mehreren tausend Efeupflanzen bestückt. Vögel fliegen unter dem 50 Meter hohen Glasdach, während sich darunter Besucher in den Sitzpolstern der Empfangshalle niederlassen. Die Statue von Charles Perry inmitten des Wasserbeckens scheint riesig und imposant, obwohl sie „nur" vier Stockwerke weit emporragt. Das Hyatt Regency ist Teil der von John Portman entworfenen „Stadt in der Stadt", die auch den **Embarcadero Center** einschließt. Die Anlage besteht aus vier Bürotürmen, dem Justin Hermann Plaza und einem dazwischenliegenden Komplex mit 45 Restaurants und 130 Boutiquen, verbunden durch Fußgängerbrücken und skulpturengeschmückte Freilichthöfe. Konkurrieren kann mit diesem breiten Angebot im Financial District nur die Einkaufspassage **Crokker Galleria** zwischen Post und Sutter Street (ab Montgomery St.). Wer sich dem Kaufrausch hingeben möchte, der sollte der Einkaufsmeile am Union Square einen Besuch abstatten.

Kunst und Gaumenfreuden: Einer der zahlreichen privaten Ausstellungsräume, die Kunstliebhaber interessieren werden, ist die **Circle Gallery** (149 Maiden Lane). Frank Lloyd Wright entwarf die Galerie, bevor er den Auftrag für das Guggenheim Museum in

Murals, Wandbilder mit politischer Aussage, stammen aus dem mexikanischen Kulturkreis.

New York erhielt. Auf lokale und kalifornische Künstler spezialisiert haben sich die **Lone Wolf Gallery** (Sutter Street) und die **Rorick Gallery** (Mason Street). In dieser Gegend sind auch einige der besten Restaurants der Stadt zu finden, nämlich **Masa's** (Bush Street), **Campton Place** (Stockton Street), **Kinokawa** (Grant Street) und **China Moon** (Post Street). Die besten Hamburger bekommt man bei **Original Joe's** in der Taylor Street.

Hinter dem **Moscone Convention Center,** jenseits der Market Street, erstreckt sich das umfangreiche Sanierungsprojekt **Yerba Buena Gardens.** Dieses großzügig gestaltete Areal mit riesiger Gartenanlage beherbergt u.a. eine Gruppe Redwood-Bäume, einen Wasserfall, mehrere Theater und Restaurants sowie ein schimmerndes Glasdenkmal für den Bürgerrechtler Martin Luther King Jr. In unmittelbarer Nähe können Sie auch noch das **Ansel Adams Center for Photography** und die **California Historical Society** besichtigen.

Angrenzend an Yerba Buena Gardens liegt auch das **San Francisco Museum of Modern Art** (SFMOMA), ein aufsehenerregendes Gebäude des Schweizer Architekten Mario Botta mit gestufter Ziegel- und Steinfassade und einem aufragenden, zylinderförmigen Glasdach. Es beherbergt die umfassendste Sammlung zur Kunst des 20. Jahrhunderts an der Westküste. Die ständige Ausstellung allein umfaßt 15 000 Werke, darunter Bilder von Salvador Dalí, Jackson Pollock, Francis Bacon, Andy Warhol und Diego Rivera. Unumstrittenes Meisterwerk des Museums ist eins der Werke von Henri Matisse, *Frau mit Hut*.

Das SFMOMA erlangte dadurch einen Namen, daß es als eines der ersten Museen in den USA Photographie als eigenständige Kunstform anerkannte. Mittlerweile umfaßt die photographische Sammlung 9000 Arbeiten. Besuchern stehen Audio-Touren mit tragbaren CD-Spielern auf den von Künstlern und Kunsthistorikern kommentierten Rundgängen zur Verfügung.

<u>Unten</u>: San Francisco Museum of Modern Art. <u>Rechts</u>: *Frau mit Hut*, Henri Matisse.

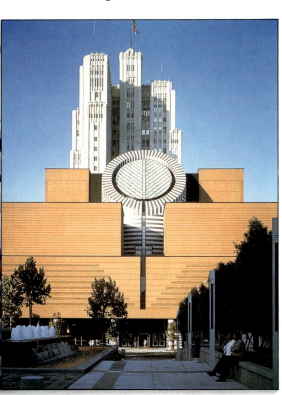

Innenstadt San Francisco 161

Acht Blocks westlich des Union Square verläuft **Van Ness Avenue,** eine breite Nord-Süd-Tangente mit Grünstreifen in der Mitte. Über die Lombard Street verbindet sie die Stadt mit der Golden Gate Bridge und allen Zielen im Norden. An der Kreuzung Van Ness Avenue und McAllister Street steht die prachtvolle **City Hall** (Rathaus). Es wurde von Arthur Brown entworfen, der zum Zeitpunkt der Planung zu Anfang dieses Jahrhunderts so jung und völlig unbekannt war, daß er buchstäblich nach den Sternen griff, als er an der Ausschreibung teilnahm. Zu seiner eigenen Überraschung erhielten Brown und sein Partner John Bakewell den Auftrag für ihren aufwendigen Entwurf mit der riesigen Kuppel, für die der Petersdom in Rom Pate stand. 1914 erbaut, beherbergt die City Hall heute die Stadtverwaltung sowie Zivil- und Strafgerichte. Den wirkungsvollsten Gesamteindruck des Gebäudes hat man von seinem Eingang an der Polk Street, der an einem öffentlichen Platz liegt. Im Inneren führt ein prachtvoller Treppenaufgang in den ersten Stock, wo die Kammern des Stadtrates tagen. 1978 erschoß hier der Stadtrat Dan White Bürgermeister George Moscone, als dieser sich weigerte, ihn nach der selbstgewählten Amtsniederlegung erneut zu ernennen. Damit noch nicht genug, erschoß White auch Stadtrat Harvey Milk, den ersten gewählten Amtsinhaber, der sich zu seiner Homosexualität bekannte. Als das Urteil für White auf Totschlag lautete und die Gefängnisstrafe nur auf fünf Jahre angesetzt wurde, zogen wütende Demonstranten zur City Hall und hätten diese beinahe gestürmt. Harvey Milks Schicksal, sein engagiertes Leben und sein tragischer Tod gaben der Schwulenbewegung neue Impulse.

Auf der gegenüberliegenden Seite des Platzes befindet sich die 1916 erbaute **Public Library.** 1996 soll die Bibliothek auf ein Grundstück in der Nähe umziehen, und man will das Gebäude renovieren, um dort Ende der neunziger Jahre das Asian Art Museum unterzubringen. Am Südende des Plat-

Der imposante Aufgang in der City Hall.

Im Stadion Candlestick-Park bestreiten die 49ers (Football) und die S.F. Giants (Baseball) ihre Heimspiele.

zes liegt das **Auditorium** (1913), an seiner Nordseite das **State Building** (1926). Die vier historischen Monumentalbauwerke sind sorgfältig aufeinander abgestimmt und gruppieren sich harmonisch um den Platz – ihre Gesamtkonzeption macht San Franciscos **Civic Center** aus. So richtig weiß man die im Civic Center erreichte Perfektion erst zu schätzen, wenn man einen Blick auf das klotzige Federal Building hinter dem State Building geworfen hat. Gegenüber der City Hall an der Van Ness Avenue folgen weitere herausragende Gebäude. An der Kreuzung McAllister Street liegt das **Veterans Auditorium Building** (1932) mit seinem 915 Zuschauer fassenden Konzert- und Vortragssaal. Daneben steht das im selben Jahr erbaute **Opera House,** mit 3535 Sitzplätzen eines der größten des Landes. Im Sommer findet hier ein Opernfestival statt, die reguläre Spielzeit dauert jeweils von September bis Dezember. Die Oper, die Stars aus aller Welt zu Gastspielen gewinnt, teilt die Räumlichkeiten mit dem renommierten San Francisco Ballet. Auf der anderen Straßenseite liegt noch die **Louise M. Davies Symphony Hall.** Davies Hall führte zu einem Bauboom in der Gegend des Civic Center, bei dem gen Norden hin teure Appartmentkomplexe entstanden, Hotels luxuriös ausgebaut wurden und hervorragende Restaurants – z.B. der **Hayes Street Grill** – eröffneten. Ein Beispiel dafür ist die Anlage Opera Plaza, wo auch das **Modesto Lanzone Cafe** zu finden ist – eine Dépendance desselben Restaurants im Ghirardelli Square, das für seine hauchdünnen selbstgemachten Nudeln gerühmt wird.

Die Gegend westlich des Civic Center wird als **Western Addition** bezeichnet. Sozialer Wohnungsbau und erst stellenweise renovierte viktorianischen Häuser beherrschen dort das Bild. Zunehmend zieht es die schwule Bevölkerung in diese Gegend mit ihren vielen Theatern, attraktiven Bars und Cafés. Hier herrscht immer reges Treiben auf den Straßen, trotzdem sollten Besucher auch am Tag vorsichtig sein.

Innenstadt San Francisco

Market Street ist eine Straße der Kontraste. Im **Financial District** beginnt sie recht einladend, wird aber um die 5th Street herum zunehmend schäbig. Nach vier Straßenblocks gewinnt sie langsam wieder an Attraktivität und endet schließlich in einem Knotenpunkt mehrerer Straßen, u. a. der **Castro Street** – einer belebten Achse der Schwulenszene. Castro Street ist breit und des Nachts beleuchtet und hat eigentlich alle Voraussetzungen einer bekannten Flaniermeile. Die Stadt investierte sogar Millionen in einen Tunnel unterhalb der Market Street, um die Straßenbahn dorthin zu verbannen. Zu einer Nobelstraße ist die Castro Street aber nie avanciert – vielleicht ist es den Anwohnern auch lieber so.

Südlich des Union Square bildet die Powell Street die Ostgrenze des **Tenderloin District,** einer Gegend mit verlotterten Bars, Pornoläden und Obdachlosenheimen, deren Besitzer die dort untergebrachten Sozialfälle schonungslos ausbeuten. Hier stöckeln hüftschwingende Transvestiten, Drogendealer verkaufen gestrecktes Koks oder Heroin, Prostituierte warten auf ihre Freier und clevere vietnamesische Kinder schwatzen vorbeikommenden Passanten Tüten mit Knoblauch auf. Sobald es dunkel ist, sollte man diese Gegend besser meiden.

Wenn die Einheimischen von **South of Market** (SoMa) sprechen, meinen sie das Viertel mit Geschäften und verwahrlosten Häusern, die sich einst bis zum Hafen des **China Basin** südlich der Bay Bridge erstreckten. Im einstmaligen Gewerbegebiet befindet sich die **Old Mint,** die Münzprägeanstalt von 1874. SoMa hat sich zu *dem* Trendviertel des Nachtlebens entwickelt.

Die Mission Street führt nach Süden in den **Mission District,** wo sich mittel- und südamerikanische Kulturen mischen. Die **Mission Dolores** (nahe der Kreuzung Dolores Avenue und 16th Street) wurde von spanischen Missionaren 1776 gegründet und ist das älteste Bauwerk der Stadt. Auf dem Missionsfriedhof findet man die Gräber der ersten Pioniere und auch die letzte Ruhestätte unzähliger Indianer vom Stamm der Costonoa. Latino-Einflüsse sind im Mission District allgegenwärtig. Rote Ziegeldächer, Palmen und Kramläden prägen das Bild, während an jeder Ecke eine andere lateinamerikanische Küche lockt.

Manchmal gibt es Konflikte zwischen der Macho-Kultur der Latinos und der Subkultur der Schwulen, die im angrenzenden **Noe Valley** leben. Der freizügige und promiskuitive Lebenswandel, der die schwule Szene San Franciscos einst charakterisierte, wurde zwar durch die Aids-Epidemie merklich gedämpft, doch letztendlich hat man sich die Lebensfreude nicht nehmen lassen. Restaurants und Bars sind gut besucht, und die Straßen sind voller Menschen. Dies gilt auch für die nahegelegene **Union Street.** Tagsüber ist die Straße eine schicke Meile mit Boutiquen, Antiquitätengeschäften, Gourmet-Läden und Restaurants, während nachts die Single-Bars den Hauptanziehungspunkt bilden für alle, die jung und schön sind und losziehen, um zu sehen oder gesehen zu werden.

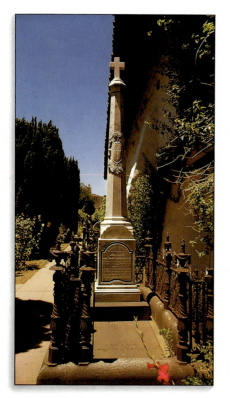

Links: Historisches Grab auf dem Friedhof der Mission Dolores.
Rechts: Hut ab und Applaus für San Francisco.

VON NORTH BEACH NACH CHINATOWN

Auf dem **Broadway** konzentrieren sich San Franciscos Sex-Shows auf einer knallig-ordinären Meile, die nichts für Zartbesaitete ist. An den Wochenenden drängen sich abends Menschenscharen, um die Mädchen zu beäugen und sich von Türstehern mit kaltem Blick und Zahnpastalächeln in dunkle Bars locken zu lassen.

Obwohl viel Nepp im Spiel ist, hat das Treiben auf dem Broadway seine eigene Anziehungskraft. Bunte Neonlichter erstrahlen, und aus den Clubs ertönt laute Live-Musik. Es gibt auch einige gute Restaurants und zahlreiche gemütliche Cafes, wo man noch um Mitternacht erstklassigen Espresso oder Milchkaffee schlürfen kann, begleitet von frischem Gebäck.

Gleich um die Ecke im Viertel **North Beach** fühlten sich schon immer Künstler und Intellektuelle wohl. Es hat sich die Atmosphäre eines altmodischen italienischen Viertels bewahrt, mit der **Church of Saints Peter and Paul** am **Washington Square** und den kleinen Arbeiter-Bars, wo ältere Italiener Rotwein trinken und die Tagesereignisse bereden. **Enrico's** am Broadway bietet draußen vor dem Café einen idealen Platz, um das Treiben zu beobachten. Viele interessante Charaktere des Viertels und örtliche Berühmtheiten kommen hier jede Nacht vorbei; Künstler schauen während einer Pause zwischen ihren Auftritten in den umliegenden Clubs auf ein Gläschen herein.

Fast jeden begeistert ein Besuch bei **Finocchio's,** einer der weltbesten Travestie-Shows. Jede Nacht finden vier Vorstellungen statt, zu denen Besucher sogar mit Bussen anreisen. Ein paar Schritte weiter liegt der **Condor Club,** wo eine Kellnerin namens Carol Doda sich im Jahre 1964 eines Nachts bis zur Hüfte entblößte und damit die Idee der Oben-ohne-Bar ins Leben rief. Die ehrwürdige Ms. Doda pflegte allnächtlich von der Decke auf das Piano hinunterzuschweben, wobei sie nur einen Tanga-Slip trug und insbesondere die Möglichkeiten der Silikontechnik zur Schau stellte. Anwälte, Politiker, Schriftsteller und andere, die ihren Lebensunterhalt mit Worten verdienen, treffen sich gerne im **Washington Square Bar and Grill.** Wer hier an der kleinen, engen Bar einen Drink bekommen möchte, darf nicht zimperlich sein. Ein anderer Lieblingsort der Wortschmiede von North Beach ist der **City Lights Bookstore** (261 Columbus Avenue). City Lights wird seit fast 30 Jahren von Lawrence Ferlinghetti geführt, einem Dichter der Beat Generation der 50er Jahre. Nur eine kleine Gasse trennt den Buchladen von **Vesuvio's,** einer Bar mit viel Atmosphäre, wo Intellektuelle mit randloser Brille an ihrem Aperitif nippen und tiefsinnigen Gedanken nachhängen. Ein Stück weiter liegt das **Tosca Cafe.** Vor allem Polizisten außer Dienst und solche, die sich zur feinen Gesellschaft rechnen, kommen hierher, um Billard zu spielen, während Opern-Arien aus der Jukebox tönen.

Über North Beach erhebt sich der **Telegraph Hill.** Das klassisch-moder-

Vorherige Seiten: Telegraph Hill mit Coit Tower. **Links:** Chinatown. **Rechts:** Glückskekse frisch vom Blech.

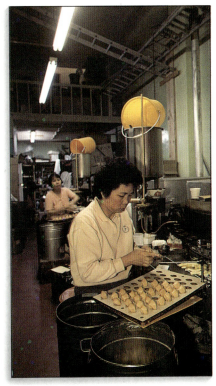

ne Diadem, das ihn krönt, heißt **Coit Tower** und wurde 1934 von Mrs. Lillie Coit zu Ehren der heroischen Feuerwehrbrigade der Stadt gestiftet. Als junges Mädchen wurde Lillie das Maskottchen der Knickerbocker Engine Company No. 5 und trug mit Begeisterung die Uniform der Brigade, was zu einem Skandal führte. Um ihre Bewunderung für die Feuerwehrleute zu demonstrieren, hinterließ Lillie der Stadt genug Geld, um ihnen zu Ehren einen Turm zu errichten. Vielen Betrachter ist die Ähnlichkeit des Turms mit der Spritzdüse eines Feuerwehrschlauchs tatsächlich aufgefallen. Von dem 64 m hohen Turm erschließt sich das gesamte Bay-Panorama.

Nob Hill, der bekannteste Hügel der Stadt, liegt westlich von Chinatown und ist berühmt für seine großen und eleganten Stadtpaläste, die hier vor 100 Jahren errichtet wurden. Der Schriftsteller Robert Louis Stevenson nannte ihn deshalb auch „Hügel der Paläste". Zwei **Cable Car**-Strecken treffen sich an der Kreuzung **California und Powell Street.** Von hier aus hat man einen großartigen Blick über die Bucht und die Oakland Bay Bridge, eingerahmt von den Pagoden der Chinatown und der Pyramide des Transamerica Building.

Großunternehmer im ausgehenden 19. Jahrhundert bauten sich ihre Luxushäuser auf dem Nob Hill und versuchten dabei in fieberhaftem Wettstreit, sich gegenseitig an Prunk zu überbieten. Die meisten Häuser, die heute noch stehen, wurden in Appartmentkomplexe aufgeteilt oder in Eigentumswohnungen umgewandelt. Das bekannteste Wahrzeichen der Hügels ist das **Mark Hopkins Hotel,** das heute auf dem Grundstück des ehemaligen Mark Hopkins Mansion steht. Das ursprüngliche Herrenhaus besaß Stallungen aus Rosenholz mit silbernen Zierleisten und Mosaikfußböden, die mit belgischen Teppichen ausgelegt waren. Der Großteil der luxuriösen Einrichtung fiel dem Feuer zum Opfer, das nach dem Erdbeben von 1906 tagelang wütete. Nur ein einziges Gebäude, der

Links: Fairmont Hotel. **Unten**: Blick auf Russian Hill.

Pacific Union Club, überstand das Feuer unbeschadet. Der Silbermagnat James Flood hatte ihn sich 1855 erbauen lassen. Heute gehört das solide Bauwerk aus rotem Sandstein mit seinem von Pinien flankierten Eingang einem Privatklub. Das **Stanford Court,** das Mark Hopkins und das **Huntington Hotel** wurden alle drei auf ausgebrannten Trümmern großer Stadtpaläste errichtet. Dies gilt auch für das **Fairmont Hotel** mit seiner goldgesäumten Lobby und den imitierten Marmorsäulen. Die **Big Four Bar** des Huntington verewigt die vier Magnaten der transkontinentalen Eisenbahnlinie – Crocker, Hopkins, Huntington und Stanford – und weckt durch ihr holzgetäfeltes, maskulines Interieur Erinnerungen an die Ära des ungezügelten Kapitalismus um die Jahrhundertwende.

Amerikas berühmteste Kurvenstraße, die **Lombard Street,** schlängelt sich den nahegelegenen **Russian Hill** hinauf. Wer hier zu Fuß wandelt, statt die Kurven per Auto zu nehmen, kann die schöne Aussicht auf den Hafen besser genießen. Der Hügel erhielt seinen Namen wegen der russischen Seeleute, die auf einer Expedition zu Anfang des 19. Jahrhunderts umkamen und hier begraben wurden.

Chinatown: An der Kreuzung Broadway und Columbus Avenue mitten im Treiben von North Beach ist man dem exotischen **Chinatown Gate** auf der Grant Avenue (Ecke Bush Street) bereits so nah, daß man meinen könnte, dort die Mah-Jongg-Spielsteine klikken zu hören. Chinatown ist die größte chinesische Stadt außerhalb Asiens, und beständig strömen neue Einwanderer hinzu und lassen sie weiter anwachsen. Die Straßen sind eng und immer voller Menschen. Sie wirken wie eine farbenfrohe Kulisse, die ständig in Bewegung ist. Der Stadtteil umfaßt acht Straßenblocks der Grant Street, von der auf beiden Seiten geheimnisvolle Gäßchen abzweigen. In verwinkelten kleinen Kräuterläden kann man hier Pülverchen und Umschläge kaufen, die von Rheuma bis zu Potenzproblemen jedes Zipperlein ku-

Direkt aus Japan auf den amerikanischen Markt.

rieren sollen. In den kleinen Ladennischen bekommt man auch sonst fast alles – von billigen Andenken bis hin zu kunstvollen Papierschirmen oder teuren geschnitzten Möbelstücken.

Außerdem besitzt das Viertel einige ausgezeichnete chinesische Restaurants. Man sollte sich die Gelegenheit nicht entgehen lassen, dort ein Essen zu genießen. Die bekanntesten der edlen Restaurants sind **Johnny Kan's** und das **Empress of China.** Auch an weniger exklusiven Restaurants und Cafés herrscht kein Mangel. Man ißt fast überall gut und günstig, und so mancher Gourmet ist nach einer Portion *dim sum* schon in eine Art Ekstase verfallen. Die köstlichen, mit Fleisch, Huhn, Krabben oder Gemüse gefüllten Teigbällchen sind eine der Lieblingsmahlzeiten in Chinatown. Serviererinnen bieten sie auf kleinen Wagen an, die von Tisch zu Tisch geschoben werden. Die Gäste wählen sich davon etwas aus, und die Zahl der leeren Teller auf dem Tisch bestimmt am Ende den Preis.

Zwar ist Grant Avenue farbenprächtig und faszinierend, doch zeigt sie nur die Maske, die Chinatown für die Touristen anlegt. Parallel verläuft die **Stockton Street,** wo die Atmosphäre authentischer ist und das eigentliche Alltagsleben stattfindet. Winzige chinesische Frauen, die oft so alt sind, daß sie vor Jahrzehnten noch den Brauch des Füße-Einbindens erdulden mußten, tapsen mühselig zu verschiedenen Besorgungen. Alte Männer rauchen und lesen chinesische Zeitungen, und aufgeweckte, asiatische Kinder balgen sich auf dem Schulweg. Lastwagen parken in zweiter Reihe und entladen Kisten mit frischem Obst, Gemüse oder Fleisch, und überall hört man den stakkato-artigen Singsang des südchinesischen Dialekts. Das **Chinese Cultural Center** im Holiday Inn auf der Kearny Street lohnt einen Besuch. Dort werden Kunstausstellungen und Theaterstücke gezeigt, und man kann sich verschiedenen Führungen anschließen.

Japantown: Etwa 12 000 Japaner leben in San Francisco, die meisten von ihnen im Viertel zwischen dem Geary Boulevard im Süden, California Street im Norden, und Fillmore und Octavia Streets als West- bzw. Ostgrenze.

1968 entstand als Teil des Sanierungsprogramms der Western Addition das **Japan Center,** ein Komplex mit Restaurants, Buchläden und Souvenir-Shops, der das wirtschaftliche und kulturelle Zentrum der Japaner von San Francisco bildet. Besonders zum Kirschblütenfest in den letzten beiden Aprilwochen steht das Zentrum im Mittelpunkt.

In der Laguna Street, Ecke Sutter Street, befindet sich die *Soto Zen Mission Sokoji*, eine Zen-Mission. Ihr karges Interieur steht in deutlichem Kontrast zu den fröhlichen Zeremonien, die meist Gesänge, Trommeln und Glockengeläut verbinden. Mittwochs und sonntags finden öffentliche Treffen statt, es gibt Meditationssitzungen in Englisch (und in Japanisch).

Auf der Sutter Street residiert das **Nichi Bei Kai Cultural Center** – der Sitz der Japanisch-Amerikanischen Teegesellschaft. Darin befindet sich der *chashitsu* – ein speziell für Tee-Zeremonien kreierter Raum. Seine Gestaltung und die schlichte Zeremonie, die hier zelebriert wird, vermitteln einen Eindruck von den ästhetischen und ethischen Prinzipien, die japanisches Denken prägen. Der *chashitsu* wird nach 250 präzisen Vorgaben aus dem 16. Jahrhundert gestaltet. Die Räume sind absichtlich klein, um eine intime Atmosphäre zu schaffen. Zum japanischen Tee-Ritus *chanoyu* gehört eine genaue Kenntnis der Etikette, aber auch Raumdesign, Keramik, Kalligraphie, Blumenarrangements und Gartengestaltung sind von Bedeutung. Die philosophische Grundlage des *chanoyu* basiert auf den Prinzipien Harmonie, Respekt, Reinheit und Stille.

Wenn man vom nahegelegenen *Super Koyama Market* aus die Kreuzung überquert, gelangt man zum *torii*-Tor, dem Eingang zur **Nihonmachi Mall.** Ruth Asawa entwarf diese Fußgängerzone mit Geschäften und Restaurants nach dem Vorbild eines japanischen Dorfes, durch das sich ein kleiner Fluß schlängelt – hier mit Kopfsteinpflaster nachempfunden.

Fächertänzerinnen auf dem Aki-Matsuri-Festival.

CABLE CARS

Im Zeichen der Nachkriegseuphorie über das Auto als ein für jedermann erschwingliches Verkehrsmittel beschloß die Stadtverwaltung 1947, den Betrieb der Cable Cars einzustellen. Obwohl damals nur jeder zehnte Fahrgast auch Einwohner von San Francisco war, löste die Nachricht in der Stadt großen Protest aus. Unter der Führung von Frieda Klussman entstand eine Bürgerinitiative zur Rettung der Cable Cars. Mit viel Engagement machte sie darauf aufmerksam, daß „das gegenwärtige Verlustgeschäft bei weitem aufgewogen würde durch die Werbewirksamkeit dieses traditionsreichen Verkehrsmittels." Die Kampagne verhallte nicht ungehört, und aus aller Welt gingen Appelle und Proteste ein.

Nach sieben Jahren war die Schlacht gewonnen. Ein Nachtragsgesetz besiegelte den Fortbestand der Cable Cars, und zehn Jahre später wurden sie unter Denkmalschutz gestellt. Zwar wurde während des langwierigen Konflikts die Hälfte des Streckennetzes stillgelegt (95 andere Städte schafften in dieser Zeit ihre Cable Cars ganz ab), doch in San Francisco blieben immerhin drei Strecken übrig: die Linie **Mason-Taylor** führt durch Chinatown und North Beach zur Fisherman's Wharf; auf der Strecke **Powell-Hyde** erklimmen die Cable Cars Nob Hill und Russian Hill und lassen sich dann zum Aquatic Park hinab; und die **California**-Linie verläuft vom Financial District zur Van Ness Avenue. Heute befördern sie 12 Millionen Fahrgäste am Tag, über die Hälfte davon Einheimische.

Der ruhmreichste Tag in der jüngeren Geschichte der Cable Cars war wohl der 3. Juni 1981. An diesem Tag wurde in der ganzen Stadt die Rückkehr der Wagen gefeiert, die fast zwei Jahre lang zu Reparaturzwecken aus dem Verkehr gezogen waren. Die Kosten für die Generalüberholung des gesamten Sy-

Rund 12 Millionen Fahrgäste im Jahr machen von den Cable Cars Gebrauch.

Cable Cars

stems beliefen sich auf 65 Mio. Dollar. Während der Reparatur waren die Besucherzahlen von Fisherman's Wharf um 15% zurückgegangen. Jetzt verkündeten Tausende bunter Luftballons „Sie sind zurück", und Angestellte des Verkehrsverbundes MUNI verteilten Kaffee und Kuchen an die Menschen, die seit dem Morgengrauen Schlange standen, um zu den ersten Fahrgästen zu gehören. 30 Jahre nach ihrem großen Triumph meinte Frieda Klussmann erfreut: „Sie sind besser denn je."

In einer 28-seitigen Sonderbeilage kanzelte der *San Francisco Examiner* das Schwarzfahren als unehrenhaftes Verhalten ab. Zu lesen waren auch die bis dahin ungeschriebenen Regeln der Cable-Car-Etikette („Wenn Sie auf dem Trittbrett mitfahren, wenden Sie sich unbedingt dem Verkehr zu ... nicht hinauslehnen!"). Anzeigen boten Taschenmesser, Gürtelschnallen, Münzen, Poster und T-Shirts mit Bildern der Cable Cars an.

Als Trost für die 20-monatige Abwesenheit des beliebten Verkehrsmittels wurde ein Trolley-Festival mit einem beeindruckenden Festumzug historischer Straßenwagen aus St. Louis, Los Angeles, Australien, Deutschland, England und Mexiko abgehalten. Gleichzeitig sammelte die Bürgerinitiative eifrig Geld, denn die Bundesregierung stellte nur 80 Prozent der 65 Millionen Reparaturkosten zur Verfügung, und so war die Stadt auf Spenden angewiesen. Als Anerkennung für großzügige Zuwendungen wurden Cable-Car-Glocken und Spieldosen aus Walnußholz überreicht, die „I left my Heart in San Francisco" spielten.

Die Renovierungsarbeiten endeten fristgerecht und kosteten weniger als erwartet, denn sogar die Handwerker leisteten in ihrer Begeisterung für das Projekt insgesamt 5000 unbezahlte Überstunden. Daß die Cable Cars heiß geliebt werden, daran gibt es keinen Zweifel. Schon in ihrer Anfangszeit ließen es sich zwei Familien in der Washington und der Gough Street nicht nehmen, den Fahrern zur Mittagspause auf den Eingangsstufen ihrer Häuser

Ein Löschzug auf Schienen.

Am Ende der Powell-Linie an der Market Street werden die Cable Cars per Hand wieder in Fahrtrichtung gedreht.

Milch und frischen Apfelkuchen bereitzustellen. Ähnlich entgegenkommend warteten die Fahrer an einigen Haltestellen, bis ihre Stammgäste den Kaffee ausgetrunken hatten und zur Abfahrt bereit waren.

Doch nicht alle freuten sich über die vollendete Renovierung. Eine Familie an der Ecke Hyde und Chestnut Streets strengte Mitte der achtziger Jahre einen Rechtsstreit gegen den Lärm der Cable Cars an, der auf der Straße angeblich 85 Dezibel erreichte. Die Klage des Ehepaares, das behauptete, ihr Haus sei durch den Lärm nahezu unbewohnbar geworden, wurde abgewiesen. Das Gericht vertrat die Auffassung, daß die Stadt in diesem besonderen Fall nicht an die eigene Lärmschutzverordnung gebunden sei.

In einem anderen Fall kam die Stadt weniger glimpflich davon. Die 29jährige Gloria Sykes, die von der Presse als dralle blonde Sachbearbeiterin beschrieben wurde, behauptete, nach einem Unfall in einem Cable Car an „unstillbarem Liebesbedürfnis" zu leiden und forderte 500 000 Dollar Schmerzensgeld. Die Zeitungen nannten das Nymphomanie, aber Mrs. Sykes gewann den Prozeß und bekam immerhin 50 000 Dollar zugesprochen.

Einige Kritiker halten die Wagen, die auf eine Fahrspur festgelegt sind und darum drohenden Kollisionen nicht ausweichen können, für ein grundsätzliches Sicherheitsrisiko. Häufig geht aber die größere Gefahr von den anderen Verkehrsteilnehmern aus. Übermütige Fahrgäste lehnen sich zu weit hinaus. Viele Unfälle gehen auch auf das Konto unachtsamer Autofahrer. Nur wenige von ihnen haben ähnliches Glück wie Barbra Streisand in der Szene des Films „*Is' Was Doc?*", in der sie es schafft, ihren Käfer knapp zwischen zwei aufeinander zusteuernden Cable Cars hindurchzumanövrieren.

Das Bremsvorgang der Cable Cars ist ein außergewöhnlicher Prozeß, der einiger Voraussicht des Wagenführers *(gripman)* bedarf. Dieser muß die Situation und den Bremsweg richtig einschätzen und mit seiner in den Boden

eingelassenen Greifzange das endlose Stahlkabel loslassen, das zwischen den Spurrillen in einer Extrarinne verläuft und in der Werkhalle an der Mason und Washington Street (dort ist auch das **Cable Car Museum** untergebracht) von einer Antriebsmaschine in Bewegung gehalten wird. Will der Schaffner anfahren, klinkt er den Wagen wieder ans Kabel an. Dieses besteht aus einem Hanfkern, umwickelt mit sechs Stahlsträngen von je 19 Drähten – die Kombination stammt vom Engländer Andrew Hallidie, der das System 1876 erfand. Es hieß, Hallidie habe sieben Jahre zuvor einen Unfall beobachtet, bei dem ein Pferd an einer Steigung ausrutschte. Er beschloß, sich etwas einfallen zu lassen, damit solche Unfälle nicht mehr vorkämen. Hallidie brachte die nötigen 20 000 Dollar auf, um das System der Cable Cars in die Praxis umzusetzen, doch war ihm bereits 1870 der Anwaltssohn Ben Brooks zuvorgekommen, der das Patent für ein ähnliches System erworben hatte. Allerdings war sein Plan am Geld gescheitert, denn die Wirtschaftslage sprach gegen riskante Investitionen.

An skeptischen Stimmen fehlte es nicht, und der Grundstücksmakler L.C. Carlson sprach aus, was viele dachten: „Interessieren würde mich die Technik schon, aber ich kann mir nicht vorstellen, daß irgend jemand mit so einem gefährlichen Ding fährt." Trotz aller Skepsis fuhren vor dem Erdbeben von 1906 600 Cable Cars auf insgesamt 185 km durch die Straßen von San Francisco. Die elektrische Straßenbahn verdrängte jedoch die Cable Cars, und heute rumpeln nur noch 30 Wagen auf einem 16 km langen Streckennetz.

Einheimische und Besucher waren von Anfang an begeistert. „Sie biegen fast im rechten Winkel um die Kurven und kreuzen andere Linien – würde mich nicht wundern, wenn sie auch noch senkrecht die Häuser hinauffahren", schrieb Rudyard Kipling, der 1889 einige Tage in der Stadt verbrachte. Die *gripmen* (*gripwomen* gibt es bisher keine) sind mittlerweile die Stars des Systems. Mit der freundlichen Aufforderung, doch in „ihr magisches Cable Car" zu steigen, haben sie sich eine eigene Fan-Gemeinde geschaffen, die ihnen Geschenke – und andere Liebesgaben – anbietet. Sie müssen mit plötzlichen Hochzeitsgesellschaften rechnen, die manchmal sogar die Trauung im Wagen vollziehen lassen oder mit Exhibitionisten, die plötzlich den Regenmantel fallen lassen und für einen Fotografen posieren. Immer wieder wollen Fahrgäste die Glocke betätigen. Kurz, die *gripmen* sind auf alle möglichen Situationen gefaßt. „Man steht in viel engerem Kontakt mit den Fahrgästen als in einem Bus oder Straßenbahnwagen", erklärt ein altgedienter „grip". „Im Cable Car zu fahren ist eine lustige Sache. Die Leute sind fröhlich, und die Schaffner haben noch viel von einem kleinen Jungen in sich. Ein Kollege fügt hinzu: „Man muß für diesen Job sehr diplomatisch sein. Wenn jemand den Eingang versperrt, sage ich ‚Komm' doch ganz 'rein, wir haben einen Fernseher', oder wenn jemand raucht ‚Mach den Joint aus, oder laß' mich als ersten ziehen'."

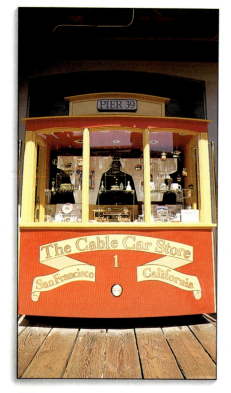

Links und **rechts**: 30 Cable Cars tun heute noch Dienst.

OAKLAND, BERKELEY UND DIE PENINSULA

Oakland ist die achtgrößte Stadt Kaliforniens und unternimmt einige Anstrengungen, um endlich aus dem Schatten San Franciscos zu treten. Oakland und der Rest der East Bay wehren sich dagegen, daß Leute wie der Gesellschaftskolumnist Herb Caen behaupten, sie existierten eigentlich nur, „weil die Bay Bridge schließlich irgendwo enden muß." Und Gertrude Stein müßte heute ihre vernichtende Kritik über die fehlende Identität der Stadt („Es gibt kein *dort* dort.") wohl revidieren. In vorbildlicher Weise leben die ethnischen Gruppen Oaklands neben- und miteinander: 38 Prozent der Bevölkerung sind weiß, während fast die Hälfte afrikanischer und die übrigen Bewohner asiatischer und südamerikanischer Herkunft sind. Durch die Initiative schwarzer Stadtpolitiker, die in den letzten Jahren das politische Geschehen bestimmten, wurde das ehemals heruntergekommene Stadtzentrum saniert.

Obwohl Bandenkriminalität immer noch die ärmeren Gegenden Oaklands beherrscht, erreichte die Stadt kürzlich bei einer nationalen Umfrage nach der Stadt mit der höchsten Lebensqualität Platz 15. Versteckt in den Hügeln hinter Oakland liegen einige der größten und teuersten Häuser der Region. Viele davon sind neu gebaut worden, nachdem 1991 bei einem Feuer 3000 Gebäude zerstört worden waren und 25 Menschen ums Leben kamen. Günstige Mieten und ein weniger hektisches Stadtleben locken etliche Leute an, die eigentlich nach San Francisco ziehen wollten.

Auf den zweiten Blick bietet Oakland vieles, was auch San Francisco hat – sogar ein eigenes Chinatown und ein blühendes Hafenviertel – nur ohne den Nebel, die Menschenmassen und die endlosen Verkehrsstaus. Fast 60 Jahre nach Gertrude Steins Durchreise sollten Besucher noch einmal genau hinschauen: Es gibt ein *dort* dort. Es ist nur ein bißchen schwerer zu finden.

Oaklands Version der Fisherman's Wharf ist die Fußgängerzone **Jack London Square** und das **Jack London Village** zu Ehren des hier geborenen Schriftstellers. Vielleicht wäre der Autor von *Der Seewolf* und *Ruf der Wildnis* nicht gerade begeistert, wenn er die überteuerten Restaurants und T-Shirt-Läden sehen müßte, aber er könnte sich an Krabben laben, Live-Musik hören und die Segelboote vorbeiziehen sehen, ohne sich erst mit den Ellenbogen einen Weg durch die Menge zum Pier bahnen zu müssen. Hier findet sich auch der **First and Last Chance Saloon,** in dem Jack London zu seiner Zeit ein und aus ging, und seine grasgedeckte Yukon-Hütte, die man als Tribut an den Sohn der Stadt aus Alaska ins Hafenviertel von Oakland verpflanzte. Sonntag vormittags findet ein großer **Farmers' Market** (frisches Obst, Gemüse und Lebensmittel) statt. Oaklands auffallendste Sehenswürdigkeiten sind das hervorstechende **Tribune Building**, die **City Hall** mit ihrer Kuppel im Zuckerbäckerstil und der **Mor-**

Vorherige Seiten: Pigeon Point Lighthouse. Mount Tamalpais. **Links**: Campanile, Berkeley. **Rechts**: Skulptur auf dem Campus der UCB.

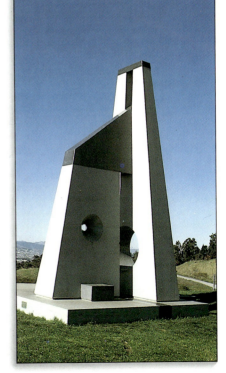

monentempel aus weißem Granit mit fünf Türmen. Wenn man auf dem Nimitz Freeway zum Flughafen fährt, passiert man den **Oakland-Alameda County Coliseum Complex,** Heimat der Baseballmannschaft (Oakland A's) und des Basketballteams (Golden State Warriors).

Nahe der Innenstadt liegt der Salzsee **Lake Merritt,** ein Naturschutzgebiet, eingerahmt von viktorianischen Holzhäusern und von der Lichterkette des **Children's Fairyland,** des landesweit ersten 3-D-Vergnügungsparks für Kinder. Diese können hier Peter Pans Piratenschiff besteigen oder in den Schlund des Wales klettern, der Pinocchio verschluckte. Lake Merritt lädt das ganze Jahr über zum Segeln oder zu einem Picknick ein. Auch der **Oakland Zoo** lohnt einen Besuch – hier kann man von einer Gondelbahn aus einige der 330 Tiere aus der Luft betrachten.

Zu Fuß sind vom See zwei reizvollkontrastreiche Architekturbeispiele zu erreichen: das **Oakland Museum** in der Oak Street und das **Paramount Theater** auf dem Broadway. Das architektonisch in drei Ebenen gegliederte Museum liefert den besten Überblick über Kunst, Geschichte und naturwissenschaftliche Gegebenheiten in Kalifornien. Im Paramount, einem renovierten Art-déco-Theater, tritt das Oakland Ballet auf, oder es werden alte Filme und oft auch alte Wochenschauen gezeigt. Eine der neueren Attraktionen Oaklands ist das **City Center,** eine Einkaufszone mit netten Restaurants, wo Jazzkonzerte und wechselnde Ausstellungen stattfinden. Dort liegt auch **Preservation Park,** ein originalgetreu restauriertes viktorianisches Dorf mit alten Straßenlaternen und wunderschönen Gartenanlagen.

Berkeley: Im Norden grenzt Oakland an Berkeley, eine weitere Rivalin um die Gunst der Menschen in der Region um die Bay. Die Stadt erlangte in den sechziger Jahren Ruhm für ihre Experimentierfreudigkeit in gesellschaftlichen Belangen und für das hier gegründete Free Speech Movement, eine Studentenbewegung für partizipatorische Demokratie. Beserkely (wie die Stadt manchmal genannt wird, abgeleitet von *berserk,* wild geworden) ist heute jedoch weniger überschwenglich und dafür kommerzieller. Die Stadt entstand um die **University of California Berkeley** (UCB) herum, die als eine der besten staatlichen Bildungseinrichtungen im Land gilt und alle anderen (einschließlich der privaten Universitäten) mit der Zahl ihrer Nobelpreisträger übertrumpfen kann. Sie begann im bescheidenen Haus einer spanischen Tanzschule in Oakland, wo zunächst aufstrebende Schüler Vorbereitungskurse für das College besuchten. Heute ist sie der Star unter den neun Zweigstellen der University of California. 1866 wurde die neue College-Stadt nach dem irischen Philosophen und Bischof George Berkeley benannt, der ein Gedicht über ein neues Bildungszeitalter in Amerika verfaßt hatte. 1878 hatte Berkeley gerade mal 2000 Einwohner, doch mit der Universität wuchs auch die Stadt. Besonders stark war der Zustrom nach dem großen Erdbeben 1906, als Tausende aus San

„Alle Macht dem Volk": Wandgemälde im People's Park.

Francisco flohen und in die Gegend der East Bay zogen.

1964 sicherte das Free Speech Movement Berkeley einen Platz auf der Landkarte. Die Studentenbewegung entstand aus einem Konflikt der UCB mit den Studenten, als die Univerwaltung versuchte, politische Aktionen auf dem Campus einzuschränken. Es kam zu heftigen Studentenprotesten, die ähnliche Unruhen an Universitäten im ganzen Land nach sich zogen. Einige Jahre lang war der Campus ein brodelndes Zentrum des politischen Widerstandes. 1969 gingen die Studenten erneut auf die Straße – diesmal, um ein für den Ausbau der Universität vorgesehenes Areal, den **People's Park,** zu erhalten. Sie setzten schließlich ihre Forderung gegen den Widerstand des damaligen Gouverneurs Ronald Reagan und der von ihm angeforderten Soldaten der Nationalgarde durch.

Seit einigen Jahren bevölkern den Park mehr Drogendealer und Obdachlose als Studenten. Heute ist vom ehemaligen Aufruhr nicht mehr viel zu spüren – spätestens, seit die Stadt Basket- und Volleyballplätze eingerichtet hat, stehen Entspannung und Freizeitaktivitäten im Mittelpunkt. Nur ein Wandgemälde erinnert noch an die Unruhen und den gesellschaftlichen Aufruhr der sechziger Jahre. Während Stadtpolitiker sich früher mit Außenpolitik und gesellschaftlichen Konzeptionen beschäftigten, scheinen sie sich jetzt praktischeren Aufgaben zugewandt zu haben – man kümmert sich um den Zustand der Straßen und versucht, die Wirtschaft anzukurbeln. Immer noch findet sich in der Stadt ein breites Spektrum demonstrativ zur Schau gestellter politischer Überzeugungen, aber der Staub der sechziger Jahre hat sich gelegt.

Wenn man sich Berkeley nähert, fallen schon von weitem zwei Gebäude ins Auge: an einem Berghang im Süden steht wie ein weißer Märchenpalast das **Claremont Resort Hotel** (1915). Das zweite Wahrzeichen ist der Glockenturm der Universität. Offiziell heißt er **Sather Tower,** doch da er dem Campa-

Beim *Festival at the Lake* in **Oakland.**

nile auf dem Markusplatz in Venedig nachempfunden ist, nennt man ihn wie sein Vorbild. Die 61 Glocken schlagen zur vollen Stunde; dreimal täglich erklingt eine Melodie, sonntags wird ein Konzert gegeben. Im Strawberry Canyon liegen die **Botanical Gardens** der Universität, wo man Pflanzenarten aus Südamerika, Südafrika, Europa und Australien besichtigen kann.

Um Berkeleys lebenslustigste Seite kennenzulernen, sollte man die **Telegraph Avenue** ab dem Dwight Way zur Universität hin entlangbummeln. Studenten, Ortsansässige und Straßenkünstler trifft man zwischen belebten Cafes, bestens sortierten Buchläden und Straßenhändlern, die Schmuck, Töpferwaren, Pflanzen, oder Batikmode in jeder erdenklichen Form anbieten. Wie Oakland zieht auch Berkeley jene an, die vor dem Wetter und Verkehr in San Francisco flüchten, trotzdem aber in kosmopolitischer Umgebung leben möchten und hier die Vielfalt städtischen Lebens ohne allzu viele negative Begleiterscheinungen finden.

Die Peninsula: Die Halbinsel von San Francisco, eine etwa 50 km lange Landzunge mit steilen Hügeln, alten Bäumen und stolzen Anwesen, wird auf einer Seite vom Pazifik und auf der anderen von der San Francisco Bay gesäumt. An ihrem Südende liegt **Silicon Valley,** das früher Santa Clara Valley hieß, als man dort statt Computern und Silikonchips noch Äpfel und Birnen erntete. Die Hügelkämme der Halbinsel enden hier aprupt in den Vororten Palo Alto, Los Altos, Sunnyvale, Santa Clara und San Jose, die durch Hochtechnologie zu Wohlstand gekommen sind. Industriegebiete gehen nahtlos in teure Gartenvororte über, die sich über die Talebene ausbreiten.

Auf der Halbinsel gibt man sich gerne intellektuellen Betrachtungen hin, lebt ungeniert konsumorientiert und folgt zeitgenössischen Trends. 6000 Einwohner besitzen einen Doktortitel, und ein Großteil des akademischen und kulturellen Geschehens konzentriert sich um die prestigeträchtige Stanford University. Neben Hochgeistigem fin-

Links: Futuristische Architektur in Silicon Valley.
Rechts: Landsitz Filoli, Woodside, Drehort der Serie *Der Denver Clan.*

det man aber auch eine Menge neuen und alten Reichtum (Millionäre sind so zahlreich wie Tennisplätze, und San Mateo ist eines der vier reichsten Counties in den USA).

Stanford University, das akademische Herz der Halbinsel, liegt im Nordwesten von **Palo Alto,** einer hübschen kleinen Stadt mit 57 000 Einwohnern, die für ihre strenge Umweltpolitik bekannt ist und darum als Modellstadt gepriesen wird. Vor etwa 100 Jahren, als Leland Stanford und der Fotograf Eadweard Muybridge hier Versuche mit bewegten Bildern begannen (die dann zur Entstehung des Films führten), war das Gelände der heutigen Universität noch ein Gestüt für edle Rassepferde.

Als Leland Stanford verkündete, er gedenke eine private Universität einzurichten, reichten die Reaktionen von Erstaunen bis zu offener Ablehnung, besonders von den Akademikern der Ostküste. Stanford wurde 1885 gegründet und entwickelte sich zur Eliteuniversität der Westküste, führend vor allem in den Bereichen Naturwissenschaften, Technik und Medizin. Ihr 1200 Mitglieder umfassender Lehrkörper kann zehn Nobelpreisträger vorweisen, 75 sind Mitglieder der National Academy of Science, und drei erhielten den Pulitzer-Preis. Der Komplex besteht aus Gebäuden aus Sandstein im romanischen Stil, die rotbraunen Farbtöne, runden Bögen und Ziegeldächer verleihen der Universität jedoch Ähnlichkeit mit den Missionen im spanischen Kolonialstil. Von der vorherrschenden Schlichtheit ausgenommen ist die **Memorial Church,** die den **Inner Quad** (einen zentral gelegenen Innenhof) beherrscht. Die Kirche ist mit Glasfenstern und farbigen Wandfresken reich geschmückt und besitzt eine gewölbte Decke.

San Jose wurde von den Spaniern 1777 gegründet und diente der Nahrungsversorgung der Festungen in San Francisco und Monterey. Lange war die Gegend ländlich geprägt; die Pflaumenplantagen sind inzwischen jedoch Industriegebieten und Vororten gewi-

Rosicrucian Egyptian Museum, San Jose.

chen, lediglich die Weingüter zeugen noch von der Vergangenheit. Heute ist San Jose mit fast 700 000 Einwohnern die viertgrößte Stadt Kaliforniens. Es ist ein hektisch-pulsierender Ort mit mehreren großen Hotels, Nachtklubs und nicht weniger als 100 Einkaufszentren. Viele Sehenswürdigkeiten bietet das Stadtgebiet von San Jose nicht. Drei große Weinkellereien – **Almaden, Mirassou** und **Turgeon and Lohr** – bieten kostenlose Führungen und Weinproben an.

Etwas Besonderes ist das **Winchester Mystery House.** Die exzentrische Hausherrin Sara L. Winchester erbte von ihrem Schwiegervater, dem Gewehrfabrikanten, ein Vermögen, erbaute damit das Haus und ergänzte es durch Anbauten. Als Spiritistin glaubte sie, ihr Leben werde so lange dauern, wie sie ihr Haus erweitere. Im angrenzenden Museum sind Produkte der Firma Winchester ausgestellt.

Im **Rosicrucian Egyptian Museum** (Ägyptisches Museum der Rosenkreuzer) können sie die Reproduktion einer Grabkammer aus dem 2. Jahrtausend v. Chr. und die größte Sammlung ägyptischer, babylonischer und assyrischer Kunst an der Westküste bewundern.

Die Pazifikküste: Die reizvolle Küstenlandschaft erschließt man sich am besten über den Highway 1, der sich von Pacifica, einem Vorort von San Francisco, südwärts schlängelt. Der Küstenabschnitt bis Santa Cruz ist zwar nicht so spektakulär wie die Monterey-Halbinsel, doch lohnt sich die Tour für einen idyllischen Tagesausflug. Zwei Leuchttürme liegen als ideale Rastplätze auf dem Weg: **Pigeon Point Lighthouse** bei Pescadero (westlich von San Jose) ist der zweithöchste Leuchtturm in den USA; **Montara Lighthouse** liegt etwas nördlich davon. Ein besonders schöner Fleck ist der **Año Nuevo State Park.** Im Januar werfen hier die See-Elefanten ihre speckgepolsterten Welpen. Ab dem 1. 10., zur Brunft- und Gebärzeit, darf man die Tiere nur im Rahmen geführter Spaziergänge beobachten. Eine Reservierung für den 5-km-Gang ist dringend anzuraten.

Winchester Mystery House, San Jose.

BIG SUR UND MONTEREY-HALBINSEL

Eine Fahrt entlang der Küste südlich von San Francisco eröffnet herrliche Ausblicke auf grandiose Natur und weckt literarische Assoziationen. Die malerische Halbinsel von Monterey und die wild-romantische Küste Big Sur (südlich von Carmel und deswegen El Sur, der Süden, genannt) erinnern an John Steinbecks *Straße der Ölsardinen* und an das Werk von Henry Miller, der seit 1942 in Big Sur lebte. Das Städtchen Carmel wird von den einen als Ausflugsziel geschätzt, von anderen hingegen als Touristenfalle geächtet; daran konnte auch Bürgermeister Clint Eastwood (der Schauspieler und Regisseur) nur wenig ändern. Der Prachtbau des Zeitungsmagnaten William Randolph Hearst schließlich entspringt der Fantasie eines Mannes, dem Orson Welles mit dem Film *Citizen Kane* ein Denkmal gesetzt hat.

Als Tourist mit Auto kann man sich getrost der Streckenführung des Highway 1 anvertrauen, der sich die Küste entlangschlängelt. 40 km südlich von San Francisco passiert man den hübschen Ort **Half Moon Bay,** der mit Sandstränden, Ausflugsfahrten zum Angeln und Walebeobachten und im Oktober mit dem Art and Pumpkin Festival lockt. Am anderen Ende der Bucht wacht der stattliche **Leuchtturm Pigeon Point** über die Küste. Dem Komplex angeschlossen ist eine Jugendherberge, die als außergewöhnliche Attraktion der sonst eher kargen Übernachtungsstätten eine *hot tub,* ein Schwitzbad, ihr eigen nennt.

Am **Año Nuevo State Park** vorbei, wo sich im Winter die putzigen Robben- und Seelöwenjungen tummeln, erreicht man die Bucht von Monterey, an deren Nordende **Santa Cruz** liegt. Der Strandort mit exzellenten Restaurants, Cafés, Bäckereien, Buchhandlungen und zahllosen Läden, die von Zehngangrädern bis zu japanischen Drachen einfach alles verkaufen, ist aber auch die Heimat etlicher Studenten. Die **University of California** siedelte sich 1965 in den Hügeln oberhalb der Stadt an; hier, in der Atmosphäre ländlicher Abgeschiedenheit, sollten die Studenten sich vier Jahre lang völlig auf ihr Studium konzentrieren können.

Doch die Studenten der sechziger Jahre wollten keinen Elfenbeinturm, sondern Mitbestimmung, und binnen weniger Jahre wandelte sich der ehemals ruhige Provinzort in ein Zentrum studentischer Aktivitäten. Dabei wurde auch die Innenstadt von Santa Cruz zu ihrem Vorteil restauriert und erneuert. Am Hafenkai von Santa Cruz warten Restaurants, Fischmärkte und Angelzubehörgeschäfte auf Kundschaft. Eingerahmt wird der Kai von einem breiten weißen Sandstrand und vom **Boardwalk Amusement Park,** in dem man sich wie in alten Zeiten mit geruhsamen oder die Nerven kitzelnden Karussellfahrten und mit Schießbuden und neuartigen Videospielen in einer altmodischen Arkade vergnügen kann.

Eine Nachbildung der von Pater Junípero Serra gegründeten **Mission** wird auf dem Anwesen der Holy Cross

Vorherige Seiten: Wilde Küste Big Sur. **Links und rechts:** Highway 1 begleitet die Küste von Rockport bis Morro Bay.

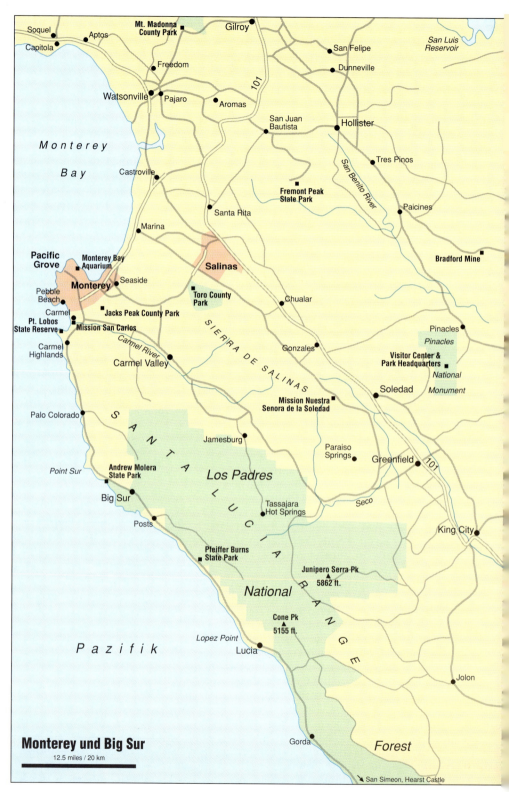

Church ausgestellt. Von dem ursprünglichen Bau von 1791 sind nur noch Ruinen zu sehen.

Bevor man nun weiter die Küste südwärts fährt, bietet sich bei Watsonville ein Abstecher ins Hinterland an. Auf dem Highway 152 gelangt man nach **Gilroy.** Zur Knoblauchernte Ende Juli lockt das Garlic Festival 150 000 Besucher in den kleinen Ort, die Rezepte austauschen, an Kochwettbewerben und Rennen teilnehmen und Kunsthandwerk bewundern. Es gibt ein kleines Museum zur Lokalgeschichte und diverse Spezialitätenrestaurants mit kräftig gewürzten Scampi und Kalamares, doch auch außerhalb der Stadt wird der Knoblauchfreund fündig. Direkt am Highway 101 eröffnet ihm das Geschäft Garlic World alle erdenkbaren Anwendungsmöglichkeiten des Knollengewächses. Hier findet man Knoblauch zu Zöpfen und Kränzen gewunden, in Schachteln und als Würzmittel zu allem und jedem, von Mayonnaise bis Wein.

Auf dem Weg nach Salinas kommt man an **San Juan Bautista** vorbei. Die Missionskirche und die historischen Gebäude um den zentralen Dorfplatz lohnen einen Besuch.

Salinas liegt am Eingang zum fruchtbaren Salinas Valley. John Steinbeck, der Nobel- und Pulitzer-Preisträger, wurde hier geboren. Ihm zu Ehren werden einige Exponate in der Stadtbibliothek ausgestellt und wird Anfang August das Steinbeck Festival gefeiert. Vor dem Community Center zollt der Künstler Claes Oldenburg den Feldarbeitern und Ranchern Tribut: die Skulptur *Hat in Three Stages of Landing* zeigt die typische Kopfbedeckung der Männer des Westens. Am dritten Juliwochenende ist Salinas Austragungsort eines großen Rodeos.

Nach 40 km das Tal hinauf erreicht man **Soledad,** Sitz einer Mission von 1791. Die Ruinen, die restaurierte Kapelle und ein Museum können besichtigt werden. Der Highway 146 führt zum **Pinnacles National Monument,** einem phantastisch zerklüfteten Park mit Felsspitzen, die bis zu 360 Meter emporragen.

King City ist das Zentrum der landwirtschaftlichen Region, die auch „Salatschüssel der Nation" genannt wird. Jedes Jahr im Mai erwacht King City mit dem Salinas Valley Fair zum Leben; im September findet hier eine mexikanische Fiesta statt.

Monterey-Halbinsel: Die Bucht von Monterey schwingt im Süden mit einer Landzunge aus, die wie ein Magnet die Besucher aus der Bay Area anzieht. Flankiert von Pacific Grove und Carmel, zieht **Monterey** die Aufmerksamkeit auf sich. Dank John Steinbecks Roman *Die Straße der Ölsardinen* ist die berühmteste Attraktion des Ortes die ehemalige Ocean View Avenue, heute bekannt als **Cannery Row.** In den 1940er Jahren wurden in den Fabriken entlang der Straße pro Jahr 200 000 Tonnen Sardinen verarbeitet. Steinbeck beschrieb die Straße damals als „ein Gestank und ein Gedicht, ein Knirschen und Knarren, ein Leuchten und Tönen, eine Gewohnheit, ein Traum."

Wenn die schwerbeladenen Fischerboote einliefen, ertönten die Sirenen

Lone Pine Cypress, Pebble Beach.

der Konservenfabriken, und die Einwohner von Monterey eilten zum Hafen herunter und nahmen ihre Plätze zwischen der ratternden Maschinerie der Sardinenfabrik ein. War schließlich die letzte Sardine geputzt, geschnitten, gekocht und eingedost, ertönten die Sirenen erneut, und die Arbeiter zogen triefend naß und stinkend wieder nach Hause. Nach dem Zweiten Weltkrieg verschwanden die Sardinen plötzlich aus den Gewässern der Monterey Bay, und die Fabriken gingen bankrott.

Heute sind auch die letzten Spuren der dreckigen und stinkigen Fischfabrikation verschwunden. Im alten Zentrum der Stadt liegt ein **Sensory Garden** mit hüfthohen, stark duftenden Blumen in leuchtenden Farben. Die Cannery Row ist heute eine riesige Touristenattraktion. Ihre alten Gebäude beherbergen Bars, Restaurants, ein Wachsmuseum, Dutzende von Läden, ein Karussell und Stände mit warmen Brezeln und Süßigkeiten. Das von Gaspar de Portolá 1770 gegründete **Presidio** dient heute als Sprachenschule der US-Armee, und in der seit 1794 kontinuierlich genutzten San Carlos Cathedral (der ehemaligen Missionskirche) feierte Präsident Hoover Hochzeit.

Das weltberühmte **Monterey Bay Aquarium** ist der Höhepunkt der Cannery Row. In einer ehemaligen Sardinenfabrik erlebt man das Meer, das draußen an die Mauern brandet: die putzigen Seeotter, den Kelpwald mit einem Sardinenschwarm und 500 weiteren Arten. Kinder dürfen Seesterne und andere (robuste) Tiere in die Hand nehmen.

Eine Touristenfalle ist **Fisherman's Wharf,** zwei Blocks östlich der noch in Betrieb befindlichen Werft, gesäumt von Restaurants, Läden, Fischmärkten und Seelöwen, die um die Pfähle der Pier herumschwimmen.

Die architektonischen Sehenswürdigkeiten des Ortes liegen an einem fünf Kilometer langen Fußweg, **The Path of History** genannt, der am **Customs House**, dem ältesten Amtsgebäude Kaliforniens (heute ein nettes Museum) und **Pacific House** vorbei-

Die Mission San Juan Bautista.

führt, einem zweistöckigen Adobehaus mit historischen Exponaten. Sehenswert sind auch **Colton Hall,** ein zweistöckiges Gebäude mit Säulenvorbau, in dem 1849 die erste verfassunggebende Versammlung des Staates zusammentrat, sowie **Stevenson House,** ein kleines ehemaliges Hotel, in dem der Schriftsteller Robert Louis Stevenson 1879 für kurze Zeit wohnte.

Interessant sind auch das **Monterey Peninsula Museum** für Kunst aus der Region und das **Allen Knight Maritime Museum** mit Relikten aus der Zeit der Segelschiffe und Walfänger. Alljährlich zieht das bekannte Monterey Jazz Festival Mitte September bedeutende zeitgenössische Musiker auf das Festgelände von Monterey.

Carmel verdankt seine Existenz den romantischen Vorstellungen einiger Maler und Schriftsteller aus San Francisco. Sie gründeten den Ort 1904 als pastorales Idyll und Zufluchtsort vor der harschen Realität. Umgeben von Monterey-Kiefern, die umtriebige Spekulanten zwecks Aufwertung der Gegend anpflanzten, ist Carmel einer der hübschesten kleinen Badeorte an der Westküste. Wenn der Abendnebel von der Bucht hereinweht, verleihen die Lichter in den gemütlichen Häusern und der Geruch von Holzfeuer dem Ort die Aura eines europäischen Dorfes im 18. Jahrhundert.

Die verklärte Romantik wird einerseits durch die vielen kleinen Spezialitätengeschäfte, Buchhandlungen, Antiquitätenläden, Kunstgalerien und Boutiquen, andererseits durch strenge Bauauflagen aufrechtgehalten. Bisher konnten ausufernde Industriegebiete, Hochhäuser und Neonreklame verhindert werden, doch fällt der Massentourismus in den Ort ein und bringt einen Vorgeschmack auf die Welt da draußen. Der überbordene Besucherandrang und das touristische Angebot erschreckt zuweilen andere, ebenso malerische Gemeinden, die fordern: „Don't Carmelize California". Abgesehen vom Ort selbst ist die **Mission San Carlos Borromeo del Rio Carmelo** sehenswert. Sie diente ihrem

Canney Row, Monterey.

Gründer Pater Junìpero Serra von 1770 bis zu seinem Tod 1784 als Hauptquartier. Er liegt vor dem Altar begraben.

17-Mile-Drive: Nördlich vom Ende der Ocean Avenue liegt der Zugang (Carmel Gate) zu dieser idyllischen Autoroute, die rund um die Halbinsel Monterey über den **Del Monte Forest** bis nach Pacific Grove führt. Da alle Straßen im Del Monte Forest in Privatbesitz sind, müssen Benutzer des 17-Mile-Drive eine Gebühr an die Pebble Beach Company entrichten. Die Strecke ist es allemal wert.

Die Pebble Beach Company begegnet Besuchern mit ausgesuchter Herablassung. Entlang des exklusiven Golfplatzes warnen etliche Schilder vor dem Betreten des Geländes. Man sollte sich aber nicht verstimmen lassen und der **Lone Cypress,** einem einzeln stehenden, verkrüppelten Baum auf einem wellenumtosten Felsen, trotzdem einen Besuch abstatten.

Der 17-Mile-Drive endet in **Pacific Grove,** einer Stadt, die von November bis März von unzähligen Chrysippusfaltern besucht wird. Die orangeschwarzen Falter fühlen sich auf den Kiefern entlang der Pine Road wohl.

Big Sur: Zwischen den beiden Weltkriegen legten Zwangsarbeiter eine enge, gewundene Straße entlang der unberührten kalifornischen Küste an, von San Simeon 150 Kilometer nach Norden bis zur Monterey-Halbinsel. Abgesehen von der Straße selbst hat sich seit damals nicht viel verändert – keine Reklametafeln, keine Straßenbeleuchtung, nur hin und wieder ein Briefkasten und, mit Ausnahme vielleicht von Big Sur selbst, keine Spur von einem größeren Ort.

Highway 1 steigt gelegentlich auf einer Strecke von wenigen Kilometern bis zu 300 Meter über dem Meeresspiegel an. Gerade fuhr man noch in kaltem, grauen Nebel, der intensiv nach Salzwasser und Tang roch, und fünf Minuten später steht man auf einem sonnigen Hügel und blickt auf eine schier endlose weiße Nebelschicht über dem Meer. An besonders heißen Tagen treiben die Luftströmungen in den landeinwärts liegenden Tälern den Nebel bergauf und verwandeln Highway 1 in einen endlosen grauen Tunnel, über den der Nebel wie ein aufwärts fließender Wasserfall dahinzieht.

Weil die zum Straßenbau notwendigen Sprengungen den Fels angriffen, ist die Straße häufig reparaturbedürftig. Bei heftigen Regenfällen im Winter rutschen mitunter größere Teile der Fahrbahn ab und schneiden die Anwohner für Tage oder Wochen von der Außenwelt ab. Am Highway 1 gibt es eine Reihe von Gasthäusern, Lodges, Motels und Zeltplätze. An verschwiegenen Plätzen weitab der Straße können zähe Wanderer ihr Lager aufschlagen, einen Schluck Wein genießen und dem Gebell der Seelöwen über der tosenden Brandung lauschen.

Bis zum Ende des Zweiten Weltkriegs wohnten in **Big Sur** hauptsächlich Rancher, Holzfäller und Bergarbeiter. Dann jedoch kamen die Literaten, die das einfache Leben suchten, in entlegenen Tälern Marihuana anbauten und das „Antlitz der Erde, wie der Schöpfer es sich erdacht hatte" erblick-

Carmel Valley.

ten – so beschrieb es der 1989 verstorbene, langjährige Einwohner Henry Miller. Die **Henry Miller Memorial Library** wurde 1981 von Millers langjährigem Freund Emil White eingerichtet und birgt eine Sammlung von Büchern und wenigen Erinnerungsstücken. Das **Nepenthe** wurde einst als Flitterwochendomizil für Orson Welles und Rita Hayworth erbaut.

Ende der sechziger Jahre war Big Sur voll in Mode; stadtflüchtige Hippies lebten vom Land (und der Wohlfahrt), stellten irrwitzige Forderungen zum Umweltschutz und setzten in jeder Dürreperiode aus Unachtsamkeit Teile der Hügel in Brand. Zugleich kamen die reichen Bewohner San Franciscos darauf, daß französischer Brie und Chablis sich nur mit Meeresblick wirklich genießen ließen, und rollten mit ihren Porsches und BMWs an.

Von den wenigen Nobelhotels in Big Sur ist besonders das **Ventana Inn** zu empfehlen, ein Refugium mit Schwitzbädern und Kamin, in dem es sich trefflich ausspannen läßt.

Hoch auf einem Hügel über dem Dorf **San Simeon** liegt **Hearst Castle** (s. S. 203). Die riesige Villa ist das Werk des Zeitungsmagnaten William Randolph Hearst, dessen Leben den Stoff zu Orson Welles' Film *Citizen Kane* (1941) vorgab. Zusätzlich zu seinen Pionierleistungen im Pressewesen (Hearst begründete die Sensationspresse), hegte er politische Ambitionen. Um 1900 unterstützte er Präsidentschaftskandidat Jennings und scheiterte selbst bei verschiedenen Wahlen in New York. Seine Aktivitäten und Publikationen trugen in nicht unerheblichem Maße zum Spanisch-Amerikanischen Krieg von 1898 und zur Ermordung des Präsidenten McKinley (1901) bei.

Hearsts Biograph W. A. Swanberg schrieb in *Citizen Hearst*: „Es schien fast, als begriffe Hearst unbewußt, daß seine Zeitungen Schund, seine politische Karriere gescheitert und selbst seine Filme kein echter Erfolg waren; wenigstens in San Simeon, wenn schon nirgends sonst, wollte er sich ein grandioses Denkmal setzen."

Küste in der Nähe des Andrew Molera State Park.

La Cuesta Encantada (bezaubernder Hügel), wie Hearsts Vater George, der mit Gold-, Silber- und Kupferminen zum Multimillionär geworden war, seine Ranch auf der Anhöhe nannte, umfaßte insgesamt 111 000 Hektar. Nach dem Tod seiner Eltern beauftragte Sohn William die Architektin Julia Morgan mit dem Bau des zweitürmigen Haupthauses (La Casa Grande) mit 38 Schlafzimmern, einem neugotischen Bankettsaal und überdachtem, mosaikgeschmücktem Schwimmbecken sowie drei luxuriösen Gästehäusern und einem Neptunteich aus Marmor mit römischen Statuen. Das Gelände bestückte er mit Tieren aus aller Welt und die Gebäude mit Schnitzereien, Möbeln und Kunstwerken aus europäischen Beständen.

1947 zwang seine schlechte Gesundheit Hearst zum Umzug. Danach fanden noch gelegentlich Firmentreffen statt, oder Hearsts Söhne verbrachten mit ihren Familien die Wochenenden in der reizvollen Anlage. W.R. Hearst starb 1951 im Alter von 88 Jahren in Beverly Hills und wurde im Familienmausoleum in Colma (südlich von San Francisco) beigesetzt.

Das Anwesen ist nur mit einer Führung zur Besichtigung freigegeben, für die man rechtzeitig einen Platz reservieren sollte. Vier verschiedene Touren werden mehrmals täglich angeboten, zusätzlich veranschaulicht in der Hochsaison eine regelmäßig stattfindende Abendveranstaltung das Dolce vita des reichen Jet-set in den unbekümmerten zwanziger Jahren.

Weiter südlich gelangt man über das geschäftige Hafenstädtchen **Morro Bay,** Ausgangspunkt etlicher Bootsfahrten zum Angeln und Walbeobachten, nach **San Luis Obispo.** Die Mission San Luis Obispo de Tolosa (1772), benannt nach einem französischen Heiligen, dem Bischof von Toulouse, dient heute als Gemeindekirche. Ein Garten und Exponate zur Siedlungsgeschichte und zum Alltag der Chumash-Indianer können besichtigt werden. Im nahen **Pismo Beach** lockt ein 37 km langer Sandstrand.

Bankettsaal des Hearst Castle, San Simeon.

HEARST CASTLE

Angeblich entdeckte William Randolph Hearst (1863–1951) schon als Kind seine Sammelleidenschaft, als er mit seiner Mutter auf einer Europareise Schlösser und Museen besichtigte. 1919, als er mit der Stararchitektin Julia Morgan die Planung des Prachtbaus begann, verfügte er über genügend Geld, um diesem Hobby zu frönen und seinen Sammlungen einen angemessenen Rahmen zu schaffen.

Ein konventionelles Bauprojekt war dieses Unternehmen jedenfalls nicht. Das Baumaterial mußte per Schiff angeliefert und dann acht Kilometer den Hügel hinauftransportiert werden. Mit unzähligen Tonnen Mutterboden wurden Blumenbeete im 50 ha großen Garten angelegt, fast ausgewachsene, drei Tonnen schwere Zypressen wurden ebenfalls angepflanzt. Fünf Gewächshäuser garantierten rund ums Jahr blühende Pflanzen. Ein Wassertank wurde hinter 6000 Monterey-Pinien versteckt und jedes Jahr ergänzten Gärtner den Baumbestand auf dem Anwesen um 4000 Setzlinge.

Der Prunk der Inneneinrichtung und der Außenanlagen spiegelt die Welt der Medienstars wider, in der sich Hearst bewegte. Weiße Marmorstatuen säumen ein großes Wasserbecken (den Neptun Pool) unter freiem Himmel und den angrenzenden griechischen Tempel. Auf dem Flachdach des römischen Bades (Roman Pool) fand sich sogar Platz für zwei Tennisplätze. Der 26 m lange Bankettsaal im Haupthaus entstand, um einer 400 Jahre alten italienischen Holzdecke mit kunstvollen Schnitzereien ein würdiges Ambiente zu geben. Der Um- und Ausbau dauerte an, bis Hearst 1947 wieder auszog. Insgesamt zählte das Anwesen nun 165 Räume mit vorwiegend spanischen und italienischen Kunstwerken und Antiquitäten in einem Hauptgebäude und drei Gästehäusern.

W. R. Hearst begann in seinem Schloß einen neuen Lebensabschnitt. Er, der neben seiner erfolgreichen Karriere erst mit 39 Jahren die Zeit fand, zu heiraten, lebte in San Simeon mit seiner langjährigen Geliebten Marion Davies zusammen. Sie, das ehemalige Showgirl, war der Star in den Filmen, die Hearst produzierte. In San Simeon traten sie gemeinsam auf die Bühne, umgeben von bekannten Persönlichkeiten aus Film, Gesellschaft und Politik. „Die High Society wollte stets die Filmstars kennenlernen, also lud ich sie zusammen ein", schrieb Marion Davies. „Jean Harlow war sehr oft hier. Ich mochte ihre freundliche Art. Sie hatte zwar nicht viel zu sagen ... aber alle Männer scharten sich um sie. Im Abendkleid war sie hinreißend, weil sie nie etwas darunter trug."

Ein Sonderzug mit Jazzband und Bar brachte die Partygäste am Wochenende die 340 km von Hollywood nach San Luis Obispo; von dort fuhren sie in Limousinen durch das Anwesen mit seinen Löwen, Bären, Straußen, Elefanten, Pumas und Leoparden. Nach der Ankunft in der hellerleuchteten Villa wurde jedem Gast sein eigenes Zimmermädchen zugewiesen. Ihre Zeit konnten sich die Gäste frei einteilen, nur zum spätabendlichen Dinner an Klostertischen aus dem 16. Jahrhundert mußten sie anwesend sein. Nach dem Essen zeigte Hearst mit Vorliebe einen Film, oft als Uraufführung.

1958 ging ein Großteil des Anwesens in den Besitz Kaliforniens über; im Gegenzug wurden den Erben Steuern in Höhe von 50 Mio. Dollar erlassen. ■

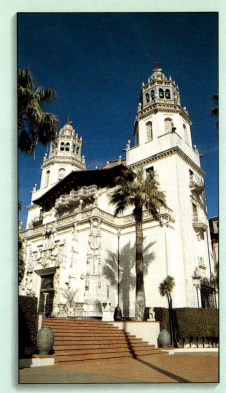

Herrenhaus, Palast oder Schloß: Bescheidenheit war nicht eine von Hearsts Tugenden.

MARIN COUNTY

Seit Jahrzehnten verbringen die Einwohner San Franciscos herrlich faule Samstag- und Sonntagnachmittage im windumbrausten, nebelanfälligen Marin County; alle Hektik des Stadtlebens fällt von einem ab, sobald man die Golden Gate Bridge überquert hat.

Das ist kein Wunder: Das Leben fügt sich hier in einen natürlichen Kreislauf idyllischer Ruhe. In dieser dünnbesiedelten Region muß man auf den zweispurigen Straßen mitunter einem Reh ausweichen. Man speist ungehetzt in altmodischen Restaurants, übernachtet in hübschen Frühstückspensionen, durchsiebt einsame Strände nach Seeigeln, wandert auf moosigen, wilden Pfaden oder beobachtet, wie sich die Brandung am Felsen bricht. In den Wohngebieten an den Hügeln weiter landeinwärts findet man häufig Häuschen aus Redwoodholz, geschmückt mit farbigen Glasfenstern. Fast glaubt man zu träumen.

Marin County umschließt die Bucht von San Francisco im Norden und liegt am Zipfel eines Ballungsgebiets mit rund fünf Millionen Einwohnern; dennoch gibt es hier weite, unberührte Küstenstriche, Redwood-Haine und herrliche Bergwiesen, die von der Zivilisation verschont geblieben sind. Der geschützte Grüngürtel bietet Wanderern, Naturfreunden und Anhängern der Hot-Tub-, Massage- und Gourmet-Kultur alles, was zum Image des Lebensstils in Marin County gehört.

Die meisten Besucher machen zunächst Station in **Sausalito** (eine Verballhornung des spanischen *saucelito*, „kleine Weide"). Die Geschäfte am Ufer, das Gewirr von teuren Boutiquen und die Häuser am steilen Hang dahinter erinnern an mediterrane Orte an der Riviera. Bridgeway, die Hauptstraße, ist am Wochenende voller Menschen. Es herrscht eine legere Atmosphäre, in der man leicht neue Bekanntschaften schließt. Einwohnern von San Francisco ist der Ort wohl vor allem wegen seiner großen Kolonie von Hausbooten bekannt, die früher die verrücktesten Formen hatten. Nach hartnäckigen Bemühungen der Behörden mußten die meisten der exzentrischen Behausungen mitsamt ihren ausgeflippten Bewohnern das Feld räumen; übrig blieb eine Reihe eleganter Hausboote, die ebensoviel kosten wie ein gehobenes Einfamilienhaus in der Vorstadt.

Das **No Name** war lange Zeit Sausalitos bekannteste Bar und Anziehungspunkt für literarische Größen und andere hiesige Prominenz, muß sich diesen Ruf in letzter Zeit jedoch mit dem nahegelegenen (in der Atmosphäre praktisch identischen) **Pattersen's** teilen. Etwas weiter nördlich auf der anderen Straßenseite lockt **Zack's** am Wochenende mit wilder Tanzmusik vor allem junge Leute an. An einem trägen Nachmittag unter der Woche jedoch kann man „an Deck" bei Zack's etwas essen und den Bootsbesitzern auf dem Dock unten beim Schleifen und Lackieren zusehen. In **Flynn's Landing,** einem bekannt guten Restaurant, findet man ältere, etabliertere Yacht-Klientel.

Vorherige Seiten: Kulinarische Visitenkarte. *Links*: Glückliche Gesichter. *Rechts*: Straße in Sausalito.

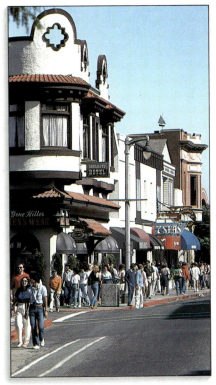

Die Bars in Sausalito sind auf Zack, die Polizei allerdings auch. Die Parkuhren werden minutiös kontrolliert, und für betrunkene Autofahrer kennt man kein Pardon.

Am besten lernt man Sausalito und seine Bewohner kennen, wenn man auf einem großen Boot im Hafen einläuft. Es gibt auch eine Fähre, die regelmäßig vom Ferry Building in San Francisco verkehrt. Betrieben vom Golden Gate Transit District, befördern diese eleganten, sicheren und gepflegten Schiffe Pendler von Sausalito und Larkspur (nahe San Rafael). Unter der Woche, wenn auf der Rückfahrt nachmittags die Bar geöffnet wird, verwandelt sich die Fähre in ein Partyschiff.

Am Wochenende befördern die Fähren vor allem Touristen. Die unterhaltsame Fahrt kostet nicht allzuviel. Eine weitere Fähre verkehrt am Wochenende zwischen Tiburon, Angel Island State Park und Fisherman's Wharf.

Larkspur und Tiburon: Die Fährstation in **Larkspur** ähnelt einem dreieckigen Eierkarton, durch den täglich bis zu 2000 Pendler strömen. Rund um die Station liegen Läden und Restaurants in neuen, auf alt getrimmten Gebäuden. In dem Komplex gibt es eine ausgezeichnete Buchhandlung, die sich frei nach Hemingways Erzählung **A Clean Well-Lighted Place for Books** nennt.

Ein paar Schritte von der Fährstation Larkspur entfernt liegt auf einer kleinen Halbinsel das berüchtigte, durch Maschendrahtzaun und Stacheldraht gesicherte **Staatsgefängnis San Quentin.** Hier wurden bisher über 400 staatlich sanktionierte Hinrichtungen vollzogen. Hinzu kommen die zahlreichen inoffiziellen der Gefangenen untereinander. Das Gefängnis ist hoffnungslos überfüllt, gilt weithin als eine Brutstätte für Gewalt und als nationaler Schandfleck. Deshalb finden hier auch keine Führungen statt.

Die Fährstation **Tiburon** orientiert sich am Tourismus, ist jedoch auch Heimat wohlhabender Müßiggänger. Auf der Terrasse des **Sam's Anchor Cafe** kann man bei einem Gin Fizz die nächste Fähre abwarten.

Hausboote in Sausalito.

Höhepunkt für Fährenfreunde ist wohl der Ausflug nach **Angel Island,** einem staatlichen Park, der nur per Boot erreichbar ist. Im Sommer kann man ihn auf einer Fahrt im offenen Trambahnwagen besichtigen; Wandern kann man das ganze Jahr über. Besonders interessant ist der **North Ridge Trail** zum höchsten Punkt der Insel mit einem herrlichen Rundblick. Ein weiterer Weg führt kurvenreich nach **Camp Reynolds** mit den Resten einer Militärgarnison, einem alten Schulhaus und mehreren Wohnhäusern von Offizieren aus der Zeit vor dem Bürgerkrieg. Auf einem dritten Weg gelangt man nach **Point Blunt,** einem ehemaligen Duellplatz und Standort eines berühmten Bordells.

Wer Marin County mit dem Auto erkunden will, sollte bedenken, daß der an die Golden Gate Bridge angeschlossene US Highway 101 als Nord-Süd-Verbindung für alle Ortschaften dient. Die Abzweigungen und Zubringer sind größtenteils gut beschildert und die Ziele meist leicht zu finden.

Nördlich von Sausalito liegt links der Straße **Marin City.** Die guterhaltenen barackenartigen Gebäude dienten im Zweiten Weltkrieg als Unterkunft für Werftarbeiter. Heute werden sie als Sozialwohnungen genutzt. Auf dem riesigen offenen **Flohmarkt** nahe Marin City versuchen viele Kleinhändler, die Passanten für den „Kauf ihres Lebens" zu gewinnen. Der Markt findet bei gutem Wetter an jedem Wochenende statt und bietet sowohl Schund als auch echte Schnäppchen.

Am Südosthang des Mount Tamalpais, nur ein paar Kilometer nördlich von Sausalito, liegt der reizende Ort **Mill Valley.** Häufig wird sein altmodischer Charme beschworen, den er sich trotz der Supermärkte und Einkaufszentren bewahrt hat. Das Herzstück des Ortes ist die **Throckmorton Street.** Die meisten Besucher werden sich wohl mit einem kurzen Bummel zufriedengeben und sich den Landhäusern in Hanglage zuwenden.

Mill Valley ist ein idealer Ausgangspunkt für Tagesausflüge. Viele Besucher studieren in Mill Valleys **Book Depot,** einem umgebauten Bahnhof, zunächst die leuchtend orange eingebundenen Bergkarten und schlürfen dabei einen Espresso. Nach dem Abstieg pflegen sie ihre wunden Füße und müden Knochen im **Physical Therapy Center** an der Throckmorton Street mit heißen Bädern, Sauna und stundenlanger Massage. Auf Wunsch (und Vorbestellung) wird auch im schwedischen oder Esalen-Stil massiert.

Zur Erholung nach der Massage bietet der Ort mehrere ausgezeichnete Restaurants. Trotz seines bescheidenen Namens präsentiert das **Mill Valley Market** Feinschmeckermenüs, köstliche Backspezialitäten und exzellente Weine. An milden Abenden bieten sich ein Besuch des **Market** oder ein Picknick im **Old Mill Park** an.

Die meisten Pendler aus Mill Valley verkehren über den Highway 101, was die (ausgezeichnete) Lokalzeitung *Pacific Sun* auf die Idee brachte, einen Wettbewerb mit dem Thema „Autobahngeschichten" auszuschreiben, die höchstens 101 Wörter umfassen soll-

Leuchtturm am Point Bonita.

ten. Eine Dame aus Petaluma brachte einen Gutteil ihrer Lebensgeschichte in kargen Sätzen unter („Traf ihn. Traf mich. Mochte ihn. Mochte mich. Zogen zusammen. Liebte ihn leidenschaftlich. Liebte mich gleichgültig. Wollte Heirat. Wollte Freiraum. Versuchte es. Gab ihm Freiraum. Betrog mich" etc.). Ein Mann aus Sausalito beschrieb seinen Tagtraum, in dem er eine Bank überfallen und danach in Rio gelebt habe – bis der Bus kam und ihn in die Realität zurückholte.

Mount Tamalpais: Seit einigen Jahren drängen sich am Wochenende Wanderer, Mountainbiker und Jogger am Mount „Tam". Dennoch bleiben genug schöne Fleckchen, die man genießen kann. Rund 50 Kilometer Wanderwege durchziehen ein 2430 Hektar großes Gebiet und viele weitere die angrenzende Wasserscheiden-Region. (Die Beziehungen zwischen Wanderern und Radfahrern haben sich in den letzten Jahren leider verschlechtert. Wanderer sollten stets auf alles gefaßt sein. Für Radfahrer gibt es spezielle Polizisten, die am Berg Strafzettel wegen zu schnellen Fahrens verteilen.)

An den tieferen, oft nebelverhüllten Hängen von Mount Tam stehen urwüchsige Redwoodgruppen. Von den mit Chaparral-Büschen bewachsenen höheren Hängen blickt man bei Sonnenschein auf die San Francisco Bay und den Pazifik. Am Fuß von Mount Tam liegt das **Muir Woods National Monument.**

Um die Jahrhundertwende wäre dieses Naturdenkmal beinahe einem Interessenkonflikt zum Opfer gefallen. Das Wasserwirtschaftsamt von Marin County nämlich wollte den Wald im Redwood Canyon im Jahr 1900 roden lassen und mit dem zu erwartenden Gewinn einen Damm und eine Talsperre errichten. Dieser Plan erboste einen wohlhabenden Einwohner namens William Kent derart, daß er das Land auf der Stelle kaufte und den Redwood-Wald dem amerikanischen Staat als nationales Denkmal übereignete. Zugunsten seines alten Freundes, des Naturschützers John Muir, verzichtete Kent

Mount Tamalpais.

darauf, das Denkmal nach sich selbst benennen zu lassen.

Etwa eine Million Besucher bewundern hier jährlich die Riesen-Mammutbäume, die im gesamten, 120 Hektar großen Muir Wood zu finden sind. Sie werden rund 1000 Jahre alt, erreichen eine Höhe von bis zu 60 Metern, und ihr Durchmesser beträgt etwa fünf Meter. Wer gut zu Fuß ist, sollte das Auto stehen lassen und den Steilhang des Mount Tam auf dem **Ben Johnson Trail** bezwingen. Durch schattige Schluchten mit Farnen und Pilzen führt der Weg vorbei an Hainen aus Lorbeerbäumen, Gerbereichen, Erdbeer- und Muskatnußbäumen.

Hinter Mount Tam erstreckt sich der Grüngürtel von Marin County weitere 80 Kilometer bis zur Spitze von Point Reyes National Seashore. Das Küstengebiet **Marin Headlands** (vom Highway 1 nördlich der Golden Gate Bridge leicht zu erreichen) bietet kilometerlange Küsten- und Strandwege.

Die **Strände Muir** und **Stinson** am Fuß von Mount Tamalpais locken Liebhaber des Brandungsangeln sowie Vogelbeobachter mit seltenen Arten wie dem Schwarzen Sturmtaucher, dem Braunen Pelikan, dem Westlichen Seetaucher und dem Amerikanischen Regenpfeifer. Wenn der Nebel sich verzieht, finden sich auch Sonnenanbeter am Strand ein.

Hinter Stinson Beach, der an schönen Wochenenden überfüllt ist, und dem FKK-Strand Red Rock Beach liegt eine Lagune zwischen Highway 1 und dem Dorf **Bolinas;** seinen Einwohnern ist das ganz recht, sie montieren sogar ständig die Hinweisschilder am Highway ab. Während des Goldrauschs von 1849 wurden in Bolinas gut eine Million Kubikfuß Holz geschlagen und über die Bucht ins expandierende San Francisco verschifft.

In **Inverness** sollte man zum Lunch oder auf einen Drink das **Gray Whale** besuchen. Drei Häuser weiter betreibt Vladimir Nevi, der mit Skiern über die Berge aus seiner kommunistischen Heimat flüchtete, das tschechische Restaurant **Vladimir's.**

Der Nationalpark Muir Woods.

Point Reyes Station entstand 1875 als Bahnhof einer Schmalspurbahn und wurde zum Marktflecken für die umliegenden Ranches. 1933, nach der Einstellung der Zuglinie, wurde das Depot zum Postamt und der Lokschuppen zum Gemeindezentrum. Hübsch ist das **Station House Cafe** mit einem begrünten offenen Hof. Der Ort ist auf allen Seiten von Rinderfarmen umgeben. Auf diesen Erwerbszweig hat man sich eingestellt: statt des Pfeifens des Linienzuges ertönt um 12 und 18 Uhr ein durchdringendes „Muh!" – vom Band.

Auf einer Halbinsel liegt **Point Reyes National Seashore** genau an der Nahtstelle der Kontinentalplatten, am San-Andreas-Graben. Der 105 Hektar große Nationalpark gehört zu den meistbesuchten des Landes. Das Epizentrum des Erdbebens von San Francisco 1906 lag knapp einen Kilometer vom heutigen Sitz der Parkverwaltung an der Bear Valley Road. Am **Earthquake Trail** sieht man, wie die Wucht des Bebens einen Zaun um viereinhalb Meter versetzte.

Die Hauptverwaltung des Parks und die meisten Startpunkte der Wanderwege erreicht man auf dem Highway 1 über Dogtown und Olema bis Bear Valley Road. Den Park kann man zu Fuß oder im Sattel erkunden.

Vom 430 Meter hohen **Mount Whittenberg** aus hat man einen atemberaubend schönen Ausblick auf grünschwarze Wälder, goldgelbe Wiesen und die Küste. Drake's Beach, wo der englische Seefahrer 1579 vor Anker ging, um sein Schiff zu reparieren, ist ein gutgeschützter Badeplatz.

Am Ende des Vorgebirges von Point Reyes warnt ein **Leuchtturm** die Schiffe vor der tückischen Küste. Wenn sich der Nebel lichtet, kann man von hier mitunter die Wale beobachten.

Die Pierce Point Road am Nordrand der Küste führt zu mehreren Stränden – **Abbott's, Kehoe** und dem besonders zerklüfteten **McClure's**. Leider machen Haie und die starke Strömung das Baden im Meer zu gefährlich.

Im Schwitzbad glühen die Köpfe.

WEINANBAUGEBIETE

Vom Gipfel des Mount St Helena sieht man tief unten die weiten Flächen und smaragdgrünen Weingärten der Counties Napa, Sonoma, Mendocino und Lake sich kilometerweit erstrecken. Von den Redwood-Hainen um den Russian River bis zu den burgunderroten Kämmen von Mendocino sind die Weingärten Nordkaliforniens berühmt dafür, einige der edelsten Weinsorten der Welt hervorzubringen. Seine erstklassige Lese verdankt das Gebiet den exzellenten Anbaubedingungen: gemäßigtes Klima und fruchtbarer, nicht zu feuchter Boden.

Eigentlich gibt es kein spezielles „Weinland" in Kalifornien. In 45 der 54 kalifornischen Counties wird Wein angebaut, und die nördlichen Winzereien produzieren nur rund ein Sechstel der gesamten kalifornischen Ernte. Die übrigen Trauben kommen zumeist aus dem mehrere hundert Kilometer südlich gelegenen heißen, trockenen San Joaquin Valley und werden größtenteils zu Billigwein verarbeitet. Dennoch denken die meisten bei der Bezeichnung „kalifornisches Weingebiet" an die berühmten Täler von Napa und Sonoma.

Die ersten Winzer in Kalifornien waren spanische Missionare im 18. Jahrhundert, die Wein bei Gottesdiensten verwendeten. Pater Junípero Serra, Gründer der ersten Missionen des Staates, mochte die einheimischen Trauben nicht und importierte statt dessen edlere Sorten aus seinem Heimatland Spanien. Um 1830 wurden große Weingärten im Gebiet um Los Angeles von dem französischen Winzer Jean Louis Vignes angelegt. Vignes produzierte Wein bis 1862; danach wurden die Ländereien der ersten kommerziellen Winzereien Kaliforniens von Los Angeles' expandierenden Vorstädten verschlungen.

Familienunternehmen: Zwei Männer – Pater Jose Altimira, der Gründer der Mission San Francisco de Solano in Sonoma, und General Vallejo, der die Counties Sonoma und Napa mit Landübereignungen an seine Verwandten und Freunde kolonisierte – betätigten sich im Norden Kaliforniens erstmals als Weinproduzenten. Zur Berühmtheit verhalf der Gegend von Sonoma jedoch erst Graf Agoston Haraszthy.

Dieser schillernde ungarische Adlige im politischen Exil legte 1857 **Buena Vista,** Nordkaliforniens ältestes Weingut, an. In ganz Europa suchte er Traubensetzlinge zum Anbau in Kalifornien aus. In seiner Rastlosigkeit verschlug es Haraszthy sogar nach Nicaragua, wo er Alligatoren zum Opfer fiel.

Er blieb jedoch unvergessen. Einer seiner Protégés, der deutsche Exilant Karl Krug, eröffnete 1861 die erste kommerzielle Weinkellerei in Napa Valley. Ab 1880 wurden kalifornische Weine in Europa prämiiert, wenn auch die Prohibition diesen aufstrebenden Wirtschaftszweig beinahe vernichtete. Nach ihrer Aufhebung 1933 begannen Georges de Latour von **Beaulieu Vineyard's,** die Familie Mondavi und andere mit dem Wiederaufbau.

Vorherige Seiten: Ländliche Idylle. **Links**: Weinlese. **Rechts**: Nach dem Gären reift der Wein in Fässern.

Winzer im Aufwind: Ab 1960 setzte ein regelrechter Boom ein. Zu den alteingesessenen Weinbaufamilien gesellten sich Ölmagnaten, Ingenieure, Ärzte und Schauspieler, die alte Weinkellereien aufmöbelten und neue eröffneten. Viele begannen, die Regionen jenseits der Täler von Napa und Sonoma zu erkunden und legten erstklassige Gärten in Zentral- und Südkalifornien an. Seit 1976 gibt mancher europäische Weinkoster kalifornischen Sorten den Vorzug vor französischen.

Öl als Nebenerwerb: Bis vor etwa 50 Jahren gab es in Kalifornien fast 100 Produzenten von Olivenöl, die angesichts des Imports von billigerem Öl aus den Mittelmeerländern das Geschäft aufgeben mußten. Die 150 Mitglieder des Northern California Olive Oil Council hoffen, diesen einst gewinnträchtigen Wirtschaftszweig nun wieder beleben zu können.

Beinahe zufällig entdeckten die Winzer Bill und Lila Jaeger von der **Rutherford Hill Winery** in Napa, daß die jahrhundertealten Bäume einer Olivenplantage plötzlich wieder ausschlugen. Heute produzieren Dutzende Winzer Olivenöl und lassen es meist im Restaurant Tra Vigue in St. Helena pressen.

Weinkunde: Zunächst wird den Trauben in der Presse der Saft entzogen. Rotwein entsteht, wenn Haut und Fleisch der Traube am Gärungsprozeß teilhaben; hierbei wird mit Hilfe von Hefe Zucker in Alkohol und Kohlensäure umgewandelt. Aus der Haut wird nochmals Saft ausgepreßt, dann reift der Rotwein in Stahl- oder Holzfässern.

Weißwein entsteht aus gegorenem reinem Saft. Die Hefegärung findet in Stahlfässern statt. Je länger die Hefe einwirkt, desto trockener wird der Wein. Champagner oder Sekt werden zunächst auf die gleiche Weise hergestellt, dann jedoch ein zweites Mal in der Flasche fermentiert. Dabei wird die Kohlensäure bewahrt, und die prikkelnden Bläschen entstehen.

Dank des relativ gleichmäßigen Klimas haben Jahrgangsweine in Kalifornien nicht die Bedeutung wie in Europa, obwohl Kenner trotzdem auf be-

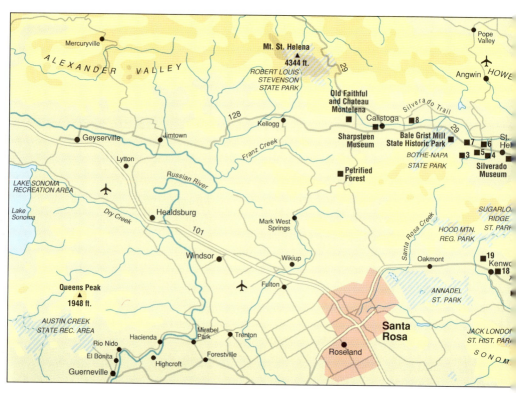

stimmte Jahrgänge schwören. Die meisten Weinkellereien sind täglich von 10 bis 16 Uhr geöffnet, manche nur auf Voranmeldung. Die Besichtigung endet meist im Verkaufs- und Proberaum; wer auf der Heimfahrt das Auto lenkt, sollte vorher abgemacht werden.

Napa County: In **Napa Valley** (*napa = Überfluß* im hiesigen indianischen Dialekt) liegen Weinkellereien, Delikatessenläden, Restaurants und Gasthöfe dicht beieinander. Die Gegend ist ländlich, doch die Bevölkerung, eine Mischung aus den oberen Zehntausend von San Francisco, adligen Europäern und Drehbuchautoren und Produzenten aus Hollywood verleiht Napa County eine elegante, wohlhabende Aura mit einem Touch Schickimicki.

Das Tal, ein 48 km langer, flacher Einschub zwischen den Mayacamas und den Howell Mountains, wird im Norden vom Mount St. Helena abgeschnitten. Die ausgedehnten Weingärten wechseln mit Farmhäusern, Weinkellereien und einer Reihe von Orten entlang dem State Highway 29, „The Great Wine Way", ab. Dank strikter Maßnahmen beschränkt sich die Erschließung des Tals auf die Orte und den Freeway südlich von Yountville; allerdings stiegen dadurch auch die Grundstückspreise.

Das echte Weingebiet von Napa beginnt bei **Yountville** (3300 Einwohner); hier grenzen die Weingärten direkt an die historischen, renovierten Ziegel- und Steinhäuser des Dorfes. Yountvilles Stadtpark mit Picknickplätzen liegt gegenüber dem Pionierfriedhof mit dem Grab von George Yount. Er erhielt von General Vallejo 4450 Hektar Land für Dachdeckerarbeiten an Vallejos Adobehaus in Petaluma – sicher einer der lukrativsten Verträge der Geschichte.

Die **Domaine Chandon Winery** neben dem California Veterans Home ist durch und durch französisch. Aus Respekt vor dem Ursprungsland wird der Champagner hier Schaumwein genannt. Die zu Moët Chandon gehörende Weinkellerei produziert Schaumwein nach der *méthode champenoise,* d.h. der Wein gärt in der Flasche.

Wer mag, kann frühmorgens mit dem Heißluftballon über die Weingärten schweben und danach ein Champagnerfrühstück einnehmen. Die meisten Flüge starten in Yountville. Im Tal gibt es neben Rad- und Mopedverleihs mehrere Ballonfahrtunternehmen.

Vier der stattlichsten Weinkellereien in Napa sind das Werk eines Mannes, Hamden W. McIntyre; heute fast vergessen, war er während des Booms um 1880 der gefragteste Architekt für Weinkellereien. Seine Werke jedoch sind in **Inglenook, Far Niente, Trefethen** und **Greystone** noch zu sehen.

St Helena, die Hauptstadt des Weingebiets, bietet neben 40 Weinkellereien auch historische Steinbauten, schicke Geschäfte sowie teure Restaurants und Gasthöfe. Sehenswert ist das **Silverado Museum** mit Erstausgaben und Souvenirs des Weltreisenden und Schriftstellers Robert Louis Stevenson.

Die **Martini Winery** südlich der Stadt wird von einem der ältesten Weinbau-Clans des Tales betrieben. Hier gibt es Weine (von Cabernet Sauvignon bis Sherry) zu mäßigen Preisen in unprätentiöser Atmosphäre. Westlich im Hügelland liegen die **Spring Mountain Vineyards** mit der **Villa Miravalle** (1885 Drehort der Serie *Falcon Crest*).

Drei große Weinkellereien – **Beringer, Christian Brothers** und **Charles Krug** – liegen nördlich von St Helena. Jacob und Frederick Beringer eröffneten ihre Weinkellerei 1876 und gestalteten das **Rhine House** (1883) nach dem Sitz ihrer Vorfahren in Mainz. Für den reifenden Wein hoben sie Kalksteinhöhlen aus. In der von Rasenflächen und Ulmenreihen gesäumten Weinkellerei werden Fumé Blanc und Cabernet Sauvignon serviert.

Mit dem Anwesen Greystone errichtete der Bergwerksbesitzer William Bourn 1889 die damals größte steinerne Weinkellerei der Welt. Sie wechselte häufig den Besitzer, bis die Christian Brothers, ein katholischer Bildungsorden, sie 1950 erwarben. Die Stimmung bei der Führung ist locker, die Ausstattung des Probierraums gediegen.

Die Weinkellerei des Gründervaters Charles Krug stammt aus dem Jahr 1874. Bei der informativen Besichtigung werden Markenweine wie Cabernet Sauvignon und Chenin Blanc von Krug und C.K. Mondavi ausgeschenkt.

Drei Kilometer nördlich von St. Helena liegt **Freemark Abbey,** Weinkellerei, Restaurant und Einkaufszentrum in einem. Eine Abtei gibt es allerdings nicht; der Name „Abbey" ist eine Zusammenziehung der Besitzernamen. Etwas weiter nördlich liegt der **Bale Grist Mill State Historic Park.**

Sterling Vineyards – halb griechisches Kloster, halb Phantasiearchitektur – beherrscht von einem Hügel aus das obere Tal. Gegen eine Gebühr, die beim Weinkauf verrechnet wird, fährt eine Bahn die Besucher hinauf.

Der Silverado Trail: Der zwischen Napa und Calistoga parallel zum State Highway 29 verlaufende Silverado Trail führt zusammen mit dem Highway in das Ferien- und Weingebiet von Lake County. Die zweispurige Straße hoch über dem Tal verlief früher von

Das Rhine House der Gebrüder Beringer.

den Zinnoberminen am Mount St Helena zu den Uferdocks von Napa. Am Beginn des Tales liegt **Calistoga** (4500 Einwohner) mit seinen berühmten heißen Quellen und Schlammbädern. Das Mineralwasser wird in Flaschen abgefüllt. Der Geysir Old Faithful westlich der Stadt schießt regelmäßig alle 40 Minuten eine 18 Meter hohe Fontäne von über 170 °C heißem Wasserdampf in die Luft.

Neben vielen großen Firmen hat die **Wermuth Winery,** der Familienbetrieb von Ralph Wermuth, ihren Sitz in Calistoga. Ein Hinweisschild zur Weinkellerei am Silverado Trail lautet: „Bitte hupen, wenn ich nicht da bin; ich bin irgendwo in der Gegend."

Wermuth, ein Arzt und echter Individualist, begann 1982 mit dem Weinanbau. Seine Frau, eine Künstlerin, entwirft die Etiketten. Die Weinkellerei verwendet alte italienische Korbpressen, die man meist nur noch im Museum sieht, und Wermuth rühmt sich, als einziger im Tal einen trockenen Colombard zu produzieren. „Die Geschichte zeigt, daß Weinherstellung eine der ältesten menschlichen Tätigkeiten ist", sagt er: „Sie ist so alt wie die Hügel um uns herum. Der Wein sollte sanft und angenehm sein wie unser Leben, und man muß nichts weiter tun, als geduldig das Unkraut ausrupfen."

Beliebt ist die **Rutherford Hill Winery** der Jaegers, die an eine Arche erinnert und Chardonnay, Cabernet Sauvignon und Zinfandel produziert. Von dem Felsvorsprung **Stag's Leap** blickt man auf die prämiierten **Stag's Leap Wine Cellars** und die **Clos du Val Wine Company.**

Im mexikanischen Krieg verlor die Familie Berryessa ihre Söhne und ihr Land: heute ist ihr Anwesen im Napa County ein Warmwasserparadies. **Lake Berryessa** erreicht man über State Highway 128 von St Helena oder State Highway 121 von Napa aus. An diesem See, der über ein längeres Ufer verfügt als Lake Tahoe, können Fischer Forellen und Barsche angeln und Freunde des Wassersports zwischen sieben Ferienanlagen wählen.

Weinberge en masse.

Am State Highway 29, der den **Clear Lake** säumt, liegen die Weinkellereien von **Lake County.** Neben Cabernet Sauvignon, Zinfandel und Sauvignon Blanc ist Lake County berühmt für seine Bartlett-Birnen und Walnüsse.

Die erste Station für Reisende von Napa County Richtung Norden ist die **Guenoc Winery** an der Butts Canyon Road nahe **Middletown.** Diese Weinkellerei gehörte einst der britischen Schauspielerin Lillie Langtry, einer Vertrauten des Prince of Wales und späteren Königs Edward VII.

Die weiten Gärten von **Kelseyville** umgeben **Konocti Winery.** Im Oktober trinkt man Cabernet Sauvignon und Johannisberger Riesling zu Bluegrass-Musik beim Erntefest von Konocti. Die von der Sonne aufgewärmten Gewässer des Clear Lake locken Barsch- und Welsfischer, Wasserskiläufer, Bootfahrer und Schwimmer an. Ferienanlagen säumen den See; man kann auch sein Zelt im **Clear Lake State Park** am Fuß des erloschenen Vulkans **Mount Konocti** aufschlagen.

Sonoma County: Sonoma wirkt wie ein buntes Flickwerk aus Landstraßen, Ortschaften, Weingärten und Hügeln. US Highway 101 führt ab **Petaluma** als Nord-Süd-Achse durch Sonoma County, über Santa Rosa, Healdsburg (Ausgangspunkt zu den Tälern von Alexander, Dry Creek und Russian River) und Cloverdale bis zum angrenzenden Mendocino County.

Sonoma Valley ist reich an Wein, Literatur und politischer Geschichte. (Das Wort *sonoma* bedeutet in der Sprache der Patwin-Indianer „Land des Häuptlings Nase", nach einem indianischen Führer mit ausgeprägtem Riechorgan.) Vallejo nannte es schwärmerisch „Tal des Mondes", und ebenso betitelte der Schriftsteller Jack London sein Buch über ausgelaugte Städter, die auf dem Land wieder zu sich finden. State Highway 12 führt über Sonoma und Kenwood durch das Tal. **Glen Ellen,** Jack Londons einstiger Zufluchtsort, liegt etwas abseits vom Highway.

Pater Altimira errichtete 1823 **Mission San Francisco de Solano,** Kalifor-

Am Silverado Trail.

niens letzte Mission. Vallejo gründete 1835 den Ort **Sonoma** als nördlichsten Vorposten des katholischen Spanien.

1846 geriet Vallejos Anwesen kurz in die Hände der Amerikaner, die Kaliforniens Unabhängigkeit proklamierten. Haraszthys Neuerungen auf dem Gebiet der Weinproduktion ließen die Bewohner schon 1856 erkennen, welches Potential in ihren Hügeln lag.

Heute beherrscht die riesige **Sonoma Plaza** den Ort. Die Plaza und die angrenzenden Straßen säumen restaurierte Adobehäuser und der **Sonoma State Historic Park** mit der Mission San Francisco de Solano, den **Sonoma Barracks** und Vallejos Haus.

Zwei Blocks von der Plaza entfernt liegen die teilweise noch aus Missionszeiten stammenden **Sebastiani Vineyards;** Sam Sebastiani führt sie in der dritten Generation. Die **Hacienda Wine Cellars** und die **Buena Vista Winery** östlich von Sonoma verbinden enge Beziehungen mit Haraszthy. In den Sommermonaten finden in Buena Vista klassische Konzerte statt.

Die Familien Gundlach und Bundschu sind seit über 125 Jahren in der Weinbranche tätig; Zinfandel, Cabernet Sauvignon und Merlot der **Gundlach-Bundschu Wine Cellars** sind besonders gut und werden weltweit exportiert. Das nahegelegene, allerdings sehr teure und schön ausgestattete **Sonoma Mission Inn and Spa** bietet Kureinrichtungen, Fitneßtraining und köstliche Mahlzeiten.

Zur **Valley of the Moon Winery** gehören teilweise auch die Weingärten des kalifornischen Politikers George Hearst, die aus dem 19. Jahrhundert stammen. Heute wächst hier ein guter Zinfandel. **Grand Cru Vineyards**, eine während des Weinbooms in den sechziger und siebziger Jahren entstandene, abgeschiedene Weinkellerei, bietet Picknickplätze sowie guten Gewürztraminer und Chenin Blanc.

Weiter nördlich am Highway 12 stößt man in **Kenwood** auf zwei Weinkellereien. **Kenwood Winery** produziert Zinfandel, Cabernet Sauvignon und Chenin Blanc. In **Chateau St Jean**

Unten: United Church of Cloverdale, Sonoma County.
Rechts: Sterling Winery, Calistoga.

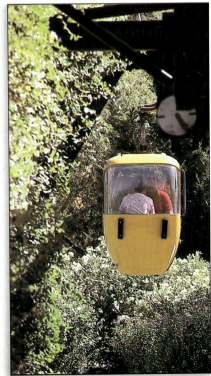

mit seinem mittelalterlich anmutenden Turm findet man Chardonnay und einen guten Johannisberger Riesling.

Der berühmte Botaniker Luther Burbank wählte **Santa Rosa** als Ort für seine Pflanzenexperimente aus. Er züchtete über 800 neue Pflanzen, darunter viele Obst-, Gemüse- und Blumensorten, mochte selbst jedoch eigentlich nur Spargel. Man kann sein Haus (nur im Sommer) und die Gärten (ganzjährig) im Herzen von Santa Rosa besichtigen.

Die drei direkt aneinandergrenzenden Parks von Santa Rosa bilden eine 2000 Hektar große Stadtoase mit einem Vergnügungspark für Kinder und einem See in **Howarth Park,** Booten, Zelt- und Picknickplätzen in **Spring Lake Park** sowie Wander- und Reitwegen in **Annadel State Park.**

Mendocino County: Vor hundert Jahren entdeckten die ersten Siedler, daß die Täler an der Küste und die trockenen Felskämme sich ideal zur Züchtung von Traubensorten eignen. In Mendocino County liegen die Weinkellereien vor allem nördlich von **Boonville** am Highway 128 und nahe dem US Highway 101 zwischen **Hopland** und **Willits.** Der erste Weingarten hier entstand 1879 in **Hopland** („Hopfenland"), das seinen Namen dem ertragreichen Anbau von Hopfen verdankt, der auf dem feuchten Boden des nahegelegenen Russian River gut gedieh. Die Prohibition setzte dem ein Ende, doch erwachte das Dorf 1977 mit der Gründung der Fetzer Vineyards zu neuem Leben.

Zwei Jahre später errichtete **McDowell Valley Vineyards** die erste solarbetriebene Weinkellerei des Landes, und 1983 eröffnete die Mendocino Brewing Company am Highway bei Center Street Kaliforniens erste Brauerei. Kleine, gute Brauereien sind die **Anderson Valley Brewing Company** mit dem schönen Buckhorn Saloon in Boonville und die **North Coast Brewing Company** in Fort Braggs.

Boonville liegt am südöstlichen (und wärmeren) Ende des 40 Kilometer langen Anderson Valley, das dem Lauf des

Weinproduktion im 19. Jahrhundert.

Navarro River folgt. In diesem Tal begann der französische Champagnerproduzent Louis Roederer 1983 mit dem Weinanbau.

Eine weitere Kellerei im Tal, **Greenwood Ridge Vineyards** in **Philo,** veranstaltet jeweils im Juli Weinproben-Meisterschaften; zu gewinnen sind kostenlose Ferien in den örtlichen Hotels und Weinfässer.

Weiter nördlich, im **Ukiah Valley,** sind seit 50 Jahren einige der ältesten Weingärten der Region angesiedelt; die meisten – **Hidden Cellars, Parducci, Whaler Vineyards, Dunnewood Vineyards** und **Weibel Cellars** – bieten Führungen, Kostproben und gutbestückte Geschenkläden.

Monterey County: Die 12 000 Hektar umfassenden Weingärten dieser Gegend im Süden von San Francisco sind in den Hängen der Gavilan Mountains im Osten und dem Küstengebirge Santa Lucia im Westen versteckt, weil diese Lagen günstige Bedingungen für die Bewässerung und Schutz vor kühlen Winden aus dem Salinas Valley bieten.

Zahlreiche Romane von John Steinbeck haben hier ihren Schauplatz. Die ersten Weinbauern kamen um 1960 von der South Bay in diese Gegend, in die sie aus den übervölkerten Großstädten flohen.

Viele Weinproduzenten haben Probierstuben in den beliebten Küstenorten **Monterey** und Carmel, die sich vor allem für Reisende mit wenig Zeit anbieten. An der **Cannery Row** in Monterey, einer quirligen Uferstraße voller Restaurants und Touristenläden, liegen die Probierstuben der Kellereien **Paul Masson, Bargetto** und **Roudon-Smith** nur wenige Blocks auseinander. Bei Paul Masson hat man vom ersten Stock einer alten Ölsardinenfabrik den besten Blick auf Monterey Bay. Dazu werden Proben von Sauvignon Blanc, Pinot Noir und Zinfandel serviert.

Der **Monterey Vineyard** südlich von Monterey am Highway 101 außerhalb von **Gonzales** ist ein schönes Gebäude im mediterranen Stil mit ultramoderner Einrichtung. Hier wird ausgezeichneter Chardonnay und Chenin

Unten: Weinprobe. **Rechts:** Laden am Straßenrand, Mendocino.

Blanc produziert. In der Galerie der Weinkellerei ist Ansel Adams' Schwarz-Weiß-Fotoessay von 1960 „The Story of a Winery" ausgestellt. Er dokumentiert die Geschichte der nicht öffentlich zugänglichen Weinkellerei von Paul Masson.

Abseits des Hauptstroms liegen zwei weitere Weinkellereien in diesem Gebiet. Der runde Tisch im Probierraum der phantasievollen, schloßartigen **Chateau Julien Winery** südlich von Carmel an der Carmel Valley Road erinnert an die Artussage. Eine Führung ist rechtzeitig zu reservieren. **Smith and Hook Vineyards** in Soledad ist eine ländliche Weinkellerei am Fuß der Santa Lucia-Berge und bietet eine gute Auswahl an Rotweinen.

Die Küste im mittleren Süden: Nahezu über Nacht (jedenfalls nach kalifornischen Maßstäben, denen zufolge Weinkellereien oft über 100 Jahre alt sind) wurde die Küstenregion bis nördlich von Santa Barbara zu einem bedeutsamen Faktor in der Weinproduktion. Seit 1970 entstanden über 40 Weinkellereien vornehmlich um Paso Robles, Edna Valley und weiter südlich im Santa Ynez Valley. Großproduzenten aus Napa-Sonoma wie Robert Mondavi erwarben hier Weingärten. Die Kellereien liegen dicht beieinander in drei Regionen mit bewaldeten Hügeln und lassen sich leicht mit dem Auto erkunden.

Etwa 25 Weinkellereien liegen östlich und westlich von **Paso Robles** verstreut entlang dem Vineyard Drive und State Highway 46. Anders als die Täler von Edna und Santa Ynez hat dieses Gebiet eine lange Weinbautradition. Die **York Mountain Winery** an der York Mountain Road (sie zweigt im östlichen Bereich des Highway 46 ab) wurde 1882 von Andrew York gegründet und ist wohl die älteste kommerzielle Weinkellerei von Südkalifornien.

Die ebenfalls alteingesessene **Pesenti Winery** am Vineyard Drive entstand unmittelbar nach Aufhebung der Prohibition im Jahr 1934 und wird bis heute von der Familie Pesenti betrieben. Neben ihrem prämiierten Cabernet Sauvignon und Riesling produziert sie auch einen interessanten herben Cidre. Leider werden die Proben in winzigen Gläschen ausgeschenkt.

Die 1984 eröffnete **Arciero Winery,** ebenfalls außerhalb von Paso Robles, gehört zum neuen Typ von Weinkellereien, mit modernster Einrichtung, einem eleganten Chateau mit spanischem Fliesendach und gepflegten Picknickplätzen. Die Kellerei kann auf eigene Faust entlang einer Führungslinie besichtigt werden.

Die älteste der acht Weinkellereien in Edna Valley stammt aus dem Jahr 1981. **Edna Valley Vineyard** an der Biddle Ranch Road außerhalb von San Luis Obispo bietet Pinot Noir und Schaumwein in sehr schlichter Atmosphäre. Die nahegelegenen, 1984 angelegten schönen **Corbett Canyon Vineyards** haben in den wenigen Jahren ihres Bestehens bereits einige Preise eingeheimst.

Weiter südlich produziert außerhalb von Arroyo Grande **Maison Deutz,** ein Joint-Venture-Unternehmen zwischen Wine World Inc. und der 150 Jahre alten französischen Champagnerfirma Deutz, edlen Schaumwein. Von dem eleganten hohen Probierraum blickt man auf den Pazifik.

Nach der Aufhebung der Prohibition im Jahr 1933 blieben die meisten Weinkellereien im **Santa Ynez Valley** verlassen. Erst 1971 eröffnete Richard Sanford seine **Sanford Winery** außerhalb von Buellton. Weitere berühmte Weinkellereien sind **Gainey Vineyard** am State Highway 246 südlich des Ortes Santa Ynez und **Firestone Vineyard,** nördlich von Santa Ynez an der Zacca Station Road. Letztere wurde von Brooks, dem Sohn des Reifenproduzenten Leonard Firestone, eröffnet.

Berühmt im Santa Ynez Valley ist auch der dänische Ort **Solvang** (übersetzt: „sonniges Feld"). Er wurde von einer Gruppe von Dänen im Jahre 1910 gegründet. Das bemerkenswerte Ensemble skandinavischer Architektur ist mittlerweile eine Touristenattraktion. Die Flügel der malerischen Windmühlen drehen sich, produzieren allerdings nichts außer idyllischer Stimmung. Im Sommer findet in Solvang ein Open-Air-Theaterfestival statt. **Cheers!**

SACRAMENTO

Sacramento hat 385 000 Einwohner und ist die Hauptstadt Kaliforniens, die jedoch seit jeher im Schatten des beliebteren und berühmteren San Francisco steht. Der einstige Provinzort voller Hitze und Staub, in der Mitte des 725 Kilometer langen Central Valley an der Kreuzung der US Highways 5, 80 und 50 gelegen, hat sich von Besuchern, die ohne Vorwarnung hierherkamen, schon manch beißende Bemerkung anhören müssen.

Vorherige Seiten: Dampfroß im Eisenbahn-Museum, Sacramento. **Links:** Das State Capitol (Regierungssitz des Staates Kalifornien).

Die Stadt entstand am Zusammenfluß von Sacramento und American River, dort, wo Passagiere aus San Francisco von Bord der Dampfschiffe gingen, um landeinwärts nach Gold zu suchen. Sacramento war westlicher Endpunkt des Pony Express und später der transkontinentalen Eisenbahn. Bis heute ist es ein Verkehrsknotenpunkt.

Immerhin war da das Gold, und das machte Sacramento erstmals berühmt; die Siedlung hieß zunächst New Helvetia Colony, bis 1848 James Marshall im nahegelegenen Vorgebirge der Sierra Gold entdeckte. In der darauffolgenden Zeit des Goldrauschs blühte Sacramento, das seit 1845 Hauptstadt war, auf.

Heute ist es eine Metropole mit zahllosen Gewerbegebieten, ausgedehnten Parks mit altem Baumbestand, großen Einkaufszentren, Vorstädten und einem dichten Netz breiter Schnellstraßen, die die Wege kurz machen. Doch selbst die Einheimischen meinen, wenn sie „in die Stadt" gehen wollen, San Francisco. Bis vor kurzem war Sacramento mehr oder weniger das große, wohlhabende, baumbeschattete Kuhdorf. Ungefähr 100 000 Bäume stehen hier, ein Viertel davon Ulmen, die nun durch eine heimtückische Baumkrankheit gefährdet sind.

Willkommener Schatten: Die Bäume sind lebensnotwendig, denn im Gegensatz zu seiner schillernden Nachbarstadt an der Küste ist Sacramento im Hochsommer ein Brutofen; die Temperaturen liegen oft tagelang bei über 40 °C. Im Winter hängt wochenlang dichter Nebel über der Stadt, begünstigt durch ihre tiefe Lage im 240 Kilometer langen Sacramento Valley. Nur wenig nördlich der verschlungenen Wasserwege und flachen Inseln im sogenannten Delta liegt die Stadt am südlichsten Punkt, der auch von den winterlichen Überflutungen noch relativ verschont bleibt.

In den letzten Jahren hat sich Sacramento zu einer fortschrittlichen und bedeutenden Stadt entwickelt, die eine feste Größe am pazifischen Markt und außerdem die kleinste amerikainsche Stadt ist, die sich eine Schmalspurbahn für Pendler geleistet hat. 1989 legte Sacramento als erste amerikanische Stadt aufgrund einer Volksabstimmung ein Atomkraftwerk still. In der Basketballiga mischen die Kings aus Sacramento kräftig mit.

Hinter den imposanten Spiegelglasfassaden der Bürotürme von Sacramento sind noch deutliche Spuren des alten Westens zu finden. Unterhalb der Gabelung von Sacramento und American River liegt **Old Sacramento** mit

Sacramento 231

den gut restaurierten Bahnhöfen des alten Pony Express und der transkontinentalen Eisenbahn.

Ein nachmittäglicher Spaziergang an der sogenannten **Museum Mile,** sie erstreckt sich in dem Gebiet zwischen dem Fluß, dem Freeway und der 16th Street), führt den Besucher zum **California State Railroad Museum** mit über 50 restaurierten Lokomotiven aus der Blütezeit der kalifornischen Eisenbahn. Das **Sacramento History Center** ist eine Rekonstruktion des Wasserwerks und des Rathauses aus dem Jahr 1854, und das **Crocker Art Museum** gilt als ältestes Kunstmuseum westlich des Mississippi.

An der Front Street, ein paar Blocks von der Altstadt entfernt, liegt das **Towe Ford Museum** mit der weltweit größten Sammlung eines einzelnen Autofabrikats. **Broderick** am anderen Ufer war vor hundert Jahren die erste Lachskonservenfabrik der Welt.

Im Zentrum: An der Nordwestecke der Museum Mile stehen das restaurierte **California State Capitol** mit täglichen Führungen zu jeder vollen Stunde, die alte **Governor's Mansion,** eine viktorianische Villa von 1877 und zwischen 1903 und 1967 Wohnsitz von 13 kalifornischen Gouverneuren, sowie das restaurierte **Sutter's Fort.** Etliche Straßen weiter nördlich weiter nördlich, in 1701 C Street, liegt das **Blue Diamond Visitors Center** der Del Monte Corporation's Packing Plant #11, der letzten noch betriebenen Konservenfabrik der Stadt. Bei den kostenlosen Führungen (nach Vereinbarung täglich, Tel. 916-446-8409) kann der Besucher an einer Filmvorführung teilnehmen und die schmackhaften Mandeln kosten, die früher auf vielen Flügen serviert wurden, bis die Fluggesellschaften zu den billigeren Erdnüssen überwechselten.

Sacramentos Veranstaltungskalender verleiht der Stadt urbanes Flair. Im Mai findet in Old Sacramento das Dixieland Jazz Jubilee statt, das weltweit größte Dixieland-Festival mit über 120 Bands aus aller Herren Länder. Höhepunkt des Sommers ist der California

Old Sacramento.

State Fair, ein 18tägiges Volksfest Ende August auf dem Gelände der **California State Exposition,** dem offenen Ausstellungs- und Festplatz der Stadt. Im Herbst finden sich große Stars zum Sacramento Blues Festival ein, und in **Camino** am weiter östlich gelegenen Highway 50 präsentieren die 43 Farmer der Umgebung beim Apple Hill Growers Festival ihre schönsten Früchte, Kuchen und andere Köstlichkeiten.

In **Folsom** spürt man noch den Geist der Goldrausch-Ära; der gleichnamige See ist ein großes Erholungsgebiet.

Placerville (8500 Einwohner) an der Kreuzung von US 49 und State Highway 49 ist der größte Ort im Umkreis und hieß in der Zeit des Goldrauschs Hangtown. John Studebaker, der Erfinder des gleichnamigen Automobils, arbeitete hier zu Beginn des Jahrhunderts als Schmied.

Das Deltagebiet: Als die Goldsucher da waren, drängten sich Bars, Bordelle und Spielhallen am Ufer von Sacramento. Heute ist es bei Hausbootbesitzern, Wasserskiläufern, Anglern und Seglern beliebt als Zugang zum **Sacramento River Delta.** Das Delta besteht aus den Flüssen Sacramento, Mokelumne und San Joaquin, die etwas östlich der San Francisco Bay zusammenfließen und ein 1600 km langes Labyrinth befahrbarer Wasserwege bilden. Wegen der Ähnlichkeit mit der üppigen Landschaft des tiefen Südens der USA wurden hier die Filme *Huckleberry Finn* und *Porgy and Bess* gedreht – die stabile Wetterlage Kaliforniens gab den Ausschlag für diesen Drehort.

Dank Tausender chinesischer Arbeiter, die die Deiche mit Schaufel und Schubkarren buchstäblich von Hand errichteten, wurde die weite Sumpflandschaft des Deltas größtenteils in ein Anbaugebiet für Tomaten, Spargel, Birnen und Zuckerrohr umgewandelt.

Der State Highway 160 verläuft entlang der Deiche und überquert immer wieder den Fluß, wo Tausende von Ausflugsbooten ankern und nach dem allgegenwärtigen Wels geangelt wird. Zu dieser Flußregion gehören Hunderte von Inseln und reizvolle historische Orte wie **Walnut Grove,** wo sich einst Flußpiraten herumtrieben, und **Locke,** eine Siedlung für diejenigen chinesischen Arbeiter, die nach der Fertigstellung der Central Pacific Railroad 1870 ins Delta strömten. Die Hauptstraße in Locke hat noch etwas von der Atmosphäre des alten Westens.

Der Hafen von **Stockton,** auch „Tor zum Delta" genannt, wirkt eher wie ein Flußhafen als sein größerer Nachbar flußaufwärts, weil hier der Fluß mitten durch die Stadt führt. Der ältere Teil des Ortes wurde in den sechziger Jahren abgerissen, doch gibt es noch einige uralte Häuser, das Haggin Museum zur Geschichte der Region und mehrere Weinkellereien, die kostenlose Proben bieten.

Mit zunehmender Verschlammung der Flüsse kamen die Raddampfer aus der Mode. Einer jedoch verkehrt noch, wenn auch nicht täglich: die 34 Meter lange *Spirit of Sacramento* veranstaltet tagsüber und um die Dinner-Zeit eine einstündige Tour ab der Anlegestelle an der L Street. Ein- und zweitägige Kreuzfahrten zum Delta starten regel-

Hausboote am Sacramento River Delta.

mäßig vom Hafen aus; man kann auch eine Strecke per Schiff und zurück mit dem Bus fahren.

Fruchtbares Tal: Die Stadt Sacramento liegt im Sacramento Valley, dem vom Sacramento durchflossenen nördlichen Drittel des Central Valley. Der Haupterwerbszweig in Kalifornien, die Landwirtschaft, hat hier ihr Zentrum. Am Straßenrand werden Kostproben feilgeboten. Kein Feinschmecker-Restaurant kann je den vollen Genuß beim Verzehr eines safttriefenden Fay-Alberta-Pfirsichs aus der Gegend von Marysville ersetzen. An den kleinen Ständen werden nur eigene Produkte angeboten, die von der Verpackungsverordnung ausgenommen und deshalb frischer und preiswerter sind.

Am State Highway 70 liegt **Marysville,** ein altes Goldsucherlager mit Hafen für Raddampfer auf den Flüssen Feather und Yuba. Am Ende des Yuba-Deichs im Zentrum liegt der **Bok Kai Temple,** der von den chinesischen Gesellschaften (*tongs*) sorgfältig gepflegt wird. Zentralgottheit des Schreins ist Bok Kai, der für Frühjahrsregen und reiche Ernte zuständig ist. Jeweils im März findet in Marysville ein Bok Kai Festival mit Umzügen statt.

Weiter nördlich am Highway 99, etwa eine Stunde von Sacramento entfernt, ragt eine Bergkette empor, die **Sutter Buttes.** Die Landbesitzer erlauben Besuche allerdings nur mit Führung; Informationen erteilt Allan Sartain in Davis (Tel. (916) 756-6283).

Nördlich und westlich der Bergkette sammelt sich im Winter in der Tiefebene von **Buttes Sink** eine erstaunliche Vielfalt von Wasservögeln. Die beste Aussicht bietet **Gray Lodge** westlich von **Live Oak** und **Gridley.**

Eichen im Park: Etwa zwei Autostunden nördlich von Sacramento liegt **Chico,** eine Farmersiedlung mit College, die von General John Bidwell etwa um die Zeit gegründet wurde, als Sutter Sacramento gründete. Bidwells bedeutendste Hinterlassenschaft ist der **Bidwell Park** im Herzen der Stadt mit 800 Hektar grandioser Eichenwälder entlang des Big Chico Creek.

Abendstimmung in Chico.

ERINNERUNGEN AN SACRAMENTO

Joan Didion zählt zu den bekanntesten kalifornischen Schriftstellerinnen *(Menschen am Fluß, Überfall im Central Park)*. Sie ist in Sacramento aufgewachsen. An diese Zeit erinnert sie sich in einem kurzen Beitrag.

Ich wurde im Mercy Hospital an der J-Straße geboren. Eine Zeitlang lebten wir in der Stadt, in der U-Straße, später, nach dem Zweiten Weltkrieg, zogen wir aufs Land in Richtung Carmichael. Wir wohnten in einer Scheune, die wir zu einem Wohnhaus umbauten. Wir hatten etwa 40 000 m² Land zur Verfügung, auf dem viele Eichen standen.

Damals gab es dort viele Bauernhöfe und Viehzüchter. Die Höfe wurden mit dem Niedergang der Landwirtschaft in Wohnparzellen aufgeteilt, ebenso wie unser großes Grundstück. Später zogen wir wieder in die Nähe der Stadt.

In meiner Kindheit war es in Sacramento heißer als jetzt. Das klingt zwar, als ob eine Oma von ihrer alten Heimat schwärmt, aber es stimmt wirklich. Staustufen im Fluß ließen Wasserflächen entstehen, die einen mäßigenden Einfluß auf die Temperatur hatten. Im Sommer gingen wir nachmittags immer zum Baden. Wir hatten zwar keinen eigenen Swimmingpool, kannten aber die richtigen Leute. Das Tollste war, den ganzen Nachmittag naß zu bleiben und dann in ein Cabriolet oder auf die offene Ladefläche eines Lastwagens zu springen und heimzukommen, bevor der Badeanzug trocken war.

Damals hatte man noch keine Klimaanlagen; im Sommer war es in den Häusern dunkel, die Gardinen wurden zugezogen, die Fenster geschlossen. In der kühlen Abenddämmerung veränderte sich die Atmosphäre im Haus. Wir rissen die Fenster auf, und alles belebte sich, und wir machten uns bereit für einen geschäftigen, geselligen Abend. Die kühle Luft hatte uns von der Trägheit des heißen Tages erweckt: Alles schien nun wieder möglich.

Politik in der Hauptstadt Sacramento erlebte ich so: Einmal im Jahr mußten wir zu einer Parlamentssitzung ins Kapitol. Der Vater meiner besten Freundin war Lobbyist, und ihre Mutter mußte einmal jährlich eine Teegesellschaft für alle Frauen der Abgeordneten geben. Wir wurden dabei zum Bedienen gebraucht.

Ein paarmal war ich in Old Town, der für Touristen rekonstruierten Altstadt von Sacramento. Einmal ging ich an einem sehr heißen Tag mit meiner Mutter und meiner Tochter Quintana dorthin. Quintana trug ein Kleid und als Sonnenschutz einen großen Hut von meiner Mutter. Alle Läden waren geschlossen, und so lastete mit der Hitze auch eine ungewohnte Stille auf den Straßen. Quintana lief auf den hölzernen Bürgersteigen vor uns her – eine Miniaturausgabe der stolzen Frauen aus der Pionierzeit. Ich dachte an den Urgroßvater meines Vaters, der hier einen Saloon betrieb, als es noch nicht „Old Sacramento", sondern schlicht „Sacramento City", die echte Grenzstadt am Fluß war. Und hier spazierte nun meine Tochter über diese gottverlassene Western-Straße. Es war ein seltsames Aufeinandertreffen von Generationen und Kulturen.

Das einzig Konstante an dem Kalifornien meiner Kindheit ist die Schnelligkeit, mit der es verschwindet. ∎

SAN JOAQUIN VALLEY

Das San Joaquin Valley zwischen der wilden Küste und der ehrfurchtgebietenden Sierra leidet an Imageproblemen, die denen des Mittelwestens ähneln. Verglichen mit den spektakulären Landschaften, in deren Mitte es liegt, verströmt die Monotonie der flachen Felder eher Langeweile – so wenigstens die landläufige Meinung.

Etwa 500 000 sogenannte Okies, Wanderarbeiter aus Oklahoma und anderen ausgedörrten Präriestaaten, kamen während der Weltwirtschaftskrise hierher und inspirierten John Steinbeck zu seinem Roman *Die Früchte des Zorns*. Ungeachtet der Schikanen durch alteingesessene Kalifornier strömten sie mit vollbepackten, klapprigen Autos auf der alten Route 66 durch die Mojave-Wüste nach Westen.

Was aus ihnen wurde? Fast jeder achte Kalifornier, das sind vier Millionen Menschen, ist ein Nachfahre der Okies, und das Zentrum dieser familienorientierten Gemeinschaft liegt nach wie vor im San Joaquin Valley. Ein Okie meinte, jeder Ort in diesem Tal „könnte genausogut Tulsa oder Little Rock oder Amarillo sein. ... Hier lebt man mit derselben Moral und Kirche und mag dieselbe Musik und Politik."

Die Landwirtschaft ist Kaliforniens größter Wirtschaftszweig. Mehr als die Hälfte des jährlichen Gesamtertrags aus Farmprodukten in Höhe von 14 Milliarden Dollar wird im San Joaquin Valley erwirtschaftet. Allein Fresno County produziert Waren im Wert von zwei Milliarden Dollar und ist damit die Nr. 1 unter Amerikas Farmgebieten. Mit einer Fläche von über 400 000 ha Schwemmlandboden ist das Tal eins der produktivsten Anbaugebiete der Welt.

Mit dem jüngsten Bevölkerungszuwachs erlebten die Städte einen neuen Aufschwung als Geschäfts- und Industriezentren. Herzstück der Region sind aber nach wie vor die Felder, Obstgärten und Konservenfabriken. Das Wohlergehen des Tales hängt stärker von Regenfällen als von wirtschaftlichen Schwankungen ab.

Das kostbare Wasser macht das San Joaquin Valley zum Anbau- und Erholungsgebiet zugleich. Neben dem Sacramento River Delta und seinem gigantischen Bewässerungssystem fließen mehrere große kalifornische Flüsse durch die Region – **San Joaquin, Stanislaus, Tuolumne, Merced, Kings** und **Kern**. Die meisten sind für ihre ungezähmten Wildwasserstrecken bekannt.

Als Weinanbaugebiet ist San Joaquin Valley zwar nicht so berühmt wie Napa Valley, mit Dutzenden von Weinkellereien verfügt es aber über große Kapazitäten. Entlang der Straßen, die im übrigen Staat neuerdings von Fachgeschäften und Vergnügungsparks gesäumt werden, gibt es hier noch Ranches, Konserven- und Schokoladenfabriken sowie Parks und Nußbäume.

Tal im Herzen Kaliforniens: Obwohl der Name häufig fälschlich für das gesamte Central Valley verwendet wird, umfaßt das San Joaquin Valley nur die

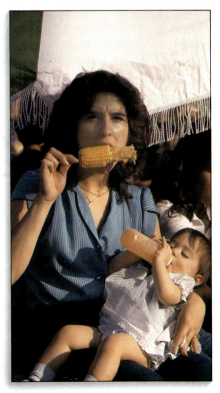

Vorherige Seiten, links und rechts: Fresno County im San Joaquin Valley gilt als bestes Anbaugebiet der amerikanischen Landwirtschaft.

südlichen zwei Drittel des 725 km langen und 80 km breiten Beckens. Es folgt dem Lauf des **San Joaquin River** zum Delta von San Joaquin und Sacramento, wo die Flüsse in die San Francisco Bay münden.

Das San Joaquin Valley ist die Lebensader Kaliforniens. Eine Autostunde östlich von San Francisco überquert die Interstate 580 den **Altamont Pass,** einen der windigsten Orte an der Küste. Bergab kreuzt der Highway eine Abzweigung des **California Aqueduct.** Man hat das Tal erreicht, wenn plötzlich die schwerbeladenen Laster mit Ketchupflaschen und Obstkonserven die Straße beherrschen.

Auf den ersten Blick wirkt das flache und baumlose Tal ziemlich reizlos. Zwei Routen durchqueren es von Nord nach Süd: die Interstate 5 ist die Hauptverbindung zwischen Los Angeles und der Bay Area, ein garantiert freier und uninteressanter Highway, auf dem man in sechs Stunden von San Francisco nach Los Angeles gelangt. Alle Ost-West-Strecken kreuzen das Tal.

Ein kleiner Abstecher südwestlich von Fresno führt nach 19 km zu einer der berühmtesten Sehenswürdigkeiten des Tals. Die Ölfelder nördlich von **Coalinga** – dem kleinen Ort, der im Sommer 1983 eine Reihe von verheerenden Erdstößen überstand – sind ein überraschender Anblick in der sonst öden Landschaft: die Ölpumpen sind als Indianerfiguren, Tiere und mythische Wesen „verkleidet".

State Highway 99, die zweite Nord-Süd-Route, ist die Hauptverbindung für alle, die geschäftlich unterwegs sind. Auf ihr fährt man langsamer, sieht dafür aber mehr vom Tal, weil man durch die dichtbesiedelten Regionen fährt und Straßenstände mit köstlich frischer Ware locken.

Eine Abzweigung vom Highway 99 nahe dem Ort **Ripon** führt kilometerweit durch Mandelbaumhaine zum 100 Hektar großen **Caswell State Park.** Von Eichen beschattete Wege, Zeltplätze und Strände am Stanislaus River bieten Erholung im Sommer, wenn die Temperaturen bis zu 38 °C betragen.

Maisernte, Madera County.

Dank des Zuflusses aus dem **Melones Reservoir** ist das Wasser des Stanislaus auch im heißesten Sommer kühl und tief. Die letzte Wildwasserstrecke mehrere Kilometer stromaufwärts fiel dem Staudamm zum Opfer, doch kann man im Fluß immer noch gut schwimmen und angeln. Die **McConnell State Recreation Area,** 13 Kilometer südlich von Modesto am Merced River, bietet neben Schwimmen und Angeln auch Zelt- und Picknickplätze.

125 km östlich von San Francisco, zwischen Interstate 5 und Highway 99, wo das gesamte Tal von Sümpfen und Schlammregionen durchzogen ist, liegt **Stockton,** die „Königin" des Deltas. Die alte Bergwerkssiedlung besitzt den ältesten und größten Binnenflußhafen des Staates und erinnert noch an die Blütezeit der Stadt um 1910. Die hier ansässige **University of the Pacific** gilt als die erste vom Staat Kalifornien zugelassene Universität. In den chinesischen, mexikanischen und amerikanischen Gaststätten – sie spiegeln die Zusammensetzung der Bevölkerung in dieser Region wider – wird gutes und preiswertes Essen serviert.

In **Lodi,** 16 km weiter nördlich am **Mokelumne River,** liegt der **Micke Grove Park and Zoo** mit Gärten, Swimming Pool, Kinderkarussells und Picknickplätzen. Die Probierstube der **Guild Wineries** am Highway 12 ist ganzjährig geöffnet. Zwischen Stockton und dem Gebiet um **Modesto** liegen mehrere Weinkellereien, darunter auch **E & J Gallo,** die weltgrößte Weinkellerei in Privatbesitz.

Am Anfang war die Bahn: Wie viele andere Städte Kaliforniens entstand auch **Modesto** als Station der Bahnlinie der Central Pacific Railroad. Wie fast überall im Tal steht auch hier die Nahrungsmittelproduktion im Vordergrund. Eine „Gourmet Taste Tour" macht bei einer Mandelbörse, einer Pilzfarm, einer Käserei, einer Schokoladenfabrik von Hershey und hiesigen Weinkellereien Station.

Merced, auf halbem Weg zwischen Modesto und Fresno, bietet Zugang zum Yosemite Valley. Eine Attraktion

Saftige Früchte: An heißen Tagen ein Genuß.

sind die drei Dutzend gut erhaltenen alten Kampfflugzeuge des **Castle Air Museum**.

Fresno (515 500 Einwohner) ist der schlafende Riese von Zentralkalifornien. Der Bahnhof an einem Weizenfeld mauserte sich allmählich zu einer Stadt mit elf Autobahnausfahrten, vielen Hochhäusern, eigenem Symphonieorchester sowie dem exzellenten **Metropolitan Museum of Art, Science and History**. Fresno ist das Finanz- und Kulturzentrum und das Herz des Dienstleistungs- und Geschäftssektors im San Joaquin Valley. Zwei Weinkellereien – **Cribary Winery** und **A. Nonini Winery** – bieten Führungen an.

Im **Roeding Park** direkt am Highway 99 in West-Fresno gibt es einen Zoo mit über 1000 Tieren, das „Playland" mit Karussells und das „Storyland", ein Dorf, in dem Märchenfiguren aus Gips ihre Geschichte erzählen.

Der **Woodwark Park** im Herzen von Fresno beherbergt einen japanischen Garten und ein Vogelschutzgebiet. Die spektakulärste Attraktion der Stadt ist **Forestiere Underground Gardens** in 5021 Shaw Avenue. Hier lebte einst der Bildhauer und Gartenarchitekt Baldasare Forestiere, der im Lauf von 40 Jahren eigenhändig ein Labyrinth aus dem Untergrund meißelte, das aus 100 Räumen, Passagen und Höfen besteht.

Trotz seiner zunehmenden Bedeutung als Kultur- und Wirtschaftszentrum des Tales hat Fresno immer noch etwas von einer amerikanischen Kleinstadt an sich. An den Wochenenden wird der Rasen gesprengt, das Auto gewaschen und Football geschaut – entweder im Fernsehen oder im College-Stadion. Abends treffen sich die jungen Leute in Buchhandlungen und im Theater oder fahren mit dem Auto über die breiten Boulevards der Stadt.

Fresno ist als einzige Stadt der USA von drei Nationalparks jeweils nur eine gute Autostunde entfernt. Von seinem kleinen Flughafen starten 90minütige Rundflüge über Yosemite.

Das jährliche Rodeo im benachbarten **Clovis** am letzten Wochenende im April präsentiert zwei Tage lang Cowboys, die Kunststücke im Zureiten und Lassowerfen vorführen. Das ganze Jahr über sieht man Büffel in der 64 Kilometer nordwestlich gelegenen **Safari World** in **Coarsegold**.

Das San Joaquin Valley ist leider auch für einige unerfreuliche „Naturphänomene" bekannt. Das sogenannte „valley fever", eine kaum bekannte Erkrankung der Atemwege, verbreitet sich durch die vom starken Wind aufgewirbelten Sporen eines Pilzes, der in den trockenen Regionen des Tals wächst. Im Dezember und Januar liegt das Tal mitunter tagelang in dichtem Nebel, der den Verkehr und das Wohlbefinden der Menschen beeinträchtigt.

Ihre „Zweitrangigkeit" macht den Bewohnern des San Joaquin Valley jedoch wenig aus. Hier lebt man von der Landwirtschaft, und zwar so erfolgreich wie kaum sonst irgendwo auf der Welt. Die nahegelegenen Goldminen sind seit langem verlassen, doch das Tal erfreut sich nach wie vor eines allgemeinen Wohlstands und ist heute eines der am schnellsten expandierenden Gebiete des Staates.

Links: Rohstoff Tomate. Rechts: 14 Milliarden Dollars steuern die kalifornischen Bauern zum Bruttosozialprodukt bei.

AUF DEN SPUREN DER GOLDGRÄBER

Vorherige Seiten: Fiddletown an der Mother Lode, der ergiebigsten Goldader Kaliforniens. **Links und unten:** Goldrausch.

Der Goldrausch endete nicht etwa, weil die Goldvorkommen auf einmal zu Ende gegangen wären. Obwohl schon große Mengen des edlen Metalls geschürft worden waren, lagen noch genügend Reserven im kalifornischen Boden. Diese lagen aber so tief unter der Erde, daß es immer schwieriger, teurer und gefährlicher wurde, danach zu graben. Schließlich lohnte sich die Suche nicht mehr, und die Goldgräber machten sich auf, an anderer Stelle ihr Glück zu suchen.

Die Geologen gehen davon aus, daß die Hauptader jetzt noch mindestens so viel Gold enthält, wie im vergangenen Jahrhundert gefördert wurde; manche sagen, jene 3000 Tonnen machten gar nur zehn Prozent der noch vorhandenen Vorräte aus. Nach diesem üppigen „Rest" graben noch heute viele Glücksritter. Neben vollautomatisierten Grabmaschinen, die tiefer und tiefer in die Berge eindringen, sind noch immer die zähen „Oldtimer" am Werk, die an Bergflüssen hocken und den Goldstaub in Blechpfannen herauswaschen.

Der Rausch des 20. Jahrhunderts an den Berghängen zwischen Mariposa und Nevada City allerdings wurde nicht von Edelmetallen ausgelöst, sondern vom Immobilienmarkt. Am State Highway 49, der wichtigsten Strecke durch das sogenannte Gold Country, sieht man mehr Werbetafeln von Grundstücksmaklern als Geisterstädte.

Die Goldgräberei war immer ein hartes Geschäft; leichter hatten es diejenigen, die von den Goldgräbern lebten. Reich wurden durch den kalifornischen Goldrausch vor allem die Einzelhändler. Levi Strauss lieferte die widerstandsfähigen Hosen, Philip Armour handelte mit Fleisch. Mark Twain und Bret Harte schrieben über die Goldgräber populäre Geschichten, wohingegen John Marshall, der die ersten Goldklumpen gefunden hatte, verarmt starb.

Gold und andere Resourcen: Die sanfte Landschaft des Gold Country hütet ihre Schätze gut. An den unteren Hängen, wo der Frühling im März beginnt, wächst an den Straßenrändern Wilder Senf, eine Pflanze, mit der man Salate würzt und die die Viehweiden kilometerweit mit gelben Blüten bedeckt.

Im Frühling wandert die Blüte der Blumen immer weiter hügelan, bis ganze Berghänge mit dem Blau und Purpur der Lupinen und Liliengewächse eingefärbt sind. Daneben gibt es Rittersporn, Purpurwicken, Hainblumen und Judasbaum, einen kastanienbraunen blühenden Busch. Bis im Juni die Mohnblumen blühen, brechen im Canyon des Merced River bei Metzler's immer neue Wasserfälle hervor.

Mariposa, die südlichste der alten Goldgräberstädte, bietet sich als Ausgangspunkt für eine Tour an. Wie ein Großteil des Goldgräbergebiets lebt Mariposa heute von Vieh- und Holzwirtschaft und dient außerdem als Erholungsgebiet für gestreßte Städter, die mit dem Auto oder dem Zug von San Francisco und Oakland kommen. Von Merced bringt ein Bus Touristen nach Yosemite und hält unterwegs in Mari-

Spuren der Goldgräber

posa, wo es das älteste noch genutzte Gericht des Staates und eine große Sammlung von Mineralien aus ganz Kalifornien zu sehen gibt.

In dieser Region lebte Murieta, eine Art mexikanischer Robin Hood, der angeblich zu Unrecht von englischen Minenarbeitern beleidigt und geschlagen wurde und danach aus Rache als Bandit sein Unwesen trieb. Seriöse Historiker halten diese Geschichte für eine Legende.

Unumstritten ist die Existenz John Charles Frémonts, der um 1850 nördlich von Mariposa in **Bear Valley** lebte und dem praktisch die gesamte Gegend einschließlich des Goldes in der Erde gehörte. Mit Unterstützung von Kit Carson erkundete und markierte Frémont viele Strecken über die Berge nach Kalifornien. Frémont wurde 1850 der erste Senator des neuen Staates Kalifornien und der erste republikanische Kandidat für die US-Präsidentschaft.

Von seinem Wohnsitz in Bear Valley aus erlebte Frémont, wie die Gewinne aus seiner Mine von Anwälten und Geschäftskosten aufgefressen wurden. Heute kann man in Bear Valley die Ruinen seines Hauses, einen Laden und die Odd Fellows Hall besichtigen.

Auf dem Highway 49 (einer atemberaubenden Serpentinenstraße) zwischen Bear Valley und **Coulterville** sieht man noch, wie das Land zur Zeit der Goldgräber war – rauh, strapaziös und wunderschön. Von den vielen Minen entlang der Straße sind nur noch wenige in Betrieb. Weder offene noch stillgelegte Minen sollte man ohne Führung betreten: die Gefahren für Leib und Leben sind zu groß.

Wo sich heute das technische Meisterwerk des **Lake McClure** ausbreitet, lagen früher der Merced River, der Ort Bagby, eine Bahnlinie nach Yosemite und einige Minen. Im See tummeln sich Regenbogenforellen, Sonnenfische, Barsche und Katzenfische.

Coulterville selbst wirkt so malerisch, als hätte man es irgendwo in Hollywood gebaut und hier Stück für Stück wieder zusammengesetzt. Der Ort ist durch keine Autobahn verschan-

Goldwäsche bei Mariposa: Auch Touristen versuchen ihr Glück.

delt und wirkt authentisch verstaubt. Die 25 Bars aus der guten alten Zeit sind zwar verschwunden, aber im **Jeffrey Hotel** mit seinen meterdicken Adobemauern bekommt man nach wie vor ein gut gekühltes Bier.

Auf der Fahrt bergab ins Tal des **Tuolumne River** kommt man am Wasserkraftwerk **Moccasin** vorbei, das San Francisco mit Wasser und zum Teil auch mit Strom versorgt. Die zuständigen Behörden haben dafür einen hohen Preis in Kauf genommen: Durch den Damm oberhalb des Ortes Moccasin wurde das reizvolle Hetch-Hetchy-Tal zerstört, dessen Schönheit nach Meinung vieler Pioniere mit der von Yosemite vergleichbar gewesen sei.

Etwas weiter am Highway 49 liegt **Chinese Camp,** das trotz seines Postamts und einer Handvoll zäher Bewohner fast wie eine Geisterstadt wirkt. Beim ersten Goldrausch lebten hier Tausende chinesischer Bergarbeiter. Als nach der Vollendung der transkontinentalen Eisenbahnlinie die meisten Arbeiter entlassen wurden, erlebte die Stadt einen zweiten Goldrausch. Damals wurden viele der alten Goldminen an der Oberfläche noch einmal genauestens abgesucht.

Mark Twain schrieb über die Geisterstädte, die bereits bei seinem Besuch des Gold Country im Jahr 1864 verlassen waren: „Man mag es kaum glauben, daß hier einst eine blühende Kleinstadt von 2000 oder 3000 Seelen stand ... In keinem anderen Land sind in heutiger Zeit Orte so absolut dahingegangen und verschwunden wie in den alten Minengebieten von Kalifornien." Auf dem Höhepunkt des Goldrauschs lebten 5000 Goldgräber in Chinese Camp.

Sonora, das seinen Namen dem mexikanischen Bundesstaat verdankt, aus dem viele Goldgräber kamen, ist von Grundstücksmaklern heiß umworben. Innerhalb der Stadtgrenzen, die von Einkaufszentren gezeichnet sind, leben die Bewohner dicht gedrängt auf kleinen Grundstücken. Auch wenn die Wasser- und Müllkapazitäten der Gemeinde überstrapaziert sind und der Verkehr überhandnimmt: Jeder will

Restaurant in El Dorado.

Spuren der Goldgräber 249

hier wohnen, weil Sonora noch immer so schön ist wie zur Zeit des Goldrauschs und der Geist dieser Ära in der malerischen Innenstadt erhalten blieb.

Gold im Überfluß: Um 1870 fanden Minenbetreiber am nördlichen Ende von Sonora eine fast reine Goldader. Sie sollen an einem Tag Gold im Wert von 160 000 Dollar gefunden haben. Das Goldnest gehörte zu *La Veta Madre* (Mother Lode), der legendären Hauptader, die bis heute Goldgräber in die dunklen Tunnel lockt.

Columbia, das Juwel von Tuolumne County, liegt ein paar Minuten nördlich von Sonora abseits des Highway 49. Der alte Ort wurde als Museumsdorf erhalten. Ähnlich wie in Williamsburg, Virginia, demonstrieren verkleidete Museumsangestellte alte Handwerkskünste und Lebensweisen.

Einst hatte Columbia 15 000 Einwohner, 50 Saloons, konkurrierende Tageszeitungen und mindestens eine Kirche. Innerhalb von zwanzig Jahren wurde hier Gold im Wert von 90 Millionen Dollar zutage gefördert. Die meisten restaurierten Straßen sind für den Autoverkehr gesperrt, doch der nostalgische Reiz des Ortes erschließt sich ohnehin am besten zu Fuß. Neben Läden, Theatern und einem Museum stößt man auf das prächtige **Columbia City Hotel,** in dem Hotelfachschüler eine exzellente Küche servieren.

Am Highway 49 Richtung Norden weist ein Schild auf den Gipfel des **Jackass Hill** (Eselshügel) hin, wo Mark Twain im Jahr 1864 wohnte. Hier in Jackass hörte Mark Twain seine wohl berühmteste Geschichte, „Der berühmte Springfrosch der Provinz Calaveras." Die eigentlichen Springfrösche leben bis heute etwas weiter nördlich in **Angels Camp.**

Twains Hütte wurde um die ursprüngliche Feuerstelle herum wiederaufgebaut, und das **Angels Hotel,** in dem der Autor die Geschichte über den Wettstreiter gehört haben soll, der den Frosch seines Konkurrenten heimlich mit Schrot fütterte, ist ebenfalls erhalten. Im Mai, wenn das Wettspringen der Frösche stattfindet, wimmelt es in

Station des Pony Express in Columbia: Für die Zustellung von Post und Geld riskierten die Boten ihr Leben.

der Region von Schaulustigen. Einen Springfrosch kann dann nur der sehen, der selbst einen antreten läßt. Zugelassen ist jeder Frosch von mehr als zehn Zentimetern Länge.

Vom Gebiet um Angels Camp führt ein Abstecher in die Berge hinauf nach **Murphys,** einen alten Goldgräberort, der dank seiner abgeschiedenen Lage erhalten blieb. Auch die nahen **Mercer Caverns** lohnen einen Besuch. Ein Stück weiter am Highway 49 liegt **Calaveras Big Trees State Park** mit grandiosen Mammutbäumen.

In **San Andreas** mußte sich Black Bart, ein Postkutschenräuber, im Jahr 1883 wegen seiner 28 unblutigen Raubüberfälle verantworten. Wenn er die goldbeladenen Kutschen um das begehrte Metall erleichterte, war sein Gewehr nie geladen, und niemand wurde je verletzt. Nachdem er seine Gefängnisstrafe abgesessen hatte, verlor sich seine Spur.

Von San Andreas führt eine Landstraße an Mountain Ranch und Rail Road Flat vorbei nach **West Point.** Der Abstecher ist bei gutem Wetter ein Erlebnis. In West Point endete Kit Carsons Versuch, die Sierras zu überqueren. Der Name des ein paar hundert Einwohner zählenden Ortes und eine Gedenktafel erinnern daran.

Altbewährte Schürfmethoden: Einige der alten Minenschächte wurden wiederbelebt; in manchen wird jetzt Erz gebrochen, auch Besucher sind hier willkommen. Die modernen Methoden des Bergbaus im tiefen Gestein unterscheiden sich nur wenig von den alten; auch die Wochenendgräber benutzen im Grunde die gleichen Pfannen und Goldwaschrinnen wie vor 100 Jahren.

Auf dem Rückweg Richtung Westen kommt man nach **Mokelumne Hill,** wo es einst soviel Gold gab, daß die Parzellen nur eineinhalb Quadratmeter groß waren. Es wird berichtet, daß die Goldgier so groß war, daß vier Monate lang jede Woche ein Mord verübt wurde.

Auf der etwa 120 km langen Strecke des Highway 49 von Sutter Creek bis Grass Valley liegen hauptsächlich die Pendlervorstädte von Sacramento mit

Goldklumpen verzieren diverse Souvenirs – und die Zahnreihen mancher Touristen.

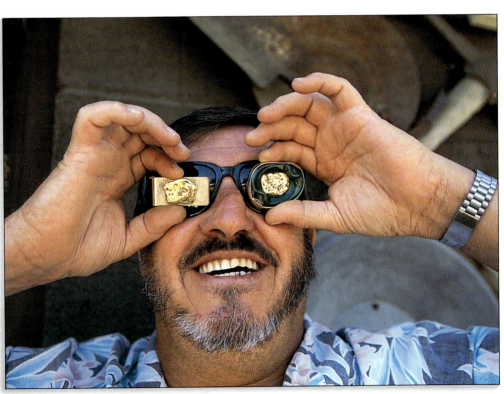

den üblichen Scheußlichkeiten: Industriegebiete, Supermärkte und dichter Berufsverkehr. Doch auch hier gibt es viel zu sehen und zu unternehmen.

In **El Dorado** südlich von Placerville kann man köstliche gegrillte Spare-Ribs und Hühnchen essen. In **Apple Hill,** oberhalb von Placerville am US Highway 50, wo eine Kooperative Verkauf und Verarbeitung von Äpfeln organisiert, duftet es im Herbst überall nach Most.

Placerville selbst hieß nach der bevorzugten Hinrichtungsmethode einst Hangtown. Am Knotenpunkt der Planwagen-, Post-, Pony Express- und Telegrafenrouten war hier immer etwas los. Die **Gold Bug Mine** nördlich der Stadt liegt in einem öffentlichen Park und kann besichtigt werden.

Nördlich von Placerville am Highway 49 liegt **Coloma,** die Geburtsstätte des Goldrauschs. Ein historischer Park markiert heute den Ort, an dem James Marshall 1848 beim Bau eines Kanals für John Sutters Sägemühle Gold entdeckte. Die Mühle wurde rekonstruiert, allerdings nicht am ursprünglichen Standort, weil der American River im letzten Jahrhundert seinen Lauf änderte. Marshalls Hütte und der chinesische Laden Wah Hop sind ebenfalls erhalten. Der **Monument Trail** führt zu einer großen Statue von Marshall mit einem (imitierten) Goldnugget in der Hand, und der sechs Kilometer lange **Monroe Ridge Trail** führt durch die Hügel zurück. Bootstouren über einen oder mehrer Tage werden von diversen Unternehmen angeboten.

Auburn an der Kreuzung von Highway 49 und Interstate 80 gehört heute wirtschaftlich so untrennbar zu Sacramento, daß man plant, die beiden Gemeinden durch eine Schnellbahn im Pendelverkehr zu verbinden. Das hiesige **Placer County Museum** birgt eine interessante Sammlung indianischer Kunstgegenstände und Relikte aus der Goldgräberzeit. In der Nähe liegt das ungewöhnliche **Feuerwehrhaus.**

Die I-80 führt von Auburn zum Lake Tahoe, der immer einen Abstecher wert ist. Auf der Rückfahrt verläßt man die I-80 nahe Emigrant Gap und genießt den Panorama-Highway 20, der zu den schönsten Strecken Kaliforniens zählt.

In **Grass Valley** lagen viele tiefe Minen wie z.B. **North Star,** deren Schächte teilweise über hundert Meter unter den Wasserspiegel hinabreichten. Die Schächte sind heute geschlossen und überflutet. Der **Empire Mine State Park** östlich der Stadt besaß einst eine Mine, die Gold im Wert von 100 Millionen Dollar enthielt und erst um 1950 geschlossen wurde. Um das Besucherzentrum (mit täglichen Filmvorführungen) gruppieren sich restaurierte Gebäude, und auf Wanderwegen kann man die Gegend erkunden. Grass Valley ist heute ein Zentrum der High-Tech-Industrie, insbesondere der Herstellung von Sendetechnik, und hat sich damit erneut Ansehen verschafft.

Das touristisch geprägte **Nevada City** wartet mit hölzernen Gehsteigen und dem unechten Touch aller restaurierten Goldgräberlager auf. Es gibt nette Bars, Restaurants, Museen, Antiquitätenläden und das angeblich älteste Theater des Staates (erbaut 1865). Die Zimmer des **National Hotel** sind nach wie vor stilvoll mit Antiquitäten möbliert, und im **The Poets' Playhouse** finden regelmäßig Lesungen und Aufführungen statt.

16 Kilometer weiter nördlich, im großen Park bei den **Malakoff Diggings,** entstand wegen des Goldabbaus eines der ersten Umweltschutzgesetze. Das Edelmetall wurde hier mit starken Wasserstrahlen aus dem Berg gewaschen. Diese Technik war zwar effektiv, zerstörte aber den Berg und verschlammte die Flußbetten bis hin zur San Francisco Bay. Die Methode wurde 1884 verboten, doch die Narben am Fels sind bis heute deutlich zu sehen.

Eine Stunde dauert die Fahrt von Nevada City nach **Downieville,** einem landschaftlichen Höhepunkt der Tour durch das Gold Country. Downieville scheint dem Bilderbuch entsprungen: der winzige Ort liegt abgelegen inmitten steiler Berghänge.

Auf halber Strecke zweigt bei **Camptonville** die schöne **Henness Pass Road** in die Berge ab. Bei gutem Wetter lohnt sich der Abstecher.

Goldrausch-
veteran.

YOSEMITE UND DIE HIGH SIERRA

Wer sich den **Yosemite National Park** als ruhiges, abgeschiedenes Tal vorgestellt hat und dann vor Ort in der Schlange oder im Stau steht, fragt sich unwillkürlich, ob er nicht einem schlechten Witz auf den Leim gegangen ist, und ob man in dieser drangvollen Enge die Schönheit der Natur überhaupt genießen kann.

Auf viele der jährlich drei Millionen Besucher des Parks, die sich in den Sommermonaten vor allem im 18 km² großen Yosemite Valley ballen, wirkt der Park oft wie ein beliebiges Ausflugsziel mit überfüllten Parkplätzen, Zubringerbussen und Proviantläden.

Und doch ist Yosemite immer noch, um mit dem Naturschützer Edward Abbey zu sprechen, „ein Ort, den man einmal im Leben besucht haben sollte – ein heiliger Ort." Das 3027 km² umfassende Gelände ist der drittbeliebteste Nationalpark der Amerikaner. Damit die Natur unter dem Massenandrang nicht zu Schaden kommt, beschränkt sich das touristische Angebot auf ein kleines Gebiet; 94 Prozent des Parks sind unerschlossen.

Kein Stau und kein Gedrängel kann die Majestät von Yosemite mit ihren nackten Granitwänden und zahllosen Wasserfällen beeinträchtigen. Wer Yosemite und die übrigen Wunder der High Sierra hautnah erleben will, sollte allerdings keine Anstrengungen scheuen und sie zu Fuß erforschen.

Nirgendwo sonst auf der Welt gibt es so viele Wasserfälle auf einem so kleinen Gebiet, unter ihnen mit 739 m der höchste von Nordamerika: **Yosemite Falls.** Als die Gletscher der Eiszeit das 13 km lange und 1,5 km breite Tal von Yosemite gruben, hinterließen sie zu beiden Seiten mehrere kleinere, terrassenförmige Täler. Diese dienten als Kanäle für Sturzbäche, deren vielfältige Formen sich in ihren Namen spiegeln: Ribbon (Band), Bridalveil (Brautschleier), Silver Strand (Silberstrang), Staircase (Treppe), Sentinel, Lehamite, Vernal und Nevada.

Anfang Juni zeigt sich mitunter eine der seltensten Sehenswürdigkeiten von Yosemite – der „Mondbogen" am Fuß der unteren Yosemite Falls. Er ist nur im Frühling zu sehen, wenn die Fälle viel Wasser führen, und nur in den Tagen um Vollmond, wenn das Mondlicht auf dem Sprühnebel der Fälle einen geisterhaften Regenbogen aus Silber und Weiß mit einem Hauch von Blau zaubert.

Als die prähistorischen Gletscher schmolzen und sich zurückzogen, legten sie die gigantischen Gipfel der Sierra Nevada frei, die mit ihren charakteristischen Formen und glatten Oberflächen die Landschaft prägen – **El Capitan, Cathedral Rock, Three Brothers, Royal Arches, Half Dome, Clouds Rest.** Unter den wagemutigen Felskletterern aus aller Welt, von Australien bis Österreich, gilt Yosemite Valley unumstritten als die Krönung aller Klettertouren.

Von besonderer Bedeutung war Yosemite auch für seine ursprünglichen Bewohner vom Stamm der Ahwahnee-

Vorherige Seiten: Half Dome im Abendlicht. **Links** und **rechts**: Yosemite ist größer als das Saarland.

chee. Wegen der Abgeschiedenheit des Tals konnte sich der Stamm bis im Jahr 1851 vor den Bleichgesichtern verborgen halten. Erst ein Jahr nach der Gründung Kaliforniens erschien die US-Kavallerie und trieb die Ahwahneechees über die Sierras in ein ödes Reservat nahe Mono Lake.

Wie so häufig im Wilden Westen ebnete auch hier die Unterwerfung der Urbevölkerung den Siedlern den Weg. In dem Jahrzehnt nach der Besitznahme durch die Weißen wurde das Yosemite Valley von ihnen eingezäunt, beackert und gerodet. Berichte in Zeitungen und Magazinen über die Wunderwelt von Yosemite lockten zunehmend mehr Besucher an, die statt der erwarteten Bergwiesen jedoch Kuhweiden vorfanden. 1864 führte öffentlicher Druck auf das kalifornische Parlament zur Verabschiedung eines Gesetzes, durch das Yosemite unter Naturschutz gestellt und vor kommerzieller Ausbeutung bewahrt wurde.

Viele sind der Meinung, daß dieser Versuch fehlgeschlagen ist. Mit Tausenden von Hotelzimmern und fast 2000 Zeltplätzen sowie Restaurants, Supermärkten, Spirituosen- und Souvenirläden, ja sogar einem Gefängnis gilt Yosemite Valley mittlerweile als Negativbeispiel des Nationalparktourismus. In einem umstrittenen, Jahrzehnte dauernden Planungsverfahren hat der Park Service bereits Millionen Dollar für Konzepte ausgegeben, die Yosemite hätten retten sollen. Die wichtigste Empfehlung, das Verkehrsaufkommen im Tal zu verringern, wird wohl vor dem Jahr 2000 nicht mehr verwirklicht, obwohl man alljährlich über Beschränkungen nachdenkt.

Mittlerweile sind die Straßen im Ostteil des Tales nahe **Mirror Lake** nur noch für Zubringerbusse, Fahrräder und Fußgänger freigegeben. Fast überall sonst machen verstopfte Einbahnstraßen das Befahren des Parks insbesondere im Sommer zu einem eher masochistischen Vergnügen.

Wer kann, sollte den Park auf umweltfreundliche Weise erforschen. Ausritte mit Führern werden von den

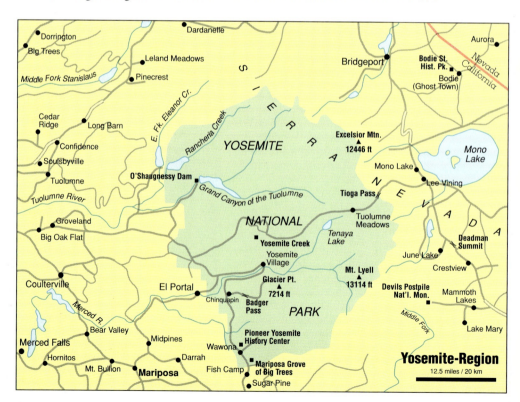

Reitställen im Tal nahe **Curry Village** organisiert. Diverse Radwege bieten die beste Möglichkeit, das Tal zu erkunden. Radverleihe gibt es in Curry Village und **Yosemite Lodge.**

Im Sommer übernachten mehr als 90 Prozent aller Parkbesucher im Yosemite Valley. Die Unterkünfte reichen von preiswerten Blockhütten in Curry Village bis zur Palastsuite im obersten Stockwerk des **Ahwahnee Hotel;** die Yosemite Lodge rangiert dabei im Mittelfeld. Ohne Besuchermassen und Smog sieht man den Half Dome am ehesten in der Nebensaison von September bis Mai.

Der Herbst färbt die Eichenblätter im Tal goldgelb ein, und die tieferstehende Sonne läßt die Granitformationen hervortreten. Die Nächte sind frostig-kalt, morgens ist es frisch und klar. Man kann gut per Fernrohr die Felskletterer beobachten, die, von den milden Tagestemperaturen verlockt, in den Steilwänden hängen.

Im Herbst ziehen auch Herden von Rotwild durch das Tal, auf dem Weg zu ihren winterlichen Futterplätzen am Fuß der Sierra. Wer im Oktober frühmorgens eine Wiese durchstreift, sieht womöglich keine Menschenseele, dafür aber mit ein bißchen Glück ein halbes Dutzend Rehe.

Im Winter, wenn das Yosemite Valley in einsamer Stille versinkt, sammeln sich die Touristen im 34 km entfernten, 900 m höher gelegenen Skiort **Badger Pass.** Die sanften, von Kiefern gesäumten Hänge stellen für geübte Läufer kaum eine Herausforderung dar, sind aber ideal für Familien, Anfänger und Fortgeschrittene, die sich von der 45minütigen Anfahrt per Auto oder Bus vom Tal aus nicht abschrecken lassen. Die Yosemite Mountaineering School in Curry Village bietet Kurse in Skilanglauf und Felsklettern für Anfänger und Fortgeschrittene an. Von der Eislaufbahn blickt man auf Glacier Point, Half Dome und die gefrorenen Yosemite Falls.

Der Frühling ist vielen Einwohnern Yosemites die liebste Jahreszeit. Blumen bedecken die Wiesen, und das

Wintervergnügen bei Mammoth Lakes.

Schmelzwasser läßt die Bergbäche anschwellen. Sie fließen dann so ungestüm, daß die meisten Wasserfälle nicht aus der Nähe betrachtet werden können: Sturmböen und starker Sprühnebel machen den normalerweise idyllischen Spaziergang von Yosemite Lodge zum Fuß der Yosemite Falls zu einem feuchtfröhlichen Abenteuer.

Die traumhafte Schönheit von Yosemite, die John Muir und den Fotografen Ansel Adams inspirierte, erlebt man in aller Intensität abends, wenn die Menschenmassen schon wieder daheim sind. Doch selbst am Wochenende gibt es Ausweichmöglichkeiten.

Im Süden führt der Highway 41 über 15 km bergauf zur kleinen Ortschaft **Chinquapin;** von hier gelangt man über eine 25 km lange asphaltierte Straße zum **Glacier Point.** Von diesem berühmten Aussichtspunkt, der 975 m über dem Talboden von Yosemite liegt und nur für Schwindelfreie geeignet ist, überblickt man den ganzen Park. Winzig liegen die Wiesen, Wälder und Wasserfälle im Tal, während an der Nordseite die ehrfurchtgebietenden Klippen und Felskuppeln senkrecht aufragen. Ebenso faszinierend ist der Ausblick nach Süden und Osten, der ein Panorama von Seen, Canyons, Wasserfällen und den zerklüfteten Gipfeln der High Sierra von Yosemite eröffnet. Ganz in der Nähe liegen die Granitstufen des **Giant's Staircase,** wo der tobende **Merced River** sich in den Vernal- und Nevada-Fällen 98 bzw. 181 m tief ergießt.

Von Glacier Point sieht man **Half Dome,** das prominenteste Wahrzeichen des Parks, wie einen großen steinernen Daumen gen Himmel ragen. Die Parkranger beantworten geduldig die immer gleiche Frage: was ist mit der anderen Hälfte von Half Dome passiert? Tatsächlich wies der Half Dome nie eine andere Hälfte aus solidem Felsgestein auf, sondern nur Granitquader an der glatten Nordseite, die in der Eiszeit von vorrückenden Gletschern wie Zwiebelhäute abgeschält wurden.

Auf dem Höhepunkt der Vergletscherung vor 250 000 Jahren lag Glacier Point selbst unter gut 200 m dikkem Eis; auf Tafeln wird erläutert, wie die rund 600 m dicken Gletscher Merced und Tenaya vom Hochland herunterrückten, nahe Half Dome aufeinandertrafen und das Tal von Yosemite ausgruben. Der Gletscher füllte das Tal bis zum Rand aus und erstreckte sich über den Merced Canyon bis **El Portal,** 24 km weiter westlich.

Ein Reservat besonderer Art: 8 km südlich von **Wawona,** an der Südgrenze des Parks, führt eine kurze Nebenstraße nach **Mariposa Grove,** einem 100 ha großen Schutzgebiet mit über 500 riesigen Sequoia-Bäumen, die bereits ausgewachsen waren, als Christus das Heilige Land durchzog. Der größte Baum von Mariposa Grove, **Grizzly Giant,** ist mindestens 3800 Jahre alt, 61 m hoch und hat einen Umfang von über 28 m. Das Naturwunder von Mariposa Grove erlebt man am besten abseits der Teerstraße.

Sind Wawona und Mariposa Grove der Schwarzwald von Yosemite, so erinnert **Tuolumne Meadows** an die

**Links: Herbst im Yosemite Valley.
Rechts:** Der höchste Wasserfall in Nordamerika: **Yosemite Falls.**

Yosemite und High Sierra

Schweiz. Als Tor zu einer alpinen Naturlandschaft liegt **Tuolumne** eine Fahrstunde nördlich des Tals auf der **Tioga Road** in 2620 m Höhe.

Mit einer solchen Wildnis wirklich vertraut zu werden, ist nicht gerade einfach. Wer die entlegeneren Regionen des Hinterlands von Tuolumne erkunden will, muß wandern, und zwar mit vollem Gepäck auf dem Rücken. Eine weniger strapaziöse Alternative, zumindest auf einigen der leichteren Wege, wäre ein Ausflug mit Packpferden; Einzelheiten erfährt man vor Ort oder durch den Informationsdienst des Yosemite Park.

In Tuolumne liegt auch **Tuolumne Meadows Lodge,** die Nummer Eins der sommerlichen Zeltlager in der High Sierra. Diese sechs, in einem lockeren Kreis angeordneten, rund 14 km voneinander entfernten Zeltlager bieten Wanderern und Reitern auf dem High Sierra Loop Trail Unterkunft, Verpflegung und heiße Duschen. Die Zeltplätze sind in 2180 bis 3140 Meter Höhe angelegt; zur Akklimatisierung empfiehlt sich eine Übernachtung in Tuolumne. Normalerweise sind die Lager von Mitte Juni bis Anfang September geöffnet; vorherige Reservierung ist unbedingt erforderlich. Die (gebührenfreie) Genehmigung zum Betreten der Wildnisgebiete, die für *alle* Ausflüge mit Übernachtung im Hinterland von Yosemite verlangt wird, erhält man in den Stationen der Parkranger und in den Besucherzentren.

Sequoia und Kings Canyon: Man ist versucht, die Nationalparks **Sequoia** und **Kings Canyon** als „Yosemite ohne das Yosemite Valley" abzutun. Nach den Besucherzahlen zu schließen, begehen viele Besucher Kaliforniens diesen Fehler. Jährlich drängen sich über drei Millionen Menschen in Yosemite; die Vergleichszahl für Sequoia/Kings Canyon beträgt kaum 400 000. (Die Parks Sequoia und Kings Canyon sind zwar separat entstanden, werden aber gemeinsam verwaltet.)

Obwohl der 2130 m tiefe Kings Canyon das Tal von Yosemite an senkrechten Abbrüchen noch übertrifft und

Lambert Dome und der Tuolumne River von der Tioga Road aus.

die Sequoia-Wälder des südlichen Parks größer und umfangreicher sind als jene in Yosemite, stehen die beiden Parks im Schatten ihres berühmteren Verwandten im Norden. Das Resultat ist ein Nationalpark ohne die üblichen Schattenseiten des Massentourismus: ein guter Grund für Reisende, einen Abstecher dorthin einzuplanen.

Noch stärker als in Yosemite ist die Natur in Sequoia/Kings Canyon sich selbst überlassen. Nur zwei Erholungsgebiete an der Westgrenze wurden touristisch erschlossen. Das Hinterland erstreckt sich nach Osten über die Westhänge der Sierras bis zum Kamm der Bergkette und umfaßt die Quellwasser der Flüsse Kern und San Joaquin sowie die höchsten Gipfel der Sierra einschließlich Mount Whitney. Paradoxerweise erreicht man die meisten Bergpfade des Parks am leichtesten von den Ausgangspunkten Lone Pine, Big Pine und Bishop am Osthang der Sierra, 400 km von der Parkverwaltung nahe **Three Rivers** entfernt. Wie in Yosemite werden auch hier Genehmigungen für das Zelten im unberührten Hinterland verlangt.

Highway 180, die malerische Anfahrt zum Kings Canyon National Park, beginnt in der Provinzstadt Fresno. Nach 84 km Fahrt entlang der Ausläufer der Sierra kommt man zum **General Grant Grove,** einer Gruppe wuchtiger, 3000 Jahre alter Sequoia-Bäume, die von offenem Parkland umgeben sind.

61 km hinter Grant Grove führt die Straße bei **Cedar Grove** in den Kings Canyon hinab. Im Gegensatz zum Tal von Yosemite ist dieser gähnende Abgrund eher V- als U-förmig; über das schmale Flußbett des **Kings River** muß noch mehr Schwemmboden herangetragen werden, um den Boden des Canyons aufzufüllen. Die Idylle von Cedar Grove bietet Möglichkeiten zum Zelten und Angeln am ruhig dahinfließenden Kings River, und einfache Lodges sind ebenfalls vorhanden. Zwei Wege führen nördlich und östlich Richtung High Sierra, doch der Aufstieg über fast 2000 m an den von der Sonne ausgedörrten Südhängen ist nur für erfahrene

Der Sequoia National Park aus der Froschperspektive.

Wanderer mit guter Kondition zu empfehlen.

Um zu den Sequoia-Wäldern des Parks zu gelangen, folgt man von Grant Grove aus Highway 198 etwa 45 km Richtung Süden bis **Giant Forest.** Von hier aus führt ein kurzer Pfad zum **General Sherman Tree,** dem Baum, der auch der größte lebendige Organismus der Welt genannt wurde. Die Redwoodbäume der kalifornischen Küste *(sequoia sempervirens)* sind höher als die Untergattung dieses Baumes in der Sierra *(sequoia gigantea),* werden jedoch an Umfang des Stammes und der Krone von den Mammutbäumen in den Schatten gestellt.

Hotels, Restaurants, ein Lebensmittelladen und ein Besucherzentrum machen aus Giant Forest schon fast eine Stadt. Ein paar Kilometer weiter südlich liegen drei Zeltplätze am Highway 198. Die Straße führt weiter zum **Lake Kaweah** (mit guten Zelt- und Wassersportmöglichkeiten) und 80 km von der Parkgrenze entfernt bei **Visalia** wieder in das San Joaquin Valley.

Die östliche Sierra: Kommt man von Westen, steigt die Straße von den Vorgebirgen über die Gebiete der Nationalparks zu den Höhen der Sierra Nevada allmählich an. Sanft geschwungene Hügel mit Eichenwäldern gehen in höhere, mit Kiefern bewachsene Berge über, auf die sich Granitformationen und schließlich die 4000 Meter hohen Gipfel türmen.

Von Osten her, auf dem Highway 395 von Südkalifornien kommend, gibt es keine schrittweise Annäherung an die Sierra. An der Ostseite fallen die Berghänge über wenige Kilometer nahezu 3000 m senkrecht ab und bilden eine einzige, fast 320 km lange Front. Vom **Walker Pass** am Südende der Kette bis zum **Tioga Pass** an der Ostgrenze zu Yosemite durchschneidet kein einziger Highway die Steilhänge. Mit Ausnahme von Alaska ist dies der längste zusammenhängende Abschnitt ohne Straßen in den USA.

Owens Valley: Von Los Angeles Richtung Norden beginnt die einzigartige Landschaft an den Ufern des **Owens**

Die bizzaren Felsformationen des Mono Lake.

Dry Lake nahe dem Dorf **Olancha**. Links ragen unvermittelt die gelbbraunen, kahlen Gipfel der südlichen Sierras mit 3600 m hohen Granitsäulen empor. Rechts, jenseits der weiten, schimmernden Fläche des Sees, gehen die sanfter geschwungenen Konturen der etwas niedrigeren **Inyo Range** in schwarze und purpurfarbene Hänge über. Sie sind die Tore zum **Owens Valley,** dem tiefsten Tal Amerikas, in dem meist Trockenheit herrscht. Hier gedeihen nur zähe Wüstenpflanzen – Zwergeiche, Mesquitebaum und Beifuß. Owens Valley und die Inyo-Kette müssen sich pro Jahr mit weniger als 25 cm Niederschlag zufriedengeben.

Hinter dem Nordende des Sees, 34 km nördlich von Olancha, geht der Highway 136 Richtung Osten zum Death Valley ab. An der Kreuzung liegt das **Interagency Visitor Center;** hier gibt es Landkarten, Informationen und die Genehmigung zum Betreten des ausgedehnten öffentlichen Lands. Im Winter ist der Zwischenstopp hier ein Muß, um die aktuellen Straßenzustände und Öffnungszeiten der Zeltplätze zu erfragen. In der sommerlichen Hochsaison informieren die Ranger über noch freie Zeltplätze. Anders als bei den Zeltplätzen der Nationalparks auf der Westseite der Sierras werden für viele Zeltplätze auf der Ostseite keine Voranmeldungen entgegengenommen, sondern die Plätze der Reihe nach vergeben.

Mount Whitney: In einem offenen Hof außerhalb des Besucherzentrums sind Teleskope auf den Gipfel des Mount Whitney gerichtet, den mit 4418 m höchsten Gipfel der USA (ausgenommen die Berge Alaskas). Ein Pfad führt zum Gipfel des Whitney, wo mobile Klohäuschen den Ansturm der Besucher erwarten. Vom Ausgangspunkt in 2548 m Höhe aus braucht man drei Tage (zwei zum Auf- und einen zum Abstieg); die Tour ist anstrengend, aber technisch nicht schwierig, so daß sich im Sommer Tausende von Abenteurern einfinden. Die Genehmigungen zum Besteigen des Whitney sind oft schon ein Jahr im voraus vergeben. Kostenlos

Über dem Owens Valley erhebt sich das Massiv des King's Canyon.

reservieren kann man bei Inyo National Forest, Mount Whitney Ranger District, Lone Pine, CA 93545.

Nördlich von Crowley Lake führt eine 3 km lange Straße zu **Mammoth Lakes,** dem größten Skiabfahrtsgebiet in Amerika. Im Winter kommen die Bewohner von Los Angeles hierher zum Skifahren, und nicht selten muß man sich die Skilifte mit 20 000 weiteren Schneebegeisterten teilen. Positiv zu vermerken sind die Feinschmeckerrestaurants sowie die gutsortierten Wein- und Käseläden.

Eine Sommerattraktion ist **Devils Postpile National Monument,** eine halbe Fahrstunde westlich von Mammoth Lake hoch in den Bergen. Vor etwa 630 000 Jahren ergoß sich dunkle, geschmolzene Lava durch Mammoth Pass und floß in den tiefen Canyon, den der mittlere Arm des San Joaquin River durchfließt. Dort kühlte sie ab, erstarrte und zerbrach in erstaunlich gleichförmige vertikale Säulen. Aufeinanderfolgende Gletscher formten und polierten die Spitzen der Säulen, bis sie so glatt wie Kacheln waren. Möglichkeiten zum Zelten bestehen im Sommer bei **Agnew Meadows** (außerhalb der Grenzen des Monuments am Highway 203) und bei **Red's Meadows** innerhalb des Parks.

Der 2000-Meter-Gipfel **Deadman Summit** thront über dem Highway 395 auf dessen Weg von Mammoth Lakes hinab zum Mono Basin, einem ehemaligen Binnenmeer. **Mono Lake,** der letzte Rest dieses Meeres, ist mit einem Alter von fast einer Million Jahren das älteste Gewässer Nordamerikas. Der abflußlose See wird vom Schmelzwasser der Sierras gespeist. Wird dieses Wasser zur Trinkwasserversorgung in die Ballungszentren umgeleitet, verliert der See sein ökologisches Gleichgewicht. Aber noch bietet er Lebensraum für winzige Krabben, die zahlreiche Zugvögel ernähren. Bizarre Felsformationen aus Kalktuff zieren das Ufer. Musterbeispiele sind im **Mono Lake State Tufa Reserve** zu sehen.

Von Mai bis zum ersten Schneefall gelangt man von dem Ort **Lee Vining** an der Westküste des Mono Lake über den 3045 m hohen **Tioga Pass** zum Ostteil des Yosemite National Park. Tuolumne Meadows liegt von Lee Vining 45 Autominuten entfernt; nach Yosemite Valley braucht man mindestens zwei Stunden. Zeltplätze gibt es hier etwa alle 25 km, es werden keine Voranmeldungen angenommen.

Nördlich von Mono Lake fallen die Kämme der Sierra allmählich ab, doch haben die Gipfel immer noch die stattliche Höhe von etwa 3350 Meter. 18 km nördlich von Lee Vining führt eine steile Nebenstraße 21 km weit zum **Bodie State Historic Park,** der herrliche Ausblicke auf die nördliche Sierra eröffnet und faszinierende Eindrücke vom Alltag in einer frühen Goldgräberstadt vermittelt.

In **Bodie** muß sich damals eine besonders wilde Gesellschaft versammelt haben, eine bunte Mischung aus Goldgräbern und allerlei Ganoven, die tagsüber eine Menge Geld verdienten oder ergaunerten, um es nachts in den Opiumhöhlen, Saloons und Bordellen gleich wieder zu verjubeln.

Links: Ausblick vom Mount Whitney. **Rechts:** Gipfelstürmer in der Steilwand des Sentinel Rock.

LAKE TAHOE

John Muir, Amerikas berühmtester Naturforscher und Kenner der Sierra, charakterisierte Lake Tahoe wie folgt: „Ein guter Ort, um Mißerfolge und alles Böse zu vergessen." Mark Twain war kaum weniger beeindruckt. „Der See überwältigte uns", heißt es in *Lehr- und Wanderjahre. Im Gold- und Silberlande.* Die „edle Fläche blauen Wassers, 1900 Meter über dem Meeresspiegel und umgeben von einem Ring schneebedeckter Berggipfel" sei „der schönste Anblick, den die Welt zu bieten hat", stellt der Schriftsteller fest.

Die Begeisterung Twains kann man heute nur noch bedingt teilen. Mehrere Orte, zahllose Spielkasinos, Imbißketten, Einkaufspassagen sowie Geschäfte für Wasser- und Wintersportzubehör säumen die 114 Kilometer lange Küste dieses ehemals kristallblauen Sees, der zu Nevada und Kalifornien gehört.

Als Twain und Muir Lake Tahoe entdeckten, war der See so glitzernd und rein wie das Silber, das in der nahegelegenen Comstock Lode geschürft wurde. Heute ist sein Wasser mitunter von Algen grün verfärbt und der Himmel von Smog getrübt. Die Reize der Zivilisation (Roulette und Würfelspiel) wetteifern mit den Schönheiten der Natur um die Aufmerksamkeit der Besucher. Doch nur wenige Kilometer vom hektischen Getriebe der Kasinos in Nevada entfernt gibt es verborgene Uferhöhlen, Wanderwege, schneebedeckte Nebenstraßen für Skilangläufer und stille Strände, die noch weitgehend so aussehen wie zu Twains Zeiten.

Bonanza war die beliebteste amerikanische Fernsehserie der sechziger Jahre. Die Filmranch „Ponderosa", das Heim der Cartwrights im Stil des 19. Jahrhunderts, liegt am Lake Tahoe. Das Gelände wurde zum Vergnügungspark umgestaltet. Für Liebhaber ist der Besuch ein Muß, denn auch das Grab der Cartwrights liegt hier.

Die Geschichte der Region ist nicht weniger aufregend als die Erlebnisse von Ben, Adam, Hoss und Little Joe. Zu ihr gehören Entdecker, Kannibalismus, Silber- und Goldfieber, der Bau der Zugstrecke über die Sierra (die größte technische Leistung jener Zeit), Forstwirtschaft und Bergbau, die Olympischen Winterspiele und, in jüngster Zeit, große Kontroversen zwischen Landspekulanten und Naturschützern, die meist zugunsten der wirtschaftlichen Interessen ausgehen.

1844 erklomm John C. Frémont den Gipfel des 3080 Meter hohen **Steven's Peak,** erblickte unter sich den See und erklärte sich zu dessen Entdecker, sehr zur Verwunderung der Indianerstämme Piute, Lohantan und Washoe, die hier seit Jahrhunderten ansässig waren. Die Indianer ruderten Kanus und schlugen Zeltlager auf, jagten Wild und fischten Forellen, allerdings um zu überleben und nicht, wie die heutigen Besucher, zum Zeitvertreib.

Zwei Jahre nach Frémonts „Entdeckung" des Sees wurde im Winter 1846/47 eine Gruppe von 82 Siedlern aus Illinois unter Leitung von George Donner bei dem Versuch, etwa 32 km nörd-

Vorherige Seiten: Schnee ist die ergiebigsteResource von Lake Tahoe. **Links**: Die idyllische McKinney Bay. **Rechts**: Anglerparadies Lake Tahoe.

lich des Sees die Sierra Nevada zu überqueren, eingeschneit. Ihre makabre Geschichte ist jedem amerikanischen Schulkind bekannt: die Familie Donner und andere verließen die Hauptgruppe einer großen Karawane und suchten vergeblich nach einer kürzeren Route. Vom ersten Schnee überrascht, aßen sie Zweige, Mäuse, Schuhe und schließlich sogar, in einem Akt der Verzweiflung, ihre eigenen Toten. Der **Donner Pass,** heute Teil der Interstate 80 über den Kamm der Sierras, ist nach ihnen benannt.

Weiter östlich an diesem Highway, hinter der Abzweigung nach Tahoe, liegt die historische Eisenbahnstation **Truckee,** deren Museum die grausige Reise der Gruppe um Donner ausführlich schildert.

Entlang der Südküste des Sees verläuft Highway 50, die alte Überlandstrecke von Salt Lake City nach Sacramento, auf der so viele Siedler nach Kalifornien gelangten. 1859 kamen über 3000 Planwagen und Postkutschen auf dem Weg zum Tal und den tieferliegenden Farmgebieten am See vorbei. Im folgenden Jahr ritt erstmals ein junger Mann mit einem Sack voller Briefe am See entlang. Es war der erste Reiter des Pony Express, eines Postdienstes, der die Laufzeit eines Briefes von Küste zu Küste um die Hälfte verkürzte. Gegen die am Ende des Jahrzehnts verkehrende Eisenbahn hatte der Pony Express jedoch keine Chance.

Um 1865 verlegten am Donner Pass Zehntausende von Arbeitern, darunter viele schlechtbezahlte chinesische Einwanderer, unter größten Entbehrungen die Gleise der transkontinentalen Eisenbahnstrecke. 1869 traf die Central-Pacific-Linie, zu der auch der Abschnitt über die Sierra gehörte, in Utah auf die Union-Pacific-Linie; damit war die Zeit der Planwagen und Postkutschen vorbei.

Die Kehrseite des Booms: In den folgenden Jahren wurde der See wegen seiner Schönheit zu einem Anziehungspunkt für Touristen. Camper, Wanderer, Angler und Skiläufer schätzten die alpine Landschaft und die Klarheit von Wasser und Luft. Um 1940 errichtete man in Sugar Bowl westlich von Truckee einen Schlepplift, damit die Skiläufer nicht mehr mühsam den Berg erklimmen mußten, und leistete so dem Skibetrieb Vorschub. 1960 fanden die Olympischen Winterspiele in Squaw Valley statt, 16 km nördlich von **Tahoe City,** obwohl Schneemangel das ganze Ereignis beinahe hätte platzen lassen. Im Gebiet von Lake Tahoe gibt es heute ein Dutzend großer Skigebiete; wer am Wochenende eine halbe Stunde am Lift ansteht, meint vielleicht, es seien noch immer nicht genug.

Das legale Glücksspiel, eine Hauptattraktion von Lake Tahoe, verursacht auch Probleme. Ein Drittel des Sees liegt in Nevada, einem der wenigen Staaten der USA, in denen Spielkasinos erlaubt sind. Die Hochhausbauten, die eher in das Bankenviertel von San Francisco als in dieses Schmuckstück der Sierra passen, sind eine Hauptursache für Smog, Wasserverschmutzung sowie zunehmende Verkehrs- und Müllprobleme.

Glücksspiel ist nur am Ostufer des Sees erlaubt, dem Teil, der zu Nevada gehört.

Seit 1972 wird die Erschließung des Sees von der Tahoe Regional Planning Agency kontrolliert, der Kritiker vorwerfen, sie habe zu viele Hotels, Kasinos und Imbißrestaurants zugelassen. Als Reaktion auf den zunehmenden Druck und die wachsenden Probleme am See erweiterte der Kongreß die Behörde, erschwerte per Satzungsänderung die Zustimmung zu neuen Erschließungsprojekten, verbot den Bau weiterer Kasinos und Hotels und beschränkte die Erweiterungsmöglichkeiten der bestehenden Bauten. 1982 stimmten die kalifornischen Wähler einem Projekt zu, für das 85 Mio. Dollar zum Schutz des ökologischen Gleichgewichts bereitgestellt wurde.

Der Kampf um die Zukunft des Sees geht weiter. Charles Goldman, Professor für Limnologie (Gewässerkunde) an der University of California in Davis, hält es für möglich, daß der See in 40 Jahren wegen Sauerstoffmangels gänzlich trüb sein wird, wenn man nicht sofort strengere Abwasser- und Nutzungsbestimmungen erläßt.

Ein See für jede Jahreszeit: Lake Tahoe ist vor allem ein Erholungsgebiet; im Winter treffen sich hier Abfahrts- und Skilangläufer sowie Snowboarder. Am Freitagabend beginnt der Exodus aus der Bay Area. Zehntausende von Autos mit aufgeschnallten Skiern streben über Interstate 80 oder Highway 50 in Richtung See.

Die größten Skigebiete sind **Squaw Valley** nordwestlich des Sees, und **Heavenly Valley** an seiner Südseite. Beide sind mit über zwei Dutzend Skiliften und Abfahrten aller Schwierigkeitsgrade ausgerüstet, auch für Anfänger. (Heavenly verfügt außerdem über einen „Sky Express", einen superschnellen Viersitzer-Lift, einige Dreiersitze und Kunstschnee). Beliebt ist der Familienbetrieb Sierra Ski Ranch, 19 km westlich von South Lake Tahoe am Highway 50, ebenfalls mit superschnellen Viersitzer-Liften und Snowboard-Pisten.

Heavenly Valley ist das bevorzugte Skigebiet für diejenigen, die abends gern die Kasinos besuchen wollen; es

Auf der Emerald Bay fahren noch echte Raddampfer.

liegt am **South Lake Tahoe,** dem belebtesten Teil des Sees direkt an der Grenze zu Nevada. Trotz aller Unruhe, die sie hervorrufen, haben die Kasinos abends für Skiläufer auch ihr Gutes: Die meisten bieten ein warmes Büffet zu günstigen Pauschalpreisen an, um die Gäste so an die Spieltische zu locken. Der Besucher kann hier nach einem langen Skitag ein herzhaftes Mahl einnehmen und das Kasino danach, im vollen Besitz des Familienvermögens, wieder verlassen.

Grundsätzlich jedoch haben Glücksspiel und Skifahren nichts miteinander zu tun; deshalb bevorzugen die Skiläufer meist den nördlichen Teil des Seeufers auf der kalifornischen Seite, insbesondere rund um Tahoe City. Hier ist es ruhiger, sauberer, und es gibt mehr Auswahl an Skigebieten. Neben Squaw Valley kann man sich auch in **Alpine Meadows, Sugar Bowl, Boreal Ridge** und **Northstar** tummeln. Letzteres Gebiet ist mit seinen sanft geneigten Hängen besonders für Familien geeignet. Boreal, am Rand der vierspurigen I-80, ist wohl am leichtesten zu erreichen. Sugar Bowl ist das älteste Skigebiet der Region, und Alpine Meadows wird von erfahrenen Skiläufern bevorzugt, da 40 Prozent seiner Abfahrten als schwierig gelten.

Skilaufen ist leicht zu erlernen und schwer zu meistern. Wer Angst vor Stürzen hat, sollte es nicht probieren. Immer dabei haben sollte man einen Riegel Schokolade oder ein hochprozentiges Stärkungsmittel. Das gilt auch für Skineulinge, die außerdem Handschuhe, Mütze, Lippenbalsam, Sonnencreme und eine Sonnenbrille irgendwie in den Taschen ihrer Anoraks verstauen müssen.

Wenn die Lifte schließen, suchen die Skiläufer für gewöhnlich eine Hütte mit offenem Kaminfeuer auf. In jeder Hütte kommen 100 Skiläufer auf einen Kamin; die Chance auf einen Platz in der ersten Reihe ist also gleich Null.

Der Skilanglauf, der eher einem Waldspaziergang als dem Schweben über Berghänge gleicht, erfreut sich Jahr für Jahr größerer Beliebtheit. Die Skibretter sind länger und schmaler, die Steigungen strengen die Beine an, aber die Stille und Einsamkeit der Natur sind unvergleichlich. Man kann auf Nebenstraßen oder Wiesen sowie auf ausgewiesenen Loipen laufen.

Abseits der ausgetretenen Pfade bietet **Lake Tahoe Winter Sports Center,** Highway 50 in Meyers, Touren per Snowmobil durch Wiesen, Seen und Bergwälder an. Auch Dinnerparties in der Wildnis, Hochzeiten und Übernachtungen in Iglus sind zu buchen.

In **Northstar Stables,** am Highway 267 zwischen Kings Beach und Trukkee, kann man die Gegend per Pferd und Schlitten erforschen. Gegen kalte Füße hilft ein heißes Bad im **Walley's Hot Springs Resort,** 19 km östlich von South Lake Tahoe in Genoa.

Im Sommer kann man zelten, schwimmen, fischen, wandern und Bootfahren. Die Jachthäfen von South Lake Tahoe und Zephyr Cove in Nevada bieten tägliche Kreuzfahrten auf großen Schiffen, darunter auch auf einem echten Raddampfer. Eine Tageskreuzfahrt mit der *MS Dixie* ab Zephyr

Beim Angelsport bewegt man sich so wenig wie möglich.

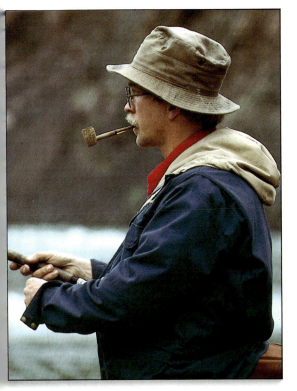

Cove dauert zweieinhalb Stunden; bei den abendlichen Kreuzfahrten sind Dinner oder Cocktails meist inbegriffen. Die 43 m lange *Tahoe Queen*, ebenfalls ein Raddampfer, nimmt 500 Passagiere auf. Beide Schiffe fahren durch den herrlichen **Emerald Bay State Park**, ein isoliertes, bewaldetes Wildnisgebiet im südwestlichen Teil.

Die Besucher können auch auf eigene Faust Motor- oder Ruderboote und sogar Boote zum Wasserskifahren mieten. Wasserskianwärter sollten allerdings, bevor sie irgendetwas unterschreiben, einen Zeh ins Wasser halten – Lake Tahoe kann sehr kalt sein.

Forellen angelt man am besten im **Truckee River** und dem Flußbecken am Nordende des Sees. In **Truckee** gedeihen die Sportgeschäfte, die mit ihren glitzernden Geräten mehr Kunden anziehen als jedes Juweliergeschäft. An den Sommerwochenenden ziehen Jogger und Radfahrer ihre Kreise um den See. Die 120 km lange Rundstrecke ist für geübte Radfahrer an einem Tag zu bewältigen.

Wanderer und Rucksackreisende findet man vor allem in **Desolation Wilderness,** einem seenreichen Gebiet westlich von Emerald Bay. Das nahegelegene Besucherzentrum des **El Dorado National Forest** bietet einführende Veranstaltungen und geführte Wandertouren. Für das Wandern und Übernachten in Desolation Wilderness ist eine Genehmigung erforderlich. Für längere Wandertouren eignet sich auch das Gebiet um **Granite Peak,** für kürzere Touren und Picknicks sind Emerald Bay, **D.L. Bliss**-Park und die staatlichen Parks zu empfehlen. In **Sugar Pine Point Park** steht die spektakuläre **Ehrman Mansion,** ein 1100 m^2 großes Sommerhaus mit schattigen Rasenflächen unter Kiefern, das ein reicher Bankier vor fast 100 Jahren erbauen ließ.

Angesichts der einzigartigen Schönheit von Tahoe glaubt man leicht an Mythos und Magie. Die Washoe-Indianer nannten das Gebiet „großes Wasser", basierend auf einer Legende über den Bösen Geist und den Großen Geist. Einst kam der Große Geist einem Unschuldigen zu Hilfe und gab ihm einen belaubten Zweig; jedes Blatt würde einen See erschaffen, den der Böse Geist nicht überqueren könne. Doch der junge Held warf den ganzen Zweig auf einmal zu Boden und schuf so das große Gewässer des Lake Tahoe.

Der Aufenthalt in diesem Freizeitparadies ist, dank der Konkurrenz unter den Kasinos, preiswert. Die Fahrt von San Francisco dauert bei guten Wetter- und Verkehrsbedingungen vier bis fünf Stunden. Im Winter sollte man Schneeketten dabeihaben und darauf gefaßt sein, sie entweder selbst anzulegen oder einen „chain monkey" dafür zu bezahlen – junge Leute, die am Straßenrand ihre Dienste anbieten.

Auf spektakuläre Art erfolgt die Anreise mit dem Zug *California Zephyr,* der morgens in Emeryville startet und abends in Truckee eintrifft. Der Zug folgt jener 1860 so mühevoll angelegten Route über die Sierra, und der Ausblick ist phantastisch. Bei einem Zwischenaufenthalt in Reno kann man nach Belieben heiraten oder eine Dinner-Show besuchen.

Links und **rechts:** In Lake Tahoe laufen Skifahrer zur Hochform auf.

DIE NORDKÜSTE

Nur wenige Landstriche in Amerika sind so unberührt wie die kalifornische Nordküste. An der Küste von Südkalifornien herrschen die Baulöwen fast uneingeschränkt, im Norden hingegen die Naturelemente. Unterwegs auf den weiten, herrlichen Stränden oder zwischen den Hügeln landeinwärts begegnet man keiner Menschenseele – außer vielleicht dem legendären Fabelwesen Sasquatch, das angeblich die Redwood-Wälder durchstreift.

Die meist zwar kleinen, aber hübschen Ferienorte bieten zahlreiche Unterkünfte. Highway 1 schlängelt sich durch reizvolle Landschaft, allerdings schleicht man auf der engen, gewundenen, größtenteils zweispurigen Straße oft hinter einem riesigen Reisemobil oder einem Holzlaster her. An den Ausweichstellen lassen die langsameren Vehikel den Verkehr aber meist vorbei. Schneller nach Norden und Süden gelangt man auf dem Highway 101 durch Santa Rosa, Ukiah und die Holzfällerstadt Willits.

Die Seitenstreifen des Highway sind mit den roten Fasern der Redwood-Rinde bedeckt. Sie stammen von den Lastern, die alle paar Minuten über den Highway 1 Richtung Fort Bragg donnern, wo die Holzindustrie dominiert.

Die zurückhaltende Erschließung der Nordküste ist zum Teil der California Coastal Commission zu verdanken; die 1970 gebildet wurde, als sich die Region in einen 640 km langen Streifen aus privaten Jachthäfen und Eigentumswohnungen zu verwandeln drohte. Nur die Sea Ranch, eine schicke Wohnanlage mit Ferienhäusern nördlich von Marin County, zeugt davon. Ausgeklügelte Gesetze verbieten den Bewohnern größere Veränderungen an ihren Häusern und der Landschaft.

Strukturwandel in Sonoma: Nördlich von **Bodega Bay** ist ein Großteil der Küste von Sonoma County leicht zugänglich. Die öffentlichen Strände sind mit vielen Parkplätzen, nicht aber mit Zeltplätzen ausgestattet.

Im Landesinneren erstrecken sich Schaf- und Kuhweiden, vereinzelt unterbrochen von mächtigen Scheunen. Der Grundstückswert dieses Weidelands liegt so hoch, daß die hiesigen Rancher auch „boutique farmers" genannt werden, weil sie, statt sich ein Leben lang in der Landwirtschaft abzurackern, durch den Verkauf ihres Landes weit mehr verdienen könnten. Früher, so heißt es, war ein Farmer glücklich, wenn seine Kühe gut im Futter standen. Heute hat so mancher Farmer ausgesorgt, wenn er Land an die Reichen aus Hollywood verkauft.

Allmählich überholt der Tourismus an der Nordküste die Einkünfte aus Holzwirtschaft und Fischfang, beides Erwerbszweige, die im Niedergang begriffen sind. Die Nachfrage nach Fischen und Holz steigt, doch die Bestände gehen immer weiter zurück. Anfang der achtziger Jahre wurden die Lachsfanggebiete in der Bodega Bay zum „wirtschaftlichen Katastrophengebiet" erklärt, weil es kaum noch Lachse gibt. Um die Verluste wettzumachen, ver-

Vorherige Seiten: Redwood National Park.
Links: Der Fischerhafen von Crescent City.
Rechts: Wettergegerbter Fischer, Bodega Bay.

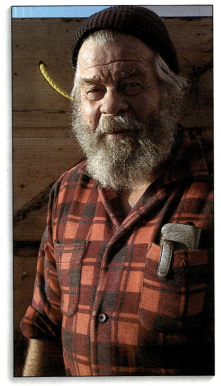

kaufen die Lachsfischer von Bodega fangfrischen Thunfisch direkt vom Boot. Davon profitieren vor allem die Campingurlauber, denen der gegrillte Thunfisch meist viel besser schmeckt als die panierte Tiefkühlware, die man in den Touristencafés am Highway 1 vorgesetzt bekommt.

Nördlich von **Jenner** schlängelt sich Highway 1 durch Canyons, die unvermittelt über 300 m zur ungestümen Brandung des Pazifiks hin abfallen. Die Straße führt an **Fort Ross** vorbei, einem detailgetreuen Nachbau der um 1800 von russischen Händlern erbauten Befestigung. Am besten erkundet man es mitsamt der kleinen russisch-orthodoxen Kirche auf eigene Faust.

Bei den Gezeitenbecken im nördlichen Sonoma County, wahren Mikrokosmen der Unterwasserwelt, kann man einen ganzen Nachmittag zubringen. In **Stewart's Point State Park,** einem beliebten Ort für Taucher nach Ohrmuscheln, sind die Becken meist bei jedem Wasserstand zugänglich; die Gefahr, daß der Hobby-Naturforscher von einer „sleeper wave" (einer sich plötzlich auftürmenden Welle) aufs Meer hinausgetragen wird, ist gering.

Beschauliches Mendocino: Mendocino County beginnt bei **Gualala.** Dieser ehemalige Umschlaghafen für Holz, dessen schöne viktorianische Häuser vielfach zu eleganten Gasthäusern und Pensionen umgebaut wurden, erfreut sich zum Kunstfestival im August besonderer Beliebtheit.

Der **St Orres Inn** ist berühmt für seine aus uraltem Holz erbauten Redwood-Häuschen und seine exzellente Küche. Russisch wirkende Zwiebeltürme aus Kupfer, buntes Glas und malerisch verwitterte Türmchen prägen das Äußere des gastlichen Orts.

24 km weiter nördlich führt ein Küstenpfad zum Hafen von **Point Arena,** wo im Restaurant Galley Frisches aus dem Meer serviert wird. Neben ein paar Dutzend verwitterten Wohnwagenhäusern gibt es an dem winzigen Strand einen Steg, von dem man im Frühjahr Wale beobachten kann, und ein Unterwasserreservat, das Sporttaucher an-

Mendocino ist berühmt für seine viktorianischen Villen.

lockt. Im Hafen wurde früher im großen Stil Eichenrinde verschifft; man benötigte sie für die Produktion von Gerbsäure, die zur Herstellung von Leder diente. Auch im Zirkus fand die Rinde als Bodenstreu Verwendung.

Der 35 Meter hohe **Leuchtturm Point Arena** liegt ein paar Kilometer abseits des Highway 1 auf der Spitze einer Klippe und bietet einen imposanten Ausblick über die Küste. Er wurde nach dem Erdbeben von 1960 wiederaufgebaut und ist meistens um die Mittagszeit ein paar Stunden geöffnet. Berühmt für seine landwirtschaftlichen Produkte und seinen Wein ist das fruchtbare **Anderson Valley** zwischen Boonville und Navarro im Hinterland.

Auf einem ausgedehnten Steilufer über einer Bucht lockt **Mendocino** mit malerischen viktorianischen Gebäuden. Die jahrhundertealte ehemalige Holzfällersiedlung kann man bequem zu Fuß erkunden. Einst mußte jeder Bewohner seinen eigenen Brunnen graben, und auch heute noch ist das Wasser knapp. Einige der ursprünglich 83 Wassertürme und Windmühlen des Ortes sind erhalten.

Das **Historische Museum** ist in dem über 130 Jahre alten Wohnhaus von William Kelley an der Albion Street untergebracht. 1854, zwei Jahre nachdem Jerome B. Ford die Redwood-Wälder entdeckt hatte und den Holzhandel in dieser Region ankurbelte, wurde als zweites Haus das **Ford House** an der Main Street erbaut. Hier liegen neben dem altehrwürdigen **Mendocino Hotel** etwa ein Dutzend Landgasthöfe, vielfach in alten Häusern aus der Holzfällerära. Wegen der vielen dänischen, norwegischen und schwedischen Seeleute war die Holztransportflotte auch unter dem Namen „skandinavische Marine" bekannt. Die 1852 erbaute Sägemühle wurde 1931 geschlossen.

In Mendocino entstanden die Filme *Jenseits von Eden, Schweigende Lippen, Der Pirat und die Dame* sowie *Nächstes Jahr, zur selben Zeit,* ein Schmachtfetzen aus dem Jahr 1975, in dem sich Alan Alda und Ellen Burstyn

Photos ehemaliger Kunden zieren die Wände: Friseur in Mendocino.

einmal im Jahr heimlich im hiesigen **Heritage House** treffen, einem romantischen Refugium voller Antiquitäten.

In den fünfziger Jahren machten Maler, Bildhauer und Literaten Mendocino zu einer Künstlerenklave. Die 1958 von Bill und Jennie Zacha eröffnete kleine Galerie mauserte sich zum **Mendocino Arts Center** mit zahlreichen Kreativ-Kursen und Theateraufführungen. Sehenswert sind die **Mendocino Coast Botanical Gardens** am Highway nördlich der Stadt; ihre Begründer, Ernest Schoefer und seine Frau, brachten 30 Jahre damit zu, das Unterholz aus ihrem 20 ha großen Garten zu entfernen. Auch als er schon weit über 70 Jahre alt war, arbeitete Schoefer noch zwölf Stunden pro Tag, um seinen Garten ganzjährig mit bunten Blumen zieren zu können. Zwei nahegelegene Parks, **Van Damme** und **Russian Gulch,** verlocken zum Zelten und zu Strandspaziergängen.

Fort Bragg weiter im Norden ist ein schlichtes, von harter Arbeit geprägtes Provinznest, in dem die Cafés an der Straße Namen wie „Jerko's Koffee Kup" tragen. Zu Mendocino steht der Ort in starkem Kontrast, doch gibt es hier eine Reihe interessanter Gebäude aus dem 19. Jahrhundert (und ein paar rekonstruierte Häuser an der Main Street). Dazu gehört das Depot der California Western Railroad von 1885, mit der ursprünglich Holz von Willits zum hiesigen Hafen transportiert wurde. Die Strecke ist 66 km lang, obwohl die Luftlinie nur 37 km mißt. Das Gelände erfordert eine Streckenführung mit 34 Brücken, zwei Tunnels und 381 Kurven. Das Fort Bragg Depot verbirgt hinter einer stilvoll bemalten Fassade 21 Läden und Imbißstände.

Den Hafen südlich des Ortes **Noyo Harbor** säumen Docks, Charterschiffe und Fischrestaurants. Die Dampfwolke über Fort Bragg, der größten Küstensiedlung zwischen San Francisco und Eureka, stößt das Sägewerk der Georgia-Pacific Corporation aus.

Die ersten Sägewerke entstanden 1850 an der Humboldt Bay; ihr Pate Alexander von Humboldt, der berühm-

Die Wartung der Netze ist manchmal aufwendiger als der Fang.

te preußische Naturforscher des 18. Jahrhunderts, stattete der Bucht jedoch nie einen Besuch ab. Die Sägewerke wurden durch Dampfschiffe betrieben, die auf Trockendock lagen; in ihren Kojen wohnten die Arbeiter.

Humboldt County: Ihren magischen Zauber verdankt die Nordküste vor allem den großen Redwood-Urwäldern, Gegenstand heftiger Kontroversen zwischen Umweltschützern und der Holzindustrie. Trotz starken Widerstands der Sägewerke stehen einige Haine der alten Redwood-Riesen nun auch in den Parks unter Naturschutz. Überall an der Straße können Touristen durch in die Stämme gebrannte oder gehauene Tunnel fahren und aus Redwood-Holz geschnitzte Kunstgegenstände erstehen.

Aushänge an Gebäuden und Strommasten werben gelegentlich noch immer für „Sinsemilla Tips". Damit ist das hochwertige, reine Marihuana gemeint, das den Schwarzmarkt der Region florieren läßt. Bis 1981 wurde es als gewinnträchtigstes Anbauprodukt des Mendocino County registriert. Seither gehen staatliche und bundesstaatliche Behörden unter ungeheurem Kostenaufwand mit Helikoptern, Flugzeugen und Geländewagen gegen die Züchter und ihre Anbaugebiete auf abgelegenen Bergfarmen vor. Manchmal setzen sich die Pflanzer durch, manchmal der Staat. Mit Razzien auf Hanffeldern und rechtlich umstrittenen Beschlagnahmeaktionen haben die Behörden bereits viele der wagemutigen Unternehmer vertrieben.

Garberville, die Wahlheimat vieler Ex-Hippies, war eine Zeitlang für den Anbau von erstklassigem Marihuana bekannt. Neben streitbaren Rauschgift-Anwälten gibt es hier zwei Lokalzeitungen und eine Bücherei. Ferner gilt Garberville als lebendiges Zentrum für Unternehmungen aller Art: Die Umweltschutzinitiative EPIC unterhält hier eine Niederlassung, und eine Firma für alternative Energien verschickt Sonnen- und Windenergieanlagen in alle Welt. In Darrell-Brown's-Sporting-Goods-Geschäft ist die zweitgröß-

Braune Pelikane gibt es an der Küste überall.

te Ohrmuschel der Welt ausgestellt. Das Geschäft führt seit 50 Jahren alle möglichen Sportartikel, und sein Inhaber gibt Tips fürs Angeln.

Drei Kilometer südlich lockt das berühmte **Benbow Inn** im Tudor-Stil mit seinem Ausblick auf den See. Es war einst ein Refugium für prominente Politiker wie Herbert Hoover und Eleanor Roosevelt sowie für Filmstars wie Spencer Tracy, John Barrymore und Gertrude Lawrence, die zur Blütezeit von Hollywood hier verkehrten.

Nördlich von Garberville beginnt die malerische Strecke der 53 km langen **Avenue of the Giants,** die durch den **Humboldt Redwoods State Park** führt. Die Strecke verläuft am südlichen Arm des Eel River entlang durch winzige Dörfchen. Man kann das 20 000 ha große Gebiet auf Lehrpfaden und Wanderwegen erschließen. Die riesigen Redwood-Bäume *(Sequoia sempervirens)* sind rund 90 m hoch und bis zu 3,5 Meter dick. 282 km nördlich von San Francisco, an der Kreuzung der Highways 1 und 101, liegt die ehemalige Holzfällersiedlung **Leggett** (400 Einwohner) inmitten der Wälder. Der Ort ist im Sommer bei Campern und Wanderern beliebt und im Spätherbst bei Anglern. Um diese Jahreszeit nämlich sind die Lachse auf dem Weg zu ihren Laichplätzen am südlichen Arm des Eel River.

Gut einen Kilometer nördlich liegt ein 80 ha großer Redwood-Wald mit Schwarzwild, Waschbären und Füchsen. Der **Drive-Thru Tree Park** wirbt mit dem Slogan „Fahren Sie durch einen lebenden Baum". Das berühmteste Exemplar, der **Chandelier Tree,** ist 96 m hoch und angeblich 2400 Jahre alt. Der Tunnel durch seinen sechs Meter dicken Stamm hat etwa die Ausmaße eines Autos; er wurde vor 75 Jahren von Charles Underwood ausgehöhlt, dessen Familie die Attraktion noch immer verwaltet.

Seit 1870 wurden Millionen Bäume gefällt und zu Papier verarbeitet. Mittlerweile besinnt man sich auf rentable Alternativen: einige Firmen produzieren bereits eine Papiersorte aus Hanf

Links: Die Avenue of the Giants.
Unten: Auf der Terrasse des Benbow Inn.

und Stroh, die zwanzigmal haltbarer sein soll als Papier aus Zellstoff (siehe Seite 291). Unweit von Leggett bietet der **Standish-Hickey State Recreation Park** mit Redwood-Wäldern neben dem Eel River auf drei verschiedenen Terrains etwa 160 Campingplätze. Etwa 32 km weiter nördlich führt eine etwas beschwerliche Route über die Kings Mountains nach **Shelter Cove** in ein Gebiet, das wegen seiner Isoliertheit „Lost Coast" (verlorene Küste) genannt wird. Mit 1245 m ist King's Peak der höchste Punkt an der Küste des US-Kontinents. Nördlich dieses isolierten Vorpostens liegt **Petrolia,** wo der erste Ölbohrturm Kaliforniens stand.

In **Scotia,** einer kleinen Firmensiedlung, betreibt die Pacific Lumber Company die weltweit größte Sägemühle für Redwood-Holz. Die ständig von Umweltschützern angefeindete Firma bemüht sich sehr um ihre Besucher; man kann das Werk auf eigene Faust erkunden und zusehen, wie sich riesige rauhe Holzstämme in glatte Planken und Bretter verwandeln. Scotias Bauten bestehen ausschließlich aus diesem Material, und das Touristik-Zentrum, ebenfalls aus Rotholz, ist einem griechischen Tempel nachempfunden, sogar die dorischen Säulen bestehen aus Baumstämmen.

Ostwärts schlängelt sich der Highway 36 am Van Duzen River entlang durch den **Grizzly Creek Park,** in dem allerdings keine Grizzlies mehr leben, nach **Fortuna,** wo alljährlich im Juli ein Rodeo stattfindet. Es gibt hier ein halbes Dutzend Motels und den hübschen **Rohner Park**, über dem gelegentlich Adler ihre Kreise ziehen und sich Rehe und Waschbären mitunter am Bach blicken lassen.

In **Ferndale,** 16 km südwestlich von Eureka, wird der Blick von den Pastellfarben der viktorianischen Häuser angezogen, denen der Ort zu Recht seine Erhebung zum historischen Wahrzeichen verdankt. Hier endet am Wochenende von Memorial Day (Ende Mai) die jährlich stattfindende dreitägige Weltmeisterschaft „Great Arcata to Ferndale Cross Country Kinetic Sculpture

Sägewerk bei Redcrest.

Die Nordküste

Race". Dutzende von Tretautos in Form von Hummern, Enten, Schuhen und Dinosauriern liefern sich bei diesem amüsanten Ereignis, das kürzlich auch in einem Film dokumentiert wurde, ein 60 km langes Rennen über rauhes, schlammiges Terrain, wobei sie unter anderem eine Bucht bei Ebbe überqueren.

Die Käsefabrik **Loleta** westlich des Highway lädt Besucher zu einer Besichtigung der Käserei und zu Kostproben der verschiedenen Sorten ein.

Mit einer Einwohnerzahl von 24 000 ist das häufig in Nebel gehüllte **Eureka** der größte Ort der Pazifikküste in Nordkalifornien außer San Francisco. Der weitläufige, teils von Industrie geprägte Ort an der Humboldt Bay brodelt vor Geschäftigkeit. Für Besucher ist vor allem die historische Altstadt zwischen 6th Street und Uferpromenade interessant. Die Handelskammer (Chamber of Commerce, 2112 Broadway an der Ortsgrenze) gibt kostenlose Übersichten über einige der überaus zahlreichen viktorianischen Häuser im Ort heraus.

Nummer Eins ist das **Carson House** von 1885 (heute ein Klubhaus). Angeblich gab der Holzbaron William Carson diese extravagante Kreation in Auftrag, um seine Arbeiter in der Nebensaison zu beschäftigen.

An der 2nd Street nahe der D Street gibt es viele hübsche kleine Läden und Restaurants; größere Geschäfte findet man in der **Bayshore Mall** am Broadway. Das **Maritime Museum** (1854) ist im ältesten Gebäude (1410) der Stadt, ebenfalls an der 2nd Street, untergebracht. Überall im Ort entstehen dank eines Förderprogramms für junge Künstler originelle Wandgemälde.

Eureka ist bekannt für Fischgerichte. Im alteingessenen **Lazlo's** an der 2nd Street wird geräucherter Lachs serviert. Die **Seafood Grotto** am Broadway (Highway 101 an der Stadtgrenze) hat sich auf Muscheln spezialisiert: „We Ketch'em, Cook'em, Serve'em" (Wir fangen, kochen und servieren sie) lautet das Motto. Ein Teller Muscheln ähnelt hier eher einem Stapel, wobei jede einzelne so groß ist wie eine Hand.

Das Carson House in Eureka.

Boote säumen den Jachthafen jenseits der Samoa Bridge auf **Woodley Island,** wo seit 1885 das **Samoa Cookhouse** residiert. Die *Madaket,* das älteste Passagierschiff an der Küste, startet von der Uferpromenade bei der C Street zu Kreuzfahrten über die Bucht.

Die Universitätsstadt **Arcata** liegt jenseits der Bucht. Die Stadt wurde von der Ford Foundation mit 100 000 Dollar gefördert, weil sie die Filterung ihrer Abwässer mit der Einrichtung eines 62 ha großen Feucht- und Wildschutzgebiets verband. Samstags finden Führungen statt, die vor allem die Vogelfreunde begeistern dürften.

80 km weiter an der Küste Richtung Norden liegt **Orick,** das Tor zum **Redwood National Park,** in dem seit 1968 auf einem 64 km langen Küstenstreifen majestätische Wälder unter Naturschutz stehen. Ein Besucherzentrum in Orick gibt Orientierungshilfen und informiert über Zubringerbusse für Exkursionen Richtung Südosten, den **Redwood Creek** hinauf, wo einige der schönsten und höchsten Redwoods überhaupt in der **Tall Trees Grove** stehen. Einer ist mit 112 m so hoch wie ein 35stöckiges Gebäude.

Mit seinen Zwiebelfarmen und Baumschulen, Molkereien und Gemüsegärtnereien ist **McKinleyville** die am schnellsten expandierende Gemeinde des Landes – in der jedoch Pferde immer noch Vorfahrt haben.

Nördlich der Brücke über den **Klamath River** erstrecken sich der **Del Norte Coast Redwoods State Park** und der **Jedediah Smith Redwoods State Park,** zwei Ausläufer des Redwood National Park. Am Ufer des Klamath leben etwa 3000 Mitglieder des Yurok-Stammes; wer gerne Fisch ißt, sollte sich das traditionelle Lachsfest nicht entgehen lassen.

In **Trinidad** (450 Einwohner) an der US 101 klingelt im Immobilienbüro ständig das Telefon; eine Angestellte berichtet über die zahlreichen Interessenten von außerhalb: „Sie kommen aus Los Angeles, San Diego und San Francisco", sagt sie. „Und alle wollen sie ein Grundstück mit Meerblick. Alle

Elche zur Brunftzeit im Prairie Creek State Park.

haben die Nase voll von der Stadt." Die gesamte Region war eine Zeitlang bei Anhängern der Alternativkultur beliebt, zieht jetzt jedoch auch Anwälte, Yuppies sowie Stars und Sternchen aus dem Showbusiness an.

Klamath wurde 1964 durch Überflutung zerstört, als binnen 24 Stunden über 100 cm Regen fielen. Typisch für die neuere Stadtentwicklung ist ein kitschiger Vergnügungspark wie **Trees of Mystery.** Hier blickt ein überdimensionales Standbild des legendären Holzfällers Paul Bunyan und seines blauen Ochsen Babe auf einen Souvenirladen herab, der angeblich das weltgrößte Angebot an Redwood-Schnitzereien, mit Sicherheit aber die bedeutendste Auswahl an kleinen, blauen Plüschochsen führt. Ein Museum ist den Indianern des Westens gewidmet.

Auf dem Weg nach Norden sollte man eine Pause einlegen, um wenigstens einen der insgesamt 200 km langen Wanderwege zu erkunden, die oftmals an der Küste entlang zu abgelegenen Buchten und Stränden führen. Gegründet 1853 als Versorgungslager für die Goldminen im Umkreis, hat sich **Crescent City** von einem Taifun, der die Stadt im Jahr 1962 verwüstete, nie ganz erholt. Benannt wurde sie nach ihrem sichelförmigen Hafen, an dem ein Restaurant mit dem idyllisch anmutenden Namen „Harbour View" liegt. Die Verwaltung des Redwood National Park unterhält in Crescent City eine Niederlassung. Angenehmer und wärmer ist es weiter landeinwärts. Eine Viertelstunde östlich von Crescent City (auf Highway 199 Richtung Grants Pass) fließt der kristallklare Oregon River, der letzte ungezähmte Fluß Kaliforniens.

Die Region um **Smith River** bietet majestätische Redwood-Bäume und gute Angelmöglichkeiten. Erdbeerbäume säumen saubere öffentliche und private Zeltplätze. Das Ship Ashore Resort ist mit einem Restaurant, Motelzimmern, RV-Camping sowie einer fünf Meter langen ehemaligen Luxusjacht ausgestattet, die heute als Geschenkladen und Museum dient.

Geschmückter Yurok-Indianer beim Lachsfest in Klamath.

NATURPRODUKT HANF

Hanf, eines der wertvollsten Anbauprodukte Amerikas, machte in den sechziger Jahren als Marihuana *(Cannabis Sativa)* negative Schlagzeilen. Heute ist es als landwirtschaftliches Erzeugnis wieder im Kommen.

Der erste amerikanische Farmer der neuen Ära ist John Stahl aus Leggett, ein Papierfabrikant, der unter Beachtung aller gesetzlichen Auflagen auf 250 a Hanf zu Forschungszwecken, zur Papierherstellung und zur Züchtung anbaut. Zu den Auflagen gehörte ein Metallzaun mit Stacheldraht, Sicherheitsbeleuchtung, Alarmanlagen und Bewachung rund um die Uhr. „Als Papierproduzent ist mir der THC-Gehalt ziemlich egal", sagt Stahl. (Das THC ist für die euphorisierende Wirkung von Hanf verantwortlich.)

Diese Meinung teilen nicht alle seine Nachbarn. Der Anbau von hochwertigem Marihuana in Humboldt County ist ein millionenschweres Schwarzmarktgeschäft, dessen Verlockungen viele Bewohner erliegen. Streitbare Anwälte in Garberville und Eureka entwerfen Strategien gegen CAMP, die bundesstaatliche Kampagne gegen den Anbau von Marihuana. Ständig kreisen Hubschrauber über dem Gebiet; auf diese Taktik reagieren die Anbauer mit Topfpflanzen, die bei den Flugrazzien schnell beiseite geschafft werden können.

Seit jeher war Hanf ein wichtiges Anbauprodukt. Es wurde bei der Herstellung von Öl, Papier, Farbe, Brennstoff, Seilen, Segeltuch, Kleidung und Zwirn sowie als Viehnahrung verwendet und war so begehrt, daß sein Anbau im 17. Jahrhundert in einigen Ländern gesetzlich angeordnet wurde. Als der Hanfhandel noch von Rußland und seinen Nachbarstaaten kontrolliert wurde, löste der Kampf um das Naturprodukt sogar einen Krieg aus: Um die französischen Handelsrechte zu sichern, marschierte Napoleon in Rußland ein.

Auch Thomas Jefferson und George Washington bauten Hanf an, und Benjamin Franklin gründete Amerikas erstes Hanfpapierwerk. 1850 gab es 8327 Hanfplantagen. Sogar die Unabhängigkeitserklärung von 1776 wurde auf Hanfpapier niedergeschrieben.

Heute legt Farmer Stahl das Dokument nach altem Vorbild wieder auf. Bei der Papierherstellung werden die Hanfstengel getrocknet und gesäubert, gehäckselt und in einer stark alkalischen Lösung aus Ätznatron gekocht.

Zu Beginn des 20. Jahrhunderts kamen die ersten Schauergeschichten über die halluzinogenen Eigenschaften der Pflanze auf. 1937 setzte die Bundesbehörde für Betäubungsmittel und Drogen im Kongreß ein Gesetz durch, das Produzenten von Marihuana zwang, sich registrieren zu lassen und 100 Prozent Steuern auf den Verkaufspreis zu entrichten. Damit lohnte sich der Hanfanbau nicht mehr und wurde eingestellt. Der Protest der Schmiermittelindustrie sowie von Ärzten, die von der therapeutischen Wirkung der Pflanze überzeugt waren, verhallte ohne Wirkung.

1942 erhielten ausgewählte Farmer Subventionen, um Hanf zur Fertigung von Seilen und Takelagen für die Kriegsflotte anzubauen. Seither liegen die amerikanischen Hanffelder brach. Als bewährtes Anbauprodukt könnte es kleinen Farmen die Existenz sichern, meinen Förderer der Hanf-Initiative, die ihr Anliegen auch zum Wahlkampfthema gemacht haben. ∎

Bundesbeamten konfiszieren Hanfpflanzen in Humboldt County.

DER HOHE NORDEN

Die Stämme der amerikanischen Ureinwohner, die zum Teil immer noch hier leben und fischen, wissen mehr über die Geheimnisse des hohen Nordens von Kalifornien, als wir je erfahren werden. Wahrscheinlich könnten sie auch die Frage beantworten, ob die Existenz des legendären Fabelmenschen Sasquatch wirklich nur auf einer Legende beruht oder nicht. Doch auch für den Reisenden gibt es hier viel zu entdecken. Man kann den 517 km langen Highway 299 von den Redwoods in Humboldt County bis zur Grenze von Nevada leicht in zwei Tagen bewältigen, doch dann entgeht einem vieles, besonders das Gespür für die Abgeschiedenheit dieser Region.

Diese Tour durch die Berge sollte man genießen wie einen guten Wein; die Restaurantführer allerdings kann man vergessen, denn um der Küche willen kommt niemand hierher. Highway 299 ist die einzige geteerte Ost-West-Verbindung durch den Norden. Die kurvenreiche, zweispurige Asphaltstrecke führt durch dünnbesiedelte Wildnis, die von Bergen, Tälern, Vulkanen, Flüssen, Canyons und, im Osten, von der Wüste geprägt ist.

Zu den weiteren Teerstraßen im Norden gehört die Interstate 5, die in Nord-Süd-Richtung zwischen den Bergketten von Klamath und Cascade verläuft. Bei jeder Tour in dieser Region sollte man unbedingt Abstecher auf die Seitenstraßen einplanen. Das landschaftlich vielfältigste Bild bietet jedoch der Highway 299.

Die beste Reisezeit ist von Mitte Juni bis Mitte November. Der nördliche Teil Kaliforniens bekommt zwei Drittel des gesamten Regenfalls im Staat ab. Schnee im Winter und Überflutungen im Frühjahr machen den Highway 299 zu einer gefährlichen Strecke; oft ist er ganz gesperrt. Selbst unter besten Bedingungen kann die Fahrt wegen häufigen Steinschlags und halsbrecherischer Kurven zu einem Abenteuer werden.

Vorherige Seiten: Der Lower Sky High Lake im Marble Mountain Wilderness Area. **Links:** Mount Shasta.

Wer unbedingt im Winter herkommen will, sollte Schneeketten mitbringen; die örtliche Polizei empfiehlt Werkstätten, die sie montieren. Aktuelle Informationen über die Straßenverhältnisse kann man telefonisch bei der California Highway Patrol erfragen.

Im Reich des Sasquatch: Von der Pazifikküste kommend, zweigt der Highway 299 bei Arcata, nördlich von Eureka, vom Highway 101 ab und überquert die niedrigen Küstenberge bis zu den Flüssen **Klamath** und **Trinity.** Um 1860 entstand **Blue Lake** aus zurückweichendem Hochwasser des Mad River. Der See trocknete vor 70 Jahren aus, der Name blieb bis heute.

Die **Klamath Mountains** bestehen aus einer Reihe kleinerer Bergketten – Siskiyou, Trinity, Trinity Alps, Marble, Scott Bar, South Fork und Salmon-Berge – und nehmen insgesamt eine Fläche von 31 000 km^2 in Nordkalifornien und Süd-Oregon ein. Mit 2732 m ist **Mount Hilton** der höchste Gipfel der Region; durchschnittlich sind die Berge 1500 bis 2100 m hoch.

In den Klamath-Bergen soll der Legende zufolge das riesige Fabelwesen Bigfoot, auch Sasquatch genannt, hausen. Dabei haben die Klamaths auch ohne Fabelwesen etwas Wildromantisches: in manchen Gebieten fallen jährlich über 180 Zentimeter Regen, der den Boden für üppige Wälder aus Farnen, Hemlock-Tannen, Kiefern und Fichten bereitet. Hier leben auch noch einige Indianerstämme. Die Gipfel der meisten Berge wirken rauh und schroff, Gletscher gibt es auf den höchsten Gipfeln der Trinity Alps.

In **Willow Creek,** wo eine Statue von Bigfoot den Platz ziert, findet im September ein „Bigfoot Daze"-Fest statt. Eine Nebenstraße führt in die 37 600 ha große **Hoopa Valley Reservation,** das größte Indianerreservat Kaliforniens, mit einem Museum zur Stammesgeschichte, Fischteichen und jahrtausendealten Überresten von indianischen Wohnbauten.

Drei Staatsforste, Klamath, Shasta und Trinity, bedecken einen Großteil der kalifornischen Klamaths. In diesen Wäldern liegen noch strenger geschützte Wildnisgebiete. Das bekannteste und beliebteste ist **Salmon Trinity Alps Primitive Area** mit Zeltplätzen und Wanderwegen von einigen hundert Kilometern Länge. Die Rangerstationen am Highway 299 bei **Burnt Ranch, Big Bar** und **Weaverville** sowie am Highway 3 bei **Trinity Center** erteilen kostenlose Zutrittsgenehmigungen, beantworten Fragen zur Fauna und Flora und geben Informationen über das Wetter und den Zustand der Wege.

16 km östlich der Brücke über den Trinity River, nahe der Gemeinde von Burnt Ranch, führt der Highway 299 direkt südlich am **Ironside Mountain** (1602 m) vorbei. Die glatte, malerische Wand des Berges ist die abgetragene, freiliegende Spitze eines sehr viel größeren Granitbrockens, des Ironside Mountain Batholith.

Unzählige kleine Bäche und Seen vereinigen sich in den Flüssen Klamath und Trinity. Hoch oben in den Bergen verwandeln sich die Flüsse bei Schneeschmelze in reißende Ströme, die große Felsbrocken kilometerweit flußabwärts tragen können. Unter Ausnutzung eines Bundesgesetzes, das den örtlichen Kraftwerken vorschreibt, Strom aus kleineren Werken abzunehmen, haben einige Bewohner kleine Wasserkraftwerke errichtet, wie etwa Mom & Pop Power Company in dem kleinen Ort **Minersville.** Bisher gibt es nur ein paar solche Werke, weitere sind jedoch geplant.

Wenn Bewohner dieser Region abends „in die Stadt" wollen, fahren sie meist nach **Weaverville,** einen ehemaligen Handelsposten für Goldschürfer in einem Tal unterhalb der Trinity Alps. Der dortige Drugstore von 1853 ist der älteste des Staates; das Gerichtsgebäude des Trinity County von 1857 war ursprünglich ein Hotel. Kaliforniens ältester noch besuchter chinesischer Tempel ist **Joss House,** das an die chinesischen Bergarbeiter in der Zeit des Goldrauschs erinnert. An den meisten Tagen werden Führungen veranstaltet. In der Nähe liegt das **J.J. „Jake" Jackson Museum** mit einer kuriosen

Das Joss House, ein chinesischer Tempel in Weaverville.

Sammlung, die u. a. indianische Relikte und chinesische Waffen enthält.

Weaverville ist außerdem das Tor zu den Seen Clair Engle und Lewiston, die zur ausgedehnten **Whiskeytown-Shasta-Trinity National Recreation Area** nördlich der Stadt gehören. Die Seen entstanden durch Eindämmung des oberen Trinity River und bieten gute Möglichkeiten zum Fischen, Bootfahren und Zelten.

Boden als Allgemeingut: Wie ein Großteil des ländlichen Kaliforniens sind auch 72 Prozent des Trinity County in Staatsbesitz. Weitere zehn Prozent gehören der Southern Pacific Railroad, obwohl hier keine Eisenbahnlinie verläuft. Im 19. Jahrhundert wurden allen Gesellschaften Ländereien geschenkt, als Subvention (die die Eisenbahnen durch Spekulation selbst erwirtschafteten) oder für eine geplante Trasse.

Unter den örtlichen Anbauprodukten rangiert Holz an erster und Marihuana an zweiter Stelle. Diese Kombination traditioneller und illegaler Unternehmen ist typisch für Trinity; seine Bevölkerung besteht aus Alteingesessenen und denen, die seit der Hippie-Ära hierherkamen.

Trotz ihrer Unterschiede ist allen Bewohnern von Trinity ein gewisser Individualismus und ein waches Auge für ihre natürliche Umwelt eigen. Wird bei allgemeinen Wahlen hier oft für die Konservativen gestimmt, so gibt es doch auch eine große Aufgeschlossenheit gegenüber ökologischen Fragen – eine Art Umwelt-Populismus. Dabei spielt weniger die Ideologie als schlichtes Eigeninteresse eine Rolle.

Manche Bewohner decken den Eigenbedarf durch die Jagd und beziehen das Wasser direkt aus Quellen und Flüssen. Als der Bezirk die Bundesregierung aufforderte, in den Wäldern von Trinity künftig keine Pflanzenschutzmittel mehr zu verwenden, die letztlich auch das Grundwasser kontaminieren würden, bezog kein Politiker, ob Demokrat oder Republikaner, offen Stellung gegen diese Initiative.

Freie Fahrt für Kühe: Autofahrer sollten bedenken, daß in **Trinity County**

Neben Marihuana der wichtigste Erwerbszweig: Holzwirtschaft in Trinity.

wie im Großteil des kalifornischen Nordens die „open range" vorherrscht. Dieser Ausdruck besagt, daß das Vieh auch über die (nicht umzäunten) Grenzen seines Weidegebiets hinauszieht – und daß jeder, der eine Kuh anfährt, kräftig zur Kasse gebeten werden kann.

Wanderer sollten sich von Flußbetten fernhalten, in denen Goldsucher Parzellen abgesteckt haben. Auch wer an einem Marihuanafeld vorbeikommt, macht sich besser davon, bevor er entweder vom Besitzer erschossen oder aber unter dem Verdacht verhaftet wird, der Besitzer zu sein.

Östlich von Weaverville kreuzt der Highway 299 den **Buckhorn Summit** (980 m) und fällt dann rasch stark ab. Anstatt der Douglastannen, Goldkiefern und Redwoods säumen nun Erdbeerbäume und Nußkiefern den Weg.

Rund um Redding: Beim Verlassen der Klamath Mountains, wenige Kilometer hinter der Grenze zum Shasta County, führt der Highway am **Whiskeytown Lake** vorbei, einem Wasserreservoir, dem die Anwohner gemischte Gefühle entgegenbringen. Sowohl dieser See als auch der nahegelegene Shasta Lake werden aus dem Sacramento River gespeist. Wie die Seen Clair Engle und Lewiston sind sie Teil eines in den sechziger Jahren realisierten Wassersystems, das Wasser von den Osthängen der Klamath Mountains ableitete. Die Seen gehören heute zum nationalen Erholungsgebiet der Region. Ein ausgedehntes Netz von Tunneln, Stauanlagen, Dämmen und Aquädukten leitet Wasser von den Bergen zum Central Valley, wo es Anbauflächen riesiger Agrarunternehmen bewässert. Besser als die Seen haben den Anwohnern jedoch die einst wilden Ströme aus den Bergen gefallen. Ein hiesiger Geschäftsmann drückt es folgendermaßen aus: „Man hat unser Wasser genommen und nach Süden exportiert, unsere Bäume gefällt und unser Farmland unter Wasser gesetzt. Wir fühlen uns hier praktisch kolonisiert."

Am einem Damm bei Whiskeytown steht eine Informationstafel. Wenn man auf den Knopf daneben drückt,

Yurok-Indianer Butch Marks hat einen prächtigen Lachs gefangen.

ertönt die selbstbewußte Rede John F. Kennedys, die er anläßlich der Einweihung des Damms hielt.

Unweit der Zufahrtsstraße zum Damm führt der Highway 299 durch den Ort **Shasta** (750 Einwohner), der bis 1888 Bezirkshauptstadt war. Heute lebt die Gemeinde vom Tourismus.

Über weite Strecken des Highway 299 fällt das Fehlen von Verkehrsampeln, Motels und Restaurantketten auf. Marketingstrategen zufolge ist keiner der Orte am Highway so attraktiv, daß sich eine solche Filiale rechnen würde – außer in der Talsiedlung **Redding** mit ihren 43 500 Einwohnern.

Kurz vor Redding geht der Highway 299 in eine vierspurige Schnellstraße über, die vom üblichen Fast-Food-Dschungel gesäumt ist: McDonald's, Long John Silver's, Shakey's Pizza etc. An der Market Street führt der Highway 299 an Reddings alter **City Hall,** dem Rathaus aus dem Jahr 1907 vorbei und dann gemeinsam mit Interstate 5 nach Norden. Redding liegt am nördlichen Ende des 724 km langen Central Valley. Nordöstlich von Redding schwenkt der Highway 299 wieder zweispurig nach Osten.

24 km auf der Interstate 5 von Redding entfernt liegt **Shasta Lake,** einer der größten Seen Kaliforniens. Er nimmt einen Großteil des Whiskeytown-Shasta-Trinity National Recreation Area ein und eignet sich hervorragend zum Fischen, Wandern, Zelten und Bootfahren. Wie andere auch entstand dieses Reservoir durch Eindämmung von Flüssen – in diesem Fall des **Sacramento, McCloud** und **Pit River.** Lake Shasta weist 595 km Küste mit zahlreichen Buchten auf. Besucher können Hausboote mieten oder die **Lake Shasta Caverns** erkunden, eine unterirdische Wunderwelt, die am besten per Boot, aber auch zu Fuß erreichbar ist. Umfassende Informationen erteilt das Shasta Dam Area Chamber of Commerce, westlich der Ausfahrt Shasta Dam von der Interstate 5.

Nordöstlich des Shasta Lake liegen **Dunsmuir** und die bei Felskletterern beliebten Granitwände des **Castle**

Zerklüftete Gipfel im Castle Crags State Park.

Crags State Park. Etwa 80 km nördlich von Redding schließlich erhebt sich **Mount Shasta,** der mit 4316 m höchste Berg der California Cascades. Anders als Mount Whitney in den Sierras, der zwar höher ist, aber neben unzähligen anderen Gipfeln fast nicht auffällt, steht Shasta isoliert da und beherrscht das weitläufige Umland wie ein majestätischer Monarch.

Mit seinen fünf Gletschern gilt dieser Berg als hervorragendes Skigebiet. Eine Ahnung von seinen ungeheuren Ausmaßen bekommt man auf dem malerischen Highway, der über 2400 m hinaufführt und damit kaum die Hälfte der Strecke bis zum Gipfel überwindet. Im Ort Mount Shasta dient eine Rangerstation als Anlaufstelle.

Der einzige größere Ort am Interstate 5 zwischen Mount Shasta und der Grenze zu Oregon (90 km weiter nördlich) ist **Yreka** mit 6000 Einwohnern. Als Sitz der Bezirksregierung von Siskiyou County bietet es ein Museum mit restaurierten Gebäuden aus der Bergwerksära des 19. Jahrhunderts.

Nördlich von Yreka führt Highway 96 nach Westen zu völlig abgelegenen Bereichen des herrlichen Klamath River. Bei Willow Creek in Humboldt County trifft er auf den Highway 299.

Vulkanisches Urgestein: Die Cascades verlaufen fast genau nördlich von Kalifornien bis British Columbia in Kanada. In Kalifornien mißt die Bergkette 70–80 km in der Breite, in Washington über 130 km. Weiter nördlich beherrschen Gletscher das Bild, doch die schneebedeckten Gipfel der Cascades sind junge, ruhende Vulkane. Ihre Geschichte studiert man am besten im **Lassen Volcanic National Park.**

Man erreicht den Park über Highway 36 östlich von Red Bluff, über Highway 44 östlich von Redding oder über Highway 89 südlich des Highway 299 hinter **Burney Lassen Peak** (3187 m).

Auf den 85 km zwischen Redding und Burney führt Highway 299 in ein sanft gewelltes Land hinauf. Die in der Landschaft verstreuten roten Felsbrocken und die Weiden südlich der Straße entstanden aus heißen Schlammabflüs-

Hill Road erschließt den **Lava Beds National Park.**

sen, die sich bei der Eruption des sogenannten Mount Maidu vor sieben Millionen Jahren gebildet haben.

Ein Großteil des 43 000 ha großen Lassen Park liegt in einem riesigen Krater, der beim Einbruch dieses alten Vulkans entstand. Aus dem Krater warf sich später der neue Vulkan Lassen Peak zu eindrucksvoller Höhe auf, doch gibt es im Park auch kleinere Vulkane. **Bumpass Hell** ist ein Tal mit aktiven Thermal-Becken und Sprudelquellen. Seen, Flüsse, Wiesen, Kiefernwälder und schöne Wege laden zum Wandern und Zelten ein.

Östlich von **Bella Vista**, am Südufer des **Cow Creek**, liegen die Ruinen von **Afterthought Mine,** wo vom späten 19. Jahrhundert bis zum Ende des Zweiten Weltkriegs Zinn und Kupfer gewonnen wurden.

Hinter dem Holz- und Viehauktionszentrum **Burney** (3200 Einwohner) kreuzt man Highway 89. Im Süden liegt der Lassen Park, im Norden Mount Shasta. Etwa 10 km nördlich ergießen sich die **Burney Falls** 39 m in die Tiefe.

Von **Fall River Mills** östlich von Burney bis zur Grenze von Nevada führt der Highway 299 über die Becken und Felsverwerfungen des 33 670 km^2 großen Modoc Plateaus. Auf einem Großteil der Strecke folgt der Highway dem tiefen Canyon des Pit River, der Hauptwasserader des Plateaus.

Modoc wirkt nicht wie ein Plateau, sondern eher wie ein buschbewachsenes Becken, auf dem jemand blockartige Berge mit Kiefernbewuchs stehengelassen hat, die dort nicht hingehören. Der 797 000 ha große **Modoc National Forest** besteht zum Großteil aus vulkanischen Relikten. Ein schönes Beispiel hierfür ist **Glass Mountain,** ein riesiger Strom aus Obsidian-Lava am Westrand des Waldes.

Höhepunkt jeder geologischen Tour über das Modoc Plateau ist **Lava Beds National Monument,** eine Mondlandschaft aus Lavaströmen, Säulen und Höhlen. In einer der Höhlen hielt ein Häuptling der Modoc namens „Captain Jack" mit den Kriegern seines Stammes in den letzten Tagen des Modoc Indian

Lonesome Cowboy im Abendlicht.

War von 1872/1873 der US-Armee stand – einer der letzten Konflikte dieser Art in der Geschichte Amerikas.

Das 18 800 ha große National Monument am Westrand des Modoc Plateaus im Siskiyou County erreicht man über Highway 299 Richtung Osten. Nahe der Rangerstation **Canby** biegt man nach Norden ab und fährt 72 km auf dem State 139 über **Tionesta**.

Pahoehoe (glatte Lavaströme) schufen die 300 röhrenförmigen Höhlen des National Monument. Manche erstrecken sich über mehrere Ebenen und haben einen Durchmesser von 25 m. In einigen davon sind prähistorische Felsmalereien der Indianer erhalten. Der nächste größere Ort, **Tulelake** (800 Einwohner) liegt etwa 16 km weiter nördlich an der Grenze zu Oregon.

Adler in freier Wildbahn: Im Gebiet um Lava Beds National Monument gibt es drei nationale Wildschutzgebiete – **Tule Lake** (nördlich), **Lower Klamath** (nordwestlich) und **Clear Lake** (östlich). Über eine Million Wasservögel bevölkern diese Seen im Herbst; im Januar und Februar finden sich auch zahlreiche Weißkopf-Seeadler ein.

Ein weiteres Wildschutzgebiet, das 2400 Hektar große **Modoc National Wildlife Refuge**, liegt ein paar Kilometer südlich der Bezirkshauptstadt Alturas am Zusammenfluß von Nord- und Südarm des Pit River. Hier brüten Kanadische Gänse sowie Ruder- und Krickenten. Modoc liegt auf der Pazifikroute der Zugvögel, die hier einen Zwischenstopp einlegen.

An anderen Stellen im Modoc National Forest werden Wasservögel jedoch intensiv gejagt, ebenso wie Rehe und Antilopen. In den Flüssen kann man Forellen angeln, Möglichkeiten zum Wandern und Zelten bestehen überall.

Auf den 29 km zwischen Canby und Alturas überquert der Highway 299 einen Teil des Zentralplateaus **Devil's Garden**, der mit Kiefern, Salbei und Wacholderbüschen bewachsen ist.

Alturas (3000 Einwohner) ist ein ländliches Zentrum, dessen Geschichte bis in die Mitte des 19. Jahrhunderts zurückreicht. Das **Modoc County Museum** zeigt Feuerwaffen, die teilweise 500 Jahre alt sind sowie Gebrauchsgegenstände der ansässigen Indianerstämme. Auch das baskische Restaurant des Museums, das „Brass Rail", lohnt einen Besuch.

Alturas liegt in 1340 m Höhe weitab vom Regenschatten der Cascades. Die Landschaft ist trocken und die Vegetation spärlich, das Vieh weidet auf braunem oder purpurfarbenem Land; angebaut wird Luzerne. Pro Jahr fallen kaum 30 Zentimeter Regen. Im Sommer steigt das Thermometer oft auf über 38 °C, und im Winter, wenn Schnee das Land bedeckt, sinken die Temperaturen auf unter -18 °C.

Östlich von Alturas führt der Highway 299 in die **Warner Mountains** hinauf, die die Grenze zwischen dem Modoc Plateau und der noch trockeneren Hochlandwüste des **Great Basin** bilden. Kiefernwälder, Flüsse und Ströme durchziehen die Bergkette der Warners. Manche Gipfel erreichen eine Höhe von 3000 m, die meisten sind jedoch nur halb so hoch. Das sanft gewellte Hochland ist besonders zum Zelten und Wandern geeignet. Wegen der weitläufigen Weidegebiete sollte man bei längeren Ausflügen Tabletten zur Desinfektion von Wasser mitnehmen.

Am 1922 m hohen **Cedar Pass** liegt ein kleines Skigebiet. Von dort führt der Highway in das **Surprise Valley** und zum Dörfchen **Cedarville** (800 Einwohner) hinunter. In Cedarville gibt es Götterbäume, Pappeln und einen Münzfernsprecher. Kein Gebäude ist höher als zwei Stockwerke. Wären da nicht die Autos, die Visa-Aufkleber an den Schaufenstern und eine Filiale der Bank of America, der Ort könnte dem 19. Jahrhundert entsprungen sein.

Wer hier wohnt, ist seßhaft, und das aus gutem Grund. „Im Winter", meint einer, „kann ich mit meinem Snowmobil Hunderte von Kilometern nach Osten fahren und sehe keine Menschenseele. Vor kurzem waren wir in San Francisco, und ein Freund von mir sagte: ‚Weißt du, du lebst so, wie die meisten es sich nur erträumen.' Er hat recht: ich muß nicht nach Alaska, um unberührte Wildnis zu finden. Alles, was ich brauche, habe ich hier."

Der Hot Springs Creek in der Nähe von Drakesbad.

APA GUIDES
Reisetips

FÜR LEUTE,
DIE DEN WERT
DER ZEIT ZU SCHÄTZEN
WISSEN.

Bevor Sie sich für eine Patek Philippe *Abb. 1* entscheiden, sollten Sie ein paar grundsätzliche Dinge wissen. Anhand von Stichworten wie Präzision, Wert und Zuverlässigkeit erklären wir Ihnen, warum die Uhr, welche wir für Sie anfertigen, vollkommen anders ist als alle anderen Uhren.

"Pünktlichkeit ist die Höflichkeit der Könige", pflegte Louis XVIII. zu sagen.

Wir glauben in aller Bescheidenheit, daß wir beim Thema Pünktlichkeit auch den Ansprüchen der Könige gewachsen sind. So haben wir unter anderem ein mechanisches Laufwerk hergestellt, das in vollkommener Übereinstimmung mit dem gregorianischen Kalender die Schaltjahre der nächsten fünf Jahrhunderte berücksichtigt: Es fügt den Jahren 2000 und 2400 jeweils einen Tag hinzu, überspringt aber die Jahre 2100, 2200 und 2300 *Abb. 2*. Allerdings sollte so eine Uhr von Zeit zu Zeit neu justiert werden: Denken Sie bitte alle 3333 Jahre und 122 Tage daran, die Uhr um einen Tag vorzustellen, damit sie wieder mit der Himmels-Uhr übereinstimmt. Solche Dimensionen erreichen wir natürlich nur, weil wir bei der Herstellung jeder Uhr, also auch Ihrer, zu den absoluten physikalischen, wenn nicht metaphysischen Grenzen der Präzision und des Machbaren vorstoßen.

Fragen Sie bitte nicht "wieviel?"

Versetzen Sie sich einmal in die Welt der Sammler, die bei Auktionen Höchstpreise bieten, um eine Patek Philippe zu erwerben. Vielleicht schätzen sie die Einzigartigkeit der Feinmechanik und des Laufwerks, vielleicht die Schönheit einer Patek Philippe oder weil es eine Rarität ist. Wir glauben jedoch, daß hinter jedem Mehrgebot von US$ 500'000.– auch die Überzeugung steht, daß eine Patek Philippe, selbst wenn sie 50 Jahre oder älter ist, auch für zukünftige Generationen noch mit äußerster Präzision arbeiten wird. Falls wir nun in Ihnen den Wunsch nach einer Patek Philippe geweckt haben, versichern wir Ihnen folgendes: Die Uhr, die wir für Sie herstellen, wird besagten Sammlerstücken technisch noch überlegen sein. Schließlich ist es bei uns Tradition, daß wir laufend nach noch perfekteren mechanischen Lösungen für höchste Zuverlässigkeit und perfekte Zeitkontrolle suchen. Darum wird Ihre Patek Philippe über Neuerungen verfügen *Abb. 3*, von denen die Meisteruhrmacher, welche diese großartigen Armbanduhren vor 50 Jahren schufen, nicht einmal zu träumen wagten *Abb. 4*. Gleichzeitig sind wir natürlich bestrebt, Ihre Finanzkraft nicht über Gebühr zu strapazieren.

Besitz als Erlebnis.

Stellen Sie sich vor, heute wäre der Tag, an dem Ihnen Ihre Patek Philippe überreicht wird. Das Gehäuse birgt die Huldigung des Uhrmachers an das Geheimnis "Zeit". Er hat jedes Rädchen mit einer Kehlung versehen und es zu einem strahlenden Ring poliert. Die Platten und Brücken aus Gold und kostbaren Legierungen sind fein gerippt. Kleinste Oberflächen wurden facettiert und auf das Mikron genau geschliffen. Ganz zum Schluß, nach monate- oder jahrelanger Arbeit, prägt der Uhrmacher ein kleines Zeichen in die Hauptbrücke Ihrer Patek Philippe: das Genfer Siegel – die höchste Auszeichnung großer Uhrmacherkunst, verliehen von der Regierung des Kantons Genf *Abb. 5*.

Äußerlichkeiten, die innere Werte verheißen. *Abb. 6.*

Wenn Sie Ihre Uhr bestellen, legen Sie zweifellos Wert darauf, daß deren Äußeres die Vollendung und die Eleganz des Uhrwerks im Innern widerspiegelt. Darum ist es gut für Sie zu wissen, daß wir Ihre Patek Philippe exakt nach Ihren Wünschen künstlerisch gestalten können. Unsere Graveure sind beispielsweise in der Lage, ein subtiles Spiel von Licht und Schatten auf die goldene Rückseite unserer einzigartigen Taschenuhren zu zaubern *Abb. 7*. Wenn Sie uns Ihr Lieblingsbild bringen, fertigen unsere Emailleure davon eine Miniatur mit den feinsten Details an *Abb. 8*. Unsere Gehäusemacher sind stolz auf die perfekt guillochierte Lunette ihrer Armbanduhr und unsere Kettenschmiede auf ihr kostbares Geschmeide *Abb. 9 und 10*. Wir möchten Sie noch auf die Meisterschaft unserer Goldschmiede aufmerksam machen und auf die Erfahrung unserer Edelsteinspezialisten, wenn es darum geht, die schönsten Steine auszuwählen und einzupassen *Abb. 11 und 12*.

Es gibt Dinge, die bereiten schon Freude, bevor man sie besitzt.

Sicher verstehen und schätzen Sie es, daß Uhren, wie wir sie herstellen, immer nur in begrenzter Stückzahl gefertigt werden können. (Die vier Calibre 89-Uhren, an denen wir zur Zeit arbeiten, benötigen neun Jahre bis zur Fertigstellung.) Darum wollen wir Ihnen nicht versprechen, daß wir Ihren Wunsch sofort erfüllen können. Die Zeit, während der Sie auf Ihre Patek Philippe *Abb. 13* warten, ist jedoch die schönste Gelegenheit, sich in Gedanken über die philosophischen Dimensionen der Zeit zu ergehen.

Falls Sie weitere Informationen zu einer bestimmten Patek Philippe Uhr oder zur Uhrmacherkunst im allgemeinen wünschen, würden wir uns freuen, Ihnen weiterzuhelfen. Schicken Sie uns Ihre Visitenkarte

Abb. 1: Eine klassische Patek Philippe in ihrer dezenten Schönheit.

Abb. 4: Armbanduhren von Patek Philippe, links um 1930, rechts von 1990. Echte Uhrmacherkunst hat Tradition und Zukunft.

Abb. 5: Das Genfer Siegel wird nur Uhren verliehen, welche dem hohen Standard der Uhrmacherkunst entsprechen, wie sie in der Genfer Gesetzgebung verankert ist.

Abb. 9: Harmonie im Design als Symbiose von Schlichtheit und Perfektion an einer Calatrava Damenarmbanduhr.

Abb. 2: Eine der 33 Komplikationen der Calibre 89 ist ein Satellitenrad, das alle 400 Jahre eine Umdrehung macht.

Abb. 6: Ihre Freude am Besitz einer kostbaren Patek Philippe ist das höchste Ziel all jener, die an ihrer Entstehung mitarbeiten.

Abb. 10: Der Kettenschmied formt mit Kraft und Feingefühl das Band für eine Patek Philippe.

Abb. 7: Eine zeitlose Arabeske ziert eine zeitlose Patek Philippe.

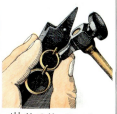

Abb. 11: Goldene Ringe: ein Symbol für vollendete Einheit.

Abb. 3: Bis heute die fortschrittlichste mechanisch regulierte Vorrichtung: Patek Philippe Gyromax demonstriert die Äquivalenz von Einfachheit und Präzision.

Abb. 8: Vier Monate lang arbeitet ein Künstler täglich sechs Stunden, bis eine Email-Miniatur auf dem Gehäuse einer Taschenuhr vollendet ist.

Abb. 12: Daran erkennen Sie den wahren Meister des Edelsteines: Er bringt die ganze Schönheit seiner wertvollen Steine vollendet zur Geltung.

PATEK PHILIPPE
GENEVE

Abb. 13: Das diskrete Zeichen jener Leute, die den Wert der Zeit zu schätzen wissen.

mit dem Vermerk «Bücherkatalog», damit wir Ihnen ein Verzeichnis unserer Publikationen zustellen können. Patek Philippe, 41 rue du Rhône, 1204 Genf, Schweiz, Tel. +41 22/310 03 66.

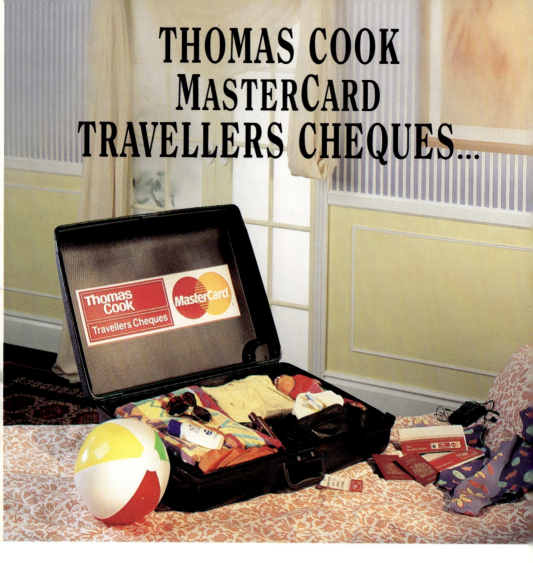

REISETIPS

Landeskunde
Geographie 306
Wirtschaft 306
Regierung 306
Bevölkerung 306
Klima 306
Zeitzone 306

Reiseplanung
Anreise 306
Reiseinformation 307

Wissenswertes
Geld & Zahlungsmittel 308
Kleidung 308
Feiertage 308
Elektrizität 308
Für Behinderte 308
Für Senioren 308
Für Homosexuelle 309
Notfälle 309
Maße & Gewichte 310
Öffnungszeiten 310
Trinkgeld 310
Medien 310
Kommunikation 311
Nützliche Adressen 311

Unterwegs
Karten 313
Öffentlicher Verkehr 313
Mit dem Auto 313
Trampen 314
Unterkunft
Hotels 314
Motels 318
B&B Landgasthäuser 318
Jugendherbergen 318
Zeltplätze 319

Essen & Trinken
Restaurants 319

Unternehmungen
Museen & Attraktionen 322
Kulturelles 327
Ausflüge 328
Nachtleben 330
Festivals 330
Einkaufen 332
Sport 333

Literaturhinweise
Deutsch 338
Englisch 338

Visuelle Beiträge 339
Register 340

305

Landeskunde

Wenn nicht anders angegeben, gilt für alle Telefonnummern die Vorwahl 415. Mit 1-800-Nummern sind innerhalb der USA gebührenfrei. Man kann sie nicht vom Ausland aus anwählen.

Geographie

Kalifornien liegt an der Westküste der Vereinigten Staaten und grenzt im Süden an Mexiko, im Norden an Oregon und im Osten an Nevada und Arizona. Mit einer Fläche von 424 000 km² ist es der drittgrößte Staat der USA, und nur in zwei anderen Staaten leben noch mehr Bürger.

Das Land umfaßt mit der Sierra Nevada die höchste Bergkette der kontinentalen USA. Während sich im Süden und Nordosten Wüsten ausbreiten, brachte das gemäßigte Klima im nördlichen Küstenabschnitt Regenwald hervor. Das Central Valley war einst das Becken eines Binnenmeeres; auf dem fruchtbaren Boden wird heute erfolgreich Landwirtschaft betrieben. Der höchste Punkt Kaliforniens ist Mount Whitney (4418 m), der niedrigste Death Valley (86 m unter dem Meeresspiegel). Unter den Naturschönheiten stechen Muir Woods und Yosemite hervor. Die Nationalparks werden jährlich von 77 Mio. Menschen besucht.

Wirtschaft

Kaliforniens Wirtschaft rangiert weltweit an sechster Stelle; seine landwirtschaftlichen Produkte und die Viehwirtschaft erbringen jährlich etwa 17,5 Mrd. Dollar. (Inoffiziell ist Marihuana mit 2,2 Mrd. Dollar jährlich das ertragreichste Anbauprodukt.) Kalifornien ist führend in der Fischverarbeitung und zählt Öl, Erdgas, Eisenerz, Wolfram und Bor zu seinen Bodenschätzen. Die bedeutendsten Industriezweige sind Raumfahrttechnik, Bauwesen und Elektronik; Silicon Valley (südlich von San Francisco) gilt als Amerikas Zentrum für die Entwicklung von Elektronik, Computern und Software.

Regierung

Das kalifornische Parlament besteht aus dem Senat (mit 40 auf vier Jahre gewählten Mitgliedern) und dem Repräsentantenhaus (mit 80 auf zwei Jahre gewählten Mitgliedern) und hat die Macht, Gesetze gegen das Veto von Gouverneur und Regierung zu verabschieden. Der Gouverneur, dem die kalifornische Verfassung die höchste Autorität zugesteht, residiert für jeweils vier Jahre in der Hauptstadt Sacramento. Kalifornien ist ein Vorbild für partizipatorische Demokratie: mehr noch als in den anderen amerikanischen Staaten ist hier für den Bürger die Gelegenheit gegeben, per Volksentscheid oder Gesetzesinitiative die politische Bühne zu betreten.

Bevölkerung

Die Volkszählung von 1990 ergab, daß knapp 30 Mio. Menschen in Kalifornien leben; davon betrachten sich zwei Drittel als Weiße, ein Viertel als Hispano-Amerikaner, etwa zehn Prozent als Asiaten, acht Prozent als Schwarze und sechs Prozent als Ureinwohner. (Das Ergebnis beträgt über 100 Prozent, da Mehrfachnennungen möglich sind.) Von den 58 Bezirken *(counties)* des Staates ist Los Angeles mit 8,3 Mio. Einwohnern der größte, gefolgt von Orange und San Diego mit jeweils etwa 2,2 Mio. Über 92 Prozent der Bevölkerung Kaliforniens leben in Städten.

Klima

Das Klima in San Francisco ist typisch für die nordkalifornische Küste. Die Tagestemperaturen betragen durchschnittlich 10–15 °C, nachts wird es bis zu zehn Grad kühler. Im Süden der San Francisco Bay und in den Tälern landeinwärts liegen die Durchschnittstemperaturen deutlich höher. Im Sacramento Valley und im San Joaquin Valley wird es im Sommer oft über 32 °C heiß. Die Sommer sind meist warm und trocken. Im Winter regnet es viel. An der Küste ist Frost weitgehend unbekannt.

Die durchschnittlichen Tageshöchsttemperaturen in San Francisco:

Monat	°C
Januar	12,8
Februar	14,4
März	16,7
April	17,8
Mai	19,4
Juni	21,1
Juli	22,2
August	22,2
September	23,3
Oktober	21,7
November	17,8
Dezember	13,9

Zeitzone

In Kalifornien gilt die pazifische Zeit. Um 12 Uhr in San Francisco ist es 15 Uhr an der Ostküste und 21 Uhr in Berlin, Bern oder Wien.

Zwischen dem letzten Sonntag im April und dem letzten Sonntag im Oktober gilt die Sommerzeit, die Uhr wird also um eine Stunde vorgestellt.

Reiseplanung

Anreise

Per Flugzeug

Neben den unten aufgeführten internationalen Flughäfen gibt es an mehreren Orten in Nordkalifornien, darunter in Fresno und San Jose, auch Regionalflughäfen. Anschlußflüge bestehen von allen größeren Flughäfen.
Lufthansa fliegt die Strecke Frankfurt-San Francisco täglich direkt und ab München täglich über London. Ab Wien gibt es keine Direktverbindung. Von Zürich aus kann man San Francisco jeden Tag mit American Airlines erreichen.

San Francisco International: SFO liegt 23 km südlich vom Zentrum San Franciscos nahe dem Ort San Mateo. Die Busse von Airport Coaches verkehren rund um die Uhr vom und zum Flughafen. SamTrans, die Buslinie von San Mateo, hält mehrmals zwischen dem Zentrum von San Francisco und dem Flughafen und bietet auch Verbindungen zu nahegelegenen Orten. Kostenlose Informationen mit Details über bestmögliche Verbindungen vom und zum Flughafen unter (800) SFO-2008.

Oakland International: Der Flughafen von Oakland liegt an der Ostseite der Bay. Von und nach Oakland verkehrt eine Buslinie (Nr. 57) von AC Transit täglich zwischen 5 Uhr und Mitternacht. Ein Minibus verbindet den Flughafen mit dem Bay Area Rapid Transit-System (BART), dem öffentlichen Verkehrsnetz der Region, und mit dem SFO.

Sacramento Airport: 19 km westlich des Zentrums an der Interstate 5. Taxis in die Innenstadt kosten etwa 25 Dollar, Minibusse etwa zehn Dollar.

San Jose Municipal Airport: Ein internationaler Flughafen mit 30 Flugsteigen und fünf Terminals. 14 Linien fliegen San Jose an: darunter Alaska, American, Pacific Coast, Pacific East, Republic, TWA, United, West-Air, Western und Wings West. Die Handelskammer (San Jose Chamber of Commerce) hat einen Informationsstand am Flughafen und ist zu erreichen unter Tel. (408) 287-9849.

Transporte zwischen den Flughäfen von San Jose, San Francisco und Oakland übernimmt Airport Connection, Tel. (415) 885-2666.

Fluggesellschaften:
Alaska Airlines, Tel. 1-800-426-0333.
America West, Tel. 1-800-247-5692.
American Airlines, Tel. 1-800-433-7300.
Continental Air, Tel. 1-800-525-0280.
Delta Airlines, Tel. 1-800-221-1212.
Lufthansa, Tel. 1-800-645-3880
Northwest, Tel. 1-800-225-2525.
Sky West Airlines, Tel. 1-800-453-9417.
Southwest, Tel. 1-800-453-9729.
TWA, Tel. 1-800-221-2000.
United Airlines, Tel. 1-800-241-6522.
USAir, Tel. 1-800-428-4322.

Per Bahn

Die *California Zephyr* von Amtrak ist die wichtigste Bahnverbindung nach Nordkalifornien; sie hält in Sacramento, Colfax, Davis, Martinez, Richmond und schließlich im Bahnhof von Oakland, 16th Street; von dort geht ein kostenloser Bus nach San Francisco.

Southern Pacific Railroad setzt ebenfalls Personenzüge zwischen San Francisco und San Jose ein, die unterwegs mehrmals halten. Diese allgemein Cal-train genannte Bahnlinie verkehrt vom Bahnhof an der Fourth und Townsend Street in San Francisco.

Sobald man sich für eine Reise mit dem Zug entschieden hat, sollte man sich um eine Platzreservierung kümmern, denn ohne wird man nicht mitgenommen.

Ausländische Besucher kommen in den Genuß des Pauschaltickets USA Railpass für 15 oder 30 Tage. Die Preise variieren je nach Saison; sie lagen 1995 bei 229/340 Dollar (15 Tage) und 339/425 Dollar (30 Tage). Das Ticket sollte man vor Reiseantritt in Europa kaufen, kann es aber unter Vorlage des Reisepasses auch in den Amtrak-Büros in San Francisco, Los Angeles, Chicago, New York, Miami, Boston und Washington, D.C. erstehen. Das All-Aboard-America-Pauschalticket kann jeder in Amerika kaufen; die Fahrten sind auf eine Region begrenzt und so entsprechend günstiger. Bei der Reiseplanung ist zu beachten, daß das Zugreisen in Amerika weniger eine effiziente Verbindung zwischen zwei Orten (meist teurer als ein Flug, häufig Verspätung), als vielmehr eine altmodische, dafür aber angenehme Art des Reisens darstellt.

Amtrak erreichen Sie in den USA unter Tel. 1-800-872-7245. In Europa bekommen Sie Informationen in vielen Reisebüros.

Per Bus

Überlandbusverbindungen nach Nordkalifornien, in Kalifornien und in den gesamten USA bietet Greyhound, Tel. 1-800-231-2222, an. Greyhound's Ameripass ist ein Pauschalticket, mit dem man an vier, sieben, 15 oder 30 aufeinanderfolgenden Tagen auf dem gesamten Streckennetz fahren kann. Die Pässe kosten für ausländische Besucher wesentlich weniger als für Amerikaner; sie sollte man schon vor der Abfahrt in Europa kaufen. Nach Vorlage des Reisepasses sind sie aber auch in den Greyhound-Büros in New York, San Francisco und Los Angeles erhältlich. 1995 lagen die Preise bei 140 DM (4 Tage), 240 DM (7 Tage), 350 DM (15 Tage) und 480 DM (30 Tage). Fragen Sie vor Ort auch nach Spezialangeboten *(promotional fares)*. Planen Sie die Reise so, daß Sie den Zielort bei Tageslicht erreichen. Geben Sie Ihr Gepäck selbst am Bus ab, um sicherzugehen, daß es auch mitgenommen wird, und denken Sie an warme Kleidung für den klimatisierten Bus.

Per Auto

Die Highways 1, 5, 15, 99, 101 und 305 sind die wichtigsten Nord-Süd-Verbindungen in Kalifornien. State Highway 1, auch Pacific Coast Highway genannt, durchzieht den gesamten Staat und ist berühmt für seine Haarnadelkurven und phantastischen Ausblicke auf die kalifornische Küste. Die wichtigste Ost-West-Verbindung ist die Interstate 80, die San Francisco von Chicago durch den Mittelwesten und über Salt Lake City und Sacramento erreicht.

Reiseinformation

Visum

Reisende aus Deutschland, Österreich oder der Schweiz benötigen einen sechs Monate über den Rückreisetermin hinaus gültigen Reisepaß und ein gültiges Rückflugticket. Eine Visumpflicht besteht nur, wenn man länger als 90 Tage im Land bleiben will oder beabsichtigt, zu arbeiten oder zu studieren. Auskünfte erteilen auch die Konsulate im Heimatland oder: U.S. Immigration and Naturalization Service, 425 I St., Washington, D.C. 20536, Tel. 202/514-2000.

Zoll

Einreise

Erwachsene dürfen zollfrei einen Liter Wein oder Spirituosen und 200 Zigaretten oder 100 Zigarren (jedoch nicht aus Kuba) oder 1350 Gramm Tabak einführen. Kinder und Erwachsene dürfen Geschenke im Wert von bis zu 400 Dollar zollfrei einführen. Ein Einfuhrverbot besteht für Fleisch, Pflanzen, Früchte und obszöne Gegenstände und Publikationen. Bis zu 10000 Dollar dürfen ein- oder ausgeführt werden. Besucher, die drogenhaltige Medikamente benötigen, sollten einen ausreichenden Vorrat mitbringen, sich aber die Notwendigkeit ärztlich (auf Englisch) bescheinigen lassen, um gegebenenfalls den Verdacht auf Drogenschmuggel abwehren zu können. Dasselbe gilt für Injektionsnadeln von Diabetikern. Auskünfte erteilen auch die Konsulate oder: U.S. Customs, 1301 Constitution Ave. NW, Washington, D.C., Tel. 202/927-6724.

AUSREISE

Es gelten im wesentlichen die Einfuhrbestimmungen des Ziellandes; amerikanische Zöllner halten sich bei der Kontrolle ausreisender Touristen erfahrungsgemäß zurück.

Nach Deutschland und Österreich als EU-Länder darf eingeführt werden (ab Mindesalter 17 Jahre): Tabakwaren (200 Zigaretten, 100 Zigarillos, 50 Zigarren, 250 g Rauchtabak), Alkohol (1 Liter hochprozentige Spirituosen), Kaffee (500 gr Röstkaffee und 200 gr löslicher), Duftwasser (50 g Parfüm und 0,25 Liter Toilettenwasser), Arzneien für den persönlichen Bedarf und alle anderen Waren bis zu einem Wert von DM 350,- bzw. öS 2500,-. Über diesem Wert gilt ein Steuersatz von 20%. Ausgenommen sind in jedem Fall Gegenstände des persönlichen Bedarfs.

Schweizer Bürger dürfen neben den gebrauchten persönlichen Dingen folgende Mengen einführen: Alkohol (2 Liter bis 15 Grad, 1 Liter ab 15 Grad), Tabakwaren (200 Zigaretten, 50 Zigarren oder 250 g Pfeifentabak; Mindestalter 17 Jahre), Geschenke im Wert von sFr. 100,- (Personen unter 17 Jahre nur bis sFr. 50,-).

Wissenswertes

Geld & Zahlungsmittel

Hier gilt, im Gegensatz zu Maßen und Gewichten, das Dezimalsystem: Ein Dollar sind 100 Cents. Die immer grünen und darum leicht verwechselbaren Scheine gibt es zum Nennwert von 1 ("buck"), 5, 10, 20, 50 und 100 Dollar. Münzen sind in sechs Nennwerten im Umlauf: 1 Cent ("penny"), 5 Cent ("nickel"), 10 Cent ("dime"), 25 Cent ("quarter"), 50 Cent ("half dollar") und die seltene 1-Dollar-Münze.

Es empfiehlt sich, immer etwas Bargeld griffbereit zu haben, hauptsächlich aber bargeldlos zu bezahlen. Reiseschecks in US-Dollar bekommt man in Europa meist zu einem günstigen Umtauschkurs als Bargeld; zudem ist man gegen Verlust oder Diebstahl versichert. Die Reiseschecks unterzeichnet man beim Kauf und später auch beim Einlösen. Hotels, Restaurants und größere Geschäfte akzeptieren sie problemlos; ganz sicher geht man, wenn man die Schecks in einer Bank einlöst (unter Vorlage des Reisepasses). Darüberhinaus ist eine Kreditkarte ein unverzichtbares Zahlungsmittel. Sie verleiht dem Käufer (besonders in den USA) Bonität und Vertrauenswürdigkeit; Autovermietungen bestehen meist auf Bezahlung per Kreditkarte. Mit einer vierstelligen persönlichen Geheimnummer (zu beantragen bei der Kartengesellschaft über die kontoführende Bank) können Sie auch Bargeld aus einem Geldautomaten ziehen. Auch das Telefonieren ist mit Kreditkarte einfacher. Weithin akzeptiert werden die EuroCard (hier MasterCard genannt), VISA, American Express und Diners Club.

Der Umtausch von ausländischer Währung ist nicht üblich und führt zumindest in kleineren Banken zu Verwirrung und langen Bearbeitungszeiten.

Kleidung

Nordkalifornien genießt wie der übrige Staat ein generell gemäßigtes Klima; allerdings ist es an der Küste morgens oft neblig, und sowohl an der Küste wie in Wüstengebieten kann es nach Sonnenuntergang recht kalt werden. Im allgemeinen reicht legere Kleidung, doch kann man sich in San Francisco auch schick machen, und viele der gehobenen Restaurants erwarten formelle Kleidung. Regen ist auch im Sommer immer möglich, man sollte also Regenkleidung oder einen Schirm dabeihaben.

Feiertage

Fast alle Banken und Ämter und viele Geschäfte und Museen sind an Feiertagen geschlossen. Die Feiertage haben zwar ein bestimmtes Datum, werden aber in der Regel an dem Montag begangen, der dem Datum am nächsten liegt.
New Year's Day: 1. Januar
Martin Luther King Jr.'s Birthday: 3. Montag im Januar
President's Day: 3. Montag i. Februar
Ostersonntag
Memorial Day: Letzter Montag im Mai
Independence Day: 4. Juli
Labor Day: Am ersten Montag im September
Columbus Day: 2. Montag im Oktober
General Election Day: Am ersten Dienstag im November, in Jahren mit geraden Zahlen
Thanksgiving Day: Am letzten Donnerstag im November
Veterans Day: 11. November
Thanksgiving: 4. Donnerstag im November
Weihnachten: 25. Dezember

Elektrizität

In den USA herrscht im allgemeinen eine Wechselstromspannung von 110 Volt. Europäische Elektrogeräte für 220-240 Volt benötigen einen Transformator und einen Steckeradapter (mit zwei flachen, parallelen Kontaktstiften). Einige Hotelbadezimmer verfügen auch über spezielle Steckdosen zum Direktanschluß europäischer Geräte.

Für Behinderte

Die 48seitige Broschüre The US Welcomes Handicapped Visitors („Die USA heißt behinderte Besucher willkommen") ist bei Advancement of Travel for the Handicapped, 1012 14th Street, Number 803, Washington DC 20005 erhältlich. Man kann sich auch schriftlich an das Consumer Information Center, Pueblo, CO 81109 wenden.

In San Francisco gibt es ein Recreation Center for the Handicapped: 207 Skyline Boulevard, Tel. (415) 665-4100. Zu dieser Einrichtung gehört eine spezielle Turnhalle, Sport- und Fitneßgeräte, ein Warmwasserbecken für Schwimmtherapien und eine Cafeteria.

Für Senioren

Als „senior citizen" (Männer über 65, Frauen über 62) genießt man eine Reihe von Vorteilen, unter anderem Ermäßigungen bei öffentlichen Transportmitteln und Museen. Auch einige Restaurants geben Preisnachlaß. Wer als Senior die Universität besuchen möchte, erhält Informationen über Unterkünfte und Seminare bei Elderhostels,

American Express Reiseschecks

Verlorenes Bargeld sehen Sie nie wieder, American Express Reiseschecks binnen 24 Stunden.

Damit die schönsten Wochen des Jahres in jedem Fall schön bleiben, werden American Express Reiseschecks im Gegensatz zu Bargeld bei Diebstahl oder Verlust an Ort und Stelle ersetzt.
*In der Regel binnen nur 24 Stunden – weltweit und kostenlos. Notfalls per Kurier.

Das sicherste Geld der Welt.

Denken Sie rechtzeitig vor Ihrem Urlaub daran.
American Express Reiseschecks erhalten Sie in Deutschland bei

Banken, Sparkassen, Postbank und ausgewählten Postämtern, Volks- und Raiffeisenbanken und den American Express Reisebüros.

Neu: American Express Reiseschecks *für Zwei*

Ein Urlaub, ein Paar, ein Reisescheck für Zwei.

Mit den neuen American Express Reiseschecks für Zwei können Sie jetzt auch im gemeinsamen Urlaub finanziell völlig unabhängig bleiben, denn eine Unterschrift reicht aus, um den Reisescheck für Zwei einzulösen – entweder Ihre oder die Ihres Partners.

Das sicherste Geld der Welt.

American Express Reiseschecks erhalten Sie in Deutschland bei ausgewählten

Banken, Sparkassen, Postbank, Volks- und Raiffeisenbanken und den American Express Reisebüros.

40 Boylston Street, Suite 400, Boston, MA 02116, Massachusetts. In der Bay Area gibt es eine Reihe von Elderhostel-Unterkünften zu angemessenen Preisen.

Für Homosexuelle

Die landesweit bekannte Schwulenszene von San Francisco konzentriert sich in den Bezirken Castro und Mission mit ihren zahlreichen Nachtlokalen. San Franciscos Karnevals-Version findet am letzten Sonntag im Juni statt: der jährliche Lesben- und Schwulenumzug *(gay pride parade)*, ein Riesenereignis auf der Market Street mit bunten Festwägen und exzentrischen (oder gar keinen) Kostümen. Im September oder Oktober findet die Castro Street Fair statt, gefolgt von wilden Halloween-Feiern und einer Fackelparade im November zu Ehren von Harvey Milk, einem ehemaligen leitenden Beamten in der Stadtverwaltung, der offen schwul lebte und 1979 im Rathaus ermordet wurde. Schwulenbars und -nachtklubs wie The End Up, Dekadence und Rawhide II florieren im Viertel SOMA, während Cafe Flore, Metro und viele andere im Bezirk Castro die Massen anziehen. Eine wachsende Anzahl von Theatern produziert für die Schwulenszene. Auflistungen dieser und anderer Veranstaltungsorte findet man im *Sentinel* und *Bay Area Reporter*; schnelle Informationen über aktuelle Aktivitäten beim **Lesbian/Gay Switchboard**, Tel. (510) 841-6224.

Notfälle

Sicherheit & Kriminalität

Allgemein gilt, daß die amerikanischen Städte unsicherer als europäische sind. Wenn Sie sich aber aufmerksam in den Ihnen fremden Orten bewegen und Sie die grundlegenden Vorsichtsmaßnahmen treffen, können Sie trotzdem einen entspannten Urlaub erleben.

Städte sind tagsüber im Innenstadtbereich sicher. Wenn Sie in entlegene Stadtteile fahren wollen, empfiehlt es sich, beim Hotel oder Fremdenverkehrsverband nachzufragen, welche Gebiete man besser meiden sollte. Nachts empfiehlt sich allgemein Vorsicht. Laufen Sie nicht allein in unbelebten Gegenden (Straßen, Parks, Parkhäusern, Bahnstationen) herum. Die Anwesenheit vieler anderer Menschen trägt erheblich zu Ihrer Sicherheit bei. Schließen Sie Ihr Auto ab, und schließen Sie Wertsachen, Gepäck oder Kameras im Handschuhfach oder Kofferraum ein. Lassen Sie weder Geld noch Schmuck am Hotelzimmer, benutzen Sie den Hotelsafe. Tragen Sie nur soviel Bargeld bei sich, wie Sie brauchen, und bezahlen Sie nach Möglichkeit bargeldlos. Tragen Sie Wertgegenstände wie Foto- und Filmkameras nicht offen mit sich herum. Sollten Sie überfallen werden, behalten Sie die Ruhe und spielen Sie nicht den Helden. Geben Sie den Forderungen nach Geld nach und seien Sie froh, wenn nicht mehr passiert.

Wenn Sie sich mit dem Auto in einem heruntergekommenen Stadtviertel verfahren, verschließen Sie die Türen, kurbeln die Fenster hoch und verlassen die Gegend so schnell wie möglich. Falls Sie mit einer Panne liegenbleiben, sollten Sie zunächst vom verschlossenen Wageninneren aus die Situation einschätzen und auf die Polizei warten, die meist regelmäßig auf Patrouille vorbeifährt. Machen Sie sich durch die offene Motorhaube und die Warnblinkanlage bemerkbar. Wenn Sie von einem anderen Wagen in einer einsamen Gegend in einen Unfall verwickelt werden, versuchen Sie, möglichst noch bis zu einer beleuchteten Tankstelle o.ä. zu fahren. Wenn Sie an einem Unfall vorbeifahren, halten Sie besser wirklich nicht an, sondern melden den Vorfall der Polizei.

Polizei, Feuerwehr und ärztlichen **Notruf** erreichen Sie bundesweit unter der Nummer **911**.

Gesundheit

In Krankenhäusern und Arztpraxen werden Sie immer wie ein Privatpatient behandelt: ohne Bezahlung oder Nachweis Ihrer Zahlungsfähigkeit, z.B. durch eine Kreditkarte, werden Sie nicht versorgt. Zudem sind die Kosten für die Behandlung im allgemeinen sehr hoch. Sichern Sie sich mit einer Auslandskrankenversicherung ab. Prüfen Sie jedoch, ob Sie schon durch Ihre Krankenversicherung (besonders bei privaten Krankenkassen möglich) oder Ihre Kreditkarte über einen ausreichenden Versicherungsschutz verfügen.

Falls eine medizinische Behandlung erforderlich wird, findet man in den Gelben Seiten des örtlichen Telefonbuchs den nächstgelegenen Arzt oder Apotheker. In großen Städten gibt es meist eine spezielle Nummer für Auskünfte über Ärzte. In Notfällen sollte man sich direkt in die Ambulanz eines Hospitals begeben. Die meisten Notaufnahmen sind rund um die Uhr geöffnet.

Wenn Sie rezeptpflichtige Medikamente benötigen, nehmen Sie einen Vorrat mit oder lassen Sie sich von Ihrem Arzt ein Rezept ausstellen, auf dem jedoch statt des Markennamens die Zusammensetzung des Medikaments vermerkt ist. In den *pharmacies* oder *drug stores* erhalten Sie dann genau das, was Sie benötigen.

Medizinische Versorgung

Die meisten Krankenhäuser in der Bay Area haben rund um die Uhr geöffnete Notaufnahmen. Leider muß man dort oft lange warten, wie dringend der Fall auch erscheinen mag, doch die Behandlung selbst ist immer gründlich und professionell. Die größten und meistfrequentierten Notambulanzen in San Francisco sind in:

Children's, 3700 California, Tel. 750-6031.
Mount Zion, 1600 Divisadero, Tel. 885-7520.
Saint Francis, 900 Hyde, Tel. 775-4321.
San Francisco General, 1001 Potrero, Tel. 821-1111.
University of California's Moffitt, 500 Parnassus, Tel. 476-1037.

Außerhalb von San Francisco sind die größten und meistfrequentierten Notambulanzen in:
Alta Bates, 1 Colby Plaza, Berkeley, Tel. (510) 540-4444.
Highland General, 1411 East 31st, Oakland, Tel. (510) 534-8055.
Marin General, 250 Bon Air Road, Greenbrae, Tel. (415) 461-0100.
Mount Diablo, Bacon and East Street, Concord, Tel. (510) 682-8200.
Stanford University Medical Center, Palo Alto, Tel. (415) 497-2300.
Valley Medical, 751 South Bascom, San Jose, Tel. (408) 279-5100.

Ärzte für einfache medizinische Behandlungen findet man unter „Physicians" in den Gelben Seiten. In San Francisco gibt es einen Auskunftsdienst, **Medical Society Referral Service**, Tel. 567-6234 und, für Zahnärzte, den **Dental Society Referral Service**, Tel. 421-1435.

Apotheken

Die unten aufgelisteten Drugstores haben lange Öffnungszeiten und werden von ausgebildeten Apothekern betrieben.
- **San Francisco**
Mission Geneva Pharmacy, 5125 Mission Street, Tel. 335-5266. Täglich von 11–21 Uhr.
Rexall Reliable Drug, 801 Irving, Tel. 664-8800. Montag–Samstag von 8 bis 21 Uhr.
Walgreen Drugs, 1524 Polk, Tel. 673-4701. Montag–Freitag von 9–22 Uhr, Samstag und Sonntag von 9–17 Uhr.
- **Bay Area**
Day and Night Pharmacy, 1776 Broadway, Oakland, Tel. (510) 451-3965. Montag–Freitag von 7–19 Uhr, Samstag von 8–19 Uhr.
Long's Drug Store, San Bruno Bayhill Shopping Center, Tel. (415) 873-9522. Montag–Freitag von 9.30–21 Uhr, Samstag und Sonntag von 10–19 Uhr.
Marin Town & County Pharmacy, Tiburon Boulevard and Blackfield, Tiburon, Tel. (415) 388-6300. Montag–Samstag von 9–22 Uhr, Sonntag 10–18 Uhr.
Thrifty, 345 South B Street, San Mateo, Tel. (415) 342-6264. Montag–Freitag von 9–21 Uhr, Samstag 10 bis 18 Uhr.

Maße & Gewichte

In den USA gelten die britischen Gewichts- und Maßeinheiten. Das metrische System wird nur selten verwendet.

1 inch	=	2,54 Zentimeter
1 foot	=	30,48 Zentimeter
1 mile	=	1,609 Kilometer
1 yard	=	0,9144 Meter
1 pint	=	0,4732 Liter
1 quart	=	1,136 Liter
1 gallon	=	3,7853 Liter
1 ounce	=	28,40 Gramm
1 pound	=	0,453 Kilogramm

Öffnungszeiten

Die Geschäfte sind normalerweise unter der Woche von 9–17 Uhr geöffnet, manche auch zeitweise am Wochenende. Die meisten Kaufhäuser öffnen um 10 Uhr, und viele Geschäfte, insbesondere in Einkaufszentren, schließen erst um 21 Uhr. In San Francisco und einigen größeren Städten gibt es rund um die Uhr geöffnete Restaurants und Läden für den täglichen Bedarf. Auch einige Supermärkte sind 24 Stunden geöffnet. Die Bankzeiten sind meist von 9–15 Uhr, manche haben jedoch, insbesondere am Freitag, auch länger geöffnet. Mit Ausnahme einiger Filialen, die ihre Dienste anbieten, haben die Banken am Wochenende generell geschlossen. Statt dessen gibt es bei vielen Bankfilialen Geldautomaten, an denen man mit der entsprechenden Karte rund um die Uhr Geld abheben kann. Nachts ist Vorsicht geboten!

An den allgemeinen Feiertagen sind Postämter, Banken, staatliche Büros und viele private Geschäfte geschlossen.

Trinkgeld

Wie in anderen Teilen der USA ist auch in Kalifornien das dienstleistende Personal in hohem Maße von Trinkgeldern abhängig. Meist gibt man 15–20 Prozent für Kellner, Taxifahrer, Barmixer und Friseure. In größeren Städten erwarten die Taxifahrer etwa 20 Prozent.

Gepäckträgern am Flughafen und in Hotels zahlt man etwa 50 Cent pro Gepäckstück. Bei nur einer Übernachtung ist kein Trinkgeld für das Zimmermädchen nötig. Bei längerem Aufenthalt lautet die Faustregel: mindestens ein bis zwei Dollar pro Tag. Der Türsteher wird für das Entladen des Autos und andere Dienste mit 50 Cent bis einem Dollar entlohnt.

Als einzige Regel beim Trinkgeldgeben gilt, daß es angemessen und der Qualität des Services entsprechend sein sollte.

Medien

Zeitungen & Zeitschriften

In San Francisco gibt es zwei große Tageszeitungen, die *San Francisco Chronicle* am Morgen und den *San Francisco Examiner* am Nachmittag. Die beiden Zeitungen geben gemeinsam eine große Sonntagsausgabe heraus. Jenseits der Bay gibt es die *Oakland Tribune*. Weitere Zeitungen in Nordkalifornien sind *Sacramento Bee*, *San Jose Mercury-News*, *Eureka Times-Standard*, *Ukiah Daily Journal* und *Monterey Herald*. The *Bay Guardian*, ein alternatives Wochenmagazin, bietet umfassende Informationen über Aktivitäten in der Region.

Radio & Fernsehen

Fernsehen und Radio sind unschätzbare Quellen für aktuelle Straßen- und Wetterberichte und das Neueste vom Tag. Ein Fernsehen gehört in den Hotels und Motels der Mittelklasse mittlerweile fast durchweg ohne Aufpreis dazu; nur für Kabelanschluß muß man gelegentlich extra zahlen. Das Radio- und Fernsehprogramm findet man in den örtlichen Zeitungen. Die Sonntagsausgabe enthält meist eine detaillierte Wochenübersicht. Neben den nationalen Anstalten und Kabelsendern haben die meisten kalifornischen Orte auch ihre eigene lokale Fernsehstation. Im Bay Area sind die wichtigsten Sender:

FERNSEHSENDER

2:	KTVU, Oakland (unabhängig)
3:	KCRA, Sacramento (NBC)
4:	KRON, San Francisco (NBC)
5:	KPIX, San Francisco (CBS)
6:	KVIE, Sacramento (PBS)
7:	KGO, San Francisco (ABC)
8:	KSBW, Salinas (NBC)
9:	KOED, San Francisco (PBS)
10:	KXTV, Sacramento (CBS)
11:	KNTV, San Jose (ABC)
13:	KOVR, Sacramento (ABC)

RADIO

Die meisten amerikanischen Radios (in Autos, Hotelzimmern und mobilen Geräten) spielen auf den beiden Frequenzen AM und FM. FM hat weniger Werbung und ein vielfältigeres Programm. Die beliebtesten Stationen im Bay Area sind:
AM

560:	KSFO, populäre Musik, Talkshows
610:	KFRC, Big Band
680:	KNBR, Pop, Sport (NBC)
740:	KCBS, Nachrichten, Wortbeiträge (CBS)
810:	KGO, Nachrichten, Wortbeiträge (ABC)
910:	KNEW, Country-Western
960:	KABL, leichte Kost
1220:	KDFC, klassische Musik
1260:	KOIT, leichte Rockmusik
1310:	KDIA, Soul

1510:	KTIM, Big Band
1550:	KKHI, klassische Musik
FM	
88,5:	KQED, klassische Musik, Lokales und ausgezeichnete Nachrichtensendungen
93,3:	KLHT, leichte Rockmusik
94,1:	KPFA, Wortbeiträge, klassische Musik, Lokales
94,9:	KSAN, Country-Western
102,9:	KBLX, Modern Jazz
104,5:	KFOG, Rock von Oldies bis New Wave
106,1:	KNEI, Rock

Manche Radiosender bieten gelegentlich fremdsprachige Sendungen (2–20 Stunden pro Woche) an. Sonntagabend verströmt San Franciscos öffentlicher Sender KQED (88,5 FM) internationales Flair: von 21–22 Uhr für Chinesen, von 22–23 Uhr für Israelis, von 23–24 Uhr für Filipinos, und um Mitternacht schlägt die „Arab Radio Hour".

Kommunikation

Post

Die Postämter haben in der Regel ab 8.00 oder 9.00 Uhr bis 17.00 Uhr geöffnet, viele auch samstagsvormittags. Vor einigen stehen Münz-Briefmarkenautomaten, die immer in Betrieb sind. Ihre Ferienpost nach Europa kostet 50 Cents (leichter Brief) oder 40 Cents für eine Postkarte. Die blauen Briefkästen der Post finden sich fast immer an Straßenecken.

Reisende können sich Post an das Hauptpostamt schicken lassen, wo sie postlagernd auf die Abholung wartet. Unter den Namen des Adressaten schreibt man "c/o General Delivery", dann "Main Post Office", dann die Stadt und den Staat. Die Post muß persönlich und unter Vorlage eines Ausweises abgeholt werden.

Telefon, Fax und Telegramm

Für Ferngespräche innerhalb einer Vorwahlzone muß vor der siebenstelligen Teilnehmernummer eine "1" gewählt. Bei Ferngesprächen zwischen den Vorwahlzonen wählt man die "1", dann die dreistellige Vorwahl und die siebenstellige Durchwahl. Wenn Sie Hilfe brauchen, wählen Sie "0" und lassen sich von der Vermittlung (operator) weiterhelfen. Mit "1-800" beginnende Telefonnummern sind gebührenfrei.

Eine weitere wichtige Nummer ist die Auskunft, die weiterhilft, wenn kein Telefonbuch zur Hand ist. Die Auskunft am Ort hat die Nummer 411; Fernauskünfte unter 1-Vorwahl-555-1212. Gebührenfreie Telefonauskunft unter 1-800-555-1212.

Wählen Sie, wann immer möglich, die gebührenfreien Nummern. Und nützen Sie für private Ferngespräche die preiswerteren Zeiten am Wochenende und wochentags nach 17 Uhr.

Für Auslandsgespräche wählen Sie zunächst "011", dann die Ländervorwahl: Deutschland (49), Österreich (43), Schweiz (41). Die dann folgende Null der Vorwahl muß man weglassen.

Halten Sie für das Telefonieren genügend 25-Cent-Münzen bereit (wie man sich in Rollen bei Banken holen). Am einfachsten ist aber die Bezahlung mit Kreditkarte (Kreditkartentelefone findet man zumindest in Flughäfen oder großen Hotels) oder einer Telefonkarte. Diese gibt es z.B. von AT&T, Postfach 10 01 52, 60001 Frankfurt/M., Tel. 069–153 06-300. Hier werden auch Anträge aus Österreich und der Schweiz bearbeitet.

Faxgeräte sind in den meisten Hotels und am Flughafen vorhanden. In den Städten gibt es Geschäfte, die die verschiedenen Kommunikationsdienstleistungen anbieten. Schauen Sie in den "Yellow Pages" unter "facsimile" nach.

Western Union, Tel. 800-325-6000 und International Telephone and Telegraph (ITT) übermitteln Botschaften per **Telegramm** und Telex sowie telegrafische Zahlungsanweisungen. Man findet sie im örtlichen Telefonbuch oder erfragt sie bei der Auskunft. Die **Vorwahl** für San Francisco ist (415), für Sacramento (916), für Napa Valley (707) und für Lake Tahoe (916).

Nützliche Adressen

Touristeninformation

Die örtlichen Fremdenverkehrsämter geben gerne Informationen per Telefon und schicken Landkarten, Veranstaltungskalender und weitere Literatur vor der Reise zu. In einigen Städten übernimmt diese Aufgabe die Handelskammer.

Berkeley Convention & Visitors Bureau, 1834 University Avenue, CA 94703, Tel. (510) 5449-7040 oder (800) 846-4823.

Calaveras County Lodging & Visitor Center, 1301 S. Main Street, PO Box 637, Angels Camp, CA 95222, Tel. (209) 736-0049 oder (800) 225-3764.

Carmel Business Association, San Carlos/ Ecke 7th Street, CA 93921, Tel. (408) 624-2522.

Eureka/Humboldt County Convention & Visitors Bureau, 1034 Second Street, Eureka, CA 95501, Tel. (707) 443-5097 oder (800) 346-3482 von außerhalb Kaliforniens.

Lake Tahoe Visitors Authority, PO Box 16299, South Lake Tahoe, CA 96151, Tel. (916) 544-5050 oder (800) AT-TAHOE.

Napa Valley Chamber of Commerce, 1556 1st Street, Napa, CA 94559, Tel. (707) 226-7455.

Monterey Peninsula Convention & Visitors Bureau, 380 Alvarado Street, PO Box 1770, Monterey, CA 93942, Tel. (408) 649-1770.

Sacramento Convention & Visitors Bureau, 1421 K Street, CA 95814, Tel. (916) 264-7777.

San Francisco Convention & Visitors Bureau, 201 Third Street, CA 94103, Tel. (415) 974-6900.

San Francisco Visitor Information Center, 900 Market Street, San Francisco, CA 94101, Tel. (415) 391-2000.

San Luis Obispo Convention & Visitors Bureau, 1041 Chorro Street, CA 93401, Tel. (805) 541-8000 oder (800) 634-1414.

San Jose Convention & Visitors Bureau, 333 W. San Carlos Street, CA 95110, Tel. (408) 296-9600 oder (800) SAN-JOSE.

Santa Barbara Conference and Visitors Bureau, 510A State Street, CA 93101, Tel. (805) 966-9222 oder 800-927-4688.

Santa Cruz Conference and Visitors Council, 701 Front St., CA 95061, Tel. (408) 425-1234.

Sequoia Regional Visitors Council, 2800 W. Burrel Ave., Visalia, CA 93921, Tel. (209) 733-6284.

Solvang Visitors Bureau, 1511-A Mission Drive, CA 93436, Tel. 800-468-6765.

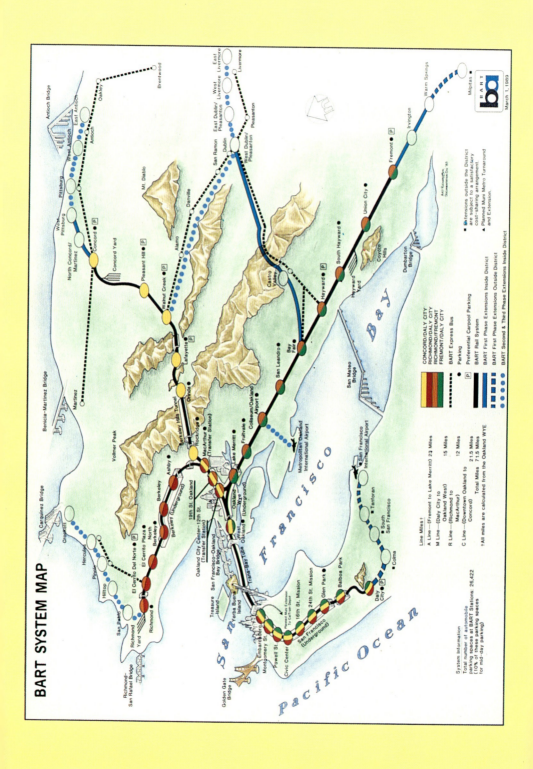

Konsulate

DEUTSCHLAND
1960 Jackson Street, San Francisco, Tel. 775-1851.

ÖSTERREICH
(nur in Los Angeles) 11859 Wilshire Blvd., Tel. (310) 4449-310.

SCHWEIZ
456 Montgomery Street, San Francisco, Tel. 512-8340.

Unterwegs

Karten

Landkarten sind in jedem Buchladen zu haben; kostenlose Stadtpläne für San Francisco erhält man im **Visitor Information Center** der Stadt (Hallidie Plaza an der Market Street). Für längere Aufenthalte empfiehlt sich eine Mitgliedschaft in der American Automobile Association; sie beinhaltet kostenlose Landkarten für praktisch jedes Reiseziel in den USA, Kanada und Mexiko sowie umfassende Reiseführer mit vielen Informationen über Unterkünfte und Restaurants.

Öffentlicher Verkehr

Mit der Bahn

Bay Area Rapid Transit (BART) ist eine der effizientesten und modernsten Bahnlinien der USA, die oft mit den Super-Schnellbahnen in Europa und Rußland verglichen wird. BART bedient 34 Stationen in drei Bezirken, von San Francisco bis Daly City und in der gesamten East Bay, und zwar Montag-Freitag von 4 Uhr bis Mitternacht, Samstag von 6 Uhr bis Mitternacht und Sonntag von 8 Uhr bis Mitternacht. Tel. (415) 788-BART.

Amtrak durchfährt Kalifornien mit dem *Coast Starlight* von Los Angeles bis nach Seattle; er hält in Glendale, Simi Valley, Oxnard, Santa Barbara, San Luis Obispo, San Jose, Oakland (von dort Bustransfer nach San Francisco und Fortsetzung der Reise), Martinez, Davis, Sacramento, Marysville, Richmond, Chico, Reading und weiter über die Grenze nach Oregon. Amtrak betreibt auch einige Regionalzüge. Amtrak, Tel. (800) 872-7245.

Mit dem Bus

Die nationale Buslinie Greyhound befährt den gesamten Staat, und in jeder Region gibt es lokale Busgesellschaften. Details findet man im örtlichen Telefonbuch oder telefonisch bei der jeweiligen Touristeninformation. In San Francisco, Oakland, San Jose und anderen großen Städten gibt es städtische Buslinien. Informationen über Busverbindungen in San Francisco bei MUNI, Tel. (415) 673-6864, in der East Bay bei AC Transit, Tel. (510) 839-2882.

Mit dem Auto

Mit dem Auto reist man in Kalifornien bei weitem am flexibelsten und bequemsten, wenn auch der Neuling oft verwirrt vor den vielen Freeways steht. Die Straßen im Staat sind in gutem Zustand, und Benzin ist relativ billig. Vor Antritt der Reise sollte man jedoch einiges bedenken.

Mietwagen

Im allgemeinen ist eine Kreditkarte erforderlich und man muß einen gültigen internationalen Führerschein besitzen. Fahrer müssen mindestens 21 Jahre alt sein, bis zum 25. Lebensjahr wird noch ein Risikozuschlag berechnet. Überprüfen Sie die Versicherungsprovisionen und Vertragsbedingungen, bevor Sie den Mietvertrag unterschreiben. Zu dem Grundmietpreis kommen noch die Kosten für die (unbedingt empfehlenswerte) Unfall- und Haftpflichtversicherung hinzu. Sie betragen pro Woche zwischen 40 und 150 Dollar, je nach Umfang der Versicherung. Für längere Touren empfiehlt sich eine Pauschalvereinbarung ohne Kilometergeld. Sonst zahlt man 5–25 Cent pro Meile extra, was angesichts der Entfernungen in Kalifornien schnell zu einer Riesensumme werden kann.

Nationale Autoverleiher gibt es in allen größeren Orten und Flughäfen. Sie bieten die größte Auswahl an Autos und den umfassendsten Service. Kleinere, regionale Autoverleiher sind zwar oft billiger, bieten aber beschränkte Auswahl und Service. Für Touren am Ort sind sie dennoch gut geeignet.
Alamo, Tel. 1-800-327-9633.
Avis, Tel. 1-800-331-1212.
Budget, Tel. 1-800-527-0700.
Dollar, Tel. 1-800-800-4000.
Enterprise, Tel. 1-800-325-8007.
Hertz, Tel. 1-800-654-3131.
National, Tel. 1-800-227-7368.
Thrifty, Tel. 1-800-331-4200.

Ratschläge für Autofahrer

Auf jeden Fall brauchen Sie eine gute Straßenkarte, um sich in dem Gewirr von Highways um die großen Städte herum zurechtzufinden. Man bekommt Straßenkarten direkt vom staatlichen Tourismusbüro sowie bei den meisten Buchhandlungen, Drugstores, Lebensmittelgeschäften und Tankstellen. Es empfiehlt sich, in lokalen Radiosendern die aktuellen Verkehrs- und Straßenzustandsberichte mitzuhören und sich vor längeren Fahrten bei der Highway-Polizei nach Wetterbedingungen und Straßenzustand zu erkundigen.

Auf allen Interstate Highways ist die Höchstgeschwindigkeit 65 Meilen pro Stunde, auf den meisten anderen Highways 55 Meilen. Das kalifornische Gesetz verlangt, daß alle Autoreisenden angeschnallt sind, kleine Kinder und Babies in speziellen Sitzen gesichert werden und die Fahrer einen gültigen Führerschein dabeihaben müssen. Motorradfahrer müssen generell Helme tragen.

Wer eine längere Autotour plant, sollte Mitglied der **American Automobile Association** (811 Gatehouse Road, Falls Church, VA 22047, Tel. (703) 222-6334) oder einer ähnlichen Organisation werden. Im Telefonbuch findet man das nächstgelegene Büro der AAA. Neben Pannendienst bietet AAA Straßenkarten, Reiseführer, Versicherungen und Unterstützung bei Rechtsstreitigkeiten. Mitgliedern des deutschen ADAC, des österreichischen ÖMTC und der Automobilclubs ACS und TCS (Schweiz) stehen diese Informationsleistungen des AAA kostenlos zur Verfügung. Gegen Vorlage eines speziellen Ausweises steht Mitgliedern des TCS zusätzlich die Pannenhilfe zu. Erkundigen Sie sich vor der Abreise bei Ihrem Automobilclub.

Durch Wüsten und Gebirge

Wer Wüstengebiete befahren will, sollte vor allem eins beachten: Informationen über Ziel, Route und vermutliche Ankunftszeit irgendwo zu hinterlassen. Vor längeren Wüstenstrecken sollten die Reifen sorgfältig geprüft werden. Da die Hitze den Druck erhöht, sollten sie etwas weniger als normal aufgepumpt sein. Im trockenen Wüstenklima braucht man mindestens vier Liter Trinkwasser pro Person. Sorgen Sie dafür, daß sowohl das Kühlwasser als auch der Benzintank reichlich gefüllt sind.

Bei Pannen oder Irrfahrten nicht zu Fuß weitergehen. Ein Auto ist aus der Luft und auf der Straße leichter auszumachen als ein Mensch und bietet zudem Schutz vor widrigem Wetter.

Auch wer im Gebirge fährt, sollte sorgfältig auf das Wetter achten. Wegen winterlicher Stürme sind in den Bergen gelegentlich wichtige Straßen gesperrt, zeitweise sind Schneeketten erforderlich. Erkundigen Sie sich vor der Abreise telefonisch nach den Straßenbedingungen.

Trampen

Trampen ist eine unberechenbare und nicht ungefährliche Art des Reisens. Wegen des spärlichen Verkehrs in manchen Regionen kann es außerdem mühsam werden. Auf allen großen Highways und Interstates sowie auf vielen Straßen zweiter Ordnung ist Trampen verboten. Sicherer fährt man mit Mitfahrzentralen oder Mitfahrgelegenheiten, die am Schwarzen Brett in Universitäten aushängen.

Unterkunft

Hotels

Kalifornien bietet das komplette Spektrum von Unterkunftsmöglichkeiten – von eleganten Hotels im europäischen Stil bis zu preiswerten Motels, in denen man sich wochenweise einmietet. In San Francisco liegen die teuersten Hotels im Viertel Nob Hill und im Financial District. Diese Prachthotels sind insbesondere auf internationale Reisende zugeschnitten und vielfach auch architektonisch bemerkenswert. Die Rezeption der meisten besseren Hotels vermittelt Theaterkarten, Führungen, Telekommunikationsdienste, Limousinen mit zweisprachigen Chauffeuren und Flugreservierungen. Die Preise für eine Übernachtung im Doppelzimmer liegen zwischen 125 und 250 Dollar.

Weiter gibt es eine Reihe kleinerer Hotels und Hotelketten zur Auswahl. Sie bieten meist den gleichen Grundkomfort wie die Luxushotels, sind aber wesentlich preiswerter.

Die folgende Preisliste bezieht sich auf die ungefähren Kosten für ein normales Doppelzimmer

$ = unter 100 Dollar
$$ = 100–150 Dollar
$$$ = über 150 Dollar

Arena Cove

Coast Guard Inn, 695 Arena Cove, Point Arena, Tel. (707) 882-2442 oder (800) 524-9320. Gasthaus aus der Zeit der Jahrhundertwende mit Park und Ausblick auf vorbeiziehende Wale. Gutes Frühstück. $$
Wharfmaster's Inn, 785 Port Road, Tel. (707) 882-3171 oder (800) 932-4031. Dieses 120 Jahre alte ehemalige Haus des Kaimeisters bietet private Heilbäder, Kamine und ein Restaurant. $$

Big Sur

Post Ranch Inn, Big Sur, Tel. (408) 667-2200 oder (800) 527-2200. Phantastisch gelegen zwischen Redwood-Bäumen und dem Ozean. Pool und Gourmetrestaurant. $$$
Ventana Inn, Big Sur, Tel. (408) 667-2331 oder (800) 428-6500. Hot-Tubs, Tennis, Luxus der feinsten Sorte. $$$

Bodega Bay

Inn at the Tides, 800 Coast Highway 1, Tel. (707) 875-2751 oder (800) 541-7788. Blick auf den Hafen, in der Nähe wurde *Die Vögel* von Hitchcock gedreht.
Sonoma Coast Villa, 16702 Coast Highway 1, Tel. (707) 876-9818. Residenz in mediterranem Stil mit Gartenterrasse, Kaminen, Jacuzzis, Pool. $$

Calistoga

Calistoga Inn, 1250 Lincoln Avenue, Tel. (707) 942-4101. Fast 100 Jahre alt. Zwei Restaurants, offener Hof im Garten und eigene Minibrauerei. $$
Calistoga Village Inn & Spa, 1880 Lincoln Avenue, Tel. (707) 942-0991. Schlammbäder, Mineral- und Dampfbäder, Massage, überdachter Swimmingpool. $
Indian Springs, 1712 Lincoln Avenue, Tel. (707) 942-4913. 1860 gegründet. Schlammbäder, Dampfbäder, Massage, Pool, Tennis. $$
Roman Spa, 1300 Washington Street, Tel. (707) 942-4441. In einem tropischen Garten. Schlammbäder, Mineralbecken, Massage $.

Carmel

Carmel River Inn, Highway 1 bei Carmel River Bridge, Tel. (408) 624-1575. Zimmer und einige Ferienhäuschen in idyllischem Gelände. Eineinhalb Kilometer vom Ort entfernt nahe einem Einkaufszentrum. Eigene Küchen, offene Kamine, Pool. $
Coachman's Inn, San Carlos Street, Tel. (408) 624-6421 oder (800) 336-6421. Morgendliches Frühstück und abendlicher Sherry kostenlos. Golfplatz und Geschäfte in der Nähe. $$
Cypress Inn, 7th Avenue and Lincoln Street, Tel. (408) 624-3871. Im Stadtzentrum. Zimmer rund um einen hübschen Hof. $$

Crescent City

Best Western Northwoods Inn, 655 US 101, Tel. (707) 464-9771 oder

(800) 528-1234. Gegenüber dem Hafen. Restaurant, Picknickplatz, Kurbad. $
Curly Redwood Lodge, 701 Redwood Highway South, Tel. (707) 464-2137. Komplett aus einem einzigen Baum im Herzen des Parks erbaut. Restaurants in der Nähe. $
Pacific Motor Hotel, PO Box 595, am Highway 1, Tel. (707) 464-4141. Sauna, Whirlpool, neben einem Restaurant. $

Eureka

An Elegant Victorian Mansion, 1406 C Street, Tel. (707) 444-3144 oder (800) 386-1888. Pracht und Opulenz, freundlicher Service und Gourmet-Frühstück. $$
Downtowner Motel, 424 8th Street, Tel. (707) 443-5061. Zentral, aber ruhig. Bar, Pool, Frühstück inklusive. $
Eureka Inn, 518 7th Street, Tel. (707) 442-6441 oder (800) 862-4906. Eindrucksvolles, luxuriöses Tudor-Imitat, 1922 erbaut, aber älter wirkend. Pool, Sauna, Restaurant. $$$
Matador Motel, 129 4th Street, Tel. (707) 443-9751. Hübsches, preiswertes zweistöckiges Motel in zentraler Lage in der Altstadt. $
Red Lion Inn, 1929 4th Street, Tel. (707) 445-0844 oder (800) 547-8010. Großes Hotel am Ostrand der Stadt. Pool, Steakhaus-Restaurant. $$$

Ferndale

The Gingerbread Mansion, 400 Berding Street, Tel. (707) 786-4000. Elegante Zimmer mit riesigen Badewannen. Nachmittagstee. Räder zum Erkunden der Stadt vorhanden. $$$
Victorian Inn, 400 Ocean Avenue, Ferndale, Tel. (707) 786-4949 oder (800) 576-5949. Luxuszimmer. Restaurant mit großer Wein- und Bierauswahl. $$$

Fort Bragg

Anchor Lodge, Noyo Harbor, Tel. (707) 964-4283. Blick aufs Wasser von der eigenen Dachterrasse. Restaurant. $
Beachcomber Motel, 1111 N. Main Street, Tel. (707) 964-2402 oder (800) 4400-SURF. Meeresblick, Suiten mit Hot-Tub. Nahe Skunk Train. $$
The Grey Whale Inn, 615 N. Main Street, Tel. (707) 964-0640 oder (800) 382-7244. Attraktive Frühstückspension. $$$
Pudding Creek Inn, 700 N. Main Street, Tel. (707) 964-9529 oder (800) 227-9529. Viktorianisches Herrenhaus mit offenen Kaminen, Garten und üppigem Frühstück. $$

Garberville

Benbow Inn, 445 Lake Benbow Drive, an der US 101 südlich der Stadt, Tel. (707) 923-2124. Historisches Haus inmitten der Redwoods. Zum Gelände gehört ein See mit Booten. $$$
Humboldt House Inn, 701 Redwood Drive, Tel. (707) 923-2771 oder (800) 525-1234. Gehört zur Best Western-Kette, Pool im Garten, schöner Ausblick. $$
Shelter Cove Bed & Breakfast, 148 Dolphin, Tel. (707) 986-7161. Meeresblick, Suiten mit Jacuzzi; Strand und Flughafen in der Nähe. $$

Gualala

Seacliff, 39140 S. Highway 1, Tel. (700) 884-1213 oder (800) 400-5053. Luxussuiten auf dem Gipfel der Klippen, offene Kamine, Schaumbäder. $$$
Surf Motel, Tel. (700) 884-3571. Zentral, mit Restaurant und (gelegentlich) Ausblick auf vorbeiziehende Wale. $$
Whale Watch Inn by the Sea, 350100 Highway 1, Tel. (700) 884-3667. Garten mit wildlebenden Tieren, individuell gestaltete Zimmer. $$$

Hopland

Thatcher Inn, Highway 1, Hopland, Tel. (707) 744-1890. Restauriertes Hotel von 1894 mit Restaurant und Bar, in der Nähe von Weinkellereien. $$$
Wine Country Cottage, 14594 S. Highway 101, Tel. (707) 744-1396. Betreiber ist die Milano Winery; Hotelgäste erhalten Preisnachlaß auf Wein und eine Führung durch das riesige Gelände der Weinkellerei. $$

Inverness

Golden Hinde Inn & Marina, 12938 Sir Francis Drake Boulevard, Tel. (415) 669-1389 oder (800) 339-9398. Offene Kamine, Pool, Angelsteg. $$
Patterson House, 12847 Sir Francis Drake Boulevard, Tel. (415) 669-1383. Landgasthaus mit Blick auf Tomales Bay. $$$

Jenner

Salt Point Lodge, 23255 Highway 1, Tel. (707) 847-3234. Sonnenterrasse mit Blick auf den Garten und die Meeresbucht. Hot-Tub, Sauna. $$
Stillwater Cove Ranch, 22555 Coast Highway 1, Tel. (707) 847-3227. Intimes Refugium nahe Redwoodhainen und einer Meeresbucht. $$

Lake Tahoe

Holiday Inn Express, 3691 Highway 50, Tel. (916) 544-5288. Pool, Sauna, Restaurant nebenan. $$
Mayfield House, Tahoe City, Tel. (916) 583-1001. Rundum holzverkleidet, von Hand behauene Pfosten, komfortabel. $$
Rockwood Lodge, Homewood, Tel. (916) 525-5273 oder (800) LE TAHOE. Vor 50 Jahren vom Privathaus zum restaurierten Hotel umgebaut. $$$
South Tahoe Motor Lodge, 954 Park Avenue, South Lake Tahoe, Tel. (916) 544-5266. Nahe dem Kasino und dem Skigebiet. $

Little River

The Inn at Schoolhouse Creek, 7051 N. Highway 1, Tel. (707) 937-5525. Zimmer und Häuschen mit Meeresblick und vier Hektar Wald, Wiesen und Garten. $$
SS Seafoam Lodge, PO Box 68, Mendocino, Tel. (707) 937-1827. Prunkzimmer mit Meeresblick. $$

Los Alamos

Victorian Mansion & Union Hotel, 362 Bell Street, PO Box 616, Tel. (805) 344-2474. Individuell gestaltete Zimmer in zwei eleganten viktorianischen Gebäuden. $$

Mendocino

Blair House Inn, 45110 Little Lake Road, PO Box 1608, Tel. (707) 937-

1800. Viktorianisches Haus nahe dem Kunstzentrum. $$$
Little River Inn, Little River, Tel. (707) 937-5942. Drei Kilometer südlich von Mendocino. 1853 von einem Holzhändler errichtetes, reizvolles Anwesen auf 91 ha an der Küste, das heute von seiner Urenkelin betrieben wird. $$$
McElroy's Inn, Main and Evergreen, Tel. (707) 937-1734. Einige Zimmer mit Meeresblick. Pfad zum Strand. $$
Mendocino Coast Accomodations, Tel. (707) 937-1913.
Mendocino Hotel, 45080 Main Street, PO Box 587, Tel. (707) 957-0511 oder (800) 548-0513. Viktorianische Möblierung, Lounge mit offenem Kamin, Suiten mit Garten, Restaurant. $$
Mendocino Village Cottages, 406 Little Lake Street, Tel. (707) 937-0866. $$

Monterey

Californian Motel, 2042 N. Fremont Street, Tel. (408) 372-5851. Kochnischen, Pool, Whirlpool, kostenlose Filme. $
Cannery Row Inn, 200 Foam Street, Tel. (408) 649-8580 oder (800) 876-8580. Zentral. Begrünter Hof, Whirlpool. $$
Holiday Inn Resort, 100 Aguajito Road, Tel. (408) 373-6141 oder (800) 234-5697. Restaurant, Pool, Sauna, Tennis, Golfplatz. $$
Quail Lodge Resort, 8205 Valley Greens Drive, Tel. (408) 624-1581 oder (800) 538-9516. Außerhalb der Stadt im Grünen mit Golfplatz, Hot-Tubs, Naturpfaden, Tennis. $$$
Scottish Fairway Hotel, 2075 Freemont Street, Tel. (408) 373-5551. Nahe dem Messegelände. Pool, Frühstück und Filme inklusive. $
Steinbeck Lodge, 1300 Mubras Avenue, Tel. (408) 373-3203 oder (800) 528-1234. Gegenüber einem Einkaufszentrum. Pool, Frühstück und Filme inklusive. $$

Mount Shasta

Pine Needles Motel, 1340 S. Mount Shasta Boulevard, Tel. (916) 926-4811. Beheizter Pool, Whirlpool. $
The Tree House Best Western, PO Box 236, Tel. (916) 926-3101 oder (800) 528-1234. Pool, Hot-Tub, Picknickplatz. $

Napa Valley/Wine Country

Auberge du Soleil, 186 Rutherford Hill Road, Rutherford, CA 94573, Tel. (707) 963-1211 oder (800) 348-5406. Versteckt liegende Ferienhäuschen auf insgesamt 13 ha terrassierten Olivenhainen. $$$
Beazley House, 19010 First Street, Napa, CA 94559, Tel. (707) 257-1649 oder (800) 559-1649. Behagliches, fast 100 Jahre altes Herrenhaus mit schönem Garten. $$
The Inn at Napa Valley, 1075 California Boulevard, Napa, Tel. (707) 253-9540 oder (800) 433-4600.
Rancho Caymus, 1140 Rutherford Cross Road, Rutherford, Tel. (707) 963-1777 oder (800) 845-1777. Gasthof im Stil einer Hazienda mit schönen Möbeln und farbigen Glasfenstern. $$
Silverado Country Club & Resort, 100 Atlas Peak Road, Napa, Tel. (707) 257-0200 oder (800) 532-0500. Rund 300 Suiten auf 486 ha. Drei Restaurants, Golf, Tennis. $$$
White Sulphur Springs Spa, 3100 White Sulphur Springs Road, St Helena, Tel. (707) 963-4361. 1852 im Redwood-Wald erbaut. Kräuter- und Schlammpackungen, Schwefelbecken, nahe einem Wasserfall. $$
Wine Country Reservations. Informationen über edle Landgasthöfe, Tel. (707) 257-7757.

Nevada City

Best Western Gold Country Inn, 11972 Sutton Way, Grass Valley, Tel. (916) 273-1393. Kochnischen und Swimmingpool. $
Holiday Lodge, 1221 E. Main Street, Grass Valley, Tel. (916) 273-4406. Einige Zimmer im Stil der Goldrausch-Ära. Pool, Sauna. $

Nipomo

Kaleidoscope Inn, 130 East Dana Street, CA 93444, Tel. (805) 929-5444. Hundertjähriges viktorianisches Herrenhaus mit schönem Ausblick, beliebt bei Hochzeitern. $$

Paso Robles

The Paso Robles Inn, 1003 Spring Street, Tel. (805) 238-2660. Im Stadtzentrum, mit Bungalows und schönem Garten. $$

Petaluma

Best Western Petaluma Inn, 201 S. McDosell Boulevard, Tel. (707) 763-0994 oder (800) 297-3864. Pool, Restaurant, Läden in der Nähe. $$
Cavanagh Inn, 10 Keller Street, Tel. (707) 765-4657. Viktorianische Frühstückspension nahe dem Fluß und der historischen Altstadt. $$
Quality Inn, 5100 Montero Way, Tel. (707) 664-1155 oder (800) 221-2222. Restaurant, kontinentales Frühstück inklusive. $$

Pismo Beach

Sandcastle Inn, 100 Stimso Avenue, Tel. (805) 773-2422. Am Strand. Whirlpool. $$
Seaview Motel, 230 Five Cities Drive, Tel. (805) 773-1841. Fast direkt an der US 101. $

Point Arena

Wharf Master's Inn, 785 Port Road, CA 95468, Tel. (707) 882-3171. Friedvolles Refugium. Hot-Tubs, offene Kamine, Himmelbetten. $$$

Point Reyes

Holly Tree Inn, Tel. 663-1554. Ruhiges Hotel im Wald. $$$
Inns of Point Reyes. Eine Agentur, die Reservierungen für ein halbes Dutzend kleiner Gasthöfe im Gebiet vornimmt. Tel. (415) 485-2649.
Marsh Cottage, PO Box 1121, CA 94956, Tel. (415) 669-7168. Offene Kamine, idyllische Atmosphäre. $$
Point Reyes Hostel, Tel. (415) 663-8811. Preiswerte Mehrbettzimmer für alle Altersstufen. $

Sacramento

Canterbury Inn, 1900 Canterbury Road, Tel. (916) 927-3492 oder (800) 932-3492. Pool, Whirlpool, Restaurant, Filme inklusive. $$
Clarion Hotel, 700 16th Street, Tel. (916) 444-8000 oder (800) 443-0880. Im Zentrum. Pool, Restaurant. $
Central Motel, 818 16th Street, Tel. (916) 446-6006. Neben der Residenz des Gouverneurs. $
Delta King Hotel, 1000 Front Street, Tel. (916) 444-5464 oder (800)

825-5464. Übernachtung auf einem historischen Flußschiff. $$

Harbor Inn & Suites, 1250 Halyard Drive, Tel. (916) 371-2100 oder (800) 371-2101. Nahe der Altstadt, mit Pool und Kurbad. Restaurant nebenan. $

Red Lion Hotel, 2001 Point West Way, Tel. (916) 929-8855 oder (800) 547-8010. Restaurant, Café, Pools. $$$

Sacramento Hilton, 220 Harvard Street, Tel. (916) 922-4700 oder (800) 344-4321. Pool, Hot-Tub, Sauna, Restaurant, Filme inklusive. $$

San Simeon

San Simeon Lodge, 9520 Castillo Drive, CA 93452, Tel. (805) 927-4601. $

Silver Surf Motel, 9390 Castillo Drive, CA 93452, Tel. (805) 927-4661. $

Whitewater Inn, San Simeon, CA 93452, Tel. (805) 927-1066. Kleines, hübsches Hotel mit Hot-Tub. $$

San Luis Obispo

Budget Motel, 345 Marsh Street, CA 93401, Tel. (805) 543-6443. Nahe dem Zentrum, Pool, Waschsalon. $

Madonna Inn, 100 Madonna Road, CA 93405, Tel. (805) 543-3000. Phantastische Zimmer in allen Stilvarianten: Wilder Westen, hawaiisch, österreichisch-alpin etc. $$

San Francisco

Reservierungen über **San Francisco Reservations,** 22 Second Street, San Francisco 94102, Tel. (415) 227-1500. Für alle Telefonnummern gilt die Vorwahl (415).

Fairmont Hotel, 950 Mason Street, Tel. 772-5000 oder (800) 527-4727. Eines der Wahrzeichen von San Francisco auf dem vornehmen Nob Hill. $$$

Four Seasons-Clift, 495 Geary, Tel. 775-4700. Westlich des Zentrums am Union Square. Alt, konservativ und elegant. $$$

Hilton San Francisco, 333 O'Farrell, Tel. 771-1400. Am Union Square im Zentrum. Pool, Gymnastikraum, fünf Restaurants. $$

Holiday Inn, Tel. 626-6103 oder (800) 465-4329. In fünf Gebäuden (alle am Union Square). Alle Hotels mit Swimmingpool. $$

Hotel Bedford, 761 Post Street, Tel. 673-6040 oder (800) 652-1889. Beliebt und preiswert: Café Bedford. $

Hotel Britton, 112 7th Street, Tel. 621-7001 oder (800) 444-5819. Nahe der Cable Car. Café, Waschsalon, Kabel-TV. $

Huntington Hotel, 1075 California Street, Tel. 474-5400 oder (800) 277-4683. Beliebt bei Prominenz, insbesondere Opernstars. Schöner Blick und Gourmet-Restaurants. $$$

Hyatt Regency, 5 Embarcadero Center, Tel. 788-1234. Spektakuläre Architektur: die dreieckige Atriumhalle des Foyers ist 52 m hoch, mit überdachten Galerien, üppiger Begrünung und gläsernen Aufzügen. $$$

Mark Hopkins Intercontinental, Nob Hill, Tel. 392-3434 oder (800) 327-0200. Mit dem berühmten Restaurant Top of the Mark und vielen Zimmern mit Panoramablick. $$$

Miyako, 1625 Post Street, Tel. 922-3200. In japanischem Dekor. $$

Monticello Inn, 127 Ellis Street, Tel. 392-8800. Zentral. Restaurant, Bar, Kabel-TV. $$

Petit Auberge, 863 Bush Street, Tel. 928-6000. Nahe Union Square. Frühstücksbuffet vom feinsten. $$

Queen Anne Hotel, 1590 Sutter Street, Tel. 441-2828 oder (800) 227-3970. Erst viktorianische Mädchenschule, dann exklusiver Herrenklub, heute elegante Frühstückspension. $$

Royal Pacific Motor Inn, 661 Broadway nahe Chinatown, Tel. 781-6661. Sauna, Gymnastikraum. $

St Francis, 335 Powell, Tel. 397-7000. Wahrzeichen von 1907 am Union Square. $$$

Shannon Court Hotel, 550 Geary Street, Tel. 775-5000. Zentral. Restaurant, Filme inklusive, Kühlschränke. $

Sheraton Palace, 2 New Montgomery Street. Tel. 392-8600. Historisches Wahrzeichen mit dem berühmten Garden Court Restaurant. $$$

Sir Francis Drake Hotel, 450 Powell Street, Tel. 392-7755. Elegantes, altes Hotel nahe Union Square. Restaurant. $$

Stanyan Park Hotel, 750 Stanyan Street, Tel. 751-1000. Im National Register of Historic Places eingetragen, nahe Golden Gate Park und dem Viertel Haight-Ashbury. $$

The Wharf Inn, 2501 Mason Street, Tel. 673-7411 oder (800) 548-9918.

Direkt bei Fisherman's Wharf. Gebührenfreier Parkplatz. $$

Vagabond Inn, 2250 Van Ness Avenue, Tel. 776-7500 oder (800) 522-1555. Cocktail-Lounge, Pool, Kabel-TV. $

Victorian Inn on the Park, 310 Lyon Street, Tel. 931-1830. Stilvolles, hundertjähriges Haus – heute elegante Frühstückspension. $$

Sonoma

Madrona Manor, 1001 Westside Road, Healdsburg, Tel. (707) 433-4231 oder (800) 258-4003. Viktorianisches Herrenhaus, im National Register of Historic Places aufgeführt. Drei Suiten und 18 Zimmer mit schöngestaltetem Freigelände. $$–$$$

Sonoma Mission Inn & Spa, PO Box 1447, CA 95476, Tel. (707) 938-9000 oder (800) 862-4945. Am Originalstandort rekonstruiertes, hundertjähriges Kurhotel mit heißen Quellen, zu dessen Fitneßprogramm auch Wanderungen und Picknicks gehören. Schönes Gelände. Pools, Restaurants, Tennis. $$

Ukiah

Discovery Inn Motel, 1340 N. State Street, Tel. (707) 462-8873. Pool, Sauna, Tennis. $

Lantern Inn Motel, 650 S. State Street, Tel. (707) 462-6601. Nichtraucherzimmer. Restaurant in der Nähe. $

Vichy Springs, 2605 Vichy Springs Road, CA 95482, Tel. (707) 462-9515. „Bed and breakfast"-Ranch mit warmen Mineralbädern und Pool. $$$

Weaverville

Trinity Motel, 1112 Main Street, Tel. (916) 623-2129. Pool, Whirlpool, schöner Ausblick. $

Victorian Inn, 1709 Main Street, Tel. (916) 622-4432. $

Yosemite

Ahwahnee House, Tel. (209) 372-1406. Wahrzeichen aus Stein und Holz, in dem schon Fürsten aus Europa und Farmer aus Fresno nächtigten. Reservierung erforderlich. $$$

Curry Village, unten im Tal, Tel. (209) 372-1233. Mehrere hundert Wohneinheiten von „Zelthütten" bis zu großen Zimmern. $

Yosemite Lodge, gegenüber dem Weg zu den Wasserfällen, Tel. (209) 372-1274. Pool, Restaurants, Fahrradverleih. $$

Motels

Bei den Motels gibt es beträchtliche Qualitätsunterschiede; generell kann man aber saubere und schlichte Unterkünfte erwarten. Dies gilt besonders für die meisten nationalen Motelketten. Oft gehören ein Restaurant oder Café sowie Swimmingpool und Sauna zur Anlage. Die Zimmer sind mit Telefon, Fernsehen und Radio ausgestattet; man kann sie auch anschauen, bevor man sich entscheidet.

Abgesehen von ihrer autogerechten Lage an den Haupteinfallsstraßen verlocken die Motels durch ihre Preise. In Kalifornien kostet eine Übernachtung im Doppelzimmer zwischen 50 und 100 Dollar. In den Außenbezirken ist es noch billiger, meist 35 bis 75 $.

B&B Landgasthäuser

Landgasthöfe (country inns) sind in den USA in den letzten zehn Jahren sehr populär geworden, insbesondere in Neuengland und Nordkalifornien. Die meisten konzentrieren sich in malerischen Gegenden wie Wine Country, Gold Country, der Nordküste und der Halbinsel von Monterey. Mit ihrer idyllisch-ländlichen Lage kommen sie den Wünschen der Stadtbewohner nach einem romantischen Wochenend-Refugium entgegen.

Diese Landgasthöfe, umgebaute Farm- und Herrenhäuser mit fünf bis fünfzehn Zimmern, bieten dem Besucher höchste Individualität; kein Gasthof gleicht dem anderen, und oft gleicht nicht einmal ein Zimmer dem anderen. Wer an die strikte Uniformität der großen Hotel- und Motelketten gewöhnt ist, erlebt die Landgasthöfe als warme, gastfreundliche und originelle Alternative.

In vielen Landgasthöfen gibt es keine privaten Bäder und nur selten Fernsehen oder Telefon im Zimmer. Bei den meisten ist das Frühstück inklusive, daher der Name „bed and breakfast inn".

Die Preise variieren stark, liegen aber insgesamt hoch. Vorher telefonisch oder schriftlich reservieren – die Landgasthöfe sind besonders am Wochenende und im Sommer sehr beliebt. Ihre Beliebtheit geht so weit, daß kleine, intime Gasthöfe sogar in großen Metropolen entstehen, als Konkurrenz zu den großen Hotels. Es folgt eine unvollständige, aber breitgefächerte Auswahl von „B&Bs" in ganz Nordkalifornien.

Big Bear Lake

The Knickerbocker Mansion, 869 S. Knickerbocker, PO Box 3661, CA 92315, Tel. (714) 866-8221.

Calistoga

Scott Courtyard, 1443 2nd Street, CA 94515, Tel. (707) 942-0948.

Cambria

The Blue Whale Inn, 6736 Moonstone Beach Drive, CA 93428, Tel. (805) 927-4647.

Carmel

The Pine Inn, Ocean Avenue and Lincoln, CA 93921, Tel. (408) 624-3851.

Inverness

The Ark, Inverness Way, CA 94956, Tel. (415) 455-8424.

Mendocino

Sea Gull Inn, 44594 Albion Street, Tel. (707) 937-5204.

Monterey

Old Monterey Inn, 500 Martin Street, CA 93940, Tel. (408) 375-8284.

Napa/Wine Country

Bed & Breakfast Inns, 1400 South Coast Highway, Suite 104, Laguna Beach, CA 92651, Tel. (714) 376-0305 oder (800) 424-0053.
Bed & Breakfast International, 1181 Solano, Albany, CA 94706, Tel. (510) 525-4569.

La Residence Country Inn, 4066 St Helena Highway North, CA 94558, Tel. (707) 253-0337.
Oak Knoll Inn, East Oak Knoll Avenue, CA 94558, Tel. (707) 255-2200.

Sacramento

Amber House, 1315 22nd Street, CA 95816, Tel. (916) 444-8085 oder (800) 755-6526.

San Luis Obispo

The Garden Street Inn, 1212 Garden Street, CA 93401, Tel. (805) 545-9802.

San Francisco

Bed & Breakfast Inn, 4 Charlton Court, San Francisco, CA 94123, Tel. (415) 921-9784.
The Inn at the Opera, 333 Fulton Street, CA 94102, Tel. (415) 863-8400.
The Mansions Hotel, 2220 Sacramento Street, CA 94115, Tel. (415) 929-9444.
Petite Auberge, 863 Bush Street, CA 94108, Tel. (415) 928-6000.
Queen Anne Hotel, 1590 Sutter Street, CA 94109, Tel. (415) 441-2828 oder (800) 227-3970.
Victorian Inn on the Park, 310 Lyon Street, Tel. (415) 931-1830.
Washington Square Inn, 1660 Stockton Street, CA 94133, Tel. (415) 981-4220.

Spezieller Reservierungsservice über: **American Family Inn,** 2185A Union Street, San Francisco, CA 94123, Tel. (415) 479-1913 und **Visitors' Advisory Service,** 1530 Fountain, Alameda, CA 94501, Tel. (510) 521-9366.

Jugendherbergen

Manche Reisende nutzen gern die Vorteile der Jugendherbergen („hostels") in Kalifornien. Sie sind sauber, komfortabel und, im Gegensatz zu den „Bed and Breakfast"-Pensionen, sehr billig (etwa zehn Dollar pro Nacht). Alle Altersstufen sind willkommen. Die Herbergsbewohner bringen alles selbst mit (Besteck, Schlafsack, Handtuch etc.) und müssen nach dem Frühstück jeweils eine Viertelstunde beim Abwaschen und anderen Tätigkeiten helfen. Die Jugendherbergen sind von 9.30–

16.30 Uhr geschlossen. Reservierungen sind unbedingt empfehlenswert.

In Nordkalifornien gibt es eine Kette von über 20 Jugendherbergen entlang der Pazifikküste, von Jedediah Smith Redwood State Park an der Grenze zu Oregon bis hinunter nach John Little State Beach. Alle Jugendherbergen liegen am Meer, viele in alten Leuchttürmen. Eine Liste der Jugendherbergen in Nord- und Südkalifornien erhält man bei:

Central California Council, PO Box 3645, Merced, CA 95344, Tel. (209) 383-0686.

Golden Gate Council, 425 Divisadero Street, #307, San Francisco, CA 94117, Tel. (415) 863-1444.

Los Angeles Council, 3601 South Gaffey Street, San Pedro, CA 90731, Tel. (310) 831-8109.

Noch vor der Abreise kann man sich das Internationale Jugendherbergsverzeichnis im Buchhandel oder bei Jugendherbergen und die Mitgliedschaftskarte bei der jeweiligen nationalen Zentrale besorgen:

Deutschland: Deutsches Jugendherbergswerk, Hauptverband, 32754 Detmold.

Österreich: Österreichischer Jugendherbergsverband, Schottenring 28, 1010 Wien.

Schweiz: Schweizer Jugendherberge, Postfach, 3001 Bern.

Zeltplätze

Öffentliche und private Zeltplätze liegen in oder nahe den meisten kalifornischen Parks. Die öffentlichen Zeltplätze sind meist sehr schlicht – mit Parkplatz, offenen Kochstellen und nahegelegenen Toiletten und Waschräumen. Private Zeltplätze sind etwas teurer und bieten zusätzlich Strom- und Wasseranschlüsse für Wohnwagen sowie Münzwäschereien, Swimmingpools und Restaurants. Zumeist sind diese privaten Gelände im Gegensatz zu den öffentlichen Plätzen besser abgesichert, z.B. durch eine umgehende Umzäunung. Hochsaison auf dem Zeltplatz ist von Mitte Juni bis Anfang September; die Plätze werden der Reihe nach vergeben. Wenn möglich, vorher reservieren.

Weitere Informationen über Zeltplätze bei:

California State Parks System, PO Box 942896, Sacramento, CA 94296, Tel. (916) 653-8380. Adressen von über 200 staatlichen Parks. Reservierungen für Zeltplätze über die Telefonnummer (800) 444-7275.

US Forest Service, Pacific Southwest Regional Office, 630 Sansome Street, San Francisco, CA 94111, Tel. (415) 705-2874.

National Park Service, Western Regional Office, 600 Harrison Street, Suite 600, San Francisco, CA 94107-1372, Tel. (415) 744-3876.

National Park Service, Department of the Interior, Washington, DC 20013-7127, Tel. (202) 208-4747.

California Department of Fish and Game (License & revenue Branch), 3211 S. Street, Sacramento, CA 95815. Informationen über Lizenzen: Tel. (916) 739-3380.

Essen & Trinken

Restaurants

Im Unterschied zu den meisten europäischen Restaurants wird man Sie durchgängig aufmerksam bedienen. Dies ist eine Leistung, von der schließlich das Trinkgeld abhängt, welches ein wesentlicher Bestandteil des Lohnes der Bedienung ist. Rechnen Sie damit, daß nur kurz, nachdem Sie ihre Mahlzeit beendet haben, die Rechnung an den Tisch gebracht wird. Zeit ist Geld, und der nächste Kunde wartet schon auf Ihren Tisch.

Besonders abends ist eine Reservierung anzuraten. Seien Sie darauf vorbereitet, daß Sie am Telefon Ihren Namen buchstabieren müssen. In vielen Lokalen kann man sich den Tisch nicht frei auswählen, sondern wird von dem Empfangspersonal an einen entsprechenden Tisch geführt. Als Gast warten Sie also erst einmal am Empfang, gekennzeichnet durch das Schild "Wait to be seated".

In vielen, besonders den großen und feinen Restaurants kann man mit den gängigen Kreditkarten bezahlen; halten Sie aber immer genügend kleine Scheine und Münzen für das Trinkgeld bereit. Dies lassen Sie nach dem Bezahlen der Rechnung auf dem Tisch liegen.

Kalifornien ist ein Paradies für Freunde der guten Küche und kann dies sogar statistisch belegen. In San Francisco gibt es, auf Einwohner umgerechnet, mehr Restaurants als in jeder anderen amerikanischen Stadt, und viele Kalifornier gehen zwei- bis dreimal pro Woche essen. Hier wurden auch einige kulinarische Trends geboren, so die Szechuan-Küche, Sushi, und Nouvelle Cuisine.

Die ausländischen Restaurants sind mehrheitlich mexikanisch, doch gibt es eine Vielzahl weiterer internationaler sowie klassisch-amerikanischer Restaurants. Die folgende Liste nennt lediglich einige herausstechende Restaurants in ganz Nordkalifornien.

Die Preissymbole beziehen sich auf eine Mahlzeit für zwei Personen ohne Wein:

$ = unter 16 Dollar
$$ = 16–28 Dollar
$$$ = über 28 Dollar.

Boonville

Boonville Hotel, State Highway 128, Tel. (707) 895-2210. Kalifornische Küche, frisch, schlicht und mit Feingefühl zubereitet. Alle Zutaten direkt vom Hotelgarten. Nur Abendessen. $$

Calistoga

Cafe Pacifico, 1237 Lincoln Avenue, Tel. (707) 942-4400. Mexikanische Küche, gute Meeresgerichte. $
Checkers, 1414 Lincoln Avenue, Tel. (707) 942-9300. Pasta, Pizza, Sandwiches, halbgefrorener Joghurt. $
Lord Derby Arms, 1923 Lake Street, Tel. (707) 942-9155. Quirliges Pub/Restaurant. $

Carmel

Hog's Breath Inn, San Carlos Street, Tel. (408) 625-6765. Clint Eastwoods Pub mit offenem Hof. Die Gerichte sind nach Filmen des Stars benannt. $$
Clam Box, Mission Street bei 6th Avenue, Tel. (408) 624-8597. Familienrestaurant, vor allem Huhn- und Meeresgerichte. $$

Gualala

St Orres, 36611 State Highway 1, Tel. (707) 884-3303. Phantastisches Restaurant mit vorwiegend französischer Küche in russisch gestyltem Hotel. Sonntags Brunch. $$

Eureka

Bon Boniere, 215 F Street, Tel. (707) 448-8075. Hübsche Eisdiele. Suppen, Sandwiches, Salate und Sundaes. $
Cafe Marina, Woodley Island bei Eureka Marina, Tel. (707) 443-2233. Ganz frische Scampi, Muscheln und Seezunge. Hervorragende Sandwiches und italienische Gerichte. $
Lazlo's, 327 2nd Street, Tel. (707) 443-9717. Exzellente Meeresgerichte in 100jähriger Tradition. Probieren Sie die Schollen („sand dabs"). Die Windjammer Lounge ist der Treffpunkt der Einheimischen. $
Lost Coast Brewery & Cafe, 617 4th Street, Tel. (707) 445-4480. Hier ist immer was los: Pub in einer hundert Jahre alten Brauerei. $
Samoa Cookhouse, beim Highway 101 jenseits der Samoa Bridge, Tel. (707) 442-1659. Hier werden riesige Brotlaibe, Schüsseln mit heißer Suppe und kühlen Salaten auf langen Tischen mit Wachstuchdecken serviert. Die Vorspeisen und Gemüse- und Kartoffelbeilagen sind für alle da und werden verschlungen wie zur Zeit der ersten Holzfäller vor 100 Jahren. $$

Fort Bragg

David's Deli & Restaurant, 450 S. Franklin, Tel. (707) 964-1946. Großes Frühstück, Gourmet-Sandwiches, „frische Frucht-Kreationen". $
Rosie's, 223 N. Franklin, Tel. (707) 051-1514. Mexikanische Küche und phantastische Margarita-Drinks. $
Home Style Cafe, 790 S. Main Street am Highway 1, Tel. (707) 964-6106. Wie der Name schon sagt: gute Hausmannskost. Nur Frühstück und Mittagessen. $
Egghead's Restaurant, 326 N. Main Street, Tel. (707) 064-5005. Breite Frühstücksauswahl, vegetarische Gerichte, Espresso. $
Laurel Deli & Desserts, 136 E. Laurel Street, Tel. (707) 964-7812. Sandwiches, Suppen, Kuchen. Nur zum Mitnehmen. Schließt bereits um 16 Uhr. $

High Sierra/Yosemite

Ahwahnee, Yosemite National Park, Tel. (209) 372-1488. Die *Grande dame* der Hotels im atemberaubend schönen Yosemite-Tal mit köstlichen Mahlzeiten im kathedralenähnlichen Speisesaal. $$$
Erna's Elderberry House, 48688 Victoria Lane (Highway 41), Oakhurst, Tel. (209) 683-6800. Eleganter französischer Landgasthof, versteckt im Wald liegend. Bemerkenswerte Inneneinrichtung kombiniert mit hervorragender, klassisch-europäischer Küche. Teuer, aber lohnend. $$$

Inverness

The Gray Whale, Tel. (415) 669-1244. Abendessen auf offener Terrasse. Pizza, Pasta, Espresso. $$
Vladimir's Czech Restaurant, Tel. (415) 669-1021. Wiener Schnitzel, Schweine- und Entenbraten sind hier die Spezialitäten. $$

Lake Tahoe

Le Petit Pier, 2572 North Lake Boulevard, Tahoe Vista, Tel. (916) 546-4464. Klassische französische Küche mit exotischem Einschlag. $$$
Old Post Office Coffee Shop, 5245 North Lake Boulevard, Carnelian Bay, Tel. (916) 546-3205. Voll, freundlich und preiswert. $
Sunnyside Restaurant & Lodge, Tel. (916) 583-7200. Beliebter Zwischenstop für Bootfahrer auf dem See. $
Wolfdale's, Tahoe City, Tel. (916) 583-5700. Kalifornische Küche mit japanischem Touch, dazu herrlicher Ausblick über den See. $$$

Little River

Albion River Inn, 7051 State Highway 1, Little River, Tel. (707) 937-0282. Herzhafte Gerichte zu maßvollen Preisen. $
Ledord House, 7051 State Highway 1, Litte River, Tel. (707) 937-0282. Kleines Landhaus mit Blick aufs Meer. Die Zutaten aus hiesigem Anbau werden stets frisch zubereitet. Nur Abendessen; Montag, Dienstag Ruhetag. $$

Mendocino

Bay View Cafe, 45040 Main Street, Tel. (707) 937-4197. Blick auf die Bucht aus dem ersten Stock. Große Auswahl. Musik. $
Cafe Beaujolais, 961 Ukiah Street, Mendocino, Tel. (707) 937-5614. Urbehagliche Atmosphäre. Liebevoll zubereitete Gerichte aus stets frischen Zutaten. $$
DeHaven Valley Farm Country Inn & Restaurant, 39247 N. Highway 1, Westport, Tel. (707) 961-1660. Mit dem Auto 25 Minuten nördlich von Mendocino, doch für das charmante viktorianische Haus lohnt sich die Fahrt. Unbedingt reservieren! $$
MacCallum House, Albion Street, Tel. (707) 937-5763. Elegantes, über 100 Jahre altes Gasthaus; Café bis spätnachts geöffnet. $$
955 Ukiah Street, Tel. (707) 937-1955. Mittwoch bis Sonntag, nur Abendessen. Spezialität: Meeresgerichte. $$

Monterey/Big Sur

Casanova, Fifth Street nahe San Carlos, Carmel, Tel. (408) 625-0501. Meeresgerichte mit leichten Saucen, außerdem Gerichte mit Kalb-, Lamm- und Rindfleisch. Frühstück, Mittag- und Abendessen sowie Brunch am Sonntag in französisch-ländlicher Atmosphäre. $$$
Glen Oaks, State Highway 1, Big Sur, Tel. (408) 667-2623. Außen rustikal, innen eleganter Speisesaal mit frischem Blumenschmuck und guter Musik. Große Auswahl auf der Speisekarte. $$$
Grenot's Victorian House, 649 Lighthouse Avenue, Pacific Grove, Tel. (408) 646-1477. Viktorianisches Haus mit nur zwölf Tischen; weit im voraus reservieren! Österreichische und andere Küche, himmlische Desserts. $$$
Nepenthe, State Highway 1, Big Sur, Tel. (408) 667-2345. Spektakulärer Blick auf die Wellen, die sich 245 m tiefer an den Felsen brechen; hausgemachte Suppen und riesiger Chef-Salat. Touristen und Einheimische in friedlicher Koexistenz. $$
Ventana, State Highway 1, Big Sur, Tel. (408) 667-2331. Luxuriöses, charmantes Ferienhotel im Wald. Platz lassen für die vollendeten Desserts! $$$

The Whaling Station Inn, 763 Wave Street, Monterey, Tel. (408) 373-3778. Meeresgerichte, gegrillt oder sautiert. Nur Abendessen. $$

Napa

Downtown Joe's, 902 Main Street, Tel. (707) 258-2337. Jahrhundertealtes Restaurant mit Brauerei am Fluß; offener Hof im Garten. $$
Kelley's, 1339 Pearl Street, Tel. (707) 224-2418. Cafe mit Spielautomaten. $$
Pasta Prego, 2206 Jefferson Street, Tel. (707) 224-9011. Frische Meeresgerichte, Pasta, offene Terrasse. $$
Sushi Bar Mari-Ya, 1015 Coombe Street, Napa, Tel. (707) 257-6604. Immer für eine Überraschung gut. $$
Traditions, 1202 Main Street, Napa, Tel. (707) 226-2044. Napas erstes Kaffeehaus: 41 Kaffee- und 25 Teesorten, Terrasse. $

Olema

Olema Farm House, Highway 1, Tel. (415) 663-1264. Dinner im Freien. Meeresgerichte, Austern, Steak, Pasta. $$

Point Reyes

Barnaby's by the Bay, eineinhalb Kilometer nördlich von Inverness, Tel. (415) 669-1114. Schöner Ausblick von der Dachterrasse. Gegrillte Austern, frische Meeresgerichte, vegetarische Küche. $$
Roadhouse Oyster Bar, Highway 1, Tel. (415) 663-1277. Pasta, Pizza, Meeresgerichte. $$
Station House Cafe, 11285 State Highway 1, Tel. (415) 663-1515. Versuchen Sie den Spinatsalat mit Ente, Blaubeeren und Walnüssen. $$
Taqueria La Quinta, Third Street und Highway 1, Tel. (415) 663-8868. Mexikanische Küche. Espresso-Bar. $

San Francisco

Balboa Cafe, 3199 Fillmore, Tel. 922-4595. Das beste kalifornische Restaurant der Stadt: warme Salate, himmlische Nudelgerichte, Super-Hamburger und frischer Fisch. $$$
Caffe Sport, 574 Green Street, Tel. 981-1251. Immer voll und chaotisch. Altmodische Einrichtung und hervorragende Gerichte mit Schalentieren. $$
Castagnola's, 286 Jefferson Street, Tel. 776-5015. Italienisches Restaurant nahe Fisherman's Wharf. $$
Chic's Place, Pier 39 bei Fisherman's Wharf, Tel. 421-2442. Reizvoller Blick aufs Wasser. $$
Donatello, Post and Mason, Tel. 441-7182. Luxuriös und teuer. Ausgezeichnete Nudelgerichte und Carpaccio, guter Service; ideal für Geschäftsessen. $$$
Gaylord, Ghirardelli Square, Tel. 771-8822. Elegantes indisches Restaurant. Schöner Blick auf die Bucht, insbesondere mittags. $$$
Golden Turtle, 2211 Van Ness Avenue, Tel. 441-4419. Mittag- und Abendessen, vietnamesische Küche, interessantes Dekor. $$
Green's, Fort Mason, Building A, Tel. 771-6222. Vom Zen Center betriebenes vegetarisches Feinschmeckerrestaurant. Reservierungen grundsätzlich zwei Wochen im voraus; selbst dann sind sie nur schwer zu bekommen. $$$
La Rondalla, 901 Valencia Street, Tel. 647-7474. Preiswerte mexikanische Küche bis halb vier Uhr morgens. $
Little Joe's, 523 Broadway, Tel. 433-4343. Große Portionen, turbulente Atmosphäre und köstliche Nudelgerichte. $$
Mai's, 316 Clement, Tel. 221-3046. Gute vietnamesische Küche, von Saigoner Nudelsuppe mit Shrimps und Schweinefleisch bis zur mit Anis und Zitrone gewürzten Suppe à la Hanoi. $$
Mama's, 1701 Stockton Street, Tel. 362-6421. Einfach gutes Essen. Am Wochenende brechend voll, unter der Woche weniger. Eine weitere Filiale liegt an der Nordseite des Washington Square. $
The Mandarin, 900 N. Point Street, Tel. 673-8812. Auf dem Dach eines renovierten alten Gebäudes am äußersten Ende des Ghirardelli Square. Köstliche chinesische Gerichte. $$
Masa's, 684 Bush Street, Tel. 989-7154. Eins der besten französischen Restaurants der Stadt. Rauchen nicht gestattet; Krawatten- und Jackettzwang für Männer. Kann sehr teuer werden. $$$
Osome, 1923 Fillmore, Tel. 346-2311. Exzellente Sushi-Bar und das übliche Angebot an gekochten japanischen Speisen. Dienstag Ruhetag; am Wochenende nur Abendessen. $$
Prego, 2000 Union, Tel. 563-3305. Der Platz für „Pizza Pie", im Holzofen gebacken. $$
Yank Sing, 427 Battery, nahe Clay, Tel. 781-1111. Klassisches *dim sum,* eine Küche, die es nur in Hongkong und in San Francisco gibt: ein einmaliges Erlebnis! $$
Zuni, 1658 Market Street, Tel. 552-2522. Schlicht zubereitete kalifornische Küche aus frischen, hiesigen Zutaten. $$

East Bay

Bay Wolf, 3853 Piedmont, Oakland, Tel. (510) 655-6004. Hübsches kleines Restaurant mit guter mediterraner Küche. Sonnenterrasse. $$
Chez Panisse, 1517 Shattuck Avenue, Berkeley, Tel. (510) 548-5525. Eines der berühmtesten Restaurants des Landes. $$$
Hunan, 396 Eleventh Street, Oakland, Tel. (510) 444-1155. Eines der wenigen Restaurants in Oaklands Chinatown mit ausgezeichnetem, scharfem Essen. Die Speisekarte ist eindrucksvoll, bei erstaunlich niedrigen Preisen. Nach den Tagesgerichten fragen! $
Le Marguis, 3524-B Mount Diablo Road, Lafayette, Tel. (510) 284-442. Das beste französische Restaurant im Bezirk Contra Costa. Nur Abendessen; Sonntag und Montag Ruhetag. $$$
Santa Fe Bar & Grill, 310 University Avenue, Berkeley, Tel. (510) 841-4740. Kalifornische Küche in stimmungsvoll restauriertem Bahnhof mit Bluespianist.
Siam Cuisine, 1181 University Avenue, Berkeley, Tel. (510) 548-3278. Exzellente thailändische Küche: würzig und unwiderstehlich. $

Peninsula/San Jose

Chantilly, 520 Ramona Street, Palo Alto, Tel. (415) 321-5080. Herrliches, kleines europäisches Restaurant; Sonntag geschlossen, Samstag nur Abendessen. $$
El Charro, 2169 Winchester Avenue, Campbell, Tel. (408) 378-1277. Mexikanische Gerichte – ausgezeichnete Margarita-Drinks und *chiles colorados* – sowie argentinische Steak-Spezialitäten. $

Emile's, 545 S. Second Street, San Jose, Tel. (408) 289-1960. Neue französische und Schweizer Küche. Nur Abendessen; Montag Ruhetag. $$

Fung Lum, 1815 Bascom Avenue, Campbell, Tel. (408) 377-6955. Köstliche Kanton-Spezialitäten in eleganter Atmosphäre. $

Henry's Hi-Life, 301 W. Saint John Street, San Jose, Tel. (408) 295-5414. Gute Grillgerichte zu maßvollen Preisen. Nur Abendessen. $$

La Foret, 21747 Bertram Road, San Jose, Tel. (408) 997-3458. Wo einst das erste, 1848 erbaute Adobe-Hotel Kaliforniens stand, erwarten Sie heute Kellner im Frack, traditionelle europäische Vorspeisen, frische Muscheln und verlockende Desserts. Nur Abendessen, Sonntags Brunch; Montag Ruhetag. $$$

La Hacienda Inn, 18440 Los Gatos Saratoga Road, Los Gatos, Tel. (408) 354-6669. Komplette italienische Menüs zu maßvollen Preisen. $

Original Joe's, 301 S. First Street, San Jose, Tel. (408) 292-7030. Berühmt das hier entstandene „Joe's Special" – ein Sandwich mit Spinat, Rinderhack, Pilzen, Zwiebeln und Rührei. $

St Michael's Alley, 800 Emerson Street, Palo Alto, Tel. (415) 329-1727. Das täglich wechselnde Menü wird in diesem Pub/Café auf einer Tafel angeschrieben. Ausgezeichnete Bäckereien und Folkmusik von lokalen Gruppen. $

Sacramento

Americo's, 2000 Capital, Tel. (916) 442-8119. Herrliche Nudelgerichte und exzellente Saucen. $$

California Pizza Kitchen, Arden Market Square, 1735 Arden Way, Tel. (916) 586-0932. Reiche Auswahl an Pizza, im Holzofen gebacken. $$

Compadres Bar & Grill, Town & Country Village, 2713 El Paseo, Tel. (916) 483-2336. Erstklassige mexikanische Küche, hervorragende Margarita-Drinks. $$

Il Fornaio, 400 Capitol Mall, Tel. (916) 446-4100. Erstklassiges italienisches Essen, traditionelles Brot. $$$

Fat City Bar & Cafe, 1001 Front Street, Tel. (916) 446-6768. Hundertjährige Bar mit Art Nouveau-Dekoration. $

Garbeau's Dinner Theatre, Highway 50 bei Hazel Avenue, Rancho Cordova, Tel. (916) 985-636. Ein kurzes Stück von Sacramento nach Osten; Essen mit Unterhaltung. $$$

The Mandarin, 1827 Broadway, Tel. (916) 443-5052. Gute chinesische Szechuan- und Hunan-Küche. $

Max's Opera Cafe, 1735 Arden Way, Tel. (916) 927-6297. Gehobenes Deli und Restaurant im New Yorker Stil. Singende Kellner. $$

River City Brewing Company, 545 Downtown Plaza, Tel. (916) 447-2739. Europäische und amerikanische Küche mit Ale-Bier in reizvoller Umgebung. $

Wakano Ura, 2217 10th Street, Tel. (916) 448-6231. Restaurant im japanischen Viertel im ersten Stock, das mitunter laut sein kann; doch die Fröhlichkeit der japanischen Gäste wirkt ansteckend. $

Stinson Beach

Parkside Cafe, Tel. (415) 868-1272. Wochentags Frühstück und Mittagessen; Donnerstag- bis Montagabend „traditionell Italienisches". $$

Ukiah

The Pasta Shop, 108 N. School, Tel. (707) 482-9541. Im Zentrum, bis spätnachts geöffnet. $

El Sombrero, Mill und Main Street, Tel. (707) 483-1818. Mex. Küche, Abendessen im Freien, samstags Musik. $

Wine Country

Auberge du Soleil, 180 Rutherford Hill Road, Rutherford, Tel. (707) 963-1211. Kreative französische Küche mit Blick auf Weingärten. $$$

Calistoga Inn, 1250 Lincoln Avenue, Calistoga, Tel. (707) 942-4101. Leger, freundliche Bedienung, große Portionen und ausgezeichnetes Essen. $$

The Diner, 6476 Washington Street, Yountville, Tel. (707) 944-2626. Gutes altes amerikanisches Frühstück, Lunch und Dinner. Preiswert. Montag Ruhetag. $

John Ash & Co., 4330 Barnes Road, Santa Rosa, Tel. (707) 527-7687. Kalifornische Küche mit französischem und chinesischem Einschlag. $

Showley's, 1327 Railroad Avenue, Saint Helena, Tel. (707) 963-3970. Kalifornische Küche mit französischem und italienischem Touch. Alles wird frisch zubereitet und sieht so köstlich aus, wie es schmeckt. $$

Unternehmungen
Museen & Attraktionen

Auburn

Gold Country Museum, 1273 High Street, CA 95603, Tel. (916) 889-6500. Zur Geschichte des Goldrauschs und der Abbaumethoden in Placer County. An einem Bach kann man sich selbst als Goldwäscher versuchen. Dienstag–Sonntag von 10 bis 16 Uhr.

Bakersfield

Al Bussell Ranch, 26500 Stockdale Highway, Tel. (805) 589-2677. Eine Ranch, auf der Besucher Gemüse ernten, Tiere aus nächster Nähe betrachten und streicheln sowie Picknick machen können. Geöffnet ganzjährig täglich von 7–19 Uhr.

California Living Museum, 14000 Old Alfred Harrell Highway, Bakersfield, Tel. (805) 872-CALM. Heimische Pflanzen und Tiere, Vogel- und Reptilienhaus sowie ein Park für Kinder. Dienstag–Samstag von 10 Uhr bis Sonnenuntergang.

Berkeley

Berkeley Massage & Self-Healing Center, 1962 University Ave., Tel. (415) 843-4422. Massagen und Entspannung.

Municipal Rose Garden, Euclid Ave. am Bayview Pl. Besonders zur Blüte im späten Frühling begeistern über 4000 Rosenarten. Täglich von Sonnenaufbis Sonnenuntergang.

Judah L. Magnes Museum (Jewish Museum of the West), 2911 Russell St., Tel. (510) 549-6950. Jüdische Kunst und Geschichte. Sonntag–Donnerstag 10–16 Uhr.

University of California, östlich der Oxford St. zwischen Hearst St. und Bancroft Way, Tel. (510) 642-5215. Schönes Gelände der legendären Universität. Das Visitor Center befindet sich in der University Hall (Oxford St./ University Ave.); ab hier Führungen über den Campus jeden Montag, Mittwoch und Freitag um 10 und 13 Uhr.

Calistoga

Old Faithful Geyser, 1299 Tubbs Lane, Tel. (707) 942-6463. Dieser Geysir „spuckt" jahrein, jahraus etwa alle 40 Minuten eine bis zu 18 m hohe Fontäne in die Luft. Geöffnet täglich von 9–18 Uhr, im Winter von 9 bis 17 Uhr.
Sharpsteen Museum, 13211 Washington Street, CA 94515, Tel. (707) 942-5911. Das Museum zeigt, wie das Städtchen im 19. Jahrhundert aussah.

Chico

Bidwell Mansion State Historic Park, 525 The Esplanade, Tel. (916) 895-6144. In der Villa des Stadtgründers werden Kleidungsstücke von Anfang des Jahrhunderts ausgestellt. Geöffnet täglich 10–17 Uhr.
Chico Museum, 2nd und Salem St., Tel. (916) 891-6144. Regionalgeschichte und ein chinesischer Tempel, der Ende des 19. Jahrhunderts von China in Einzelteilen hergebracht und aufgebaut wurde.

Clovis

Wild Water Adventures, 11413 E. Shaw, Tel. (209) 297-6500. Familienorientierter Wasserpark mit 17 Fahrbetrieben und großen Picknickplätzen. Im Sommer täglich geöffnet.

Columbia

Miwok Heritage Museum, 11175 Damin Road, CA 95310, Tel. (209) 533-8660. Hütten aus Zedernrinde, indianische Körbe etc. Täglich geöffnet.

Crescent City

Rowdy Creek Fish Hatchery, 255 N. Fred Haight Drive, Tel. (707) 487-3443. Öffentliche, gemeinnützige Fischzüchtung. Geöffnet Montag bis Freitag 9–16.40 Uhr. Eintritt frei.
Undersea World, 304 Highway 101 South, Tel. (707) 464-3522. Tausende von Fischen in ihrer natürlichen Umgebung. Fütterung von Seelöwen möglich. Ganzjährig täglich geöffnet.

Battery Point Lighthouse Museum, Box 396, CA 95331, Tel. (707) 464-3089. Der Leuchtturm von 1856, 200 m der Küste vorgelagert, ist von April bis September geöffnet.

Emerald Bay

Vikingsholm, Tel. (916) 541-3030. Im Sommer tägliche Führungen durch das skandinavische Schloß mit seinen 38 Räumen an einer kleinen Bucht von Lake Tahoe.

Eureka

Eureka Old Town, 123 F Street. Renovierte viktorianische Gebäude, Restaurants mit Wasserblick, Straßenbahnen, Pferdekutschen.
Samoa Cookhouse, Humboldt Bay, Eureka, Tel. (707) 442-1659. Die letzte noch bestehende „Feldküche" eines Holzfällercamps im Westen. Fotos, Gemälde und historische Gegenstände. Geöffnet Montag–Freitag 6–15 Uhr und abends, Sonntag durchgehend.
Clarke Memorial Museum, 3rd und E Street, Tel. (707) 443-1947. Regionalgeschichte und Naturkunde. Bedeutende Sammlung indianischer Korbmacherkunst. Dienstag–Samstag 12–16 Uhr.

Exeter

Riata Ranch, PO Box 363, Tel. (209) 594-2288. Kunstreiten und Lassotricks von Cowboys und Cowgirls. Besuch vorher telefonisch anmelden.

Ferndale

Ferndale Museum, Shaw & 3rd Street, CA 95536, Tel. (707) 786-4466. Die Geschichte des guterhaltenen viktorianischen Dorfes. Ganzjährig von Mittwoch bis Sonntag geöffnet.

Fort Bragg

Mendocino Coast Botanical Gardens, 18220 N. Highway 1, Tel. (707) 964-4352. Geöffnet von März bis Oktober 9–17 Uhr, im Winter 9 bis 16 Uhr.

Fresno

Discovery Center, 1944 N. Winery, Tel. (209) 251-5531. Dioramen über das Leben wilder Tiere, naturwissenschaftliche Experimente, Picknickplätze. Dienstag bis Sonntag von 11–17 Uhr.
Duncan Water Gardens, 6901 E. Makenzy, Tel. (209) 252-1657. Weitläufiger, schöngestalteter Park mit Wasserfall, murmelndem Bach, Fischen und passenden Kunstwerken. Am Wochenende von 9–16 Uhr.

Grass Valley

Empire Mine State Historic Park, 10791 E. Empire Street, Tel. (916) 273-8522. Vormals Standort der 317 ha großen Empire Mine, in der der Untertagegoldabbau in den USA seinen Anfang nahm. Heute staatlicher Park mit Museum, Ausstellungen, Wanderwegen und Picknickplätzen.

Jamestown

Gold Prospecting Expeditions, 18170 Main Street, Jamestown, Tel. (209) 984-4653. Organisierte Goldgräber-Trips mit komplettem Zubehör.

Kerman

Nuts & Candy packers, 1220 Madera Avenue (Highway 145), CA 93630, Tel. (800) 232-4SUN. Eine Besichtigung der Firma Scott Empire Food, in der Bonbons, Nüsse und Rosinen verarbeitet werden.

Leggett

Drive-Thru Tree Park, PO Box 10, Leggett, Tel. (707) 925-6363. 81 ha Redwood-Wald abseits der US 101 mit dem Chandelier Tree, den man per Auto durchfahren kann.

Lone Pine

Mount Whitney, eindrucksvolle 4420 m über dem Meeresspiegel im Sequoia National Park, südöstlich von Fresno. Man sieht ihn schon vom Highway aus, am schönsten und direktesten aber von der Whitney Portal Road, westlich von Lone Pine.

Mammoth Lakes

Mammoth Lakes Recreation Area, Tel. (800) 367-6572. Ganzjährig nutzbares Erholungsgebiet mit der längsten Skisaison in ganz Amerika. Außerdem Fischen, Segeln, Schwimmen, Reiten, Tennis und Mountainbike-Fahren.

Mariposa

California State Mining and Mineral Museum, knapp 3 km südlich der Stadt an der SR 49, Tel. (209) 742-7625. Umfassende Mineraliensammlung. Geöffnet Mai–September Mittwoch–Montag 10–18 Uhr, sonst Mittwoch–Sonntag 10–16 Uhr.
Courthouse, 5088 Bullion St., Tel. (209) 966-2456. Das Gericht des Staates Kaliforniens wurde 1854 erbaut und ist noch in Gebrauch. Täglich Mai–September 8–17 Uhr, sonst Montag–Freitag 8–17 Uhr.

Mendocino

Kelley House Museum, 45007 Albion Street, CA 95460, Tel. (707) 937-5791. 1861 erbautes Haus eines der Stadtgründer. Von Juni bis September täglich, im Winter nur an Werktagen geöffnet.

Mill Valley

Mount Tamalpais, 10 m westlich von Mill Valley, Tel. (415) 388-2070. Eine kurvenreiche Straße führt zum Gipfel mit seinem 2400 ha großen Park; von hier hat man phantastische Ausblicke auf die gesamte Bay Area. Im Frühling und Sommer finden Theater- und Musikaufführungen im Amphitheater statt.

Modesto

Blue Diamond Growers, 4800 Sisk Road, Tel. (209) 545-3222. Kostenlose Filmvorführung, Kostproben von Mandeln und ein Souvenirladen. Montag-Freitag 9–17 Uhr, Samstag 10–16 Uhr.
Miller's California Ranch Horse & Buggy Display, 9425 Yosemite Boulevard, Tel. (209) 522-1781. Rund um einen alten Laden Hunderte von alten Lastwägen, Autos, Leichenwägen etc., die zum Teil fast 100 Jahre alt sind. Für Führungen muß man im voraus telefonisch reservieren.

Monterey

Monterey Bay Aquarium, 886 Cannery Row, Tel. (408) 648-4888. Tausende von Fischen und einige Haie in weitgehend naturgerechter Umgebung. Täglich 10–18 Uhr.
Colton Hall, Pacific St. am Friendly Plaza und Colton Hall Park, Tel. (408) 375-9944. Hier wurde 1849 die erste Verfassung Kaliforniens geschrieben. Nebenan steht das Gefängnis von 1854. Täglich geöffnet.
Maritime Museum, 5 Custom House Plaza, Tel. (408) 373-2469. Museum zur Schiffahrtsgeschichte, die auf der Sammlung des Seefahrers Allen Knight aufbaut. Ein kurzer Film zur Regionalgeschichte wird auch gezeigt. Täglich 10–17 Uhr.

Mountain View

Ames Research Center, über Highway 101, Ausfahrt Moffett Field, Tel. (415) 604-6497. Forschungsanlage der NASA mit größtem Windkanal der Welt. Besichtigungen des Labors nur nach mindestens zweiwöchiger Voranmeldung, das Besucherzentrum ist Montag–Freitag 8–16.30 Uhr geöffnet.

O'Brien

Lake Shasta Caverns, PO Box 801, Tel. (916) 238-2341. Sechs Meter hohe Stalagmiten und Stalaktiten mit glitzernden Kristallen. Täglich außer Thanksgiving und Weihnachten geöffnet. Führungen ab neun Uhr, im Winter ab zehn Uhr.

Oceano

Great American Melodrama, 1827 Pacific Coast Highway, CA 93445, Tel. (805) 489-2499. Theaterproduktionen im Stil der Jahrhundertwende. Geöffnet Mittwoch bis Sonntag.

Onyx

Kern Valley Onyx Store, Highway 178, östlich von Lake Isabella. Eine Fundgrube für Erinnerungsstücke aus dem Wilden Westen; der 1851 eröffnete Laden ist das älteste, ununterbrochen bestehende Geschäft des Staates.

Oroville

Oroville Chinese Temple, 1500 Broderick Street, Tel. (916) 538-2496. Um 1850 während der Zeit des Goldrauschs erbauter chinesischer Tempel. Geöffnet Dienstag, Mittwoch und Donnerstag jeweils nachmittags.

Pacific Grove

Seventeen-Mile Drive. Diese malerische Strecke von Pacific Grove nach Carmel ist ein Muß für alle Besucher der Küste. Interessante Stationen an der Strecke sind Seal Rock, Cypress Point und vier der schönsten Golfplätze des Landes. Auch per Fahrrad ein Vergnügen. Die Benutzungsgebühr für Autos beträgt etwa 15 Dollar.

Palo Alto

Stanford University, Tel. **(415) 723-2560.** Landschaftsarchitekt Frederick Law Olmstead schuf den Entwurf für Gelände und Gebäude. Führungen über den Campus beginnen am Imformationsstand am Ende des Palm Drive um 11 und 15.15 Uhr.

Petaluma

Great Petaluma Mill, Tel. (707) 762-1149. Markante Gebäude am Flußufer um ein Lagerhaus von 1864. Läden und Restaurants.
Petaluma Historical Library and Museum, 20 4th St. Tel. (707) 778-4398. U.a. werden eiserne Fassaden von Gebäuden aus dem 19. Jahrhundert gezeigt. Donnerstag–Montag 12–16 Uhr.

Pine Grove

Roaring Camp Mining Company, PO Box 278, Pine Grove, Tel. (209) 296-4100. Vierstündige Tour durch den Mokelumne Canyon mit Goldschürfen, Schwimmen im Fluß, Sammeln von interessanten Steinen etc. Bei der Mittwochstour werden abends Steaks am Fluß gegrillt. Geöffnet von Mai bis September. Telefonisch reservieren.

Placerville

Hangtown's Gold Bug Park, 549 Main Street, Tel. (916) 642-5232. Auf dem 24 ha großen Gelände gab es einst über 200 Goldminen. Besichtigung auf eigene Faust. Im Sommer täglich von 10–16 Uhr, im Winter nur am Wochenende.

Point Arena

Point Arena Lighthouse and Museum, gut eine Meile nordwestlich der Stadt an der Lighthouse Road, Tel. (707) 882-2777. Täglich 11–14.30 Uhr.

Redding

Shasta Dam, Visitor Information, Redding, Tel. (916) 275-1554. Spillway ist dreimal so hoch wie die Niagara-Fälle. Vista House bietet Fotoausstellungen und Filme.

Sacramento

B.F. Hastings Museum, 2nd/Ecke J Street, Tel. (916) 445-4209. Ausstellung zu Wells Fargo, Pony Express und zum Obersten Gerichtshof Kaliforniens, der hier 1855–1869 tagte.
California State Railroad Museum, 125 I Street, CA 95814, Tel. (916) BEE-LINE. Restaurierte Lokomotiven und andere Exponate.
Crocker Art Museum, 216 O Street, Tel. (916) 264-5423. Ältestes Kunstmuseum des Westens (erbaut 1870). Geöffnet Mittwoch–Sonntag.
Folsom Prison Museum, nahe Folsom Lake Dam, CA 95821-0222, Tel. (916) 372-6060 oder (800) 821-6443. Veranschaulicht die Geschichte des berüchtigten Gefängnisses.
State Capitol zwischen 10th, 12th, L und N Street, Tel. (916) 324-0333. Zwischen 1861 und 1874 erbauter, kürzlich restaurierter Sitz der Landesregierung mit schönen Proportionen und einer 72 m hohen Kuppel. Das Hauptgebäude enthält Wandbilder, historische Ausstellungen und Statuen; der umliegende Park prunkt mit Bäumen und Pflanzen aus allen Erdteilen. Kostenlose Führungen täglich 9–16 Uhr; begrenzte Teilnehmerzahl. Der östliche Anbau (East Annex) ist täglich von 7–21 Uhr geöffnet.
Old Sacramento, im Zentrum am Fluß, Tel. (916) 443-8653 erteilt Auskunft über Veranstaltungen. Über 100 restaurierte Gebäude aus der Goldrausch-Ära. Kopfsteingepflasterte Straßen, hölzerne Gehwege, Pferdekutschen, Dampflokomotiven, Raddampfer auf dem Fluß.
Towe Ford Museum of Automotive History, Front St./Ecke V St., Tel. (916) 442-6802. Oldtimer aller Ford-Modelle von 1903 bis 1952. Täglich 10–18 Uhr.

San Andreas

Calaveras County Museum, 30 N. Main Street, CA 95249, Tel. (209) 754-6579. Indianer, Goldrausch und anderes aus dem 19. Jahrhundert.

San Francisco

Alcatraz. Auf einer zweistündigen Tour bringen Sie die örtlichen Fähren zum „Felsen" und zurück; sie verkehren alle 30 Minuten (zwischen 9 Uhr und 14.45 Uhr) ab Fisherman's Wharf, Pier 41 in San Francisco. Gegen eine kleine Gebühr kann man die Zellen von „Birdman of Alcatraz", Al Capone und Machine Gun Kelly besichtigen. Die Parkranger führen die Besucher durch einen Großteil der Insel und des Gefängnisses. Wichtig sind bequeme Schuhe und warme Kleidung, weil es in der Mitte der Bucht recht kühl werden kann. Reservierung empfohlen, Tel. (415) 546-BOAT.
Asian Art Museum, Golden Gate Park, Tel. 668-8921. Fast 10 000 Bronzestatuen, Skulpturen, Gemälde und Porzellan aus China, Japan, Indien, Korea und Tibet. Mittwoch–Sonntag.
Cable Car Museum, Mason und Washington Street, Tel. 474-1887. Sämtliche Cable Cars von San Francisco in Miniaturformat. Ganzjährig täglich.
California Academy of Sciences, Golden Gate Park, Tel. 750-7145. Naturwissenschaftlicher Komplex mit Natural History Museum, Morrison Planetarium und Steinhart Aquarium. Täglich 10–17 Uhr.
Chinese Culture Center, im 3. Stock des Holiday Inn, 750 Kearny Street, Tel. 986-1822. Häufig wechselnde Ausstellung chinesischer Kunst und Kultur. Geöffnet Dienstag–Samstag 10 bis 16 Uhr. Eintritt frei.
The Exploratorium und **Palace of Fine Arts,** nahe der Marina an der Lyon Street; ein Flügel beherbergt eines der besten naturwissenschaftlichen Museen der Welt. Man darf alles berühren, einschließlich der über 500 häufig wechselnden Exponate. Geöffnet Dienstag–Sonntag.
Fire Department Pioneer Memorial Museum, 655 Presidio Ave., Tel. 861-8000. Von Pferden gezogene Feuerwehrwägen, lederne Eimer, Fotografien. Geöffnet Donnerstag–Montag 13–16 Uhr..
Golden Gate Park. Ehemals ein ausgedörrtes Dünengebiet, heute eine 405 ha große Oase in San Francisco zwischen Lincoln Way und Fulton. Der Park bietet Baseball- und Polofelder, Wander- und Reitwege, Platz für Rollschuhfahrer, Bogenschießen, einen Kinderspielplatz, einen See für Miniaturboote, mehrere künstliche Seen für echte Kanus und Ruderboote, einen Baumgarten und gepflegte Gärten. Besonders interessant sind der japanische Teegarten, das Herschel Spillman-Karussell von 1912 und die diversen Museen des Parks.
Japanische Bäder, Kabuki Hot Springs im Japan Center, Tel. 922-6000, mit Sauna, Dampfbad und Massagen.
M. H. de Young Memorial Museum, Golden Gate Park neben dem Asian Art Museum, Tel. 863-3600. Mit 21 verschiedenen Ausstellungsbereichen das vielfältigste Kunstmuseum der Stadt. Montag und Dienstag geschlossen.
Mexican Museum, im Building D des Fort Mason Center nahe der Marina (Buchanan und Marina Street), Tel. 441-0404. Zweisprachiges Museum, bietet auch Führungen zu den Wandgemälden im Mission District. Geöffnet Mittwoch–Sonntag.
Museum of Russian Culture, 2450 Sutter Street, Tel. 921-4082. Die Einwanderung von Russen nach Amerika wird hier mit diversen Exponaten, Büchern und 120 Archivdokumenten veranschaulicht. Mittwoch und Samstag geöffnet.
National Maritime Museum, am Ende der Polk Street bei Beach Street, Tel. 556-8177. Geschichte des Hafens von San Francisco in Bildern, Kunst und Exponaten. Im Sommer täglich geöffnet.
North Beach Museum, 1433 Stockton Street, Tel. 391-6210. Historische Fotografien und Memorabilia der italienisch-amerikanischen Gemeinde.
Old U.S. Mint, 5th/Ecke Mission St., Tel. (415) 744-6830. Münzen, Artefakte des Goldrauschs und Gemälde und Skulpturen von Künstlern des amerika-

nischen Westens. Montag–Freitag 10–16 Uhr.

Pacific Heritage Museum, 608 Commercial St., Tel. (415) 399-1124. Zur Geschichte und Kultur der Immigranten aus dem pazifischen Raum. Montag–Freitag 10–16 Uhr.

San Francisco Museum of Modern Art, 151 Third Street, Tel. 357-4000. Die größte Sammlung moderner Kunst an der Westküste. Geöffnet Dienstag bis Sonntag von 11–18 Uhr, Donnerstag von 11–21 Uhr.

Submarine USS Pampanito, Tel. 929-0202. Das 95 m lange Schiff spielte eine wichtige, aktive Rolle im Zweiten Weltkrieg. Im Sommer täglich, im Winter Donnerstag–Sonntag.

Treasure Island Museum, Tel. 395-5067. Die Golden Gate International Exposition von 1939, die „China Clipper"-Flugboote und die Geschichte der Marine im Pazifik. Auf halbem Wege über die Bay Bridge, auf Treasure Island. Täglich bis 15.30 Uhr geöffnet.

Wells Fargo History Museum, Wells Fargo Bank Building, 420 Montgomery St., Tel. 396-4157. Zur Geschichte der Wells Fargo Co. und des Goldrauschs. Montag–Freitag 9–17 Uhr.

San Jose

Winchester Mystery House, Winchester Boulevard zwischen Interstate 280 und Stevens Creek Boulevard, Tel. (408) 247-2101. Diese Villa gehörte der exzentrischen Erbin der gleichnamigen Waffenfirma, Sarah Winchester; mit 160 Zimmern, 10 000 Fenstern und über 200 Türen sowie zahllosen offenen Kaminen, Treppen und Geheimgängen wollte sie böse Geister irreführen. Führungen etwa alle 30 bis 40 Minuten von 9–16 Uhr.

Rosicrucian Egyptian Museum, 1342 Naglee Avenue, CA 95191, Tel. (408) 947-3636. Alte ägyptische Kunst. Täglich 9–17 Uhr.

San Jose Historical Museum, Senter Road/Ecke Phelan Ave., Tel. (408) 287-2290. Freilichtmuseum mit 21 restaurierten viktorianischen Gebäuden. Ausstellung auch zu den Einflüssen der Indianer, Spanier und Mexikaner auf das Santa Clara Valley. Montag–Freitag 10–16.30 Uhr.

Santa Clara

Great America, Great America Parkway zwischen Highway 101 und SR 237, Tel. (408) 988-1800. Vergnügungspark, der thematisch an die Geschichte der USA anlehnt. Sonntag–Freitag 10–21 Uhr, Samstag 10–23 Uhr, variierende Öffnungszeiten je nach Saison.

Santa Cruz

Santa Cruz Beach Boardwalk, 400 Beach Street, Santa Cruz, Tel. (408) 426-7433. Kaliforniens erstes und schönstes Vergnügungsgebiet am Meer (gegründet 1868) mit 24 Fahrbetrieben, Spielen, Souvenirshops, Unterhaltungsangeboten und einem kilometerlangen Strand. Ein hier 1907 erbautes schönes Kasino beherbergt heute zwei Restaurants. Das Karussell stammt aus dem Jahr 1911. Der Giant Dipper ist eine der besten Achterbahnen der Welt. Im Winter nur am Wochenende von 11–18 Uhr, im Sommer (ab 28. Mai) täglich von 11–22 Uhr geöffnet. Eintritt frei.

Surfing Museum, Lighthouse Point, West Cliff Drive, CA 95062, Tel. (408) 429-3429. 100 Jahre Surfen dokumentiert mit Bildern, Surfbrettern und Paraphernalia. Täglich geöffnet.

Santa Rosa

Sonoma County Farm Trails. Über PO Box 6032, Santa Rosa, CA 95406 eine kostenlose Landkarte anfordern, auf der die Wege zu 100 Farmen in der Region eingezeichnet sind.

Robert Ripley Memorial Museum, 492 Sonoma Avenue, CA 95401, Tel. (707) 524-5233. Geöffnet Mittwoch bis Sonntag von April bis Oktober.

Selma

Pioneer Village, 1880 Art Gonzales Parkway, Tel. (209) 896-3315. Dorf mit historischen Gebäuden und Farmgeräten.

Pollardville Showboat & Ghost Town, 10480 N. Highway 99, Tel. (209) 931-0274. Theateraufführungen mit und ohne Dinner, Läden und Eisenbahnfahrten in der angrenzenden Geisterstadt. Geöffnet für Aufführungen am Freitag- und Samstagabend, mitunter auch Sonntagvormittag.

Sonoma

Depot Park Museum, 270 First Street W, CA 95476, Tel. (707) 938-1762. Die Geschichte der „Bear Flag"-Revolte. Geöffnet Mittwoch–Sonntag.

South Lake Tahoe

Lake Tahoe Cruises, PO Box 14292, South Lake Tahoe, Tel. (800) 23-TAHOE. Ganzjährig Kreuzfahrten im Heckraddampfer *Tahoe Queen* mit gläsernem Boden.

Stateline, Nevada

Heavenly Tram, PO Box 2180, östlich von South Lake Tahoe, Tel. (916) 544-6263. Mit der Straßenbahn 610 m über Lake Tahoe (Dinnerplätze im voraus reservieren). Im Frühling und Sommer täglich von 10–22 Uhr, im Winter von 9 bis 16 Uhr.

Stinson Beach

Muir Woods, über State Highway 1 bis Stinson Beach; ab Muir Beach folgt man den Schildern. Der Wald liegt 27 km nordwestlich von San Francisco, Tel. (415) 388-2595 für weitere Informationen. Dieser 220 ha große Redwood-Wald bietet zehn Kilometer Wanderwege. Der Hauptweg ist leicht und mit Markierungen und Exponaten versehen. Sieben ungeteerte Wege bieten größere Herausforderungen. Hier gibt es zahlreiche *Sequoia Sempervirens*, die größten Bäume der Welt. Manche sind bis zu 60 m hoch und haben einen Durchmesser von drei Metern. Picknick, Zelten und Haustiere sind im Park verboten, doch gibt es ganz in der Nähe Zeltplätze. Geöffnet täglich von 8 Uhr bis Sonnenuntergang. Eintritt frei.

St Helena

Silverado Museum, 1490 Library Lane, CA 94574, Tel. (707) 963-3757. Umfangreiche Sammlung zum Leben des Autors Robert Louis Stevenson. Geöffnet Dienstag–Sonntag.

Stockton

Haggin Museum, 1201 N. Pershing, CA 95203, Tel. (209) 462-4116. Die

Geschichte des San Joaquin-Tales. Geöffnet Dienstag–Sonntag.

Taft

West Kern Oil Museum, Highway 33 bei Wood Street, CA 93268, Tel. (805) 765-6664. Die Geschichte der ersten Ölfelder. Geöffnet Dienstag–Sonntag.

Tahoe City

Gatekeeper's Log Cabin Museum, Tel. (916) 583-1762. Aus Tahoes Vergangenheit. Geöffnet Mai bis Oktober.

Vallecito

Moaning Cavern, 3 km südwestlich an der Parrots Ferry Road, Tel. (209) 736-2708. Führungen von 45 Minuten bis 3 Stunden. Täglich im Sommer 9–16 Uhr, sonst 10–17 Uhr.

Weed

Living Memorial Sculpture Garden, 17211 Player Court, Tel. (916) 938-2308. Tausende von Bäumen wurden in einem 55 ha großen Waldgebiet zu Ehren der im Korea- und Vietnamkrieg Gefallenen gepflanzt.

Yreka

Siskiyou County Museum, 910 Main Street, CA 96097, Tel. (916) 842-3836. Exponate prähistorischer Pelzjäger sowie zur Geschichte des Bergbaus, Holzfällens und der Eisenbahn. Von Juni bis September täglich außer Sonntag geöffnet.

Kulturelles

Theater

Es gibt grundsätzlich zwei verschiedene Gruppen von Theateraufführungen: Gastspiele großer Broadway-Produktionen oder sonstiger bedeutender Aufführungen und Theatergruppen aus der Bay Area, die von Shakespeare bis zu experimentellen Happenings einiges zu bieten haben.

Die Eintrittspreise sind, insbesondere an den Broadway-Bühnen, mitunter horrend. Davon profitiert **Stubs** an der Stockton Street zwischen Geary und Post, Tel. (415) 433-7827; hier werden um die Hälfte ermäßigte Eintrittskarten für Theater- und Musicalaufführungen verkauft. Geöffnet von Dienstag–Samstag von 12–19.30 Uhr. Nur Barzahlung, keine Reservierung.

Die größeren Theater mit 600 bis 2000 Sitzen bieten meist Gastspiele vom Broadway und mitunter auch hiesige Produktionen. Es sind dies:
Curran Theater, 445 Geary, Tel. (415) 293-9001.
Golden Gate Theater, 25 Taylor, Tel. (415) 473-3800.
Orpheum Theater, 1192 Market Street, Tel. (415) 749-2228.
Theater on the Square, 450 Post, Tel. (415) 433-9500.

Zu den kleineren Bühnen mit 99 bis 500 Sitzen zählen:
American Conservatory Theater, Meson und Geary, Tel. (415) 749-2228. Als größte Theaterbühne San Franciscos hat ACT sich mit guten Produktionen und risikoloser Stückauswahl national einen Namen gemacht. Hier werden vor allem unumstrittene Stücke wohlbekannter Autoren aufgeführt.
Berkeley Repertory Theater, 2025 Addison, Berkeley, Tel. (415) 845-4700. Begann zunächst als Repertoirebühne und mauserte sich in den siebziger Jahren soweit, daß 1980 ein eigener Theaterbau entstand. Das „Rep" ist wagemutiger als das ACT und bietet ausgezeichnete Aufführungen zeitgenössischer Dramen, Wiederaufnahmen von Noel Coward und gelegentlich auch Premieren bekannterer Bühnenautoren. Dreiviertel der Sitze sind zu Beginn der Saison bereits mit Abonnenten belegt und die restlichen Karten daher oft schnell ausverkauft.
The Eureka, 2730 16th Street, San Francisco, Tel. (415) 558-9898. Politisch und gesellschaftlich relevante Stücke, häufig als US- oder Weltpremiere.
The Magic Theater, Fort Mason, Building D, San Francisco, Tel. (415) 441-8822. Schrille, freche Truppe, die gerne Neuland erforscht. Gelegentlich höchst eindrucksvolle Zusammenarbeit der Truppe mit Autoren - Michael McClure und Sam Shepard inszenierten Uraufführungen im Magic.

Tanz

In der Bay Area gibt es zwei große Ballett-Gruppen. Das **San Francisco Ballet** im San Francisco Opera House, Van Ness und Grove im Civic Center, Tel. (415) 621-3838, besteht seit über 50 Jahren und ist bekannt für traditionelle Choreographie, durchgehend hervorragende Produktionen und klassische Form. Begleitet wird das Ballett von Mitgliedern des San Francisco Symphony-Orchesters. Als erste Ballettruppe des Landes führte es die „Nußknackersuite" zu Weihnachten auf. Die Saison dauert von Dezember bis Mai.

Jenseits der Bucht macht das **Oakland Ballet** dem San Francisco Ballet zunehmend Konkurrenz mit innovativen, jungen Tänzern, die mangelnde klassische Form durch Hingabe und Energie wettmachen. Durch Neuaufführungen von klassischen Diaghilew-Ballettstücken mit Originalkostümen und -kulissen sowie westliche Ballettkompositionen von Copeland und Loring und Präsentationen neuer kalifornischer Choreographien erregt Oakland landesweit Aufmerksamkeit. Die Saison dauert von September bis Dezember.

Die **Dance Coalition,** 2141 Mission, San Francisco, Tel. (415) 255-2794, veröffentlicht einen umfassenden Monatsüberblick über alle Arten von Tanz in der Bay Area - klassisch, modern, Jazz, Volks- und Steptanz.

Moderne und zeitgenössische Tanzaufführungen sieht man in der **New Performance Gallery,** 3153 17th Street, San Francisco, Tel. (415) 863-9834. Sie wurde von zwei modernen Tanztruppen gegründet, um ein passendes Haus für ihre eigenen Produktionen zu haben; mittlerweile sieht man hier auch neue Werke anderer hiesiger Choreographen, Experimentelles von diversen lokalen Truppen und Gastspiele kleinerer, neuer Gruppen.

Zwei weitere Aufführungsreihen sind noch zu erwähnen: **The San Francisco Opera House** bietet Gastspiele nationaler und internationaler Ballettkompanien wie dem Joffray Ballet, American Ballet Theater und dem Stuttgarter Ballett. Aktuelle Informationen bei der Kasse des San Francisco Opera House, PO Box 7430, San Francisco 94120, Tel. (415) 861-4008.

The University of California versammelt eine gute Mischung an Gastspielen von klassischem, modernem und Volkstanz auf ihrem Campus in Berkeley, Zellerbach Auditorium, Bancroft und Telegraph, Tel. (415) 642-9988.

Oper & Klassik

Neben der San Francisco Symphony (dem herausragenden hiesigen Orchester) gibt es auch in Oakland, Marin, Berkeley, San Jose, Sacramento und Santa Cruz eigene Orchester. In der Bay Area finden sich, auf Einwohner umgerechnet, mehr Kammermusikgruppen als irgendwo sonst in den USA; daneben besteht eine breite Auswahl an asiatischen und indischen Musikgruppen.

Die Oper ist das größte und eleganteste Kunstzentrum von San Francisco, einer Stadt, die schon seit der Zeit des Goldrauschs die Oper favorisiert. Nach dem Urteil der Einwohner (und wohl auch einiger internationaler Stars) ist diese zweitgrößte Oper der USA die beste der Welt.

Mithilfe öffentlicher und privater Subventionen bestehen neben der Oper von San Francisco sechs weitere klassische Opern- und Konzerthäuser in der Bay Area.

Oakland Symphony, Tel. (415) 465-6400, mit junger, dynamischer, hochkünstlerischer Leitung und solidem, populärem Programm.

Sacramento Symphony, 14th and L Street, Sacramento, Tel. (415) 916-0800. Kammerkonzerte und Sommerkonzerte im Freien, zusätzlich zur normalen Saison.

San Francisco Conservatory of Music, 1201 Ortega, San Francisco, Tel. (415) 564-8086. Professionelle Kammermusik und Studentenkonzerte in der kleinen, intimen Hellman Hall. Mit Absolventen wie Isaac Stern gilt das Konservatorium weithin als beste Musikakademie an der Westküste.

San Francisco Opera, Grove und Van Ness Avenues, San Francisco, Tel. (415) 864-3330. Berühmt vor allem für seine internationale Starbesetzung. Neben dem aktuellen Opern-Repertoire werden auch eine Reihe weniger bekannter Meisterwerke aufgeführt.

San Francisco Symphony, Davies Symphony Hall, Van Ness and Grove, San Francisco, Tel. (415) 552-8000. Im Programm sind populäre Sommerkonzerte, ein alljährliches Beethoven-Festival und das Mostly Mozart Festival neben der normalen Saison.

San Jose Symphony hat sich seit 1972 mit durchschlagkräftigen, eingängigen Programmen einen Namen gemacht.

Kinos

Nur in den Großstädten gibt es spezielle Kinos, die ausländische Filme (mit englischen Untertiteln) zeigen. Zusätzlich bekommt man Filmklassiker auch auf dem Campus der Universitäten zu sehen. In San Francisco sind diese Kinos im (rosafarbenen) Datebook-Teil der Sonntagszeitung extra aufgelistet. Zu ihnen gehören **Clay, Lumiere** und **Bridge.**

In den letzten Jahren haben eine Reihe von Kinos verstärkt wieder alte Filme in ihr Programm aufgenommen. Der Eintrittspreis liegt ein paar Dollar niedriger als in den Premierenkinos. Die meisten alten Filme laufen als Double-Feature (zwei Filme zum Preis von einem).

Das bekannteste derartige Kino in San Francisco ist das **Castro,** ein renovierter Kinopalast aus den dreißiger Jahren mit vergoldeter Decke, Balkonen und einem Orgelspieler am Wochenende. Das **Pacific Film Archive** in Berkeley (das zur University of California gehört) geht wissenschaftlich an das Genre heran. Hier sieht man die ausgefallensten Meisterwerke, die häufig auch von Beteiligten kommentiert werden. Weitere Kinos für alte Filme sind das **UC Theater** in Berkeley, das **J Street Theater** in Sacramento und das **Stanford** in Palo Alto.

Eine umfassende Auflistung des aktuellen Kinoprogramms entnimmt man am besten der Lokalzeitung.

Ausflüge

Historische Monumente

Bodie State Historic Park, 21 km östlich vom Highway 395, 11 km südlich von Bridgeport, Tel. (619) 647-6445. Eine verlassene Goldgräberstadt in einem 200 ha großen Park. Das Museum ist im Sommer täglich von 10-17.30 Uhr geöffnet. Zufahrt mit dem Auto nur gegen Gebühr. Alle Straßen sind im Winter gesperrt.

Hearst Historical Monument, San Simeon, Tel. (805) 927-2000 oder (800) 444-7275. Das phänomenale „Schloß", in dem der Zeitungsmagnat seit den zwanziger Jahren die Reichen und Berühmten unterhielt. Kunst, Antiquitäten und bemerkenswerte Architektur im Überfluß. Das Schloß liegt etwa auf halbem Weg zwischen Los Angeles und San Francisco in den Hügeln oberhalb von San Simeon abseits des Highway 1 und lohnt den vierstündigen Abstecher. Um die Schätze, die der 1951 verstorbene Tycoon William Randolph Hearst in ganz Europa zusammensuchte, angemessen zu würdigen, gibt es im Schloß vier verschiedene Führungen sowie eine Abendtour. Im Winter täglich außer Weihnachten und Neujahr von 8-15.20 Uhr geöffnet, im Sommer von 8-17 Uhr. Reservierung empfohlen, Tel. (800) 444-4443 oder (805) 927-2000.

Sutter's Fort State Historic Park, 2701 I Street, Sacramento, Tel. (916) 445-4422. Sieht heute wieder so aus wie 1846, als hier Gold entdeckt wurde; viele historische Exponate. Führungen täglich von 10-16.15 Uhr.

Nationalparks

Die 20 kalifornischen Nationalparks, zum Teil auch als „National Monument", „National Recreation Area" und „National Seashore" bezeichnet, werden jährlich von Millionen Menschen besucht. Alle zeichnen sich durch freundliche Ranger und atemberaubende Szenerien aus. Unter der Woche und in der Nebensaison sind sie weniger überlaufen.

Informationen über Unterkünfte, Zeltplätze, Angeln, Reiten, Rucksacktouren und Ranger-Aktivitäten bei Golden Gate National Recreation Area, Fort Mason, San Francisco, CA 94123, Tel. (415) 556-0650.

Golden Gate National Recreation Area, Tel. (415) 556-0560. Fast 18 000 ha rund um die San Francisco Bay. Dieser riesige Stadtpark umschließt Meeresstrände, Sanddünen, Redwood-Wälder, Lagunen, Marschen und viele historische Gebäude.

Kruse Rhododendron State Reserve, Plantation Road, nördlich von Jenner am Highway 1, Tel. (707) 847-3221. Blumenwiesen, so weit das Auge reicht. Geöffnet im April und Mai.

Lassen Volcanic National Park, Tel. (916) 595-4444. 43 000 ha zwischen Redding und Susanville. Heimat von Lassen Peak, dem größten geschlossenen Kuppelvulkan der Welt. Heiße Quellen, kochende Schlammtöpfe, Skigebiete und mehrere Seen.

Lava Beds National Monument, Tel. (916) 667-2282. Ein 18 000 ha großes Gebiet 48 km südlich von Tulela-

ke. Auf eigene Faust kann man 20 phantastische Höhlen (darunter auch relativ neue Lava- und Eishöhlen) sowie Fumarolen und andere vulkanische Wunder erkunden.
Pinnacles National Monument, Tel. (408) 389-4578. Rund 80 km^2 zwischen King City und Hollister. Wandern und Klettern auf den abgetragenen Hängen eines alten Vulkans mit spitz zulaufenden Felsformationen, die bis zu 300 m über die umliegenden Hänge hinausragen.
Point Reyes National Seashore, Tel. (415) 663-1092. Rund 26 000 ha, eine Autostunde nordwestlich von San Francisco. Farbenprächtige Klippen, Sandstrände, Lagunen, Vogelkolonien, bellende Seelöwen auf den Felsen vor der Küste - die richtige Kulisse für einen romantischen Nachmittag.
Redwood National Park, Tel. (707) 464-6101 für Informationen über den Park, (800) 444-PARK für Reservierung von Zeltplätzen. Rund 43 000 ha herrlichster Redwood-Wald rund um Crescent City. Der Park teilt sich in zwei Regionen: der Redwood-Wald (mit der dazugehörigen Vegetation samt Strömen und Flüssen) und die Küstenregion (mit jähen Klippen, Stränden, Lagunen und Prielen).
Das **Redwood Information Center**, eineinhalb Kilometer südlich von Orick am Highway 101, bietet eine Diaschau und Führungen, Tel. (707) 488-3461.
Sequoia and Kings Canyon National Parks, Tel. (209) 335-2314. Ein rund 3500 km^2 großer Doppelpark östlich von Fresno. Prachtvolle alte Haine mit riesigen Redwood-Bäumen und Mount Whitney (Tel. 209-565-3373), der höchste Berg der unteren 48 US-Staaten. Kings Canyon gehört zur Sierra Nevada, eine Wildnis aus Granitfelsen, glitzernden Seen, Wasserfällen und tiefen Canyons.
Whiskeytown-Shasta-Trinity National Recreation Area, Tel. (916) 246-1225. 40 000 ha nördlich von Redding. Das nach den drei größten Seen im Park benannte Sportlerparadies bietet Gelegenheit zum Zelten, Wandern, Angeln, Bootfahren, Schwimmen, Picknick, Jagen und Wasserskifahren.
Yosemite National Park, Tel. (209) 373-4171. 3000 km^2 in Zentralkalifornien am Westhang der Sierra Nevada. Das malerische Tal lockt mit Wasserfällen, runden Felskuppeln und hohen Klippen und lädt zu Rucksacktouren in die alpinen Wälder ein. Als einer der beliebtesten Parks des Landes bietet Yosemite ein prächtiges Hotel, eine Cafeteria, Ferienhäuser, Hütten und Zeltplätze.

Farmbesichtigungen

Wer für Becher mit dem Aufdruck „I Left My Heart in San Francisco" und andere kommerzielle Souvenirs nichts übrig hat und lieber mit echt kalifornischen Geschenken heimkommen möchte, sollte sich ins Farmland aufmachen. Apfelwein, Brombeermarmelade, getrocknete Früchte und Kräuter, frischer Honig, Jojoba-Öl – hier kann man Hunderte von Produkten direkt vom Erzeuger kaufen, Geld sparen und dabei noch eine echte, in Betrieb befindliche Farm besichtigen.
Sonoma County Farm Trails ist ein Zusammenschluß von etwa 160 landwirtschaftlichen Produktionsbetrieben, von Buchan mit seinen berühmten frischen Austern aus der Tomales Bay bis nach Petaluma Desert, mit allen nur erdenklichen Früchten, Gemüsesorten, Vieh und Wein auf dem Weg.
Kostenlose Landkarten und Broschüren sind bei allen beteiligten Farmen und bei der Santa Rosa Chamber of Commerce, Tel. (707) 545-1414 zu haben, oder aber schriftlich über Farm Trails, PO Box 6674, Santa Rosa, CA 95406.
Die Counties Santa Clara und Santa Cruz haben gemeinsam ein ähnliches Programm namens **Country Crossroads** auf die Beine gestellt. Auf etwa 50 Farmen können die Besucher selbst Pfirsiche pflücken, Eier suchen und von den Äpfeln probieren. Landkarten und Informationen bei den beteiligten Farmen, beim Santa Cruz Visitors' Bureau, Tel. (408) 423-6927, oder schriftlich über Country Crossroads, 1368 North Fourth Street, San Jose, CA 95112.

Flußfahrten

Kreuzfahrten mit Lunch, Dinner und Tanz auf der *Petaluma Queen*. Informationen bei 226 Weller Street, Petaluma, Tel. (707) 778-4398. Kreuzfahrten mit Heckraddampfer auf dem Napa River organisiert Napa Riverboat Co., Tel. (707) 226-2628. Die *Delta King*, ein Heckraddampfer aus den zwanziger Jahren in Sacramento, ist heute Hotel, Restaurant, Theater und Saloon, Tel. (916) 444-KING.

Weingüter

In der Region der San Francico Bay heißen eine Reihe von Weinkellereien Besucher willkommen, so im Gebiet von Livermore, Tel. (510) 447-1606 und Gilroy, Tel. (408) 779-2145 sowie vor allem in den berühmten Weintälern Napa, Tel. (707) 963-1048 und Sonoma, Tel. (707) 996-1090.
Reservierungen für den Napa Valley Wine Train bei 1275 McKinstry Street, Napa, Tel. (707) 253-2111 oder (800) 427-4124. In einem detailgetreu restaurierten, eleganten Coupé bereist man das Weingebiet. Ein Feinschmeckerkoch bereitet während der Fahrt die köstlichsten Gerichte zum Lunch, Brunch oder Dinner.

Besuch bei den Missionen

Seit Anbeginn der kalifornischen Geschichte haben die 21 von Pater Junipéro Serra und seinen Nachfolgern entlang des El Camino Real gegründeten Missionen eine wichtige Rolle gespielt. Heute sind sie große Touristenattraktionen. Zu den bedeutendsten Missionen Nordkaliforniens gehören:
Mission Dolores in San Francisco, Tel. (415) 621-8203. Geöffnet täglich von 9–16 Uhr.
San Luis Rey, Oceanside, Tel. (619) 757-3651. Geöffnet Montag–Samstag von 10–16 Uhr, Sonntag von 12–16.30 Uhr.
San Jose, Tel. (510) 657-1797. Montag–Samstag von 10–16.30 Uhr, Sonntag von 12–16.30 Uhr.
Santa Clara de Asis, Tel. (408) 554-4023. Geöffnet täglich von 7–19 Uhr.
Santa Cruz, Tel. (408) 426-5686. Geöffnet täglich von 9–17 Uhr.
Weitere Missionen gibt es in Carmel, Solano, San Rafael, San Luis Obispo, San Juan de Bautista und San Luis Rey. Die ursprünglich im Auftrag spanischer Geistlicher durch Sklavenarbeit der ansässigen Indianer erbauten Missionen wurden nach Inkrafttreten des Säkularisationsaktes 1834 zumeist verlassen, blieben lange Zeit vergessen und verfielen. Erst Helen Hunt Jacksons Buch über die schlechte Behandlung der Indianer, *A Century of Dishonor* von 1880, erweckte er-

neut Interesse an den Bauwerken, deren Architektur in der Folge häufig kopiert wurde.

Walbeobachtung

Der kalifornische Grauwal wird bis zu 15 m lang, wiegt 40 Tonnen und zieht zwischen Dezember und Februar über 16 000 km die Küste hinunter – und im März/April wieder hinauf. Beste Beobachtungspunkte sind: Mendocino Headlands State Park, Russian Gulch State Park, Jughandle State Reserve nördlich von Caspar, Todd's point (Ocean View Drive, südlich vom Hafen von Noyo) und MacKerricher State Park, südlich von Cleone. Zwei Unternehmen in Monterey – Monterey Sports Fishing, Tel. (408) 372-2203 und Randy's Fishing Trips, Tel. (408) 372-7440 – organisieren von Januar bis März Exkursionen.

Nachtleben

Das abendliche Unterhaltungsangebot in Kalifornien ist so vielfältig und umfassend wie der Staat selbst. Hier gibt es erstklassige Opern- und Musicalaufführungen, Theater und Symphoniekonzerte, Varietés sowie hervorragenden Blues, Jazz und Rock'n'Roll.

Das jeweilige Angebot ersieht man am besten aus den örtlichen Tageszeitungen. In San Francisco informieren die „Pink Pages" (rosa Seiten) der Sonntagsausgabe des *Chronicle and Examiner* über die Veranstaltungen und Aktivitäten in der Bay Area. In den Touristengebieten der meisten Städte gibt es ein kostenloses, alternatives Magazin. In San Francisco beispielsweise bietet der *Bay Guardian* einen umfassenden Veranstaltungskalender.

Festivals

Veranstaltungen in Nordkalifornien sind im *San Francisco Chronicle,* dem *Bay Guardian* oder der jeweiligen Lokalzeitung aufgeführt. Speziellere Veranstaltungen findet man in den kleineren Lokalzeitungen.

Bei genügend Zeit sollte man vor Antritt der Reise an die **California Division of Tourism** schreiben (801 K Street, Sacramento, CA 95814, Fax: (916) 322-3402) und um Zusendung eines kostenlosen Exemplars von *Golden California: Special Events* bitten.

Im folgenden einige der beliebtesten Feste und Veranstaltungen in Kalifornien:

Januar

Annual Stockton Ag Expo, Stockton, Tel. (209) 466-5271. Landwirtschaftsausstellung.
Graffiti USA '50s Festival, Modesto, Tel. (209) 576-2222. Im Geburtsort von George Lucas.
Memorial Polar Bear Swim, Cayucos, Tel. (800) 4LB-STAY. Neujahrsschwimmen im Pazifik.
Old Time Fiddle Contest, Cloverdale, Tel. (707) 894-2067. Fiedler spielen um die Wette.
Sacramento Symphony Pops Series, Tel. (916) 756-0191. Populäre klassische Konzerte.
San Jose Craft Festival, San Jose, Tel. (619) 737-0075. Kunsthandwerk.
Santa Cruz Fungus Fair, Tel. (408) 429-3773. 150 verschiedene Pilzsorten zum Probieren.
Tiburon Children's Film Festival, Tel. (415) 435-1234. Kinderfilmfest.
Village Affair, Carmel Valley, Tel. (408) 659-2261. Stände mit Essen und Wein.
Winter Music Festival, Lake County, Tel. (707) 263-6658. Bands und Solisten.
Yosemite Chefs Holiday, Yosemite National Park, Tel. (209) 454-2020.

Februar

Annual Crab Race, Crescent City, Tel. (800) 343-8300. Krabbenrennen – man kann sich auch eine „mieten" oder selbst mitbringen.
Antique American Indian Art Show, San Rafael, Tel. (805) 652-1960. Ausstellung alter indianischer Kunst.
Black History Month celebration, Yountville, Tel. (707) 944-8844 und Earlimart, Tel. (805) 849-3433.
Chinese New Year. Informationen bei den örtlichen Tourismusbüros. Große chinesische Neujahrsfeier in San Francisco, kleinere Feierlichkeiten in den übrigen Gemeinden.
Fiesta Italiana Crab Feed, Guerneville, Tel. (707) 869-0523.
Mardi Gras, San Luis Obispo, Tel. (805) 541-2183. Karnevalsumzüge.
Mardi Gras Jazz Festival, Pismo Beach, Tel. (800) 443-7778.

Masters of Food & Wine, Carmel, Tel. (800) 682-4811. Internationale Küchenchefs geben Tips.
Pollyanna Doll Show & Sale, Petaluma, Tel. (707) 763-5237. Puppen, Teddybären, Spielzeug, Puppentheater.
Whiskey Flat Days, Kernville, Tel. (619) 376-2629. Parade, Rodeo, Volksfest, Kunst und Kunsthandwerk.
Winterfest, Chester, Tel. (916) 258-2426. Hundeschlittenrennen, Schneeskulpturen, Konzerte.

März

Whale Festival, Mendocino. Walfest mit dicker Suppe aus Meeresfrüchten („chowder"), Weinproben, Kunstausstellungen, Videos über Wale etc. Anfang März.
African Cultural Festival, Oakland, Tel. (510) 763-3962.
Bay Area Music Awards, San Francisco.
California Spring Polka Festival, Auburn, Tel. (916) 889-1626. Tanzen, Essen und Trinken.
Dixieland Festival, Monterey, Tel. (408) 443-5260.
Saint Patrick's Day, San Francisco, Los Angeles und San Diego. Paraden und Feiern zum irischen Nationaltag.
San Francisco International Film Festival, San Francisco, Tel. (415) 931-FILM.
Snowfest Winter Carnival, Tahoe City, Tel. (916) 583-7625.
Storytelling Festival, Mariposa, Tel. (209) 966-2456. Dreitägige Workshops und Auftritte von Geschichtenerzählern.
Steinbeck Month on Cannery Row, Monterey, Tel. (408) 649-6645. Feiern anläßlich des Geburtstags des verstorbenen Autors.
Whale Festival, Fort Bragg. Walfest mit dicker Meeresfrüchtesuppe, Bierproben, Komiker-Show, Edelstein- und Mineralienausstellung. Walbeobachtung. Ende März.

April

Annual Flea Market, Folsom, Tel. (916) 985-7452. Über 300 Antiquitätenhändler aus den ganzen USA treffen sich auf diesem riesigen Flohmarkt.
Annual Teddy Bear Convention, Nevada City, Tel. (916) 285-5804. Teddybären aller Länder, vereinigt euch.

Big Sur International Marathon, Big Sur, Tel. (408) 625-6626.
Cherry Blossom Festival, San Francisco, Tel. (415) 563-2313. Kirschblütenfest.
Fort Tejon Dragoon Living History, Lebec, Tel. (805) 248-6692. Freiwillige stellen das Leben von Bürgern und Soldaten um 1865 nach.
Hart Canyon Rendezvous, Twin Oaks, Tel. (805) 832-4669. Traditionen, Bräuche und Waffen der Bergbewohner.
Kern County Fair Horse Show, Bakersfield, Tel. (805) 833-4900. Pferdeschau und Volksfest.
Italian Street Painting, San Luis Obispo, Tel. (805) 528-6492. Straßenmalerei.
Living History Day, Petaluma, Tel. (707) 778-0150. Schafschur, Ziegelherstellung, traditionelles Kunsthandwerk mit Vorführungen.
Sacramento Valley Scottish Games, Roseville, Tel. (916) 737-2277.
Shasta Dixieland Jazz Festival, Redding, Tel. (916) 225-4354.
Tour of Spring Gardens, Mendocino, Tel. (707) 937-2435. Führung durch blühende Gärten im Frühling.

Mai

Balloon and Wine Festival, Temecula, Tel. (714) 676-5090.
Bay to Breakers, San Francisco, Tel. (415) 777-7770. Mit 12 km zwar nicht der längste, aber dafür der größte Wettlauf der Welt.
Bicycle Tour of the Lost Coast, Ferndale, Tel. (800) 995-8356. Radtour entlang der „Verlorenen Küste".
Cajun Crawfish Festival, Vallejo, Tel. (707) 427-1060. Kunst und Kunsthandwerk, Barbecue, Musik.
Calaveras County Fair & Jumping Frog Jubilee, Angels Camp, Tel. (209) 736-2561. Volksfest und Wettspringen der Frösche.
California Festival of Beers, San Luis Obispo, Tel. (805) 544-2266. Zwar immer noch recht klein, dennoch das größte regionale Bierfest des Landes.
Carlsbad Village Fair, Carlsbad, Tel. (619) 729-9072. Kaliforniens größtes eintägiges Straßen-Volksfest.
Cinco de Mayo, San Francisco, Los Angeles und San Diego. Mexikanische Festivitäten.
Cross Country Kinetic Sculpture Race, Wettrennen phantasievoll gestalteter Fahrzeuge von Arcata bis Ferndale, Tel. (707) 725-3851.
Holy Ghost Festival, Ferndale, Tel. (707) 786-9640. Fest der portugiesischen Gemeinde.
Living History Day, Petaluma, Tel. (707) 778-0150. Die Zeit um 1840 wird hier wieder lebendig.
Napa Valley Sensational, Napa, Tel. (707) 257-0322. Winzer, Farmer, Musiker, Entertainer und Künstler.
Redding Rodeo, Redding, Tel. (800) 874-7652. Einwöchiges Rodeo.
Russian River Wine Fest, Healdsburg, Tel. (800) 648-9922.
Sacramento Dixieland Jubilee, Sacramento, Tel. (916) 372-5277. Internationales Jazzfestival.
Salinas Valley Fair, King City, Tel. (408) 385-3243. Rode, Volksfest, Ausstellungen von Kunsthandwerk.
William Saroyan Festival, Fresno, Tel. (209) 229-7866. Historischer Spaziergang, Radrennen, Autoren-Wettbewerb.

Juni

Carnaval San Francisco, San Francisco, Tel. (415) 826-1401. Karnevalsparade und Festivitäten.
Festival at the Lake, Oakland, Tel. (510) 464-1061. Fest am See.
Haight Street Fair, San Francisco. Volksfest.
Garberville Rodeo, Garberville, Tel. (707) 923-2613.
Lesbian and Gay Freedom Day Parade, San Francisco. Lesben- und Schwulenparade.
Living History Days, San Jose, Tel. (408) 287-2290. Nachgestellte Schlachten des amerikanischen Bürgerkriegs, Paraden und Tanz.
Tour of Nevada City Bicycle Classic, Nevada City, Tel. (916) 265-2692. Radrennen.
Vintage 1870 Father's Day Auto Show, Yountville, Tel. (707) 944-2451. Autos, Autos und nochmals Autos.
Wagon Train Dance, Placerville, Tel. (916) 677-8000. Zu Ehren der ersten Siedler.

Juli

Art in the Redwoods Festival, Gualala, Tel. (707) 884-1138. Kunst im Wald.
Barbecue & Sheep Dog Trials, Boonville, Tel. (707) 895-3011. Grillen und Hunderennen.
California Rodeo, Salinas, Tel. (408) 757-2951.
California Wine Tasting Championships, Greenwood Ridge Vineyards, Tel. (707) 895-2002. Meisterschaften im Weinkosten.
Festival of Weeds & Wallflowers, Weed, Tel. (916) 938-4624. Kunst und Kunsthandwerk, Unterhaltung, riesiges Picknick.
Fourth of July. Überall Feiern und Feuerwerk zum Nationalfeiertag.
Frontier Days & Rodeo, Willits, Tel. (707) 459-5248.
Gilroy Garlic Festival, Gilroy, Tel. (408) 842-1625. Knoblauchfest.
Mendocino Music Festival, Mendocino, Tel. (707) 937-2044. Jazz, Oper, Kammermusik.
Modesto Air Fair, Modesto, Tel. (209) 578-4377. Ausstellung von Flugzeugen in Normal- und Modellgröße, Vorbeiflug, Relikte aus dem 1. Weltkrieg.
Mozart Festival, San Luis Obispo, Tel. (805) 781-3011.
Solano County Fair, Vallejo, Tel. (707) 644-2206. Pferderennen, Viehschau, Volksfest.
Summer Nights in Nevada City, Tel. (916) 265-2692. Kunst und Unterhaltung auf den Straßen.
Wine Festival & Liberty Ride, Sonoma, Tel. (707) 938-6791. Weinproben und Radtour.
World's Largest Salmon Barbecue, Fort Bragg, Tel. (707) 964-6598. Großes Lachs-Barbecue.

August

Annual Mateel Woman's Music Festival, Garberville, Tel. (707) 923-3368. Tanz, Musik und schöne Künste.
Festa Italiana, Sacramento, Tel. (916) 424-8259. Musik, Kultur, Tanz.
History Week, Folsom, Tel. (916) 985-2707.
Humboldt County Fair, Ferndale, Tel. (707) 786-9511. Pferderennen, Wettbewerbe, Schafschur, Jahrmarkt.
Indian Fair Days, North Fork, Tel. (209) 877-2115. Indianisches Kunsthandwerk, Stammestänze, Essen.
Japanese Cultural Bazaar, Sacramento, Tel. (916) 446-0121. Kulturausstellungen, Essen, Spiele.
Jefferson State Fair, Crescent City, Tel. (707) 464-9510. Essen, Unterhaltung, Jahrmarkt.

Lake Tahoe Starlight Jazz Festival, South Lake Tahoe, Tel. (916) 542-4166.
Nevada County Fair, Grass Valley, Tel. (916) 273-6217. Essen, Karussells, Viehschau, Ausstellungen.
Oakland Chinatown Street Festival, Oakland, Tel. (510) 893-8979.
Plumas County Fair, Quincy, Tel. (916) 283-6272. Unterhaltung, Autorennen, Holzfäller-Show.
Reggae on the River, French's Camp, Garberville, Tel. (707) 923-3368.
Renaissance Pleasure Faire, Novato, Tel. (415) 892-0937 oder (800) 52-FARE. Volksfest.

September

A la carte, A la park, San Francisco, Tel. (415) 383-9378. Essen von den feinsten Restaurants der Stadt und Live-Musik im Golden Gate Park.
California State Fair, Sacramento, Tel. (916) 263-3000. Ausstellungen, Volksfest, Essen, Unterhaltung.
Monterey Jazz Festival, Monterey, Tel. (408) 373-3366.
Oktoberfest, Big Bear Lake, Tel. (714) 866-5634. An den Wochenenden zwischen Labor Day und Ende Oktober.
Oktoberfest, Mariposa, Tel. (209) 966-5217. Bayrische Gerichte und Unterhaltung.
Mendocino County Fair & Apple Show, Boonvile, Tel. (707) 895-3011. Landwirtschafts- und Apfelschau.
Railroad Days, Portola, Tel. (916) 832-4131. Zum Gedenken an die Blütezeit der Eisenbahn, mit Parade, Spielen und Wettbewerben.
Redwood Summer Games, Garberville, Tel. (707) 923-9248. Dreitägige Veranstaltung für Behinderte.
Sausalito Art Festival, Sausalito, Tel. (415) 332-0505.
Sonoma Valley Shakespeare Festival, Sonoma, Tel. (707) 996-2145. Picknick in mittelalterlicher Atmosphäre.
Summer Theatre Festival, Ferndale, Tel. (707) 725-2378. Komödien und Musicals.
Winesong, Mendocino, Tel. (707) 964-5168. Essen und immer wieder Weinproben, Musik.

Oktober

Annual Cotton Festival, Corcoran, Tel. (209) 992-4514. Straßenfest, Parade, Barbecue, Country-Western-Tanz.
Columbus Day Celebration, San Francisco, Tel. (415) 434-1492.
Cowboy Poetry, Chester, Tel. (800) 326-2247. Wildwesttänze und mehr.
Daow Aga Pow-Wow, Brockway, Tel. (800) CAL-NEVA. Musik, Essen und Kunsthandwerk der amerikanischen Ureinwohner.
Fleet Week, San Francisco, Tel. (415) 395-3923. Zahlreiche Schiffe aus dem Ausland und den USA.
Half Moon Bay Art and Pumpkin Festival, Half Moon Bay, Tel. (415) 726-9652. Kunst- und Kürbisfest.
Hangtown Jazz Jubilee, Placerville, Tel. (800) 457-6279. Zehn Bands an zehn Spielorten.
Harvest Fair, Fort Bragg, Tel. (707) 961-6300. Erntefest.
Japanese Cultural Festival, Palo Alto, Tel. (415) 326-4454.
Octoberfest, Sacramento, Tel. (916) 442-7360. Deutsches Bier, Essen, Musik und Tanz. Ebenfalls in Mariposa, Tel. (209) 966-5217, Mammoth Lakes, Tel. (619) 934-9451 und Lakeport, Tel. (800) 525-3743.
Raindance Festival, Squaw Valley, Tel. (209) 332-2909. Trommeln aller Art, indianische Tänze, Kunsthandwerk und Essen.
Summer Theatre Festival, Ferndale, Tel. (707) 725-2378.
Tomato Fest, Los Banos, Tel. (800) 336-6354. Essen, Flohmarkt, Volksfest, Autorennen.
Zucchini Festival, Angels Camp, Tel. (209) 754-6477. Wettbewerbe, Essen, Musik, Kunsthandwerk.

November

Annual Teddy Bear Exhibit, Lakeport, Tel. (800) 525-3743. Ausstellung von rund 600 Teddybären.
Carlsbad Village Faire, Carlsbad, Tel. (619) 729-9072.
Carols in the Caves, Napa Valley, Tel. (707) 224-4222. Zur Jahreszeit passende Musik in den Höhlen von Weinkellereien.
Cornish Christmas, Grass Valley, Tel. (916) 272-8315. Chöre und Holzschuhtänzer in Kostümen.
Cowboy Poetry, Chester, Tel. (800) 326-2247. Lesungen, Wildwesttänze.
Holiday Crafts Festival, Weaverville, Tel. (916) 623-2760. Essen, Wein, Musik, Kunsthandwerk. Auch in Santa Cruz, Tel. (408) 423-5590.
Kern Island Artsfest, Bakersfield, Tel. (805) 323-7928. Musik von *mariachi* bis Gospel, Aufführungen.
Latin/Native American Christmas Art Fair, San Jose, Tel. (408) 280-1460. Weihnachtliches Kunsthandwerk.
Light the Old Oak Tree, Danville, Tel. (510) 837-4400. Zeremonie mit Weihnachtssängern, Chören und Musikgruppen.
Mountain Man Rendezvous, Felton, Tel. (408) 335-3509. Zum Gedenken an die Fallensteller und Pelzhändler um 1840.
Mushroom Festival, Mendocino, Tel. (707) 937-5397.

Dezember

Celebrity Cooks & Kitchens Tour, Mendocino, Tel. (707) 961-6300. Berühmte Köche und Küchen.
Christmas Festival, Mendocino, Tel. (800) 726-2780. Fahrten mit Pferdekutschen, Lesungen von Dickens etc.
Dickens Christmas Celebration, Lake Arrowhead, Tel. (909) 653-3899. Kostümierte Weihnachtssänger, Chöre, dramatische Darstellungen von Dikkens' Büchern.
El Dorado County Christmas, Placerville, Tel. (800) 457-6279. Illuminierte Bäume, Weihnachtssänger, Rentiere.
Festival of Lights, Yountville, Tel. (800) 959-3604. Stadt in Festbeleuchtung - den ganzen Dezember lang.
Hometown Christmas, Fort Bragg, Tel. (707) 961-0360. Weihnachtslieder, illuminierte Lastwagen-Parade.
The Nutcracker, Tel. (415) 431-1210. Das San Francisco Ballet und Oakland Ballet spielen die „Nußknackersuite".
Open House and Carolers, Ferndale, Tel. (707) 786-4477. Ähnliche Feiern im Dorf Murphys, Tel. (800) 225-3764.
Spirit of Christmas Crafts Fair and Exhibition, Santa Rosa, Tel. (707) 575-9335. Weihnachtliche Kunsthandwerk-Ausstellung.

Einkaufen

Läden & Einkaufszentren

Nordkalifornien bietet eine breite Vielfalt an Einkaufsmöglichkeiten, von eleganten Einkaufszentren bis zu Farmermärkten. Allein in San Francisco gibt es 20 verschiedene Geschäftsviertel. Das berühmteste ist wohl **Union Square;** hier liegen die meisten großen, angesehenen Kaufhäusern wie Neiman-Marcus, Macy's und Saks. Einen Block weiter liegt **Maiden Lane,** eine hübsche Fußgängerzone mit Boutiquen, Schreibwarenläden und Cafétischen im Freien. Ebenfalls in der Nähe: **The Galleria,** ein Ensemble aus 60 Fachgeschäften, Restaurants und Serviceeinrichtungen unter einer gewölbten Glaskuppel.

Zahlreiche Geschäfte findet man in der Gegend um **Fisherman's Wharf.** Das Einkaufsviertel erstreckt sich von Pier 39 bis Ghirardelli Square und umschließt Cannery, Anchorage und eine Unzahl von Straßenhändlern. Der einstige Frachtkai Pier 39 bietet heute zwei Etagen mit Geschäften, Restaurants, Vergnügungsbetrieben und kostenloser Unterhaltung durch die besten Straßenkünstler der Stadt. Sowohl Cannery wie Ghirardelli Square sind umgebaute Fabriken. Cannery war einst eine Konservenfabrik für Pfirsiche von Del Monte und Ghirardelli eine Schokoladenfabrik. Anchorage, ein bunter, moderner Einkaufskomplex, liegt ebenfalls an der nördlichen Uferstraße. Neben Fachgeschäften und Galerien bietet jeder Komplex originelle Außenanlagen, Live-Unterhaltung, offene Gehwege und atemberaubende Blicke auf Alcatraz, die Golden Gate Bridge und die Bucht.

Das **Embarcadero Center** liegt ebenfalls am Ufer, östlich von Pier 39 nahe dem Finanzdistrikt. Es ist San Franciscos größtes Einkaufszentrum mit etwa 175 Geschäften, Restaurants und Nachtclubs in vier Komplexen zwischen Sacramento und Clay Street.

Andere Einkaufsgegenden in San Francisco spiegeln den Charakter ihres Viertels. Dazu zählen Columbus Avenue und Grant Street in North Beach (Little Italy), Grant Street in Chinatown, Castro Street zwischen 20th und Market und zwischen Market und Church, Haight Street entlang des Panhandle des Golden Gate Park, Union Street bei Cow Hollow und Japan Center.

Im Gebiet der **East Bay** beherrscht die Studentenszene mit zahlreichen Straßenständen das Einkaufsviertel an der Telegraph Avenue in Berkeley; weiter gibt es Berkeleys berühmtes „Gourmet Ghetto" an der Shattuck Avenue und einen Abschnitt der College Avenue nahe dem Campus. Andere Viertel in der Bay Area mit Boutiquen, Restaurants und Fachgeschäften sind Solano Avenue in Albany, Piedmont Avenue und Jack London Square in Oakland, University Avenue in Palo Alto (Stanfords Abklatsch der „Telegraph Avenue") und das gesamte Geschäftsviertel von Sausalito.

In **Sacramento** ist Pavilions am Fair Oaks Boulevard nahe Howe Avenue das exklusivste Einkaufsviertel der Stadt mit Boutiquen und vornehmen Restaurants. Downtown Plaza zwischen 4th und 7th Street ist kürzlich auf über 100 Geschäfte mit einem Komplex von sieben Kinos erweitert worden. Arden Fair, östlich des Zentrums, bietet Filialen von Nordstrom's und Sears. Im nahegelegenen **Folsom** gibt es Dutzende von Läden, die ab Fabrik verkaufen.

Zahlreiche große Einkaufszentren mit vielen Einzelgeschäften sind außerhalb von Ortschaften entstanden: so in **Vacaville** (Nut Tree an der Interstate 80), **Monterey** (The American Tin Cannery Outlet, 125 Ocean View Avenue), **Gilroy** (The Pacific West Outlet, State Route 101 bei Leavesley Road) und **Truckee** (Donner Pass Road und Highway 89 in Tahoe). Beliebt ist auch das Stanford Shopping Center am Rand des Universitätsgeländes in **Palo Alto.**

Flohmärkte

Die Flohmärkte in der Bay Area werden zahlenmäßig nur noch von den privaten „Garagen-Flohmärkten" übertroffen. Sie finden am Wochenende statt, kosten meist keinen Eintritt und bieten Schnäppchen zuhauf. Die Palette der Verkäufer reicht von den „alten Hasen", die neue Ware billiger sowie Antiquitäten verhökern, bis zu denjenigen, die Überflüssiges vom Dachboden oder aus der Garage verkaufen. Am häufigsten sieht man auf Flohmärkten gebrauchte Haushaltsgegenstände, mit etwas Glück jedoch auch brandneue Stereoanlagen, Designer-Kleidung, Farmwerkzeuge, Essen, Kunst und Kunsthandwerk, junge Hunde und Plüschteddybären. Feilschen wird erwartet. Die meisten Verkäufer akzeptieren weder Schecks noch Kreditkarten, sondern nur Bargeld.

Alameda Penny Market (Tel. 552-7206) ist der beste Flohmarkt; er findet am Wochenende auf dem Island Auto Drive-In statt, drei Blocks südlich der Alameda Tube von Oakland. Minimale Eintrittsgebühr.

San Jose Flea Market, 12000 Berryessa Road (Tel. 408-289-1550) ist einer der größten Flohmärkte der USA. Auf 16 ha findet man rund 2000 Stände mit allen nur erdenklichen Angeboten. Es gibt schattige Rastplätze, Erfrischungsstände, Karussells für Kinder und Live-Unterhaltung. Geöffnet Mittwoch, Samstag und Sonntag. Geringe Parkgebühr.

Marin City Flea Market, 740 Donahue Street abseits der US 101 (Tel. 332-1441) in Sausalito bietet hübsche Dinge zu niedrigen Preisen. Nur am Wochenende.

Noch zu erwähnen sind die Flohmärkte **Castro Valley Market,** 20820 Oak Street in Castro Valley Boulevard (Tel. 582-0396) und der **Solano Flea Market** (Tel. 825-1951) beim Solano Drive-In, Solano Way und Highway 4.

Sport

Aktivsport

RUCKSACKTOUREN

Generelle Informationen über Rucksacktouren sind im Kapitel „Aktivurlaub" (S. 117-122) enthalten. Hier erfahren Sie, wie Sie vor Beginn eines Trips die nötige Genehmigung zum Betreten von Wildnisgebieten erhalten.

Am besten wendet man sich im voraus mit einem detaillierten Plan der Route an den National Park Service oder Forest Service. Wenn für den schriftlichen Antrag und die Zusendung nicht genug Zeit bleibt, kann man den Park oder Forst auch anrufen; die meisten reservieren telefonisch eine Woche im voraus. Und wer sich spontan zu einem Trip entschließt oder keine Genehmigung im voraus mehr bekommen hat, meldet sich am Morgen oder am Tag vor dem Trip beim Besucherzentrum. Der Forest Service und die meisten Parks behalten die Hälfte der Genehmigungen ein und vergeben sie der Reihe nach.

HEISSLUFTBALLON FAHREN

Tägliche Flüge in drei Heißluftballons über dem Weingebiet von Temecula oder dem Küstental bei Del Mar. Veranstalter: California Dreamin', Tel. (800) 748-5959. Skysurfer, Tel. (800) 660-6809 fliegt ebenfalls über Del Mar; Dream Flights, Tel. (619) 321-5154 überfliegt Palm Desert; Gold Prospecting Expeditions sind in Jarrestown nahe Fresno angesiedelt, Tel. (209) 984-4653; die Weinkellereien von Napa Valley aus der Vogelperspektive bietet Napa Valley Balloons Inc., Tel. (707) 944-0228 oder (800) 253-2224 in Kalifornien. Weitere Unternehmen sind in den Telefonbüchern aufgelistet.

RADTOUREN

Die Radwege in San Franciscos Golden Gate Park und auf der Brücke sind nur am Wochenende freigegeben (Tel. 666-7200). Radverleihe gibt es im Marina-Areal und entlang der Stanyan Street beim Eingang zum Park. Hier erhält man auch Radkarten. Die meisten Touristeninformationen haben ebenfalls Landkarten mit Vorschlägen zu Radtouren.

Angel Island (Tel. 546-2815) bietet besonders schöne Ausblicke für Radfahrer, stellt jedoch einige Ansprüche an die Kondition.

Der Alum Rock Park Trail, Tel. (408) 259-5477, ein 21 km langer Radweg nahe San Jose, führt unter anderem an dem 18 m hohen Wasserfall der alten Mineralquellen und an Felsgrotten vorbei. Cal-train-Service bringt Radler und Räder von San Francisco nach Alum Rock.

Der kräftige Wind auf der Golden Gate Bridge treibt den Radler vorwärts. Also vorsichtig hinüber nach Sausalito, dort ein bißchen bummeln, einen Happen essen und wieder zurück. Der westliche Gehweg ist am Wochenende und an Feiertagen für Radfahrer freigegeben.

Die abwechslungsreiche Küstenstrecke Kaliforniens hat jedem Radler etwas zu bieten. Der Radwanderweg führt über 80 km von Santa Cruz nach Norden bis Half Moon Bay an phantastischen Wellen und Stränden entlang. Auch Teilstrecken sind möglich. Der leichteste Abschnitt liegt am Highway 1 zwischen dem Pigeon Point Lighthouse und Pescadero Beach. Man kann auch auf dem fünf Kilometer langen Monterey Path of History, einer gutbeschilderten Strecke mit vielen alten Adobe-Häusern am Weg, in die Vergangenheit reisen (Tel. 408-649-3200).

Auch im Weingebiet kann man in den Ausläufern der Sierra bis zum Yosemite Valley gute Radtouren unternehmen, ebenso zwischen den beiden schönen und recht wenig besuchten Vulkanen Shasta und Lassen sowie durch die berühmten (und flachen) Täler von San Joaquin und Sacramento.

Im Weingebiet fühlt man sich ein wenig wie in Südfrankreich; hier gibt es gutes Brot, Käse, Wein und zahllose Restaurants entlang der Straße.

Die Radsportabteilung des Sierra Club (mehrfach in der Bay Area vertreten) informiert ebenso wie erfahrene Verkäufer in Radsportgeschäften über gute Routen. Zur Reservierung von Zeltplätzen in beliebten Forstgebieten und Parks muß man seinen Trip im voraus planen. Informationen über die staatlichen Parks gebührenfrei unter (800) 952-5580. Eine Radwanderkarte der Pazifikküste erhält man von Cal Trans, 1129 N. Street, Sacramento, CA 95814. Das California Department of Transportation schuf 1976, anläßlich der Zweihundert-Jahr-Feier, einen Radweg entlang der Pazifikküste sowie bestimmte ausgewiesene Radstrecken in den staatlichen Parks.

BOOTSSPORT

Die Bucht von San Francisco ist auch für erfahrene Segler eine echte Herausforderung. Mit Erfahrung kann man vor Crissy Field, zwischen Marina Green und Golden Gate Bridge, windsurfen. Kajakfahren auf dem offenen Meer ist bei Männern und Frauen jeden Alters beliebt. Doch auch diesseits der Golden Gate Bridge kann man hervorragend segeln. Segelstunden, Ausrüstung sowie Verleihe von Segel- und Motorbooten findet man aufgelistet in den *Yellow Pages* (Gelbe Seiten). Man kann sich auch in kleineren Booten und stillern Gewässern dahintreiben lassen: wie etwa Stow Lake in Golden Gate Park, Tel. (415) 752-0347. Kanus zur Erkundung des Russian River ab Healdsburg verleiht W. C. Trowbridge, Tel. (707) 433-4116.

Windsurfen ist ebenfalls beliebt, besonders am Pier 39 in San Francisco und am Waddell Creek in Santa Cruz. San Franciscos City Parks and Recreation Department (Tel. 666-7024) verwaltet neben dem Golden Gate Park 52 öffentliche Gebiete mit einer Vielzahl von Einrichtungen.

Das Golden Gate National Recreation Area umfaßt ein Gelände von 14 000 ha sowie 178 km² Wasserfläche. Hier kann man radfahren, Vögel beobachten, Boccia spielen, turnen, angeln, drachenfliegen, wandern, laufen, joggen, schwimmen und spazierengehen. Allgemeine Information unter (415) 556-0560.

BOWLING

Boccia sowie Bowling (eine Art Kegeln mit gelöcherten Kugeln) auf dem Rasen und auf überdachter Bahn sind in San Francisco sehr beliebt. Informationen unter (415) 666-7200.

Rock'N'Bowl, 1855 Haight Street, Tel. 826-2695 jeweils Freitag und Samstag von 21–2 Uhr. Gegen Eintrittsgebühr kann man kegeln, Billard spielen und Rock-Videos auf 25 Leinwänden sehen und hören.

TAUCHEN

Wer vor der nordkalifornischen Küste tauchen will, sollte sich auf hohe Wellen und schlechte Sicht gefaßt machen. Etwa 80 Prozent aller Taucher suchen nicht nach herrlichen Unterwasser-Panoramen, sondern nach Ohrmuscheln und Fisch. Erstere findet man vor allem in Salt Point und an der Humboldt Bay im Nordzipfel des Staates, Hechtdorsche und Heilbutt fast überall. Um die Ohrmuscheln von den Felsen zu lösen, braucht man ein spezielles „Stemmeisen"; rote Muscheln dieser Art müssen zum Absammeln mindestens 18 Zentimeter lang sein. Die Saison dauert von Dezember bis Juli mit Ausnahme des April.

Taucher-Shops in der Bay Area vermieten Tauchausrüstungen tage- und wochenweise oder für das ganze Wochenende.

ANGELN

Von allen US-Staaten vergibt Kalifornien die meisten Angellizenzen. Stahlkopf und Forellen findet man im oberen Klamath River nahe der Grenze zu Oregon; zwei der schönsten Flüsse für Angler in Kalifornien sind Fall River und Hat Creek im Burney Basin nordöstlich von Redding. Die Flüsse McCloud und Upper Sacramento nördlich von Lake Shasta sind ebenfalls für Angler mit künstlichen Fliegen gut zugänglich, wie der Truckee River von Truckee bis Pyramid Lake, nördlich von Tahoe.

Eagle Lake im Nordosten des Staates bietet über 300 Zeltplätze des Forest Service und gute Chancen, eine riesige kalifornische Seeforelle zu angeln. Am Lake Pillsbury, nordöstlich von Ukiah, gibt es 115 Zeltplätze für

Angler, am Lake Siskiyou nahe Mount Shasta sogar über 200.

Um zu angeln, braucht man eine gültige kalifornische Angellizenz; man erhält sie in fast allen Sportgeschäften und in den Ortsverwaltungen des California Department of Fish and Game.

Süßwasserfische angelt man bei der Lake Merced Boating and Fishing Company, südlich der Stadt bei 1 Harding Road, wo Skyline Boulevard und der Great Highway, der am Ozean entlangführt, zusammentreffen. In dem 146 ha großen, ganzjährig zugänglichen See leben große Forellen. Boote, Lizenzen, Köder und Angelgeräte erhält man vor Ort. Informationen unter Tel. 753-1101.

Bevor man nach Lake Merced reist, kann man bei den Fly Casting Pools nahe Anglers' Lodge im Golden Gate Park (abseits des Kennedy Drive nahe der Büffelkoppel) erst einmal üben; Tel. 666-7200.

HOCHSEEANGELN

Hochseefischerboote verkehren regelmäßig von Fisherman's Wharf in San Francisco. Gefangen werden Lachs, Seebarsch, Heilbutt, Klippenbarsch, Blaufisch, Hai und Albacore (eine Thunfisch-Art). Angelgeräte werden verliehen, und man braucht eine Angellizenz. Der Fang wird geräuchert, verpackt und an die heimische Adresse versandt. Gegen Wind und rauhe See mit Mitteln gegen Seekrankheit und warmer Kleidung vorsorgen. Sportangeltrips sind in den *Yellow Pages* (Gelbe Seiten) aufgeführt.

Von Half Moon Bay, Fisherman's Wharf, Sausalito, Berkeley, Emeryville, Bodega Bay und diversen Küstendörfern weiter im Norden fahren regelmäßig Fischkutter auf der Suche nach Lachs, Seebarsch, Heilbutt, Klippenfisch, Blaufisch, Hai und Albacore hinaus aufs Meer. (In den Gelben Seiten unter dem Begriff „Fishing Parties" aufgelistet.)

GOLF

Golf wird in Kalifornien rund ums Jahr und nahezu in jedem Ort gespielt.

Auf dem weltberühmten kalifornischen Golfplatz Pebble Beach in Carmel werden Meisterschaften ausgetragen. Die Gebühren sind, wie alles andere in diesem halbprivaten Club, reichlich teuer. Doch die Lage an der zerklüfteten Pazifikküste und der Golfplatz selbst sind wirklich wunderschön. Um bei der Reservierung für eine Golfpartie wirklich sicherzugehen, sollte man in der Lodge übernachten. Reservierungen unter Tel. (408) 624-3811. Hervorragenden Golfunterricht gibt Ben Doyle in der Gegend von Monterey, Tel. 408-624-1581.

Ein weiterer Golfplatz der Spitzenklasse mit Country-Club-Atmosphäre ist Silverado Country Club (Tel. 916-255-2970) in Napa, dem Herzstück des Weingebiets. Zu dem 36-Loch-Platz gehören eine Lodge im Stil einer Plantage des alten Südens und separate Hütten.

Neben privaten Golf- und Country-Clubs gibt es in San Francisco vier öffentliche Golfplätze: Harding Park Golf Course am Lake Merced (Harding Road, Abzweig von Skyline Boulevard), Lincoln Municipal Golf Course mit Blick auf den Golden Gate Park (Lincoln Boulevard und Clement Street), Golden Gate Park Golf Course (47th Avenue und JFK Drive) und Jack Fleming Golf Course (Harding Road, Abzweig von Skyline Boulevard).

Weitere erwähnenswerte öffentliche Golfplätze sind Tilden Park (Berkeley), Cypress Point (Monterey), Sea Ranch (unterhalb von Mendocino an der Nordküste), Franklin Canyon (Rodeo), Mountain Shadows (Rohnert Park) und Dry Creek.

San Francisco hat vier schöne städtische Golfplätze, davon einer vor dem Hintergrund der Golden Gate Bridge. Obwohl man dort oft spontan einen Partner findet, empfiehlt es sich, im voraus zu reservieren, da diese Plätze sehr beliebt sind. Verleih von Ausrüstung ist allgemein möglich.

Der Golden Gate Park Course, 47th Avenue bei Fulton, hat neun Löcher, 1234 m und par 27. Reservierung: Tel. 751-8987.

Harding Park, südlich der Stadt bei Skyline und Harding Park Boulevard, hat zwei Plätze. Fleming, Tel. 661-1865: neun Löcher, 2105 m, par 32, und Harding, Tel. 664-4690: 18 Löcher, 6040 m, par 72.

Lincoln Park Course, 34th Avenue und Clement Street, Tel. 221-9911: 18 Löcher, 4620 m, par 68. Der Platz liegt auf einer Felsklippe und bietet spektakuläre Ausblicke auf die Bucht und die Golden Gate Bridge.

GRUPPENLÄUFE

Ganz Amerika ist unterwegs. Joggen ist seit Jahren als Fitneßübung in Mode, und auch die Wettläufer werden nicht müde. Hierbei ist natürlich die Konkurrenz ein großer Anreiz; es folgt eine Auflistung einiger der größten Gruppenläufe im Bay Area:

Bay to Breakers, Tel. 777-2424. Kaliforniens größter Wettlauf über zwölf Kilometer von der einen Seite San Franciscos zur anderen. Mitte Mai.

Nimitz Run, Tel. 642-3551 mit zwei malerischen Routen: einer fünf Kilometer langen, flachen Strecke auf Treasure Island und einem zehn Kilometer langen Kurs rund um Treasure Island und die hügelige Yerba Buena Island. Mitte Mai.

St Jude Run för Kids, Tel. 800-632-0512. Zehn Kilometer lange, malerische Laufstrecke für Kinder; Start und Ziel bei The Anchorage, 2800 Leavenworth Street. Mitte Juni.

San Francisco Marathon, Tel. 681-2322. Malerische Strecke mit vielen Sehenswürdigkeiten und wenigen Steigungen am Weg. Ende Juli.

Bigfoot-Bigheart, Tel. 864-7400. Zehn Kilometer langes Wohltätigkeitsrennen für den katholischen Sozialdienst durch den Golden Gate Park. Mitte September.

Bridge-to-Bridge Run, Tel. 951-7070. 13 km langer Wettlauf entlang der Uferpromenade von San Francisco. Ende September/Anfang Oktober.

Seagull Run, Tel. 765-5088. Eine fünf und eine zehn Kilometer lange Strecke rund um Treasure Island. Mitte Oktober.

Golden Gate Marathon, Tel. 392-4218. Der volle Marathonlauf, gesponsort vom YMCA, endet beim Larkspur Ferry Terminal in Marin County, der halbe Marathonlauf in Sausalito. Ende Oktober.

Zoo Run, Tel. 661-2023. Etwa 2000 Läufer schlängeln sich durch eine der ungewöhnlichsten Laufstrecken der Welt - fünfeinhalb Kilometer durch den Zoo von San Francisco. Mitte Januar.

DRACHENFLIEGEN

Kalifornien ist wegen seiner beständigen Küstenwinde ein Eldorado für Drachenflieger. Eine der günstigsten Stellen, wo man zusehen oder es selbst probieren kann, ist die 60 m hohe Klippe bei Fort Funston, südlich von San Francisco am Ende des Great Highway nahe Lake Merced. Computergesteuerte, absolut aktuelle Informationen über die Windbedingungen unter Tel. 333-0100. Informationen über Unterricht und Verleih von Ausrüstungen in den *Yellow Pages* (Gelbe Seiten).

In Owens Valley, östlich der Sierra, zieht im Juli der Cross Country Classic Anhänger des Drachenfliegens aus aller Welt an. Der Flugrekord liegt bei 254 km, und jedes Jahr schaffen einige Flieger über 160 km.

Ein einmaliges Erlebnis für erfahrene Drachenflieger ist der Flug von Glacier Point oberhalb des Yosemite-Tales. Man kann gemächlich über 1200 m tief bis zum Talboden schweben. „Unterwegs" sieht man einige der berühmten Felsnadeln und Granitwände von Yosemite.

Der beste Ort für Drachenflieger von den Küstenbergen ist Fort Funston südlich des Zoos von San Francisco. Für Neulinge gibt es mehrere Drachenflieger-Schulen in Nordkalifornien. Sie sind unter „Hang Gliding" in den *Yellow Pages* (Gelbe Seiten) aufgeführt.

JOGGEN

Zwar gibt es auch ausgewiesene Jogging-Pfade im Golden Gate Park und entlang Marina Green, doch scheint ganz San Francisco ein einziges Jogger-Paradies zu sein. Wer an der Uferpromenade bleibt, geht den Hügeln aus dem Weg. Eins der größten Ereignisse des Jahres ist der Wettlauf Bay to Breakers, an dem Ernsthafte und Verrückte gleichermaßen teilnehmen. Das kostenlose Magazin *City Sports* und die Tageszeitungen informieren über alle Veranstaltungen zum Thema Joggen und anderer Geh- und Laufsportarten.

DRACHENSTEIGEN

In den Wiesen des Golden Gate Park, am Strand und insbesondere im Gebiet von Marina Green Drachen steigen zu lassen, ist ein farbenprächtiges und lustiges Abenteuer. Man erhält die Drachen in Fachgeschäften; eines am Pier 39 veranstaltet auch Vorführungen an der Promenade von Fisherman's Wharf.

WINDSURFEN

Nur erfahrene Windsurfer sollten es mit dem rauhen Nordpazifik aufnehmen. Am Pier 39 in San Francisco kann die Ausrüstung stundenweise zu günstigen Preisen entliehen werden; es kostet das Doppelte, wenn man unbedingt über die Strandbrecher hinaus in die Bucht von San Francisco möchte (weil man per Boot begleitet wird). Waddell Creek in Santa Cruz, südlich von San Francisco, hat die richtigen Wellen- und Wetterbedingungen für Windsurfer.

SKIFAHREN

• **Längere Skitouren:** Wer Schnee und die Stille einer schwarzweißen alpinen Landschaft schätzt, den zieht es im Winter in die Berge. Wegen des relativ milden Klimas gelten die Sierras bei einigen als das beste Gebirge der Welt für Skitouren. Die beste Jahreszeit hierfür ist der Frühling, und die spektakulärste Route führt auf dem John Muir Trail über das Rückgrat der Sierras. Man braucht Erfahrung, Ausrüstung, guten Orientierungssinn und die Fähigkeit, eine Schneehöhle zu bauen; in den Sierras gibt es nur wenige Hütten, die bei Sturm Schutz bieten.

Sierra Ski Touring bietet geführte Touren, darunter auch die Höhenstrecke über die Sierras und die White Mountains (östlich der Sierras in der Wüste), die sich ideal für fortgeschrittene Anfänger eignen. Informationsbroschüren bei Sierra Ski Touring, Box 9, Mammoth Lakes, CA 93546.

Wer die Kunst des Skilanglaufs erlernen will, wendet sich an Kirkwood Ski Touring Center, Tel. (209) 258-8864, eineinhalb Kilometer südlich von Kirkwood (einem Skigebiet nahe Lake Tahoe).

• **Skilanglauf:** Als „Cross Country Skiing" werden eintägige Langlauftouren bezeichnet; sie erfreuen sich zunehmender Beliebtheit als Alternative zu den überfüllten Skigebieten: im Gebiet um Lake Tahoe gibt es zahlreiche Loipen mit diversen Schwierigkeitsgraden. Die meisten Langläufer ziehen jedoch ihre Bahn einfach quer durch die Schneelandschaft zu einem Hügel oder See. Da die Skipässe wegfallen und die Langlaufausrüstung kostengünstiger zu mieten ist, belastet Langlauf die Reisekasse nicht so sehr wie der Abfahrtslauf.

• **Abfahrtslauf:** Wer nur die Ostküste und ihre vereisten, überfüllten Abfahrtsstrecken kennt, wird die Skigebiete in Nordkalifornien zu schätzen wissen; nicht so hingegen jeder, der die Rocky Mountains oder die langen Abfahrten in den europäischen Alpen kennt. An den Wochenenden und Feiertagen bilden sich in den meisten kalifornischen Skigebieten lange Schlangen an den Liften, und die Pisten sind grauenhaft überfüllt. Unter der Woche jedoch ist das Skifahren hier ein Vergnügen (wenn auch tiefer Pulverschnee selten lange liegenbleibt).

In Nordkalifornien gibt es zwei große Skigebiete – rund um Lake Tahoe, etwa dreieinhalb Stunden von der Bay Area entfernt, und bei Mammoth Mountain am Osthang der Sierras, etwa acht Stunden von San Francisco entfernt. Details über die Skigebiete in den Kapiteln „Lake Tahoe" und „Yosemite und die High Sierra".

FALLSCHIRMSPRINGEN

Wer sich gern mit einem Fallschirm aus dem Flugzeug stürzt, ist in Kalifornien richtig: hier gibt es mehr „drop zones" (Sprunggebiete) als in jedem anderen Staat. Viele Trainingsschulen verwenden „Accelerated Free Fall", eine Technik, bei der der Schüler seinen ersten Sprung aus etwa 3000 m Höhe absolviert.

Die Falcon Parachute School, 18 km südlich von Los Banos und drei Stunden südlich von San Francisco, ist eine der beliebtesten Fallschirmspringer-Schulen des Staates.

Crazy Creek, 18896 Grange Rd., Middletown, CA 95461 an Hwy. 29, nördlich von Calistoga, Tel. (800) 987-SOAR. Segelfliegen und Fallschirmspringen mit und ohne Unterricht.

SEGELFLIEGEN

Dahingleiten, ohne sich in Lebensgefahr zu begeben – im Segelflugzeug. Eine Seilwinde zieht das Fiberglasgebilde rund 900 m hoch, der Aufwind trägt es bis auf 3000 m, und dann gleitet man eine Viertelstunde lang dahin. Im Calistoga Soaring Center (1546 Lincoln Avenue, Calistoga, CA 94515) fliegt man mit dem Piloten über das Weingebiet.

TENNIS

Tennis ist eine der populärsten Aktivsportarten in Amerika und insbesondere in Kalifornien. In jedem größeren Ort gibt es öffentliche Tennisplätze, meist in den High Schools und Parks. Allein in San Francisco gibt es 142 öffentliche Tennisplätze (Tel. 558-4532). Am besten setzt man sich einfach an die Seitenlinie und wartet geduldig, bis ein Platz frei wird.

Die Benutzung kostet keine Gebühr, mit Ausnahme der 21 Plätze im Golden Gate Park Tennis-Komplex. Hier muß unter der Woche reserviert werden, am Wochenende gilt die Regel „Wer zuerst kommt, mahlt zuerst". Generelle Information unter Tel. 666-7024. Informationen über Golden Gate Park: Tel. 753-7101. Reservierungen unter Tel. 753-7001.

Wer in den Ferien seine Spieltechnik ernsthaft verbessern möchte, sollte es mit John Gardiners Tennis Ranch im Carmel Valley versuchen. Diese erste Tennis-Ranch der USA bietet von Sonntag bis Freitag eine „tennis clinic" für Nichtmitglieder. Dazu gehört intensiver Unterricht durch Videoaufzeichnungen, köstliche Mahlzeiten, schöne Unterkünfte, Frühstück im Bett und sonstige Annehmlichkeiten. Reservierung und Information: PO Box 228, Carmel Valley, CA 93924. Thanksgiving und Ostern geschlossen.

In Sacramento gibt es 225 Tennisplätze. Informationen unter Tel. (916) 277-6054.

WASSERRUTSCHEN

Im Oakwood Lake Resort, 874 East Woodward, Manteca, Tel. (209) 239-9566, sind die acht Wasserrutschen eine von zahlreichen Wassersportattraktionen. Die Tunnelrutschen sind rasend schnell, aber ungefährlich. Wer nicht rutschen mag, kann paddeln, Kanufahren und sich auf einer offenen Rollschuhbahn vergnügen.

Die vier Wasserrutschen in Milpita, 1200 South Dempsey Road, Tel. 408-263-6962, wirken so steil wie Wasserfälle; manche haben 360 Grad-Kurven. Tickets für eine halbe Stunde oder (ermäßigt) für den ganzen Tag. Parkplatz und Umkleideräume gebührenfrei.

In Windsor Water Works, 8225 Conde Lane, zehn Kilometer nördlich von Santa Rosa (Tel. 707-838-7760), sind vier Rutschen im Sommer täglich geöffnet. Halbstunden- oder Tagestikkets. Es gibt auch einen Pool und ein Picknickgelände, wo man Volleyball und Hufeisenwerfen spielen kann.

Zuschauersport

BASEBALL

Die Baseball-Saison dauert von April bis Oktober. In Nordkalifornien spielen die *San Francisco Giants* im Candlestick Park (Tel. 467-8000), einem kalten, riesigen Stadion mit schneidendem Wind (Pullover und Windjacke mitnehmen!). Expreßbusse erleichtern die Anreise zum Park, Tel. 673-6864.

Die *Oakland Athletics* (kurz „the A's" genannt) spielen im Oakland Coliseum in sehr viel wärmerer und milderer Atmosphäre.

Im Lauf der Jahre haben beide Teams eine ähnliche Erfolgsgeschichte entwickelt, und ihre Fans sind gleichermaßen fanatisch. Beide absolvieren jährlich etwa 80 Heimspiele. Gutes Wetter vorausgesetzt, macht es Spaß, bei einem der Spiele zuzusehen. Die Eintrittspreise und sogar die Anfangszeiten sind gleich (13.05 Uhr für Nachmittags- und 19.35 Uhr für Abendspiele), ebenso die Spieldauer (drei, mitunter auch vier Stunden) und die Qualität von Hotdogs und Bier.

BASKETBALL

Die reguläre Saison der National Basketball Association (NBA) dauert von Oktober bis April, die Ausscheidungskämpfe reichen in den Juni hinein. Die *Golden State Warriors* spielen während der Saison 41mal in der Oakland Coliseum Arena, Tel. (510) 638-6000. Dienstag- und Donnerstagabend ab 19.35 Uhr, Samstagabend ab 8.05 Uhr. Die *Sacramento Kings* spielen in der Arco Arena.

FOOTBALL

Die Saison der National Football League (NFL) beginnt im September und dauert bis einschließlich Dezember. Es gibt Vorsaisonspiele im August und Nachsaison-Ausscheidungsspiele im Januar. In Nordkalifornien existiert nur ein professionelles Football-Team, die *San Francisco 49ers;* sie spielen im Candlestick Park. Aktuelle Informationen unter Tel. 468-2249.

Bei nur acht Heimspielen sind die Tickets schnell ausverkauft.

College-Football ist zwar kein Profisport, dafür aber leichter zugänglich. Die Saison der Stanford University (Tel. 497-1021) dauert von September bis November; die Spiele beginnen um 13 Uhr oder 13.30 Uhr. An der University of California in Berkeley (Tel. 642-5150) gibt es pro Saison sechs Heimspiele.

PFERDERENNEN

Nicht genug damit, einfach dazusitzen und den geschmeidigen Pferden beim Laufen zuzusehen, man kann auch kleine Summen auf seinen Favoriten setzen und damit ein Vermögen gewinnen – wenn man Glück hat. Glücksritter (und Pferdefreunde) drängen sich zu Tausenden auf den beiden Rennplätzen in der Bay Area, Golden Gate Fields in der East Bay und Bay Meadows auf der Halbinsel. Normalerweise finden in der Saison an fünf Tagen pro Woche jeweils neun Rennen pro Tag statt, bei denen man nach Herzenslust wetten kann.

Bay Meadows, in San Mateo am Highway 101, Tel. 574-7223, ist der älteste, meistbesuchte und einer der schönsten Rennplätze der USA. Die Vollblutpferde absolvieren ihre Läufe von Mitte September bis Anfang Februar, die guten Reitpferde von Mitte Februar bis Anfang Mai; in den ersten beiden Septemberwochen bietet der San Mateo Fair eine vielfältige Pferdeschau (Vollblüter, Appaloosas und Reitpferde). Das erste Rennen beginnt um 12.30 Uhr oder 13 Uhr, am Freitag gibt es ein Sonderrennen um 16 Uhr. Der Platz ist von Mittwoch bis Sonntag geöffnet. Im Jockey-Club ist formelle Kleidung erforderlich.

Golden Gate Fields, am Highway 580 in Albany, Tel. 526-3020. Der Höhepunkt sind die Vollblüter-Rennen von Anfang Februar bis Ende Juni jeweils Dienstag bis Samstag. Anfangszeiten ähnlich wie in Bay Meadows.

EISHOCKEY

Kalifornien hat zwei professionelle Hockeyteams: die *Los Angeles Kings*, die im Great Western Forum in Inglewood spielen, und die jüngeren *San Jose Sharks*, deren Spielort die San Jose Arena ist. Die Hockey-Saison dauert von Oktober bis April.

TENNIS

Alljährlich findet im Cow Palace von San Francisco die Transamerica Men's Open Tennis Championship statt. Informationen unter Tel. 469-6065.

Das Virginia Slims Women's Tennis Tournament wird alljährlich entweder in San Francisco oder in Oakland veranstaltet. Informationen unter Tel. 296-7111.

Literaturhinweise

Deutsch

Sachbuch

Didion, Joan. *Überfall im Central Park. Eine Reportage*. Hanser: München, 1991.
—. *Nach Henry. Reportagen und Essays*. Rowohlt: Reinbek, 1995.
Fernau, Joachim. *Halleluja. Die Geschichte der USA*. Berlin: 1993. (Humoristischer Geschichtsabriß)
Lösche, Peter. *Amerika in Perspektive. Politik und Gesellschaft der Vereinigten Staaten*. Darmstadt: 1989.
Terkel, Studs. *Die sind einfach anders. Die Angst vor der anderen Hautfarbe. Der alltägliche Rassismus in Amerika*. Wien: 1994.
Thompson, Bob. *Atlas der kalifornischen Weine*. Hallwag: Bern, 1994.
Watzlawick, Paul. *Gebrauchsanweisung für Amerika. Ein respektloses Reisebrevier*. Frankfurt am Main: 1993. (Humoristische Orientierungshilfe für Reisende)

Belletristik

Bierce, Ambrose. *Aus dem Wörterbuch des Teufels*. Insel: Frankfurt am Main, o.J.
—. *Meistererzählungen*. Diogenes: Zürich, o.J.
Didion, Joan. *Menschen am Fluß*. Rowohlt: Reinbek, o.J.
—. *Wie die Vögel umter dem Himmel*. Rowohlt: Reinbek, o.J.
Hammett, Dashiell. *Der Malteser Falke*. Diogenes: Zürich, o.J.
—. *Ein Mann namens Spade*. Goldmann: München, o.J.
—. *Meistererzählungen*. Diogenes: Zürich, o.J.
Kerouac, Jack. *Gammler, Zen und Hohe Berge*. Rowohlt: Reinbek, o.J.
—. *Unterwegs*. Rowohlt: Reinbek, o.J.
Least Heat Moon, William. *Blue Highways*. Fischer: Frankfurt am Main, o.J. (Reiseroman)
London, Jack. *Lockruf des Goldes*. DTV: München, o.J.
—. *Meistererzählungen*. Diogenes: Zürich, o.J.
—. *Der Seewolf*. Diogenes: Zürich, o.J.

Raban, Jonathan. *Neue Welt. Eine amerikanische Reise*. München: 1990. (Reisebericht)
Maupin, Armistead. *Stadtgeschichten*. 6 Bände. Rowohlt: Reinbek, o.J.
Sinclair, Upton. *Auf Vorposten. Erinnerungen (Gesammelte Werke)*. Neuer Malik: Kiel, 1989 (orig. 1934).
Steinbeck, John. *Früchte des Zorns*. DTV: München, o.J.
—. *Eine Handvoll Gold*. DTV: München, o.J.
—. *Straße der Ölsardinien*. DTV: München, o.J.
—. *Tortilla Flat*. DTV: München, o.J.
Tan, Amy. *Die Frau des Feuergottes*. Goldmann: München, o.J.
—. *Die Mondfrau*. Goldmann: München, o.J.
—. *Töchter des Himmels*. Goldmann: München, o.J.
Thomas, Dylan. *Porträt des Künstlers als junger Hund*. Fischer: Frankfurt am Main, o.J.
—. *Die Befragung des Echos*. Hanser: München, 1991.
Twain, Mark. *Der berühmte Springfrosch der Provinz Calaveras*. Reclam: Leipzig, o.J.
—. *Kannibalismus auf der Eisenbahn und andere auserwählte Erzählungen*. Diogenes: Zürich, o.J.
—. *Meistererzählungen*. Diogenes: Zürich, o.J.
—. *Durch Dick und Dünn (Lehr- und Wanderjahre. Im Gold- und Silberlande.)* Zweiter Band der Gesamtausgabe. Hanser: München, 1985.
Walker, Alice. *Die Farbe Lila*. Rowohlt: Reinbek, o.J.
—. *Meridian*. Rowohlt: Reinbek, o.J.
—. *Im Tempel meines Herzen*. Rowohlt: Reinbek, o.J.
Wolfe, Tom. *Von Zeit und Strom. Eine Legende vom Hunger des Menschen in der Jugend*. Rowohlt: Reinbek, 1989.

Englisch

Bagwell, Beth. *Oakland: The Story of a City*. Presidio Press: 1982.
Barich, Bill. *Big Dreams: Into the Heart of California*. Pantheon: 1994.
Davis, Marion. *The Times We Had: Life with William Randolph Hearst*. Bobbs Merrill: 1975.
Hornbeck, David. *California Patterns: A Geographical and Historical Atlas*. Mayfield: 1983.

Kaplan, Jerry. *Startup. A Silicon Valley Adventure*. Houghton Mifflin: New York, 1995.
Myrick, David F. *The Days of the Great Estates*. Trans-Angelo Books: 1990.
Raphael, Ray. *Tree Talk: The People and Politics of Timber*. Inland Press: Covelo, 1981.
Swanberg, W.A. *Citizen Hearst*. Charles Scribners Sons: 1961.
Van der Zee, John. *The True Story of the Design and Construction of the Golden Gate Bridge*. Simon & Schuster: 1986.

Visuelle Beiträge

Bancroft Library 20/21, 23, 24, 25, 27, 28/29, 30, 31, 32, 33R, 34, 38, 39, 40, 41, 42, 43, 47, 48, 49, 51, 52/53, 111, 224
Bill Bachman 124/125, 150R
Bodo Bondzio 58/59, 132, 153, 177, 195, 221, 232, 236/237, 243, 282, 304
California State University 22
Kimberli Ann Campbell 257
Maxine Cass 225R, 230
Shubroto Chattopadhyay 18, 98/99, 137, 145, 148, 190, 254/255
Lee Foster 50, 64, 109, 110, 113, 114/115, 116, 128/129, 136, 146, 164, 185, 189, 192/193, 208, 214/215, 217, 222, 233, 238, 250, 256, 287, 303
Mark Gibson 176
Thomas Gilcrease Institute of American History & Art, Tulsa, Oklahoma 44/45
Allen Grazer 273
Kerrick James Cover, 90, 92, 104, 134/135, 142/143, 150L, 151L&R, 154/155, 168, 179, 188, 202, 203, 228/229, 244/245
Carlotta Junger 101, 112
Catherine Karnow 6/7, 11, 12/13, 16/17, 65, 72, 75, 80/81, 82, 83, 84, 85, 86, 87, 88/89, 100, 105, 120, 160, 165, 166/167, 169, 206, 212, 251, 283, 286L, 290, 291, 296, 298, 301
Bud Lee 70/71, 93
Melba Levick 14/15
Tom Lippert 259, 276, 277
R. Ian Lloyd 204/205
Bret R. Lundberg 60, 68/69, 78, 103, 121, 123, 140/141, 144L, 147, 149, 156, 157, 171, 180/181, 184, 199, 200, 201, 207, 209, 227, 234, 253, 266, 267, 285, 297
Buddy Mays 271, 274
C. Allan Morgan 119
NASA 106/107
National Park Service, Yosemite National Park 97
Ronni Pinsler 246
Mike Pollilo/Robert A. Minkin 63
Mary Robertson 286R
David Ryan 66/67, 163, 247
G. R. Russell 118, 268/269, 278/279, 284
San Francisco Chronicle 61
San Francisco Museum of Modern Art (SFMOMA) 161R
SFMOMA/Barnes 161L
John Sanford 46, 162
Paul Von Stroheim 197
Topham Picture Source 62L&R
Doug Traverso 178
Vautier-de Nanxe 2, 57, 76R, 77L&R, 102R, 126/127, 239, 240, 241, 242, 248
Jan Whiting 1, 73, 74, 76L, 79, 108, 152, 159, 170L&R, 173, 182/183, 191, 194, 198, 210, 211, 216, 220, 223L&R, 225L, 249, 261, 263, 264, 265, 270, 275, 280, 281, 288, 289, 292/293, 294, 299, 300

Karten Berndtson & Berndtson OHG

Design Konzept Hans Höfer/V. Barl

Register

A

Afroamerikaner, 73, 75
Altamont Pass, 240
Altimira, Pater Jose, 217
Alturas, 302
American Automobile Association (AAA), 313
Amtrak, 313
Angel Island, 74, 209
Angeln, 334
Angels Camp, 250
Año Nuevo State Park, 191
Anreise
 Auto, 307
 Bahn, 307
 Bus, 307
 Flugzeug, 306
Apotheken, 310
Apple, 103, 105
Apple Hill, 252
Arcata, 289
Asawa, Ruth, 157, 172
Atari, 102
Auburn, 252
Aussteiger, 83

B

Badger Pass, 259
Bale Grist Mill State Historic Park, 220
Banda-Musik, 78
barrio, 62
Baseball, 337
Basketball, 337
Bay Area Rapid Transit (BART), 313
Bear Valley, 248
Behinderte, 308
Bella Vista, 301
Beringstraße, 23
Berkeley, 187
Bevölkerung, 306
Bierce, Ambrose, 92, 96
Bigfoot (Sasquatch), 117, 295
Blue Lake, 295
Bodega Bay, 281
Bodie, 266
Bolinas, 87, 211
Bonanza, 271
Boonville, 224
Bootssport, 334
Bowling, 334
Brannan, Sam, 34, 39, 41
Brauereien, 224
Burney, 301

C

Cable Cars, 50, 174
Cabrillo, Juan Rodriguez, 24, 85
Caen, Herb, 95, 94
Calaveras Big Trees State Park, 251
Calistoga, 221
Camino, 233
Camptonville, 252
Carmel, 85
Caswell State Park, 240
Cedarville, 302
Central Pacific Railroad, 47
Chavez, César, 61
Chico, 234
Chinese Camp, 249
Chinesen, 40, 47, 49, 73, 74
Clear Lake State Park, 222
Clovis, 242
Coalinga, 240
Coarsegold, 242
Coloma, 252
Columbia, 250
Consolidated Virginia Company, 41
Cortés, Hernando, 24
Coulterville, 248
Crescent City, 290
Crocker, Charles, 48

D

Dana, Richard Henry, 42
DeForest, Lee, 101
Desolation Wilderness, 276
Devils Postpile National Monument, 266
Didion, Joan, 96, 235
Donner Pass, 273
Downieville, 252
Drachenfliegen, 335
Drachensteigen, 336
Drake, Sir Francis, 24, 25
Drive-Thru Tree Park, 286

E

Einkaufen, 332
Eisenbahn, transkontinentale, 47, 48, 273
Eishockey, 337
El Dorado, 252
El Dorado National Forest, 276
Elektrizität, 308
Eureka, 288

F

Fair, James, 41
Fallschirmspringen, 336
Farmarbeiter, 57
Fax, 311
Feiertage, 308
Ferlinghetti, Lawrence, 62, 96
Ferndale, 287
Fernsehen, 310
Festivals, 330
Filipinos, 74
Fisherman's Wharf, 145
Flohmärkte, 333
Flood, James, 41
Flugzeugindustrie, 61
Folsom, 233
Football, 337
Fort Bragg, 284
Fort Ross, 282
Fortuna, 287
Forty-niners, 32
Free Speech Movement, 63
Frémont, John Charles, 248, 271
Fresno, 242

G

Gallerien, 160
Garberville, 84, 85, 285
Geld, 308
Geographie, 306
Geschichte
 Beitritt zur Union, 39
 Erdbeben 1906, 55
 Goldrausch, 31
 Nachkriegszeit, 62
 Republik Kalifornien, 26
 Territorium Kaliforniens, 26
 Zweiter Weltkrieg, 61
Gesundheit, 309
Gewichte, 310
Ginsberg, Allen, 62, 63, 96
Gletscher, 112
Goldrausch, 24
Golf, 335
Grass Valley, 252
Grateful Dead, 64
Greyhound, 313
Grizzly Creek Park, 287
Gruppenläufe, 335
Guadalupe Hidalgo, Vertrag von (1848), 26
Gualala, 282

H

Hallidie, Andrew, 50
Hammett, Dashiell, 91
Hanf, 291
Haraszthy, Graf Agoston, 217
Harte, Bret, 92
Hauptgoldader (Mother Lode), 247
Hearst, George, 50
Hearst, William Randolph, 50
Heißluftballon fahren, 333
Hemet, 78
Hendrix, Jimi, 64
Hewlett-Packard, 102
Hippies, 63
Historische Monumente, 328
Hochseeangeln, 335
Holzindustrie, 83
Homosexuelle, 64, 138, 309
Hoopa Valley Reservation, 295
Hopkins, Mark, 48
Hopland, 224
Hotels, 314
Humboldt County, 285
Humboldt Redwoods State Park, 286
Huntington, Collis, 48

I

Indianer, s. Ureinwohner
Intel, 102
Inverness, 211

J

Jackson, Michael, 78
Japaner, 61, 73, 74
Jefferson Airplane, 64
Jenner, 282
Joggen, 336
Joplin, Janis, 63, 64
Judah, Theodore Dehone, 47
Jugendherbergen, 318

K

Kenwood, 223
Kerouac, Jack, 62, 63, 96
Kesey, Ken, 96
Kings Canyon National Park, 262
Kinos, 328
Klamath, 290
Klamath Mountains, 295
Klassik, 328
Kleidung, 308
Klima, 306
Klipper, 42
Krankenhäuser, 309
Kreditkarten, 308
Krieg (mit Mexiko, 1846), 26

L

Lake Berryessa, 221
Lake County, 222
Lake McClure, 248
Lake Tahoe, 271
Landgasthäuser (Bed & Breakfast), 318
Landwirtschaft, 50, 239
Larkspur, 208
Lassen Volcanic National Park, 300
Lava Beds National Monument, 301
Leary, Timothy, 63
Lee Vining, 266
Leggett, 286
Literatur, 91-96
Literaturhinweise, 338
Locke, 233
Lodi, 241
London, Jack, 91, 93, 95
  Glen Ellen (Ranch), 222

M

Mackay, John W., 41
Mammoth Lakes, 266
Marin City, 209
Marin County, 87, 207
Mariposa, 247
Mariposa Grove, 261
Marshall, James, 31, 34
Marysville, 234
Maße, 310
Massentourismus, 86

Maupin, Armistead, 96
McClure, Michael, 96
McConnell State Recreation Area, 241
McKinleyville, 289
McWilliams, Carey, 57
Mendocino, 85, 283
Mendocino County, 224
Merced, 241
Mercer Caverns, 251
Mexikaner, 61, 75
Mietwagen, 313
Milk, Harvey, 162
Mill Valley, 209
Miller, Henry, 95
Minersville, 296
Mingus, Charles, 78
Mission San Francisco de Solano (Sonoma), 222
Missionen, 329
Missionsarbeit, 25
Mittelamerikaner, 75
Modesto, 241
Modoc National Forest, 301
Modoc National Wildlife Refuge, 302
Mokelumne Hill, 251
Mono Lake, 266
Montara Lighthouse, 191
Monterey, 225
Moscone, George, 162
Motels, 318
Mother Lode, 32
Mount Shasta, 300
Mount Tamalpais, 210
Mount Whitney, 265
Muir Beach, 211
Muir, John, 95, 96, 122
Muir Woods National Monument, 210
Multikulturalismus, 73
mural (Wandgemälde), 77
Murphys, 251

N

Nachtleben, 330
Napa Valley, 219
NASA, 102
Nationalparks, 328
Neue Linke (New Left), 63
Nevada City, 252
Nisei, 61
Norris, Frank, 93
Norris, Frank *(The Octopus)*, 48
Notfälle, 309
Notruf, 309

O

Oakland, 185
O'Brien, William, 41
Ocampo, Manuel, 78
Öffnungszeiten, 310
Okies, 74, 239
Ökologie, 65, 83
Olancha, 265
O'Neill, Eugene, 95
Oper, 328
Orick, 289
Owens Valley, 265

P

Pacific Lumber Company (Palco), 84
Palo Alto, 101, 190
Panama-Pazifik-Weltausstellung (1915), 55, 56
Paso Robles, 226
Peninsula (Halbinsel von San Francisco), 189
Petaluma, 222
Petrolia, 287
Pferderennen, 337
Philo, 225
Pigeon Point Lighthouse, 191
Placerville, 233, 252
Point Arena, 282
Point Arena Lighthouse, 283
Point Reyes National Seashore, 213
Point Reyes Station, 213
Polk, James K., 26
Pony Express, 42
Portolá, Gaspar de, 24, 25
Post, 311
Presidio (Garnison), 24

R

Radio, 310
Radtouren, 334
Ralston, William, 41, 42, 49
Ranchera-Musik, 78
Rassismus, 76
Redding, 299
Redwood National Park, 289
Restaurants, 319
Rezession (1870er), 48, 49
Ripon, 240
Rodriguez, Richard, 78
Rucksacktouren, 333
Russen, 26
Russian River, 85

S

Sacramento, 231
Sacramento River Delta, 233
Säkularisierungsverordnung (1834), 26
Salmon Trinity Alps Primitive Area, 296
San Andreas, 251
San Francisco
  Alcatraz, 56
  Alcatraz Island, 148
  Ansel Adams Center for Photography, 161
  Aquatic Park, 145
  Asian Art Museum, 151
  Auditorium, 163
  Bank of America, 159
  Bay Bridge, 56
  Broadway, 169
  Bürgerwehr, 39
  Cafe Vesuvio, 91
  California Historical Society, 161
  California Palace of the Legion of Honor, 149
  Castro Street, 164

China Beach, 149
Chinatown, 171
City Hall, 162
City Lights Bookstore, 62, 91, 96, 169
Civic Center, 163
Cliff House, 150
Coit Tower, 169, 170
Conservatoray of Flowers, 150, 152
Crocker Galleria, 160
Embarcadero Center, 160
Embarcadero Freeway, 143
Exploratorium, 145
Fairmont Hotel, 171
Federal Reserve Bank, 159
Ferry Building, 143
Feuersbrünste, 40
Financial District, 159
Fisherman's Wharf, 146
Fort Mason, 145
Ghirardelli Square, 146, 152
Glücksspiel, 39
Golden Gate Bridge, 56, 57, 137, 143, 153
Golden Gate National Recreation Area, 145
Golden Gate Park, 150
Golden Gate Promenade, 144
Guinness Museum, 147
Haight-Ashbury, 152
Hallidie Building, 159
Hunter-Dulin Building, 159
Huntington Hotel, 171
Hyatt Regency Hotel, 160
Japanese Tea Garden, 152
Japantown, 172
Lincoln Park, 149
Lombard Street, 171
M.H. De Young Memorial Museum, 151
Marina Green, 144
Mark Hopkins Hotel, 170
Market Street, 41, 164
Mission District, 164
Mission Dolores, 24, 164
Montgomery Street, 157
Morrison Planetarium, 151
Museum of American Money from the West, 159
Music Concourse, 151
National Maritime Museum, 145
Natural History Museum, 151
Nob Hill, 170
Noe Valley, 164
North Beach, 62, 169
Oakland Bay Bridge, 137
Ocean Beach, 150
Old Mint, 164
Opera House, 163
Pacific Stock Exchange, 159
Palace of Fine Arts, 145
Pier 39, 147
Presidio, 144
Public Library, 162
Richmond, 149
Ripley's Believe It Or Not! Museum, 147
Russian Hill, 171

San Francisco Museum of Modern Art (SFMOMA), 161
Scenic Drive, 149
Shell Building, 159
Sheraton Palace Hotel, 160
South of Market (SoMa), 164
Stanford Court, 171
Steinhart Aquarium, 151
Telegraph Hill, 169
Tenderloin District, 164
Transamerica Pyramid, 159
Union Square, 157
Union Street, 164
Washington Square, 169
Wells Fargo Bank, 159
Western Addition, 163
Yerba Buena Gardens, 161
San Francisco Bay, 111
San Joaquin Valley, 239
San Jose, 190
San-Andreas-Graben, 55, 109
Santa Rosa, 224
Saroyan, William, 78
Sasquatch (Bigfoot), 117, 295
Sausalito, 86, 207
Savo, Mario, 63
Scherr, Max, 63
Schiffsverkehr, 42, 56
Schmuggel, 42
Schockley, William, 102
Scotia, 287
Segelfliegen, 336
Senioren, 308
Sequoia National Park, 262
Serra, Pater Junípero, 23, 24, 25
Shasta, 299
Shepard, Sam, 96
Sierra Nevada, 117, 122
Silberrausch, 40
Silicon Valley, 101–105, 189
Sinclair, Upton, 57
Singles, 138
Singleton, John, 78
Sinsemilla, 84, 285
Skifahren, 336
Smith, Anna Deavere, 78
Snyder, Gary, 96
Solvang, 226
Sonoma, 222, 223
Sonora, 249
Southern Pacific Railroad, 55
St Helena, 219
Stadtplanung, 79
Standish-Hickey State Recreation Park, 287
Stanford University, 101
Stanford, Leland, 48
Stein, Gertrude, 95, 185
Steinbeck, John, 57, 95, 225
Stevenson, Robert Louis, 93
Stewart's Point State Park, 282
Stinson Beach, 211
Stockton, 233, 241
Strauss, Joseph B., 153
Strauss, Levi, 34
Sugar Pine Point Park, 276
Sutter, John, 31, 34, 252
Sutter's Fort, 31, 232

T

Tahoe City, 273
Tan, Amy, 78, 96
Tanz, 327
Tassajara, 110
Tauchen, 334
Telefon, 42, 311
Telegramm, 311
Telegraph, 42
Tennis, 336, 337
Theater, 327
Tiburon, 208
Touristeninformationen, 311
Trampen, 314
Trinidad, 289
Trinkgeld, 310
Truckee, 273, 276
Tulelake, 302
Twain, Mark, 41, 91, 92, 250, 271

U

Ukiah, 85, 110
Ukiah Valley, 225
Union Pacific Railroad, 47
Ureinwohner
  Hoopa, 118
  Hoopa Valley Reservation, 295
  Klamath, 118
  Lohantan, 271
  Miwok, 23
  Modoc, 302
  Ohlone, 23
  Patwin, 222
  Piute, 271
  Pomo, 110
  Wapoo, 109
  Washoe, 271, 276
  Wituk, 23
  Yurok, 73, 84, 290

V

Vancouver, George, 26
Vasquez, Tiburcio, 49
Veranstaltungen, 330
viktorianische Architektur, 55
Virtuelle Realität, 103
Visum, 307
Vulkane, 112

W

Walbeobachtung, 330
Walker, Alice, 78, 96
Walnut Grove, 233
Wasserrutschen, 337
Weaverville, 296
Weinanbaugebiete, 217
Weingüter
  Arciero Winery (Paso Robles), 226
  Beaulieu Vineyard's, 217
  Beringer (St Helena), 220
  Buena Vista, 217
  Buena Vista Winery (Sonoma), 223
  Charles Krug (St Helena), 220
  Chateau Julien Winery (Carmel), 226

Chateau St Jean (Kenwood), 223
Christian Brothers (St Helena), 220
Clos du Val Wine Company (Calistoga), 221
Corbett Canyon Vineyards (San Luis Obispo), 226
Domaine Chandon Winery (Yountville), 219
Dunnewood Vineyards (Ukiah Valley), 225
Edna Valley Vineyard (San Luis Obispo), 226
Firestone Vineyard (Santa Ynez), 226
Freemark Abbey (St Helena), 220
Gainey Vineyard (Santa Ynez), 226
Grand Cru Vineyards (Sonoma), 223
Greenwood Ridge Vineyards (Philo), 225
Guenoc Winery (Middletown), 222
Gundlach-Bundschu Wine Cellars (Sonoma), 223
Hacienda Wine Cellars (Sonoma), 223
Hidden Cellars (Ukiah Valley), 225
Kenwood Winery (Kenwood), 223
Konocti Winery (Kelseyville), 222
Maison Deutz (Arroyo Grande), 226
Martini Winery (St Helena), 219
McDowell Valley Vineyards (Hopland), 224
Monterey Vineyard (Gonzales), 225
Parducci (Ukiah Valley), 225
Pesenti Winery (Paso Robles), 226
Rutherford Hill Winery (Calistoga), 221
Rutherford Hill Winery (Napa), 218
Sanford Winery (Buellton), 226
Sebastiani Vineyards (Sonoma), 223
Smith and Hook Vineyards (Soledad), 226
Spring Mountain Vineyards (St Helena), 220
Stag's Leap Wine Cellars (Calistoga), 221
Valley of the Moon Winery (Sonoma), 223
Weibel Cellars (Ukiah Valley), 225
Wermuth Winery (Calistoga), 221
Whaler Vineyards (Ukiah Valley), 225
York Mountain Winery (Paso Robles), 226

Welles, Orson *(Citizen Kane)*, 50
West Point, 251
Whiskeytown-Shasta-Trinity National Recreation Are, 297
Willow Creek, 295
Windsurfen, 336
Wirtschaft, 306
Wolfe, Tom, 96
Woodley Island, 289
Wozniak, Steve, 103

Y

Yosemite National Park, 122, 257
Yountville, 219
Yreka, 300

Z

Zahlungsmittel, 308
Zeitschriften, 310
Zeitungen, 310
Zeitzone, 306
Zeltplätze, 319
Zoll, 307